中学西渐丛书

荣格与中国文化

JUNG AND CHINESE CULTURE

乐黛云／主编 ◎ 申荷永 高岚／著

首都师范大学出版社
CAPITAL NORMAL UNIVERSITY PRESS

图书在版编目(CIP)数据

荣格与中国文化/申荷永著. —2版. —北京：首都师范大学出版社，2019.12

(中学西渐丛书 / 乐黛云主编)

ISBN 978-7-5656-5344-5

Ⅰ.①荣… Ⅱ.①申… Ⅲ.①荣格(Jung，Carl Gustav 1875—1961)—哲学思想—研究 ②中华文化—研究 Ⅳ.①B84—065 ②K203

中国版本图书馆 CIP 数据核字(2019)第 265365 号

中学西渐丛书

RONGGE YU ZHONGGUO WENHUA

荣格与中国文化

申荷永 高 岚 著

项目统筹 杨林玉 责任编辑 杨林玉

责任设计 王征发

首都师范大学出版社出版发行

地 址 北京西三环北路105号

邮 编 100048

电 话 68418523(总编室) 68982468(发行部)

网 址 http://cnupn.cnu.edu.cn

印 刷 中煤(北京)印务有限公司

经 销 全国新华书店

版 次 2019年12月第2版

印 次 2019年12月第1次印刷

开 本 710mm×1000mm 1/16

印 张 23.5 插页 2

字 数 367千

定 价 80.00元

荣格（Carl Gustav Jung）

（1875—1961）

全球化，即文化多元共生的全球化。“共生”不是“融合”，也不是简单的和平共处，而是各自保持并发扬自身的特点，相互依存，互相得益。多元文化共生的全球化，反对以一种文化打压或覆盖另一种文化，主张多种文化保持“共生”互利的状态，以收和平共处、相得益彰之效。多元文化共生的前提就是各民族对自身的文化有充分的自觉。

近世以来，西方文化始终处于强势文化的地位，西方的文化自觉首先表现在审视自己文化发展中的弱点和危机方面。早在20世纪初奥斯瓦尔德·斯宾格勒在《西方的没落——世界历史的透视》一书中已相当全面地开始了对西方文化的反思和批判，到了21世纪，这种反思和批判达到了更加深刻的程度。例如，法国著名思想家、高等社会科学院研究员埃德加·莫兰(Edgar Morin)指出，西方文明的福祉正好包藏了它的祸根：它的个人主义包含了自我中心的闭锁与孤独；它的盲目的经济发展给人类带来了道德和心理的迟钝，造成各领域的隔绝，限制了人们的智慧，使人们在复杂问题面前束手无策，对根本的和全局的问题视而不见；科学技术促进了社会进步，同时也带来了对环境、文化的破坏，造成了新的不平等，以新式奴役取代了老式奴役，特别是城市的污染和科学的盲目，给人们带来了紧张与危害，将人们引向核灭亡与生态死亡。[①] 波兰社会学家齐格蒙特·鲍曼在《现代性与大屠杀》一书中更是强调，在西方，高度文明与高度野蛮其实是相通的和难以区分的……现代性是现代文明的结果，而现代文明的高度发展超越了人所能调控的范围，导向高度的野蛮！

有的学者不仅对上述以贪欲和聚敛为核心的文明进行了深入的反思，还进一步指出以物质为基础的现代发展观本身即将受到修正。可持续性的全球经济之目标应该是：通过将人类的生产和消费与自然界的能力联系在一起，通过废品利用和资源的重新补充，不断再生产出高质量的生活。在这样的生活中，重要的并非个人的物质积累，而是自我修养；并非聚敛财富，而是精神的提升；并非拓宽疆土，而是拓宽人类的同情(empathy)。[②] 可以说这是西方更深入、更触及精神方面的文化自觉。

---

① 参见《超越全球化发展：社会世界还是帝国世界?》见乐黛云：《迎接新的文化转型时期》，202页，上海，上海文化出版社，2005。

② [美]J. 里夫金：《欧洲梦：欧洲梦是如何悄悄地使美国梦黯然失色》，杨治宜译，重庆，重庆人民出版社，2006。

如果说西方文化数百年来处于强势地位，其文化自觉在文化多元发展的大趋势下更多地倾向于审视自己文化的危机和弱点；那么，中国文化近百年来，作为一种弱势文化，不断受到西方文化的轻视和压抑，当代中国的文化自觉，首先就是与本民族文化复兴的强烈愿望结合在一起。正如我国著名的社会学家、人类学家、民族学家费孝通所说：中国的文化自觉首先是要了解自身文化的种子(基因)，也就是民族繁衍生息的最基本的特点；其次，必须创造条件，对这些基本特点加以现代解读，这种解读融会古今中外，让原有的文化基因继续发展，使其在今天的土壤上，向未来展开一个新的起点；另外，还要将中国文化置于全球化的语境之中，研究它与其他文化的关系，使其成为正在进行的全球文化多元建构的一个组成部分。这是我们过去从未遭遇，也全无经验的一个崭新的领域。

近年来，西方文化显示了对他种文化的强烈兴趣，特别是对中国文化的兴趣。他们首先把中国文化作为一个新的参照系，即新的“他者”，以之作为参照，重新反观自己的文化，找到新的认识角度和新的诠释。法国学者弗朗索瓦·于连(Francois Jullien)写了一篇题为《为什么我们西方人研究哲学不能绕过中国?》[①]的著名文章！他认为，要全面认识自己，必须离开封闭的自我，从外在的不同角度来考察。在他看来，“穿越中国也是为了更好地阅读希腊”，他认为，“我们对希腊思想已有某种与生俱来的熟悉，为了了解它，也为了发现它，我们不得不暂时割断这种熟悉，构成一种外在的观点”，而中国正是构成这种“外在观点”的最好参照系，因为“中国的语言外在于庞大的印欧语言体系，这种语言开拓的是书写的另一种可能性；中国文明是在与欧洲没有实际的借鉴或影响关系之下独自发展的、时间最长的文明……中国是从外部正视我们的思想——由此使之脱离传统成见——的理想形象”[②]。他强调指出：“我选择从一个如此遥远的视点出发，并不是为异国情调所驱使，也不是为所谓比较之乐所诱惑，而只是想寻回一点儿理论迂回的余地，借一个新的起点，把自己从种种因为身在其中而无从辨析的理论纷争之中解放出来。”[③]

---

① 参见乐黛云：《迎接新的文化转型时期》，566页，上海，上海文化出版社，2005。

② 参见[法]于连：《迂回与进入》前言，杜小真译，3页，北京，生活·读书·新知三联书店，1998。

③ 参见[法]于连：《道德奠基：孟子与启蒙哲人的对话》，宋刚译，北京，北京大学出版社，2002。

其次，不但是作为参照，还要从非西方文化中吸收新的内容。2004 年里查·罗蒂访问复旦大学哲学系时说："我隔了 20 年再次来到上海，中国的变化简直可以用奇迹来形容。这个奇迹不是改变了我的思考，而是进一步印证和强化了我已有的看法，那就是中国是未来世界的希望。"[①]在北京大学比较文学与比较文化研究所举办的"多元之美"国际学术讨论会上，法国比较文学大师巴柔(Daniel-Henri Pageaux)教授特别提出："弗郎索瓦·于连对于希腊文化与中国文化的研究是一个很好的例子，它正好印证了我已经讲过的经由他者的'迂回'所体现出来的好处。"他还强调说："从这次研讨会的提纲中，我看到'和谐'('和实生物，同则不继')概念的重要性……中国的'和而不同'原则定将成为重要的伦理资源，使我们能在第三个千年实现差别共存与相互尊重。"[②]一些美国汉学家的著作也体现了这种认识论的改变，如安乐哲(Roger Ames)和大卫·霍尔(David Hall)合作的《通过孔子而思》(*Thinking Through Confucius*)、斯蒂芬·显克曼编撰的《早期中国与古代希腊——通过比较而思》等。类似观点的著作还很多。

另外，改变殖民心态，自省过去的西方中心论，理顺自己对非西方文化排斥、轻视的心理，这一点也很重要。意大利罗马大学的尼兹教授认为克服西方中心论的过程是一种困难的"苦修"过程。他把比较文学这一学科称为"非殖民化学科"。在《作为非殖民化学科的比较文学》一文中，他说："如果对于摆脱了西方殖民的国家来说，比较文学学科代表一种理解、研究和实现非殖民化的方式；那么，对于我们所有欧洲学者来说，它却代表着一种思考、一种自我批评及学习的形式，或者说是从我们自身的殖民意识中解脱的方式。……它关系到一种自我批评以及对自己和他人的教育、改造。这是一种苦修(askesis)!"[③]没有这种自省的"苦修"，总是以殖民心态傲视他人，多元文化的共存也是不可能的。

总之，许多先进的西方知识分子提出人类需要的不是一个单极统治的帝国世界，而是一个多极均势的"社会世界"，一个文明开化、多元发展的联盟。要达到这个目的，人类精神需要发生一次"人类心灵内在性的巨大

① 载《文汇周报》2004 年 7 月 27 日。

② [法]巴柔(Daniel-Henri Pageaux)：《文化还是文化间性：从形象学到媒介》，载 2001 年 4 月"多元之美"大会文献。

③ [意]阿尔蒙多·尼兹：《作为非殖民化学科的比较文学》，载《中国比较文学通讯》，1996(1)，5 页。

提升”，它表达的是对另一个全球化的期待，这就是全球的多极均衡，多元共存，也就是一个“基于生活质量而非个人无限财富积累的可持续性的文明”。从这种认识出发，他们一方面回归自身文化的源头，寻求重新再出发的途径；另一方面广泛吸收非西方文化的积极因素，并以之作为“他者”，通过反思，从不同视角更新对自己的认识。这些新发展构成了与过去的汉学（中国学）很不相同的“新汉学”。

反观中国，有关中西文化关系研究的著作日益增多，特别是汉学（中国学）研究更是蓬勃发展。新世纪以来，出现了《20 世纪西方哲学东渐史》14 卷（首都师范大学出版社）《跨文化沟通个案研究丛书》15 卷（文津出版社）等系统总结性的大型综合丛书，引起了广泛关注，前者还获得了国家图书大奖。但总的说来，显然研究西方对中国的影响的著作较多，从反方向研究中国文化对西方文化影响的专著却相对较少，尤其缺少这方面的综合性系统研究。特别是对于西方主流文化中的中国文化因素，更是几乎付诸阙如！事实上，中国文化正是通过伏尔泰、莱布尼茨、荣格、白璧德、庞德、奥尼尔、色加楞、米肖等主流文化的哲学家、思想家、文学家的融会贯通，包括误读和改写，才真正进入西方文化的。这些西方主流文化的大家并不全面熟悉中国文化，也并不精通汉语，但却从中国文化汲取了至关重要的灵感和启迪。这是一个十分复杂的过程，包括误读、改写、吸收和重建，这种研究不是一般通行的汉学研究所能代替的。这个过程的目的首先都是为了寻找一个外在的视角，以便更好地审视和更深刻地了解自己。但要真正“外在于自己”却并不容易。人，几乎不可能脱离自身的处境和文化框架，他们对“异文化”的研究和吸取也就往往决定于其自身的处境和条件。当他们感到自身比较强大而自满自足的时候，他们在异文化中寻求的往往是与自身相似的东西，以证实自己所认同的事物或原则的正确性和普适性，也就不免将异文化纳入本文化的意识形态而忽略异文化的真正特色；反之，当他们感到本文化暴露出诸多矛盾，而对现状不满时，他们又往往将自己的理想寄托于异文化，将异文化构建为自己的乌托邦。从意识形态到乌托邦构成一道光谱，显示着西方文化主流学者对中国文化理解和吸收的不同层面。

本丛书意在对这个充满着误读、盲点和过度诠释，同时又闪耀着创意、灵性和发展的非常复杂的过程进行饶有兴味的探索，比较全面、系统地梳理中国文化进入世界文化主流的历史现象，对在这方面有重大贡献的代表性历史人物，进行系统研究。首先是对相关资料进行全面收集，其次是对于误读、吸收和重建等文化现象进行分析，最后上升到对两种文化相遇时所产生的种种理论问题进行探讨和总结。

本丛书现包括以下5种：《莱布尼茨与中国文化》《白璧德与中国文化》《卡夫卡与中国文化》《史耐德与中国文化》《庞德与中国文化》。如有可能，我们将在此基础上，继续推出相关学术著作，以期更加完善、充实。

2006年10月6日于北京大学朗润园

2006年起我们推出了中学西渐丛书第一辑5种，第一辑出版后在海内外产生了广泛影响。在此基础上，我们又着手推动丛书的后续著作出版事宜，策划了《中国禅与美国文学》《黑塞与中国文化》《伏尔泰与中国文化》《荣格与中国文化》《布莱希特与中国文化》，并根据读者的反馈对第一辑予以修订。此次一共推出10种，欢迎广大读者批评指正。

2019年9月4日

目　录

CONTENTS

序

荣格从未去过中国，但中国一直在其身边，以神话与象征的形式，伴随其朋友卫礼贤所翻译的中国经典。荣格对于《易经》《金花的秘密》和《道德经》等都悉心倾情。他无比钦佩中国传统文化的深度及其智慧，并努力从中国文化中学习与其欧洲教育和背景截然不同的新的视野和思维方式。荣格尽力克服欧洲中心思想，将中国观点和思想形式融入西方意识，将中国思维方式的重要元素纳入其深度心理学理论。荣格深信，中国文化对于西方科学，特别是对于欧洲的心理治疗具有并能够作出重要的贡献。

申荷永教授和高岚教授的著作充分呈现与阐述了中国文化对荣格生活和工作的碰撞与影响。申教授有着长期的分析心理学研习，并且成为中国首位接受全面培训和认证的荣格学派心理分析师。他对中国心理学根源的研究，其“核心心理学”(Psychology of the Heart)，有助于构建中国文化与分析心理学之间重要而坚固的桥梁。构建东西方文化之间沟通与理解桥梁的努力仍然在其早期阶段，至少就西方而言，我相信未来几年会有更多的成就。对于在西方的我们来说，我们仍然在学习，就荣格研究和评论的中文经典中所包含的古老智慧，我们仅仅是触及其中的凤毛麟角。申荷永教授和高岚教授帮助我们获得中国心灵发展的更完整意象，这将有助于增进对我们之间相同与差异的理解。

荣格最重要的洞见之一是欧洲文化与中国文化具有互为补充的关系。对于西方来说，中国文化与其无意识相似，就其与自我意识的关系而言。若其处于模糊和未知，西方就能够对其投射自身的阴影和自卑。当中国文化为西方所熟知，当两个领域之间构建起桥梁时，这两种文化则可以互补，克服其各自的片面，共同接近人类的整体性。双方都可为充分发挥人类心灵所包含的潜力做出本质性的贡献。

荣格能够把握这种互补关系，并将其用于联结因果关系与共时性（"具有意义的巧合"），发展自性含融对立的理论（雌雄，阴阳）。此外，荣格的自性化理论，一种终身的心理和精神发展，与中国禅宗《十牛图》等文献和有关佛教著作有类似表述，他将其添加于对人类所有发展潜力的理解之中。对于今天的荣格学派思想家来说，显然东方和西方需要彼此来充分表达人类发展计划，双方都不应致力于控制对方。尊重分歧至关重要，惟此才能进行真正的对话，获得共识的涌现。

近二十年来，申荷永教授和高岚教授在其许多著作、讲座、教学，以及他所组织的有关主题的诸多学术会议中，促进了荣格心理学与中国文化的对话。他们所呈现的《荣格与中国文化》正是这一重要对话的进一步发展。于此他们向中国读者介绍荣格的生活与工作，探索与阐释荣格如何将中国文化融入其心理著作；于是，他们为西方荣格思想家和中国学者的深入对话奠定了基础。我相信，读者通过本书也将了解到分析心理学有助于重新发现中国古代文化传统并赋予其新的时代意义。

九十多年前，在其朋友卫礼贤的陪伴下，荣格沉浸于这种和东方的对话。在接下来的许多年，由于世界局势动荡，这一事业耽搁许久。如今，东方和西方之间的对话窗口再次开启，进一步发展的时机已经成熟。申教授于此率先垂范，努力引领。同时，也希望更多的西方荣格学者从深度心理学视野认真研究中国文化史。对于共享原型模式，还需要更加深入的探索。

我很荣幸能为申荷永教授和高岚教授的《荣格与中国文化》一书贡献这简要的序言。我期待有更多有关的研究，更多能够推进东方和西方对话的著作，能够将世界整合为具有共享价值和共享利益的地球社区。

默瑞·斯丹（Murray Stein）
国际分析心理学学会前任主席
于瑞士苏黎世
2017 年 3 月

Foreword

Jung never traveled to China, but China traveled to him. It came to him in the form of myths and symbols and in the translations of Chinese classics by his friend, Richard Wilhelm. Jung was fascinated by such works as the *I Ching*, *The Secret of the Golden Flower*, and the *Tao Te Ching*. He had an enormous appreciation for the cultural depth of Chinese traditions and their wisdom, and he tried to learn from Chinese culture new and different ways of seeing and thinking that are profoundly other from those of his European education and background. He did his best to overcome Euro-centrism and to bring Chinese perspectives and forms of thinking into Western consciousness and to incorporate important aspects of Chinese modes of thought into his depth psychological theory. He was convinced that Chinese culture had important contributions to make to Western science and specifically to European approaches to psychotherapy.

Prof. Shen and Praf. Gao Lan have written a work that gives a full account of the influence and impact of Chinese culture on Jung's life and work. Shen and Praf. Gao Lan are a longtime student of analytical psychology, and he became the first fully trained and accredited Jungian psychoanalyst in China. His research into the roots of Chinese psychology ("the psychology of the heart") has helped to build an important and sturdy bridge between Chinese culture and analytical psychology. The effort of building a bridge of significant understanding between Eastern and Western cultures is still in its early stages as far as the West is concerned, and I am sure much more will be contributed in years to come. We in the West are still learning and have barely scratched the surface of the ancient wisdom contained in the Chinese texts that Jung studied and commented on. Prof. Shen and prof. Gao Lan are helping us to get a better picture of developments in the Chinese psyche that might be useful in increasing our understanding of commonalities and differences.

One of Jung's most important insights was that European and Chinese culture stand in a complimentary relation to one another. For the West, Chinese culture is similar to the unconscious in its relation to ego-consciousness. When it remains obscure and unknown, the West is able to project its own shadow inferiority into it. When it becomes more known and a bridge is built between the two realms, they can assist each other in overcoming the one-sidedness of each and bringing both closer to approximating human wholeness. Each adds essential factors that contribute to the realization of the full potentials contained in the human psyche.

Jung was able to grasp this complimentary relationship and to use it in relating causality to synchronicity ("meaningful coincidence") and in developing the theory of opposites inherent within the self (masculine-feminine, yang-yin). Moreover, Jung's theory of individuation, conceived as a lifelong psychological and spiritual development, has its Eastern expression in such texts as Chinese Chan's "Ten Ox-Herding Pictures," and from Buddhist works such as this Jung added features to his understanding of the full potential for human development. It is apparent to Jungian thinkers today that the West and the East need each other for the project of human development in its full expression, and that neither side should seek to dominate the other. Respect for differences is essential, and only then can true dialogue take place and common ground emerge.

Prof. Shen and Prof. Gao Lan have promoted the dialogue between Jungian psychology and Chinese culture in his many writings, his lectures and teaching, and in the numerous conferences on this topic that he has sponsored over the past two decades. The book he presents here on C. G. Jung and Chinese Culture is a further development of this important dialogue. Here they are introducing Chinese readers to the life and work of Jung and discussing how Jung integrated Chinese culture into his psychological works. They are laying the foundations for further dialogue in depth between Jungian thinkers from the West and the scholars of China. I am sure their book will also show readers in China that analytical psychology can also be useful for recovering their ancient Chinese cultural heritage and giving it a new contemporary relevance.

Accompanied by his friend, Richard Wilhelm, Jung engaged in this dialogue with the East some ninety years ago. In the years following, there was a long pause in this project due to world events. Today the windows between East and West are open once again, and the time is ripe for further advances. Prof. Shen's leadership in this effort is exemplary. It is to be hoped, too, that more Jungian scholars from the West will seriously take up studies in the history of Chinese culture from a depth psychological perspective. The work still remains to go more deeply into shared archetypal patterns.

It is an honor to contribute this brief Foreword to Prof. Shen and Prof. Gao Lan's book on C. G. Jung and Chinese culture. I look forward to more studies of this kind, works that will advance the dialogue and serve to unite the world into a global community of shared values and interests.

Murray Stein, Ph. D. , Past President of the IAAP
Zurich, Switzerland.
March 2017

引言
荣格与中国文化：缘分与使命

2011年6月6日，在瑞士苏黎世艺术博物馆举行为期一周的系列活动："21世纪中的荣格"，作为对荣格去世五十周年的纪念。

来自世界各地的荣格学者与荣格心理分析师数百人参加了这一国际盛会，其间"荣格与中国文化"也是备受关注的内容，我们作为来自中国的代表受邀参加。此时，荣格家族与荣格著作基金会已签署《荣格全集》中文版出版合约①，第五届心理分析与中国文化国际论坛②也在筹备之中。荣格的孙子，荣格著作基金会主席安德烈·荣格(Andreas Jung)特意表达其对于荣格分析心理学在中国发展的敬意，出席活动的主要学者和特邀报告者：托马斯·科茨(Thomas Kirsch)、默瑞·斯丹(Murray Stein)、卡斯特·维蕾娜(Kast Vance)、艾伦·古根布(Allen Guggenbuel)③等，也都与"荣格与中国文化"的主题有着重要关系。

1994年8月，时任国际分析心理学会(IAAP)主席的托马斯·科茨，在其代表IAAP首次访问中国的学术演讲中特别提出，对荣格心理学思想影响最大的，不是人们通常以为的弗洛伊德及其精神分析，或者是尤金·

---

① 《荣格全集》(20卷)中文版由凤凰传媒集团译林出版社于2018年陆续出版，申荷永为主编(申荷永与高岚还策划与主编了九卷本《荣格文集》)。

② 第五届心理分析与中国文化国际论坛于2012年6月6日在澳门城市大学和澳门大学召开(第一届心理分析与中国文化国际论坛于1998年9月在广州华南师范大学和肇庆七星岩召开)。

③ 北京大学首届"中国荣格学术周"(2006)的主要讲师。

布洛伊尔(Paul Eugen Bleuler)[①]或让内(Pierre Janet)[②]，而是卫礼贤(Richard Wilhelm)[③]与中国文化。

仍然是托马斯·科茨，2010 年 10 月在复旦大学的访问讲学中，当被问及荣格与弗洛伊德之最大不同是什么的时候，托马斯·科茨十分自信地回答说："荣格与弗洛伊德，以及分析心理学与精神分析之最大的不同，在于荣格以及我们荣格学者，都熟悉《易经》和中国文化，而弗洛伊德与其精神分析师则不然。"[④]

托马斯·科茨曾与荣格本人做过心理分析，其父母詹姆斯·科茨(James Kirsch)和茜尔达·科茨(Hilde Kirsch)也都是荣格早期的学生，他自己也是资深荣格心理分析师、荣格分析心理学历史学家。在其代表著作《荣格分析师：比较与历史的视野》一书中，托马斯·科茨说，"分析心理学与中国的联系是重要的……荣格深受古老中国智慧的启发。分析心理学与道家哲学之间也存在着历久弥新的深切联系！"[⑤]

荣格的孙子安德烈·荣格曾在写给作者的一封信中说："我太太和我两年前曾经访问中国，我们对中国的地大物博、人们的友善以及中国令人赞叹的名胜古迹和现代化城市的惊人发展都留下了深刻的印象。在当今巨变和革新的时代，我们需要一个新的基础，一个稳定而坚实的基础，一个我们能够在我们自己的心灵深处，在我们每一个人的心灵中获得的坚实基础。所以，我们非常赞同你在复旦大学的工作和举办的心理分析与中国文化国际论坛，感谢你为寻找分析心理学的本质所付出的心血和巨大努力。"[⑥]

荣格是杰出的心理学家，他与弗洛伊德一起，共享无意识心理学之开创与发展的殊荣。弗洛伊德以"个体潜意识"(personal unconscious)和"情结"(complex)为基础建构了精神分析(Psychoanalysis)，荣格则以"集体无

---

① 尤金·布洛伊尔(Paul Eugen Bleuler，1857—1939)，瑞士著名精神病学专家，"精神分裂症"一词的创用者，荣格的良师益友。

② 让内(Pierre Janet)，法国著名精神分析学家，荣格曾随其学习。

③ 卫礼贤(Richard Wilhelm)，在中国生活 20 余年，翻译包括《易经》在内的诸多中国经典，后在德国法兰克福建立中国学院，被称为发现中国内在世界的马可·波罗。

④ 作者在现场的记录。

⑤ 托马斯·科茨，《荣格分析师：比较与历史的视野》，古丽丹、何琴翻译，广东教育出版社，2007 年，第 241 页。

⑥ 安德烈·荣格写给作者的信，2009 年 5 月。

意识”(collective unconscious)和“原型”(archetype)为基础发展了分析心理学(Analytical Psychology)。人们常把弗洛伊德比喻为哥白尼，而将荣格比喻为哥伦布；就后者之寓意而言，是赞美其对于人类心灵世界的开拓与探索。在瑞士康斯坦斯湖畔荣格诞生处所的墙壁上，有一块石碑，上面刻着这样一句话：“在这所房子里，诞生了卡尔·古斯塔夫·荣格，人类心灵奥秘的探索者。”①

2009年10月，荣格《红书》②首次正式出版，1年中即有9次印刷，随后被翻译为十多种文字，美国《时代周刊》称之为“近百年心理学历史上最重要的事件”，③由此引起世界范围的“荣格热”。荣格的影响不仅在于心理学，诸如哲学、人类学、文学、文化和艺术，包括“新时代运动”(New Age)和“后现代思潮”(Post Modern)，凡是与人之心理有关，与人类心灵有关的领域，都有荣格及其思想的传播与发展。

在诸多西方心理学理论以及临床治疗的方法中，几乎唯有荣格及其分析心理学，与中国文化有着如此深刻的渊源。荣格曾学习汉字，研习《易经》，自称是中国文化的信徒、道家的追随者。他为卫礼贤翻译的《易经》作序，为《太乙金华宗旨》撰写评论(《金花的秘密》)，为《西藏度亡经》(《中阴得度》)和《西藏大解脱书》做专门介绍……这些特殊的著述至今都具有深远的影响。

作为中国心理分析师(IAAP/ISST)，我们一度十分好奇，荣格对于中国文化的感受究竟如何？或者说，荣格如此着迷《易经》，那么《易经》向荣格传达了怎样的消息呢？荣格如此喜欢老子和庄子，那么，老子与庄子到底对荣格说了些什么呢？中国文化又是如何在荣格及其分析心理学中体现的呢？这些，我们都想借助《荣格与中国文化》这部著作来予以呈现与阐述。

《荣格与中国文化》分为六章及“序”“引言”与“后记”。第一章“荣格的中国文化情怀”，从荣格出生与成长中所接触的中国文化元素作为缘起，呈现荣格家中的中国气氛，以及荣格内心深处的中国意象；第二章“荣格

---

① 荣格1875年7月26日出生，1961年6月6日去世。

② 荣格《红书》(*Red Book*)，或称为《新书》(*Liber Novus*)，属于荣格早期连续16年的私人日记。

③ 萨拉·科尔韦特：《无意识的圣杯》，《时代周刊》2009年9月16日(Sara Corbett. *The Holy Grail of the Unconscious*. *The New York Time*, 16/09/2009)。

与卫礼贤：儒家涵养"，通过两人的相遇相知，彼此心中的印象与情谊，呈现其作为中国文化使者的意义；第三章"荣格与《易经》"，透过《易经》的智慧，来呈现荣格所受中国文化影响的意义和价值；第四章"荣格与道家"，阐释"道"对荣格的启迪，以及荣格分析心理学作为道的体现；第五章"荣格与佛教"，重点介绍中国禅宗以及藏传佛教对荣格的影响及其意义；第六章"爱诺思与荣格之后的发展"，呈现荣格及其学生致力于东西方文化沟通与整合的持续努力，分析心理学在中国的发展，以及荣格与中国文化在当代的影响。后记为"我梦中的荣格"，在波林根，在洗心岛，荣格与中国文化，依然在我们梦中。

鸿雁于飞，肃肃其羽。感谢丛书主编乐黛云先生的信任，出版社的耐心，诸多好友的支持；如今，数年努力，如期如愿，已是完成这部《荣格与中国文化》；鸿渐于陆，其羽可用为仪；愿其能符合丛书的主旨：中学西渐，彰显中国文化的意义与影响。

申荷永　高岚

2017 年 3 月

第一章　荣格的中国文化情怀

荣格及其分析心理学，与中国和东方文化有着深刻渊源。他本人曾研习汉字，熟读《易经》和儒家经典，对于道家和佛教，对于中国文化及其象征都有其独到的见解与发挥。其分析心理学的主要概念和方法，如：原型(Archetype)、自性(Self)、自性化(Individuation)、共时性(Synchronicity)、积极想象(Active Imagination)、“炼金术”(Alchemy)……以及“阿尼玛”(Anima)和“阿尼姆斯”(Animus)等，都与中国，与中国文化和中国哲学，有着密切的联系。在诸多西方心理学理论以及临床治疗的方法中，几乎惟有荣格及其分析心理学，与中国文化有着如此深刻的联系。

在荣格家，荣格的书房，以及荣格的密室，处处可见中国元素，有诸多中国经典著作，中国绘画和书法；在荣格的花园，有来自中国的银杏树，这棵大银杏还有着传奇的故事……其中皆包含荣格至深的中国文化情怀。

第一节　荣格与中国文化之缘

2014 年 3 月，在美国旧金山，国际分析心理学会与旧金山荣格学院合作，特意选择旧金山唐人街“华人历史博物馆”，召开一次“荣格与中国”的特别国际会议；我们应邀参加，并作为大会第一场的主题报告人，演讲的题目正是“荣格与中国”。

国际分析心理学会前主席托马斯·科茨作为大会主席与引介人，他说："尽管我在荣格氛围的家庭成长[1]，几次通读荣格全集，如此熟悉荣格以及荣格分析心理学，但我是通过荷永，特别关注了荣格传记中的最后一段话。在其结束这部传记时，荣格借用中国文化，中国道家的老子，来表达他的终极情怀。"托马斯·科茨接着便为大家朗读了荣格传记《回忆·梦·思考》的结束语。

实际上，这本来也是我们"荣格与中国"主题报告的开始，难得由托马斯·科茨富有深情地来朗诵。

在美国旧金山唐人街"华人历史博物馆"召开的"荣格与中国"国际会议，托马斯·科茨主持

荣格传记《回忆·梦·思考》的最后一部分题名为"回顾"，紧接其"后期思想"。而其"回顾"(Retrospect)，传记的最后一部分，是用这样一段话来结束的：

"当老子说'俗人昭昭，我独若昏'的时候，他所表达的就是我在此老年时的实际感受。老子是有着卓越洞察力的代表，他看到并体验到了价值与无价值，而且在其生命行将结束之际希望复归其本来的存在，复归到那永恒的、不可知的意义……事实上，那些使我对此世界的疏远感，仿佛已

① 托马斯·科茨的父母詹姆斯和茜尔达(James Kirsch and Hilde Kirsch)，都是荣格的学生，第一代荣格学者。托马斯·科茨也曾与荣格有过接触，包括与荣格本人的心理分析体验。

经转移进了我的内心世界，呈现出了一种‘吾丧我’的感觉。”①

荣格(1950)

荣格所引用的应是《老子》第二十章的内容：“……荒兮，其未央哉！众人熙熙，如享太牢，如春登台。我独泊兮其未兆，如婴儿之未孩；累累兮，若无所归。众人皆有馀，而我独若遗。我愚人之心也哉！沌沌兮俗人昭昭，我独昏昏；俗人察察，我独闷闷。恍兮其若海，恍兮若无所止……”

这便是荣格一生的写照，也是其自性体验与自性化过程的呈现，荣格所留给世人的最后意象。

荣格1875年7月26日出生于瑞士境内康斯坦茨湖畔的凯什维尔(Kesswil)。父亲列夫·保罗·荣格(Johann Paul Achilles Jung)是当地乡村牧师，母亲是艾米莉·普雷斯沃克(Emilie Jung，nee Preiswerk)。父母给荣格所起的名字：卡尔·古斯塔夫(Carl Gustave)，也正是其祖父的名字。

荣格出生的这栋房子，如今仍然是当地教会的房产，房子的对面，便是凯什维尔教堂。

在这栋房子正面的墙壁上，悬挂这样一块石碑：“在这间房子里诞生了卡尔·古斯塔夫·荣格，1875年7月26日—1961年6月6日，人类灵魂及其潜在奥秘的探索者。”

弗洛伊德出生的时候，有人曾对其母亲赞美说她为世界带来了一位伟人。弗洛伊德确实做到了。那么，荣格也是。作为对人类灵魂及其潜在奥秘的探索者，荣格也当之无愧。人们常把弗洛伊德比喻为哥白尼，而把荣格比喻为哥伦布，其中也正是对其探索人类未知心灵的称赞。他的集体无意识理论是对弗洛伊德个体潜意识理论的有效扩展，他的原型和原型意象理论，内倾和外倾心理类型系统，以及自性和自性化，积极想象和共时性

---

① 荣格：《回忆·梦·思考》之“回顾”；刘国彬、杨德友译，沈阳，辽宁人民出版社，1988年，第579页。(C. G. Jung. *Memories*, *Dreams*, *Reflections*. New York, Vintage Books, 1989, P. 359.)

荣格出生的房子，石碑/作者摄影

等，都是对心理学和心理分析，乃至人类思想的重要贡献。

荣格的祖父，这位同样名叫“卡尔·古斯塔夫·荣格”的祖父[①]，是荣格心目中的偶像。他是瑞士巴塞尔大学的医学教授，曾有传言说其与歌德

---

① 在荣格的传记《回忆·梦·思考》中，有关荣格的祖父与歌德的关系，有这样的注解：荣格本人曾这样讲道：“我曾祖父（弗朗茨·伊格纳兹·荣格，卒于1831年）的妻子索菲·齐格勒（Sophie Ziegler）和她妹妹与曼海姆剧院有联系，并且是许多作家的朋友。据说，索菲·齐格勒与歌德生了个私生子，那孩子就是我的祖父卡尔·古斯塔夫·荣格。据说这几乎是被确认的事实，但我祖父在日记中对此只字未提，他只是提到，他有一次在魏玛看见了歌德，而且只是从背后见到的！索菲·齐格勒·荣格后来与歌德的侄女洛蒂·凯斯纳（Lotte Kestner）成为朋友，这位洛蒂常来看望我的祖父，还有弗朗茨·李斯特（Franz Liszy）也偶尔来看我祖父。后末洛蒂·凯斯纳在巴塞尔定居下来，毫无疑问是由于与荣格家庭的密切联系而在那儿定居的。此外，我的祖父还与洛蒂的哥哥——在罗马生活的公使馆参赞关系密切，歌德的儿子卡尔·奥古斯特（Karl August）在去世前不久还在这位参赞的住处停留。”荣格秘书亚菲在《关于卡尔·古斯塔夫·荣格的家庭》一文中说：“如果没有那种可以维持传说的愉快感觉，荣格就不会说这些话；因为这种传说为她开启了歌德《浮士德》中所展现的个人魅力中难以捉摸的一面，它属于那所谓的‘第二人格’。”

有着十分密切的关系。但不管怎样，荣格认为自己最重要的转变，便是其母亲让其读了歌德的《浮士德》之后。那是当荣格还在读中学的时候，12 岁左右。荣格在其传记《回忆·梦·思考》之"中学时代"中这样写道："母亲，或者说是她的第二人格，突然开门见山地说道，'这些日子你一定得读读歌德的《浮士德》啊。'"①

荣格的祖父(Carl Gustave Jung, 1794—1864)

阅读《浮士德》，如荣格自己的回忆，"它像一种产生奇效的奇香那种沁入我的肺腑。"即使到了晚年，荣格隐居于他的波林根(Bollingen)②，仍然念念不忘浮士德。荣格将其创建的波林根塔楼，作为"斐乐蒙的圣

荣格家在巴塞尔住过的房子/作者摄影

① 荣格：《回忆·梦·思考》，刘国彬、杨德友译，沈阳，辽宁人民出版社，1988 年，第 104 页(C. G. Jung. Memories, Dreams, Reflections. New York, Vintage Books, 1989)。

② 波林根(Bollingen)，瑞士的一个村庄，位于苏黎世湖上游。荣格在那里购买一片土地，建起他隐居的塔楼。

坛——浮士德的忏悔”(Philemonis Sacrum—Fausti Poenitentia)。[1]在这里，也印证了歌德的一句名言：东方和西方不再分离。辜鸿铭曾用《易经》之“自强不息”来概括浮士德精神的表达，宗白华等研究歌德的中国学者，也多从《浮士德》中，看到或感受到中国文化的身影。

在荣格6个月的时候，父亲接受教会新的任命，举家搬去洛封。

荣格家的族徽[2]

荣格也在其传记中特别标注：“在我六个月的时候，我的父母从康斯坦茨湖边的凯斯威尔移居到莱茵瀑布边上的洛封城堡，住进一所牧师宅邸。那是1875年。”[3]

如今，瑞德边境沙夫豪森(Schaffhausen)的莱茵河瀑布(Rhein fall)，已是瑞士的著名旅游胜地。在那里，有着荣格最早的记忆，其记忆中的童年，童年的梦与意象。

“开始记事大概是在两三岁。我还依稀记得那住宅、花园、洗衣房、教堂、城堡、瀑布，那个叫作沃思的小城堡和教堂司事的农场。这些记忆仿佛是一片模糊的大海中漂浮的小岛，一个个孤立地浮动着，互相联不起来。”[4]

“有一个情景浮现出来，那也许是我生活中最早的记忆，不过它只是一个非常迷离的印象。我躺在树荫下的一辆儿童车里，那是一个明亮温暖的夏日，天空蓝蓝的，金色的阳光穿过绿色的树叶，儿童车的车罩打开了，我刚刚睡醒；发现了这光辉灿烂的美景，有一种无法形容的舒适感

---

① 斐乐蒙(Philemon)，荣格的梦中意象，类似一位“先知”，荣格把他画下来，称其为“斐乐蒙”。

② 荣格家的族徽。据说这族徽本来是由凤凰图案组成，据另一版本，说是一只破茧而出的蝴蝶，所象征的均是年轻或朝气，直接寓意荣格家族的姓氏(年轻或朝气所寓意的是 youth＝young＝Jung)。后来，荣格的祖父改变了这族徽，用的是蓝色格调的葡萄，所象征的是神圣的精神，以及五星所象征的炼金术气息。

③ 荣格：《回忆·梦·思考》，刘国彬、杨德友译，沈阳，辽宁人民出版社，1988年，第20页(C. G. Jung. *Memories*, *Dreams*, *Reflections*. New York, Vintage Books, 1989.)。

④ 同上。

觉。我看见太阳在树叶和花丛中闪烁。一切都是那样的神奇、多彩、美好。”①

莱茵瀑布与洛封城堡/作者摄影

荣格在其传记《回忆·梦·思考》中，曾记录这样一个故事：

就在这堵墙的前面有一道斜坡，斜坡里埋着一块突出的石头，荣格称“这是我的石头”。童年的荣格，就常常独自坐在这石头上，陷入阵阵天真

① 荣格：《回忆·梦·思考》，刘国彬、杨德友译，沈阳，辽宁人民出版社，1988 年，第 20—21 页。

的冥想：

“我现在坐在石头上，石头在我下面。”但石头也能说“我”，也能想，“我躺在这道斜坡上，他正坐在我上面。”于是问题就来了：“我是那个坐在石头上的我呢，还是上面坐他的石头呢？”[①]

在茫然于这石头与自我的思索时，荣格说，往往有一种特殊的黑暗感伴随着这童年的疑惑……30年过后，接近不惑之年的荣格重又站在那道斜坡上，凝望着童年时曾坐在上面幻想的石头，他说：“突然我又变成那个曾经点一堆神秘意义的火，并且坐在石头上苦思冥想究竟石头是我，还是我是石头的孩子了。”[②]

当他八十几岁，回顾自己一生往事的时候，又特别提到这一故事。

他认为，这是其与庄子的缘分。“庄周梦蝶”曾带给荣格充分的想象与启迪，“逍遥”自在，“齐物”物化，也体现于荣格的生命。荣格自称是“庄子的信徒”，中国道家的追随者。

在第二届“心理分析与中国文化国际论坛”(2002)，我们也曾以“荣格与中国：对话的继续”做大会主题报告，其中也引用了少年荣格与石头的故事，并且引申说：“这也是生动的庄子梦蝶的物化体验：‘昔者庄周梦为蝴蝶，栩栩然蝴蝶也，自喻适志与？不知周也。俄然觉，则蘧蘧然周也，不知周之梦为蝴蝶与，蝴蝶之梦为周与？周与蝴蝶，则必有分矣，此之谓物化。’(《庄子·齐物论》)中国有句古话，把这种超时空的交流与沟通称之为‘神交’，那么正可形容荣格与中国的缘分。”[③]

荣格一生，如坎贝尔[④]之《千面英雄》的描述，跌宕起伏，充满传奇。

戴维·罗森(David Rosen)，在其《荣格之道》[⑤]一书中，用中文的“危机”，来解读与分析荣格一生的心路历程。戴维·罗森参考荣格传记，将其一生分为前后两部分六个阶段，前半生有“朝阳与青春：成为独立的个体”“青春期到精神医师：荣格早期危机的解决”“弗洛伊德时代：荣格中年

---

① 荣格：《回忆·梦·思考》，刘国彬、杨德友译，沈阳，辽宁人民出版社，1988年，第41页。

② 同上。

③ 申荷永：《荣格与中国：对话的继续》，见《意象与感应》，广州，广东教育出版社，2006年，第59页。

④ 坎贝尔(Joseph Campbell)，神话学家，荣格学者(曾担任美国旧金山荣格学院理事)，其著作《千面英雄》《英雄之旅》等均有中文版。

⑤ 戴维·罗森，《荣格之道》，申荷永、范国平译，北京，中国社会科学出版社，2003年。

危机的出现”。在戴维·罗森看来，正可用汉字之“危”来分析和解读。

汉字之“危”，人在厓上，取其“自卩止之”[①]之义。荣格出生及其早期学校生活，犹如孔子所说的“十五而志于学”，迎合汉字“危”中“人在厓上”之“人”。意识自我或自我意识，以及其与自性和道的关系，便是荣格此一阶段的主题。随后，荣格的大学生活与精神医师职业的开始，犹如“危”之“厂”(an)，“悬崖”之意象(产，人在厓上)，意味着荣格所遭遇的“早期危机”。1896 年，荣格父亲去世，触发其内在的“父亲情结”。也有学者由此来解释荣格与弗洛伊德的关系，两人相见恨晚的“移情”(Transference)。

弗洛伊德邮寄给荣格的照片(1906)

荣格的“弗洛伊德时代”，幸运中包含不幸，其中也包含其“中年危机”的出现。两人初次见面(1907)，一见如故，畅谈 13 个小时；随后一起前往美国参加克拉克大学 20 年校庆(1909)，获得重要的国际声誉。弗洛伊德将荣格视为自己的“儿子”，视为其精神分析的“皇太子”。1910 年国际精神分析学会(IPA)成立，荣格作为首任(终身)会长(Chairman for Life)，同时也担任精神分析期刊的主编。然而，由于荣格《无意识心理学》(后改名为《转化的象征》)出版(1912)，荣格与弗洛伊德产生重大分歧，使得他们分道扬镳。接着，荣格辞去 IPA 主席及期刊主编；同年，荣格也辞去了苏黎世大学的教授职务。于是，此一阶段的荣格，犹如汉字“危”中第三部分的字素“卮”，“厂”下“委屈之人”。于是，汉字“危”的第三部分，是一种谨慎回应的象形。在戴维·罗森看来，对应于此时的荣格，其特点是小心而缓慢地行进，使自己不至于丢失身份。

然而，置于死地而后生，或许也是荣格此时的写照。

在荣格的《红书》中，详细地记录了他梦中杀死“西格弗里德”(Siegfried)[②]的情景。这梦发生在 1913 年 12 月 18 日的夜里。而荣格对此梦的最

① 《康熙字典》(危)：“[徐曰]：孝经，高而不危，制节谨度。故从卩。卩，节也。”上海，上海书店，1985 年，第 167 页。

② 西格弗里德：德国中世纪的伟大史诗《尼伯龙根之歌》(*Nibelungenlied*)第一部里的英雄。

荣格与弗洛伊德(中间是霍尔)，参加美国克拉克大学的校庆(1909)

终理解，是杀死其自己的“英雄情结”。荣格说，尽管是在梦中，但他仍然感受到一种难以形容的悲悯，如其自己被杀死，那种英雄般的自我。置于死地始能后生，由此，荣格获得了危机之机，危险中的机遇。

同样，在《荣格之道》中，戴维·罗森认为，汉字“危機”之“機”的意象，正可用来分析与解读荣格后半生的心路历程。

繁体汉字之“機”，从“木”从“幾”，如《说文》所说，“主发谓之機”。“機”有织具之意象，如《集韵》：“织具谓之机杼，机以转轴，杼以持纬”。凡持经持纬，机之用主于发。在中国传统文化中，气运之变化曰机，如天机。“意者有机，缄而不得已耶。”(《庄子·天运篇》)“万物皆出于机，皆入于机。”(《庄子·至乐篇》)

繁体“機”中之“木”的意象，本为“冒地而生，东方之行。”《说文》称其“从中”(chè)。“木”字本取象于中，下象其根。徐锴注曰：“中者，木始甲拆，万物皆始于微。故木从中。”機之“幾”(几)，本义为微。易之初衷，正是极深研几。如《易·系辞》曰：“几者，动之微吉之先见者也。”这也正是荣格将《易经》作为探索无意识方法的绝妙契合。機之意象(木幾之合)，凡“冒地而生，东方之行”，“极深研幾，微吉先见”以及“機之主发，经纬天意”，均体现为荣格后半生的现实与命运。

1913年与弗洛伊德决裂之后，38岁的荣格陷入抑郁，触及无意识深渊的低谷。如荣格在其传记《回忆·梦·思考》中的介绍，这也使得他获得直接面对无意识的机遇，正符合中文“危机”的内涵。在其传记中，紧接着第五章“西格蒙·弗洛伊德”之后，便是以“直面无意识”(Confrontation with the Unconscious)为主题的第六章。

“直面无意识”是荣格一生的重要转折。其中堪称心灵传奇的故事，是其所遇到的原型意象，如预言者以利亚(Elijah)和诱惑者莎乐美(Salome)，以及随后出现的“斐乐蒙”(Philemon)。这些内在的心灵意象，在荣格经历(意识)“自我”象征性死亡体验之后，引导其获得(内在)自我的重生，以及自性(Self)的觉醒。在这期间，荣格撰写了《向死者的七次布道》(1916)，随后完成了其分析心理学的纲要性著作：《分析心理学两论》(1917)和《心理类型》(1921)。中国文化与中国哲学，对于荣格的早期著述具有重要影响，也如荣格自己所说：“论述类型的著作(《心理类型》)使我获悉，个人的每一判断均受限于其人格类型，因而任何一种观点都必然具有相对性。这便产生必须对这种差异进行补偿的整合性问题，于是，其将我直接引向中国之道的观念。我讲过我内心发展与卫礼贤寄来道家文献相互作用的故事。1929年，我和他合著了《金花的秘密》。只是在我的思想和我的研究触及核心之点——也即‘自性’的时候，我再次找到重返世界的道路。”①

1922年，47岁的荣格买下波林根的地产。波林根位于苏黎世湖尽头的一个村庄，荣格在那里购买一块本来属于教堂的地产(早先属于圣嘉尔修道院)。随后不久其母亲去世，荣格开始在波林根建造他的“塔楼”，融入自然，获得自然的生机，也如汉字之“機”内含的意义。波林根的塔楼也是荣格积极想象的体现，这里犹如其神圣花园，他在此为“浮士德”来忏悔，与斐乐蒙散步谈心。通过其内在的阿尼玛意象，其自性获得觉醒与成长，获得其人格的超越与整合，归于其心目中的中国之道。

繁体汉字“機”中之“幾”，也有“茧卵”的意象：(伯归夆簋，西周中期)，已是象征孕育、整合与转化。如茧卵孵化会变为蝴蝶，具有女性、灵魂和转化的象征意义。作为心理学(psychology)的词根“普绪克”(psy-

① 荣格：《回忆·梦·思考》，刘国彬、杨德友译，沈阳，辽宁人民出版社，1988年，第352页(C. G. Jung. Memories, Dreams, Reflections. New York, Vintage Books, 1989)

che)，本来便是具有蝴蝶翅膀的心灵女神。于是，荣格心理学中的阿尼玛概念，犹如道家之“致虚极，守静笃”，如“玄牝之门”的天地根，在自性化的过程中，始终有道的呼唤。

1944 年秋天，荣格 69 岁的时候突发心脏病，濒临死亡而经抢救获疗愈。后来，荣格经历了托妮·沃尔夫(Toni Wolff)[①]的过逝，以及艾玛·荣格(Emma Jung)[②]的离去(1955)，渐渐步入老年的荣格，依然在其返璞归真的旅程。

荣格晚年在波林根

荣格于 1947 年即他 72 岁时退休，然后大部分时间都在其波林根的塔楼。在这里，他为卫礼贤《易经》的英译本撰写了序言，随后发表了关于(《易经》)“共时性”的研究，完成《神秘参与》(*Mysterium Coniunctionis*)的巨著及诸多后期著述，以及，在其 84 岁时，在波林根与其秘书亚菲(Aniela Jaffe)一起，撰写《回忆·梦·思考》的传记。

犹如荣格在其传记结束时所说，他感受到了老子，领会了老子对他所说的话，体验到了价值与无价，归于那永恒而未知的意义，希夷大道。

我们与《荣格之道》的作者戴维·罗森是好友，相识多年。我们曾一起策划组织第一届“心理分析与中国文化国际论坛”(1998)，在他看来，荣格与中国文化，是贯穿其一生的主题与情怀。

1959 年，荣格为其《红书》封笔，似乎是要为其撰“跋”，来对《红书》做最后的交代，留下一页及一行文字，并未完成；又像一封没有写完的信函，荣格欲言又止，留给我们一串省略号，置于《红书》的最后。在这一页文字的“跋”中，同样包含了《红书》与中国的关系，特别提到卫礼贤与《金

① 托尼·沃尔夫(Toni Wolff；Antonia Anna “Toni” Wolff；1888 年 9 月 18 日—1953 年 3 月 21 日)，荣格的助手。

② 艾玛·荣格(Emma Rauschenbach Jung；1882 年 3 月 30 日—1955 年 11 月 27 日)，荣格的妻子。

花的秘密：中国的生命之书》（以下简称《金花的秘密》）。荣格在其《红书》的最后说：

“我一向明白这些体验包含某种珍贵的东西，于是，最好是将其做‘珍贵’的记录，也就是说，将其记录在珍贵的书中，尽我所能通过重新体验或使其复活，来描绘那些涌现的意象。我知道即使如此仍然难以穷尽，尽管困难重重，我亦然对其真诚，尽管另有可能，从未……”①

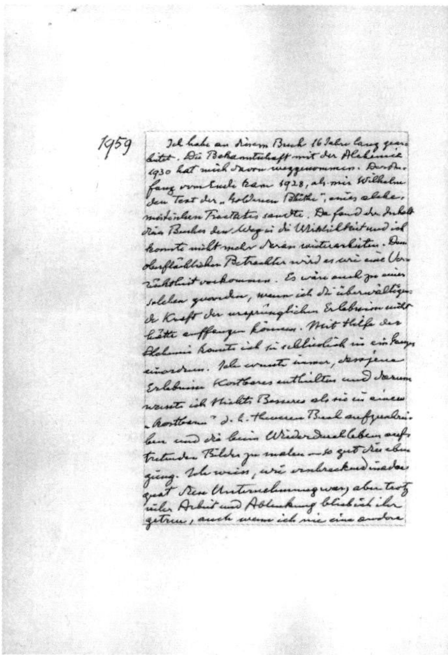

荣格手迹，其《红书》之跋

于是，荣格之与中国文化，可谓情深意长。中国文化对荣格的影响，不仅体现在道家哲学和《易经》，凡儒家思想，佛教教义，以及中国神话传说和中国文化艺术，均融入荣格与其分析心理学。荣格之中国文化情怀，也可在其房屋的中国气氛以及其内心意象中获得体现。

第二节 荣格房屋的中国气氛

瑞士苏黎世库斯纳赫特航海路 228 号②，是一栋很大的花园别墅。从临街的入门处望去，深深的院落，一片绿色和树荫中，坐落一栋看似城堡的大屋。

院落深深，来到房子门前，门栏上刻有拉丁文的德尔斐神殿箴言：

---

① 荣格：《红书》苏努·沙姆达萨尼英文编译(C. G. Jung. The Red Book. Sonu Shamdasani. New York. W. W. Norton & Company，2009. P. 360)。

② 荣格故居，瑞士苏黎世库斯纳赫特航海路 228 号(228 Seestrasse in Küsnacht)。

荣格房屋，瑞士苏黎世库斯纳赫特航海路 228 号/作者摄影

“呼唤与否，神灵永在。”[①]对于荣格来说，这是告诫人们，也是提醒他自己，敬畏神灵是智慧的开始。

荣格的房屋建于 1908 年。在房子的奠基石上，用拉丁文刻有这样一段文字：“1908 年，卡尔·古斯塔夫·荣格和其妻子艾玛·罗森巴赫在此愉快静怡的地方建立了这栋房屋。”[②]

房子建在苏黎世湖畔，依山傍水，负阴而抱阳。

但是，荣格的房屋看上去犹如城堡或教堂，与周边住家的房子风格迥异。

实际上，这房子的最初设计，出自荣格本人之手。他一心想建造一座城堡或者教堂。因为，在其意识和无意识之中，他不仅要在此生活，而且，一心要用其生活换生命与上帝和神灵来沟通。于是，有意无意中，要为神灵留出适意的空间。

① “呼唤与否，神灵永在”(拉丁文：VOCATVS-ATQVE-NON VOCATVS-DEVS-ADERIT；“Summoned and unsummoned，God will be present”)荣格曾有对这句格言的解释：“是的，它是在说神在这里，但以什么样的形式，又意欲何为？我把这句题词刻在这里的目的，是为了提醒我的病人和我自己：敬畏耶和华是智慧的开始(Timor dei initium sapentiae)/《诗篇》第 111 首 10 行)。另一条同等重要的路在这里开始，不是通往‘基督教’，而是直达神那里，这似乎是终极的问题。”见荣格写给尤金·罗尔佛的信，1960 年 9 月 19 日，《荣格书信集》第 2 卷，611 页。

② 安德烈·荣格：《荣格的房子》(*The House of C. G. Jung：The History and Restoration of the Residence of Emma and Carl Gustav Jung*. Chiron Publications，2008)。

荣格的妻子艾玛·荣格，感觉荣格最初的设计毕竟太像“城堡”或“修道院”，不适家居风格。于是找来专业的设计师，在尽量吸纳荣格想法的同时，也根据传统住家的需要，改为目前我们所看到的模样。

荣格家的大门/作者摄影

一楼是餐厅和会客室，落落大方，既传统也尽显世俗生活的需要。

上去二楼，除了卧室，最主要的空间便是荣格的书房。作为专业的心理分析师，荣格也曾在这里接待他的“病人”。我们知道，在荣格的病人中，包括获得诺贝尔物理学奖的泡利(W. Pauli)[①]，和

荣格与艾玛(1903)

获得诺贝尔文学奖的黑塞(H. Hesse)[②]，以及诸多后来成为杰出心理分析

① 泡利(Wolfgang Ernst Pauli，1900—1958)，1945年获得诺贝尔物理学奖。

② 黑塞(Hermann Karl Hesse，1877—1962)，1946年获诺贝尔文学奖。

荣格在客厅接受 BBC《面对面》节目的采访(1959)

师的学者，如乔·汉德森(Joe Henderson)、玛丽一路易丝·冯·弗朗兹(Marie-Louise von Franz)、芭芭拉·汉娜(Barbara Hannah)、乔兰德·雅各比(Jolande Jacobi)、詹姆斯·科茨(James Kirsch)等。

荣格的孙子安德烈·荣格将这书房，形容为荣格的“大脑”，寓意其思考与工作的地方。

十分有趣的是，书房壁炉的上方，有荣格收藏的一颗古人的骷髅头。

当然，也有生动的伏尔泰头像。

然而，整个书房中最大的一幅画，在荣格书桌对面的墙壁上，是一幅“水月观音”。“观自在菩萨，行深般若波罗蜜多时，照见五蕴皆空，度一切苦厄……”(《心经》)如此生动的观世音，辉映出整个书房的东方气氛。

而在这栋房屋中，尤为重要的，便是荣格的“密室”，其沉思与独处的地方。也如荣格在其《红书》[①]中的描述，在这里，他要与上帝做沟通，与灵魂来对话。

身处荣格的密室，给我们的感觉，这正是“荣格之心”或其“心的意象”，分析心理学神圣处所的核心。因为，在我们看来，荣格不仅是用其

① 荣格《红书》，撰写了16年的私人日记，2009年首次公开出版，被《时代周刊》称之为心理学近百年历史中最重要的事件。

荣格书房一角

荣格在其书房阅读

大脑来思想，由于深受中国文化的影响，他也深知如何用心。

在其传记《回忆·梦·思考》中，荣格也曾记录他与美国印第安酋长奥奇维艾·比昂诺(Ochwiay Biano)的故事。

1924年，49岁的荣格重访美国，在新墨西哥州的印第安人村落(the Taos pueblos in New Mexico)，与奥奇维艾·比昂诺，也称"山湖"酋长(Mountain Lake)成为知心朋友。荣格曾问比昂诺，为什么他认为白人都是疯子。比昂诺回答，是因为"他们说他们是用头来思想的"。对此荣格更显困惑，他再问比昂诺，不用头能用什么呢，那么你又是用什么来思想的呢？比昂诺用手指着自己的心说，我们在这里思想。①

荣格说："我顿时陷入长时间的沉思……这位印第安人击中我们的要害，揭示出我们全都视而不见的事实。我感到内心涌现一种无形的迷雾，一种不可名状却又倍加熟悉的感觉。"②于是，这也是"心"的唤醒，"用心"的启示。

荣格与"山湖"酋长(照片经后期处理)

荣格相信，美国印第安人的内心，便是中国人的灵魂；或者说，美国的印第安人便是古代的中国人，因为荣格相信古代中国人穿越白令海峡抵达美洲大陆的传说。

进入荣格密室之前，在荣格书房的一端，你会看到上面所悬挂的一幅汉字书法。

很多年前，我们在荣格的书房，与荣格孙子安德烈聊天。

然后我们想进入荣格的密室。安德烈说："好啊。"但他似乎想到什么，转过身来说："喂，我都忘了问了。你们来看看，这是中文吧。"安德烈接着说："这么多年它一直悬挂在那里，但大家都不知道上面写的是什么。"

走近荣格密室的门口，我们端详这幅汉字书法，龙飞凤舞的草书，一

---

① 荣格：《回忆·梦·思考》，刘国彬、杨德友译，沈阳，辽宁人民出版社，1988 年，第 416—417 页(C. G. Jung. *Memories*, *Dreams*, *Reflections*. New York, Vintage Books. 1989. P. 248)。

② 同上。

时间竟不能辨认其中所有的汉字。

我们对安德烈说："是中文。不过，真的不好意思，我们也不能辨认其中所有的汉字。或许，这是荣格的特别用意，其中包含着某种'密语'或'隐喻'吧。"[①]

进入荣格的密室，我们试着坐在荣格的椅子上，抚摸其书桌，想象着在这里静思冥想，撰写《红书》，抒发心意的荣格。

荣格的书桌，桌子上的红书

荣格《红书》第一章为"重寻灵魂"(Re-finding the Soul)。荣格以这样的话语开始，仿佛在与灵魂对话：

① 于是，我们便将其拍了下来，发回国内，找到中国书法协会一位专门研究草书的专家。他虽为其做了翻译，但告诉我们说，其中仍然有他不能辨认，不能确认的几个汉字表达。但其大义，如诗如画之间，借助王勃之神笔，发挥《易经》的卦象，犹如"密语"，极具隐喻的内涵。

“我的灵魂啊，你在哪儿？你听得见我吗？我说话，我叫你，你在吗？我回来了，我又在这里了……”[①]

坐在荣格的密室，想象着荣格与其《红书》，其生动的积极想象，其与灵魂的真实接触……一切宛如梦中。

荣格《红书》自从出版即引起轰动，如此生动的心灵意象，如此深邃的灵魂探索。然而，《红书》为什么是“红”的呢？曾为荣格抄写《红书》的卡莉·芬克（Cary Fink）在其工作日记中有如下记录：

> 你（荣格）说麦林克（Meyrink）在另外一本名为《白色多米尼克》的书中所使用的象征正是你最初在揭示自己的无意识时使用的，此外你还说，他曾提到一部《红书》，他说这本书包含一些神秘的内容，你正在这本书中写你的无意识，而且是你把这本书称为《红书》。

而麦林克在其《白色多米尼克》的第7章，描写了“创始人”带来新的英雄克里斯托弗，也即“任何人只要拥有这部朱红色的书，这是具有永恒生命的植物，能够唤醒属灵的气息，是拯救生命的秘密……它之所以被称为朱红色的书，是因为根据古代中国的信仰，红色是那些达到最完美阶段的人所穿服装的颜色，这些人是为拯救人类而活在世上。”[②]于是，荣格的《红书》，冥冥之中，也与中国文化有着不解的渊源。[③]

2003年，我在撰写《荣格与分析心理学》时，曾有这样的形容：“许多年前，我们在瑞士苏黎世荣格学院做心理分析训练。每当走在前往荣格学院的路上，尤其是经过那座小桥，听到流水的响声和感觉到脚下石板的回应时，总有一种踏到了荣格‘脚印’的感觉。那正是荣格当年几乎每天都要走的路。”[④] 那些年我们就住在库斯纳赫特，夜晚散步也常常经过荣格家，

---

① 荣格：《红书》，苏努·沙姆达萨尼英文编译，周党伟翻译，北京，机械工业出版社，2017年（C. G. Jung. *The Red Book*. Ed. Sonu Shamdasani. New York. W. W. Norton & Company, 2009. P. 232）

② 同上书，第212页。

③ 申荷永：《〈红书〉为什么是“红”的?》，见默瑞·斯丹主编：《我们时代的荣格红书》（Murray Stein. Ed. *Jung's Red Book for Our Time: Searching for Soul under Postmodern Conditions*. Chiron Publications, 2017.

④ 申荷永：《荣格与分析心理学》，广州，广东高等教育出版社，2004年，第4页。

总是不由自主望去荣格书房的灯光，想象在灯下思考写作的荣格。

在《洗心岛之梦》中，记录了作者第一次梦到荣格的情景，梦中去到波林根："梦中，荣格讲述了很多与中国有关的事情，并送我其地下室的钥匙。而我则带去自己制作的一个纸盒，作为送给荣格的礼物。梦中的荣格欣然接受了，将其放在了自己的书桌；但却留下我的疑问，我不知这样的一个纸盒能用来做什么。"①

在荣格密室的书桌上，现实中，还真的有类似作者梦中送去的那样一个盒子，几乎一模一样。好多次，我们都默默地望着这盒子，很想知道它与荣格的关系，它能有什么用途。于是，有那么一次，我们终于忍不住，便直接来问安德烈·荣格："这盒子是用来做什么的呢?"

荣格的"黑书"，引自苏努·沙姆达萨尼：《荣格：书中传记》②

安德烈随手拿起盒子，慢慢地说："这里面可以说是荣格的秘密，收藏其心得、思想和灵感的地方。"喔，于是我们明白，这是荣格的"思想藏"，类似于"卡片盒"。于是，其中有汇聚于《红书》的原始素材，如其在《黑书》③中的收集，皆有在这特殊盒子中的酝酿，荣格的密室中的秘密。

1995 年在瑞士开始心理分析研习以来，我们常去荣格家。每次过去，也总是要进荣格的书房和密室，感受其中的气氛。

在荣格密室的书桌上，有一尊卢舍那佛像，这是荣格常常要面对的。

在这佛像的背后，是一面靠墙的书架，若是聚焦于前方，正是荣格所

① 苏努·沙姆达萨尼：《荣格：书中传记》英文版；Sonu Shamdasani. *C. G. Jung: A Biography in Books*. New York and London. W. W. Norton & Company. 2012.

② 申荷永：《洗心岛之梦》，第三章"寻梦波林根"，广州，广东科技出版社，2011 年，第 64—65 页。

③ 荣格《黑书》，7 本黑(棕)色封皮的笔记本，近期将有公开出版。

收藏的《东方圣典》。在这五十卷"东方圣典"中，有数十部中国经典，包括《易经》《道德经》《论语》《管子》《庄子》《尚书》《诗经》《孝经》《礼记》和《坛经》等。

荣格收藏的《东方圣典》

在荣格的密室与书房，除此"东方圣典"之外，还有数十部中国著作：不同的《易经》翻译，多语种的《老子》版本，诸多禅宗经典(如《心经》《金刚经》《六祖坛经》《传灯录》《碧岩录》)，卫礼贤所著所译的大部分著作，如：《老子与道教》(*Lao-Tse and Taoism*，1925)、《庄子南华真经》(*Dos wahre Buch vom südlichen Blütenland*，1912)、《吕氏春秋》(*Frühling und Herbst des Lü Bu We*，1928)、《孔子的生活与工作》(*Kung-Tse，life and work*，1925)、《中国哲学》(*Chinese Philosophy*，1929)、《中国心灵》(*The Soul of China*，1926)、《金花的秘密》(*The Secret of the Golden flower. A Chinese Book of Life*，1944)、《西游记》(*Wu Ch'eng-en Monkeys Pilgrimage. A Chinese Legend*)、《中国童话》(*The Chinese Fairy Book*，1922)，以及《中国古诗》(*Chinese Poems：A Hundred and Seventy. Arthur Waley*，1923)和《中国神话传奇选》(*Chinesische Mythen und Legenden. Klaus Werner Krieg*，1946)等。

在荣格书桌背后的墙壁上，是一幅中国山水画。画中，山色峻美，高山流水，小桥人家，衬托出一种融入自然、天人合一的气氛。

书桌左边靠窗的侧面，悬挂着一幅中国国画：《水鸟图》。

于是，在荣格的书房和密室，"中国意象"随处可见，荣格的房屋充满中国文化的气氛。

2007 年，一次在荣格家，安德烈让我们在"荣格家朋友"留言，荷永坐在荣格书房的书桌前，写下："使我介然有知，行于大道。"

作者在荣格书房(2007)

2014年，我们与颜泽贤先生[①]及东方心理分析研究院、华南师范大学和澳门城市大学的心理分析研究生前往维也纳和苏黎世做学术访问与交流，来到苏黎世当然也会拜访荣格家。

安德烈·荣格热情招待大家。我们一行46人分为四组进入荣格书房参观。安德烈对作者说，你们已经很熟悉这里的所有细节，那就来帮我介绍荣格的房屋给大家吧。

于是，我们如荣格家里人一样，认真地来介绍荣格的大屋，荣格的书房与密室，介绍在这里所发生的传奇的故事。

2010年11月，我们曾与刘大钧先生[②]一起在苏黎世荣格国际学校做"《易经》与心理分析"的学术交流，其间也专程去家中拜访安德烈·荣格。

刘大钧先生书写"天颐生气"，送给荣格家，并在"来访留言"中写下："君子黄中通理，正位居体，美在其中，而畅于四肢，发于事业，美之至也。"

要离开荣格书房时，刘大钧先生示意说："荷永，我们一起给荣格先

---

① 颜泽贤，中国哲学家，华南师范大学前任校长，原广东省社会科学联合会主席，澳门城市大学创办校长。

② 刘大钧，山东大学教授，国际著名易学专家，中国中央文史馆馆员。

在荣格的书房，本书作者与安德烈·荣格、颜泽贤及东方心理分析研究院一行(2014)

刘大钧先生为荣格家题词，并留言(2010)

生鞠个躬吧。”于是，我们和刘大钧先生一起，面对荣格画像，认真地鞠躬致意。

随后，刘大钧先生生动描述他在荣格家的感受，其中浓郁的中国文化气氛，他所感受到的荣格。刘先生感叹说：“荷永，荣格应是中国大儒转世。”

实际上，这也是卫礼贤的感觉。他曾撰文《我在中国遇到荣格》。也即，对他来说，荣格几乎是中国智者的化身。

刘大钧、安德烈·荣格与本书作者在荣格书房(2010)

书桌前的荣格

第三节　荣格内心的中国意象

荣格一生，有着许多传奇。曾被弗洛伊德视为精神分析的“太子”与“皇储”，却义无反顾去走自己的路，为了成为自己；为此不惜跌入无意识的深渊，为此总是要涉入从未被触及的心灵境遇。1909 年，还是在美国克拉克大学 20 年校庆期间，荣格与威廉·詹姆斯一见如故，詹姆斯也曾富有深情地说，根据波林的记述：心理学未来的希望，就在他们心理分析学者身上。

荣格的传奇属于心灵传奇，如《美丽的心灵》[①]所传达的心灵的美丽。他与爱因斯坦是朋友和同事，与黑塞与保利等更是关系密切。但是，在荣格的传记《回忆·梦·思考》中，诸多名人他无一提及。然而，荣格却为托妮·沃尔夫撰写了整整一章[②]，其对于荣格及其分析心理学的意义不言而喻。

托妮·沃尔夫1888年9月18日出生于瑞士一个富有家庭，从小充满对东方的向往。1909年父亲去世，21岁的托妮·沃尔夫陷入抑郁。于是她找到荣格，开始接触分析心理学与心理治疗。荣格在托妮·沃尔夫身上发现其本来具有的治愈能力，并鼓励她将其发挥，发挥其内在的力量。1911年，托妮·沃尔夫也与荣格一起，参加维也纳国际精神分析大会。此时荣格已深受托妮·沃尔夫的吸引，如他在写给弗洛伊德信中的描述："我的新发现，托妮·沃尔夫，极高智力，具有对宗教与哲学的卓越情感。"[③]

1913年荣格与弗洛伊德决裂。陷入抑郁的荣格开始工作自己的《红书》，托妮·沃尔夫在其中扮演了关键角色，呼应着荣格特殊的内在体验。荣格曾对其秘书亚菲说，在其一生最为困难而又至关重要的时刻，是托妮·沃尔夫陪其左右，倾听与守护其意象、梦、幻觉的密语及不可思议的消息，俨然如其"阿尼玛"的体现，心灵探索的伴侣。

1912年圣诞节后不久，荣格做了这样一个梦："我梦见我与我的孩子们在一个豪华富裕的城堡公寓中，有宽敞的柱子走廊，我们坐在一张圆桌前，桌面是华丽的深绿色石头。突然一只海鸥或鸽子飞进来，轻轻落在桌上。我告诉孩子们保持安静，不要吓跑那只美丽的白鸟。这只鸟突然变成一个八岁孩童，金发的小女孩，与我的孩子在柱子走廊中玩耍奔跑。然后那孩子突然变成海鸥或鸽子，她对我说了以下的话：'只有在夜晚第一个

---

① 《美丽的心灵》(*A Beautiful Mind*)，以纳什为原型拍摄的电影，朗·霍华德导演，获第74届奥斯卡金像奖。

② 荣格在其传记《回忆·梦·思考》中所撰写的"托妮·沃尔夫"一章，由于种种原因，并未公开出版，手稿被收藏在美国国会图书馆。

③ 《弗洛伊德与荣格书信》(英文)第440页，荣格1911年8月29日写给弗洛伊德的信。(Jung to Freud，29 August 1911；William McGuire，ed.，*The Freud/Jung Letters*，(Princeton：Princeton University Press，1974，P. 440)。

小时，我会变成人类，公鸽子这时忙着那十二个亡者。'说完后，鸟飞走了，我醒了过来。"①

荣格曾在其日记中说(《黑书一2》)，由于这个梦，使他决定与托妮·沃尔夫建立密切的关系。在荣格看来，梦中所传达的消息，是一个信念的开始，无意识并非迟钝物质，而是具有生命的存在。当然，这梦中的鸽子，也犹如生动的"阿尼玛"意象；如荣格的回忆：(这梦)"显示了阿尼玛像一个精灵，只有部分是人。她也可能是只鸟，意味着她也许完全属于自然，可以消失不见(也即成为无意识)，离开人类领域(也即意识)。"②

1953年3月21日，托妮·沃尔夫去世，荣格极度悲伤。他用了很长时间，在一块石头上，为托妮·沃尔夫做"墓碑"寄托哀思。在此触及灵魂与深度情感的时刻，荣格选择了中文来表达其内心的意象。他在这块石头的左边，用竖排的顺序，依次刻有"朵—髛—犲—尼—赜"五个汉字。

荣格努力学过汉字，希望能用汉字来阅读中国文化经典，比如《易经》。或许他已有直觉，通过汉字，便可以直接来感受中国文化的灵魂。确实如此，中国文化的精义，很大程度上凝聚在汉字之中。于是，荣格曾感叹说，易象与汉字，都属于可读的原型。③

在这块石碑的中间，荣格刻了一枝生动的银杏，枝上有四朵银杏叶，其中最上面的一朵含苞欲展，树木垂朵朵，而另有一朵银杏叶离枝落下……在这石碑的右下角，有一位老人，低垂着头，拄杖而立。

石碑中所刻画的这老人，应是荣格自己；所持拄杖，应是掘土的工具。

荣格将这块纪念托妮·沃尔夫的石碑，置放在其花园中的一棵银杏树下。这棵银杏树，正是从中国进口的。很多年前，苏黎世荣格学院的学生们，将这棵来自中国的银杏树，送给荣格作为其生日礼物。荣格就将这棵

---

① 荣格：《回忆·梦·思考》，刘国彬、杨德友译，沈阳，辽宁人民出版社，1988年，第290—291页(C. G. Jung. *Memories*, *Dreams*, *Reflections*. New York, Vintage Books. 1989. PP. 171—172)

② 荣格："儿童原型的心理学"，《荣格全集》第9卷之一英文版(CW. 9—i，§ 371 Princeton University Press, Princeton, New Jersey, 1966. 以下只列章节)。

③ 这是作者常"引用"(荣格)的一句话，直到有一天，在复旦大学的一次学术报告中(2010)，与荣格做过面对面心理分析的汤姆·科茨对作者说："自从听你说荣格有这么一句话，随后几年我翻遍了荣格全集，但并没有找到荣格这句话的出处。"于是，汤姆·科茨幽默地说："以后，就说'荷永说汉字是可读的原型'好了，反正荣格也会同意的。"

中国的银杏树种在了自家院子里。

乔·汉德森(Joe Henderson)先生曾与我们讲述有关这块石碑的故事。那是1958年的秋天，汉德森去苏黎世看望荣格。

两人在书房交谈了很久。然后，荣格带汉德森去到花园，走到那棵来自中国的银杏树下，去看纪念托妮·沃尔夫的石碑。

汉德森先生说，荣格指着石碑上的汉字这样告诉他："汉字是从上往下读的，这些汉字的意思是：托妮、沃尔夫、莲花、尼姑、神秘"(Toni，Wolff，Lotus，Nun，Mysterious)。

实际上，荣格所刻的这块石碑和汉字，图文并茂，富有创意和深情，其中着实蕴含特殊哀思与寄托。

很多年前，荣格孙子安德烈·荣格曾让我们帮助翻译这石碑中的汉字。记得当时，我们曾为安德烈做了不同版本的翻译和解读，或直译，或意译，或发挥其中的象征和寓意。荣格所用的每个汉字，都有其所包含的原型意象，都有其特殊的故事和意境。这汉字之意境，如语如歌，如诗如画。

显然，荣格用汉字之"朵"，是来称呼"托妮"的。不无巧合的是，在西文古语中，Toni的本义，也正是"花朵"。

《说文》注"朵"为："树木垂朵朵也。"并引用《易经》颐卦之"观我朵颐"，来衬托"朵"之深远意境。这也与荣格在这石碑中央所刻画的数朵银杏叶相呼应。

荣格所刻的第二个汉字为"𦙶"。我们对安德烈说，这"𦙶"应是荣格自创的汉字。他顿时显得好奇而神往。

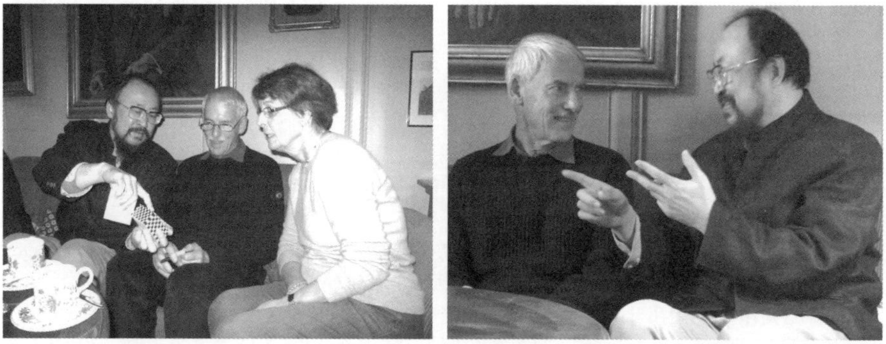

本书作者在为安德烈·荣格和其夫人弗丽尼(Vreni Jung)翻译荣格所使用的汉字

我们解释说，或许，荣格已是理解汉字的造字原则，所用“䣾”，应属于特殊的“会意”吧。

花朵自有花香，荣格所用“香尼”之组合别具一格。香者，芬芳之谓，至治馨香，感于神明。尼者，本有亲近义，如亲昵。《说文解字》释为“从后近之”；古语有“悦尼而来远”……于是，荣格所用汉字“朵一䣾”来称呼“托妮”，已是包含无意识的原型奥秘。

我们对安德烈说，汉字如画，荣格所用的这些汉字，与石碑中所刻画的图案相辅相成，组成生动的意象，蕴含生动的故事。对我们来说，或其所引发的感受与意象，如屈原《离骚》之“不吾知其亦已兮，苟余情其信芳”；也如陆游《咏梅》之感怀：“零落成泥碾作尘，只有香如故。”[①]

托妮·沃尔夫

我们尤其感叹荣格所用汉字之“赜”。这并非常用汉字，但出现在《易经》中，如《易经·系词》：“圣人有以见天下之赜，而拟诸其形容，象其物宜，是故谓之象。”赜者，其义为幽深难见，故《易》有“探赜索隐”之喻。

汉字之“赜”由“𦣞”与“责”组成，形声而会意。“赜”在“贝”部，作为姓氏言。责者求也，从“贝”“朿”声，有责任、契约和任务之内涵。赜之“𦣞”归“臣”部，且与“赜”之义有关联。臣者牵也，具有牵牛之意象，如《说文》释“物”之牛：“物，万物也。牛为大物，天地之数，起于牵牛”，于是，臣有臣服和顺从（本性）之寓意。这些，在荣格所刻悼念托妮的汉字中，似乎是包含了荣格与托妮的特殊关系及意义。

当然，托妮·沃尔夫不仅仅是荣格内心的阿尼玛意象，而且也是真实而客观的存在。荣格妻子艾玛，以一种特殊的方式，接受了托妮·沃尔夫的“存在”，以及其与荣格备受争议的特殊关系。

---

① 陆游《咏梅》：驿外断桥边，寂寞开无主。已是黄昏独自愁，更著风和雨。无意苦争春，一任群芳妒。零落成泥碾作尘，只有香如故。

荣格1896年第一次遇到艾玛·罗森巴赫(Emma Rauschenbach)，可谓一见钟情。7年后两人结婚，那一天正是“情人节”，1903年2月14日。

艾玛十分富有，她是沙夫豪森万国钟表(IWC)产业的继承人，如同在《危险方法》的电影中，艾玛的扮演者表现的那样楚楚动人，落落大方，善解人意。艾玛·荣格也是心理分析师，著有《阿尼玛与阿尼姆斯》，以及有关《圣杯传说》的研究。艾玛全力支持荣格的事业，她曾劝说弗洛伊德应该多从荣格的角度来调整两人的关系。后来，荣格的学生与追随者建立了苏黎世心理学俱乐部(The Psychological Club in Zürich)，艾玛也曾担任主席，致力于推动分析心理学的发展。

艾玛与荣格相伴52年，生育1个儿子和4个女儿。1955年11月27日，艾玛由于癌症去世，终年73岁。

艾玛过世，使得荣格充满悲伤，几乎从未再有完整的恢复，直到6年后他自己的离去。

荣格全家福

善解人意的儿子弗朗兹，为隐居在波林根的父亲送来石头。荣格与这石头相伴，终日在石头上琢磨雕刻，来表达与寄托对艾玛的悼念与哀思。

根据汉德森先生以及冯登·普斯特(Laurens Van der Post)[①]的描述和记录，荣格仍然是用中文，在纪念艾玛的石头上，刻有汉字意象：“你是我房屋的基石”。

荣格与艾玛在波林根

对于荣格来说，婚姻便是家，如他与艾玛在库斯纳赫特所建的房子，以及他在波林根建起的塔楼，不管是在真实的意义上还是在象征的意义上，艾玛也都是荣格与其分析心理学事业的重要基石。

听汉德森和普斯特先生的讲述，荣格所用中文，所要表达的，也正是《易经》中坤卦的意象：“地势坤，君子以厚德载物。”

如今，在库斯纳赫特航海路228号以及波林根塔楼，我们都还能看到许多荣格所刻的石碑或者雕像，但已不是全部。每块石碑与雕像，如其在《红书》中的绘画，都包含生动而深刻的故事与传奇。

荣格的波林根石刻：熊与球

荣格的波林根石刻：愚者

① 冯登·普斯特(Laurens Van der Post，1906年12月13日—1996年12月16日)，荣格的朋友，作家、哲学家，英国威廉王子的教父。

荣格的波林根石刻：方碑

荣格的几位孙子及重孙，都曾带我们去过波林根，尽情讲述他们各自经历的荣格与波林根的故事，包括其中的石刻。

约斯特·赫尼(Jost Hoerni)，荣格第17位孙子(外孙)，荣格去世的时候他刚好17岁。他对我们说，荣格在刻这块石碑的时候，他就在旁边。出于好奇，他问爷爷："你刻的是什么?"荣格对他说："上面有文字啊！你认识的嘛。"(上面刻的是拉丁文，约斯特那时已学了拉丁文。)约斯特说："上面的字我都认识，'一个熊在推一个球。'但这是什么意思呢？我还是不明白。"

荣格将约斯特拉近身边，指着遥远的天空，告诉他说："这熊啊，是宇宙中的大熊星座；而这球呢，则是我们的地球……"尽管这是约斯特在讲述他爷爷对年轻时的他所说的话语，但那一刻，也深深触动了我们。

本书作者与约斯特·赫尼在波林根

在我们的童年，夜晚还总是满天星斗，依稀可辨。大熊星座也即北斗七星所在的星座，中国古人将其命名为："天枢、天璇、天玑、天权、玉衡、开阳、摇光"；前四星为斗身，后三星为斗柄。正所谓斗柄指东，天下皆春；斗柄指南，天下皆夏；斗柄指西，天下皆秋；斗柄指北，天下皆冬。从"天璇"通过"天枢"向外延伸一条直线所看到的一颗明星，便是北极星。果然，这大熊星座，与地球的命运如此相关。

约斯特深情地说，在波林根，你才能看到另一个荣格，简朴自然，和蔼可亲，如一位隐居的中国道家长者……

我们曾为《心理分析》期刊撰写“愚者之心”的文章，援引了荣格在波林根的“愚者”石刻。荣格外孙丹尼尔·鲍曼(Daniel Baumann)，时任苏黎世荣格学院院长，以及荣格最小的一位孙子，作为音乐家的汉斯·赫尼(Hans Hoerni)，都曾带我们到波林根，也都曾生动讲述荣格所刻的“愚者”(Trickster)意象和寓意。

喜欢在波林根塔楼大树下读书的荣格，一度为“愚者”意象所萦绕。有那么一天，正在读书的荣格，掩卷而思，恍惚之间，在他所面对的塔楼石墙上，涌现出“愚者”的身影。荣格跃身而起，拿起工具，便在这石墙上雕琢起来……直到目前我们所看到的这“愚者”意象渐渐浮现。

对荣格来说，在这“愚者”的意象中，亦如道家之“大智若愚”，也曾给予他如何面对无意识的诸多启迪。

我们第一次到波林根是由乌里希·赫尼(Ulrich Hoerni)与默瑞·斯丹(Murray Stein)带去的。乌里希是荣格的外孙，当时担任荣格著作基金会主席。荣格《红书》的出版主要是他的决定，他也为《红书》撰写了长篇序言。

使我们印象深刻的，便是乌里希所介绍的荣格“方碑”。这是偶然来到波林根的一块石头，可以说是不期而遇(本来不是荣格所定的石头，但被错运来波林根，荣格也接受了)，注定的缘分。石刻正面面向东方，荣格在其中“看到”一只“眼睛”，于是就顺其自然的纹路，刻出了中间的圆心，以及圆心中的“小人”，让其包含“你在别人眼睛的瞳孔里所看到的你”的意思。这“小矮人”身穿钟形斗篷，手持一盏灯，俨然像一位指路人。荣格用拉丁文刻了这么一段话：“时光是个孩子……像孩子那样在玩耍……玩着棋盘游戏……孩子的王国与天下。这就是泰雷斯富鲁斯(Telesphoros)①，他在这宇宙的黑暗处徜徉，像透过夜空的星星那样闪闪发光。他指引着通往太阳和梦国之门的道路。”②

据说，荣格所刻的最后一块石头是给他自己的，或为自己而刻。

---

① 泰雷斯富鲁斯(Telesphoros)：传说中医神阿斯克勒庇俄斯(Aesculapius 或 Asklepios)的儿子，健康女神海吉尔(Hygieia)和治愈女神潘娜希(Panacea)的兄弟。

② 荣格在《回忆·梦·思考》中说，“这石头伫立在塔楼的外面，像是对这塔楼的注解。它也正是那居住者的心声，只是尚不为他人所理解。”荣格也曾问那些好奇的人：“你知道我想在这石头的背面刻什么吗?”石头中仍然包含着许多秘密。荣格说这石头使他想起梅林，想起梅林从森林深处发出的呼喊。于是，“梅林的喊叫声”(Le cri de Merlin)就是那未刻上去的文字。人们仍然可以听到他的喊叫声，但是人们却无法理解或解释这叫喊声。见荣格：《回忆·梦·思考》，刘国彬、杨德友译，沈阳，辽宁人民出版社，1988 年，第 383—385 页。

本书作者与乌里希在波林根“方碑”前

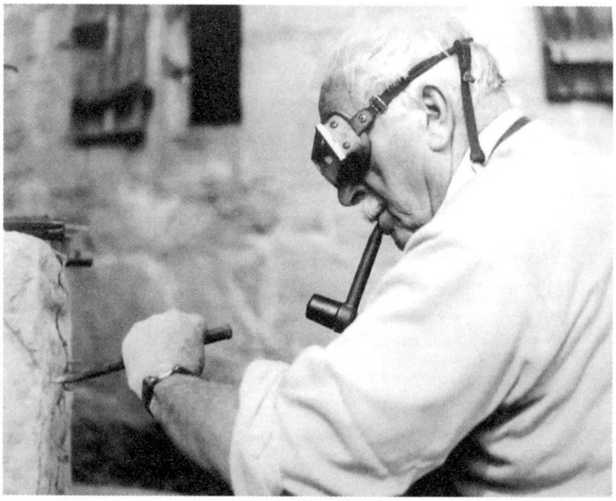

荣格在波林根雕刻

如同为了纪念托妮·沃尔夫，如同哀悼艾玛·荣格，在最后留给自己的这块石头上，荣格仍然是用汉字来做其最终的表达：“天人合一”。[①]

“天人合一”，四个汉字简明深刻，寓意非凡。我们也一向将其作为荣格“自性化”的中文表达，那正是荣格心理学的奥秘所在，荣格一生的追求。

根据露丝·贝雷(Ruth Bailey)[②]的记录，荣格去世前几天的夜里，做

① 戴维·罗森在其《荣格之道》(申荷永译，北京，中国社会科学出版社，2003年)中曾有类似的记录。

② 露丝·贝雷(Ruth Bailey)，荣格的管家，在荣格家陪伴35年。

了这样一个梦："梦中，天上落下一块圆石，上面刻有文字：'这就是你的完整性和同一性的标志。'"①

1961年6月6日，星期二的下午，本来是艳阳高照，风和日丽的苏黎世。当天下午3点45分，荣格去世。随后不久，5点左右，整个苏黎世风云突变，几乎是电闪雷鸣，暴雨骤至。尽管这都属于巧合，但巧合中的巧合，是一道闪电，击中了荣格家院子里的一棵高高的白杨树。

这棵白杨是荣格房屋奠基时种下的，数十年的生长已是枝繁叶茂、郁郁葱葱，荣格与艾玛都很喜欢这棵大树，然而，就在荣格去世之际，这棵大树恰被闪电击中。尽管应该只是巧合，有一次在荣格家我们还是忍不住去问安德烈有关这棵大树的故事。安德烈若有所思地说，后来，这棵受伤的大树，就渐渐死去了。我们随安德烈来到当时这棵大树所在的地方，默默伫立，想象这棵大树的情谊。

然而，在荣格去世后的这数十年，来自中国的这棵银杏树，荣格将悼念托妮·沃尔夫的石碑置放于其下的银杏树，依然茁壮生长，根深叶茂，而今已是参天大树。

荣格花园中的银杏树/作者摄影

银杏作为中国所特有的孑遗树种，数亿年前已在地球上生长(如在晚古生代之石炭纪与二叠纪)，或可简单称之为恐龙时代的植物(如中生代时期的侏罗纪和白垩纪)，故素有"地球活化石"之称，可谓历尽沧桑。中国

① 芭芭拉·汉娜:《荣格的生活与工作》，北京，东方出版社，1998年，第453页。

作者与荣格孙子安德烈和其夫人弗丽尼及荣格重孙托马斯(2015)

古人尤其喜欢银杏，有“银杏指真如”[①]“叶留万古风”[②]“大树龙盘会鲁侯”[③]等赞美，凡儒家、道家和佛教，无不接受银杏的原型意象，并融入其精神与寄托，故人们也曾将银杏称作“东方的圣者”。

犹如歌德的“银杏”诗篇：

生着这种叶子的树木
从东方移进去我的园庭；
它给你一个秘密启示，
耐人寻味，令识者振奋。

它是一个有生命的物体，
在自己体内一分为二?
还是两个生命合在一起，
被我们看成了一体?

---

① 四川德阳白马乡罗真观有一株奇特的古银杏，树高约36米，胸径3.13米，干基内空可容六七人，犹如洞穴。清乾隆年间李调元为其写下“灵瓜心沁人，银杏指真如。”

② 在北京潭柘寺，被称之“帝王树”的古银杏下，留有李觐光(清)的诗句：“翠盖摩天回，盘根拔地雄；皮心千年雪，叶留万古风。”

③ 山东莒县浮来山定林寺一株古银杏，陈全国(清)曾为其立碑志铭：“大树龙盘会鲁侯，烟去如盖笼浮丘；形分瓣瓣莲花座，质此层层螺髻头。史载皇王已廿代，人经仙释几分流；看来今古皆成幻，独子长生伴客游。”

也许我已找到正确答案。
来回答这样一个问题：
你难道不感觉在我诗中，
我既是我，又是我和你?[①]

荣格一生酷爱山水、植物和自然。在其传记《回忆·梦·思考》的“序言”中，荣格说：“我向来觉得，生命如以根茎来维系生存的植物，其真正的生息藏于根茎，并不可见……当我们想到生命和文明那无尽的生长和衰落时，我们难以摆脱那种绝对的虚无感。然而，我也从未失去对永恒流动之中存有生命不息的感觉。我们看到的是花开，或者花落，但根茎永在。”[②]

荣格学者冯·弗兰兹在与荣格合著《人及其象征》一书撰写“自性化过程”一章时，便用庄子的“大树”意象，其自在无为、至人无己的境界，来比喻荣格心理学的“自性化的”过程。

我们所知道的荣格最后的一个梦，也是与大树和根茎有关。在荣格去世前几天的夜里，荣格梦见：“一块长着大树的方地，所有的根须都从地里长出来包围着他。在这些根须中，有金线在闪光。”[③]

每次来荣格家，我们都要到花园里看望这棵中国的银杏。2016 年秋季的一天，我们与荣格孙子安德烈在这棵银杏树下漫步，金黄的银杏叶铺满整个花园。我们告诉安德烈，由荣格家族委员会与荣格著作基金会支持的《荣格全集》(20 卷)中文版翻译工作已经完成，将于 2017 年陆续出版。同时我们有计划在未来 5 年中，根据最近 10 多年新出版的荣格著作，将《荣格全集》中文版扩展为 42 卷。安德烈告诉我们一个特别的消息，荣格家族已做出决定，准备将这瑞士苏黎世库斯纳赫特航海路 228 号，卡尔·荣格与艾玛·荣格在 1908 年建起的房屋，作为“荣格博物馆”开放。安德烈说，在他还很小的时候，听到爷爷和奶奶说起这大房子今后的用途，对于一个家庭来说，也真的太大了一些。而还是孩子的安德烈当时便对爷爷说，

① 歌德：“二裂银杏叶”，见《歌德文集》第 1 卷，杨武能、刘硕良主编，石家庄，河北教育出版社，1999 年，第 268—269 页。

② 荣格：《回忆·梦·思考》，刘国彬、杨德友译，沈阳，辽宁人民出版社，1988 年，第 17 页(C. G. Jung. *Memories*, *Dreams*, *Reflections*. New York, Vintage Books. 1989. P. 4)

③ 芭芭拉·汉娜：《荣格的生活与工作》，北京，东方出版社，1998 年，第 453 页。

“给我嘛，我来安排。”如今，荣格去世的 56 年后，安德烈真的做出了如此重大的决定。他看着我们说：“我想，爷爷应是欣慰的。”这时，天空飘下银杏叶，安德烈接住并将其放在我们手中，我们报以会心的微笑。在这里，荣格的花园，世人都将会知道这银杏树的故事，其中所蕴含的荣格的中国情怀。

第二章　荣格与卫礼贤：儒家涵养

2013 年 8 月，为了这部《荣格与中国文化》，我们专程赶往德国的达姆斯塔特(Darmstadt)，访问历史上享有盛誉的“智慧学校”，在当地图书馆查阅有关智慧学校创办人赫尔曼·凯瑟林(Count Hermann Keyserling)[①]的资料，以及有关荣格与卫礼贤(Richard Wilhelm)的记录。

这里是卫礼贤与荣格最初相遇的地方。1920 年 11 月，赫尔曼·凯瑟林伯爵在达姆斯塔特发起“智慧学校”(School of Wisdom)，随后每年都有聚会，吸引了诸多关注东西方文化交流的学者，其中不仅有荣格与卫礼贤，也有泰戈尔、史怀哲(Albert Schweitzer)、鲁道夫·奥图(Rudolph Otto)和赫尔曼·黑塞(Hermann Hesse)等。卫礼贤是从中国青岛赶回德国参加这次聚会的，随后便又返回中国。荣格将其与卫礼贤的相遇，称之为其一生中最重要的事件[②]。

在如今智慧学校的官方网站，第一位介绍的导师便是卫礼贤，称其为“发现中国内在世界的马可·波罗”[③]。卫礼贤将中国文化的精髓，中国的精神财富，中国人的品格和形象，带去并展现于西方，这也正是达姆斯塔特智慧学校的缘起和基础。荣格与卫礼贤的相遇相知，也为其分析心理学

---

① 赫尔曼·凯瑟琳(Count Hermann Keyserling，1880—1946)，德国历史哲学家和文化心理学家，出生于普鲁士贵族家庭。1919 年出版其《哲学家旅行日记》，1920 年创办“智慧学院”，致力于整合精神与生活、心灵与知识，西方与东方文化。

② 多谢荣格著作基金会主席 Thomas Fisher(荣格重孙)，提供有关记录，帮我们确认荣格与卫礼贤首次相遇的时间和地点，1920 年 11 月在德国达姆斯塔特。

③ 智慧学校的官网：http：//schoolofwisdom.com

注入中国文化的基因与活力。

第一节 卫礼贤：我在中国相遇荣格

1929年，卫礼贤给荣格组织的苏黎世心理学俱乐部写了一篇文章，取名为《我在中国相遇荣格》[①]。卫礼贤在文章的开始，坦言自己并非真的在中国遇到了荣格，因为荣格尚未去过中国；但是，卫礼贤十分认真地说："在中国，我确实常常遇到荣格，这要比我遇到任何其他欧洲人都要多的多。"可谓别具一格的"他乡遇故知"，极具无意识心理学的象征和寓意。

此时的卫礼贤，已经对荣格的分析心理学十分熟悉。在他看来，荣格其人，荣格的思想，其分析心理学的体系，与他在中国所遇到的中国学者以及中国文化如此相似。比如，荣格在其《心理类型》(1921)中所描述的"内倾"(Introversion)和"外倾"(Extroversion)，以及所涉及的"阿尼玛"(Anima)和"阿尼姆斯"(Animus)等，与古老的中国哲学有着如此密切的联系和一致性。这与荣格对卫礼贤的印象恰好呼应，当荣格向卫礼贤介绍其分析心理学的最新发现时，卫礼贤常报以会心的微笑，但并不感到惊奇。因为对于卫礼贤来说，这些西方无意识研究的发现，早已存在于中国古老的文化和哲学之中。

于是，对于卫礼贤来说，荣格与中国文化应是前世有缘，或者说简直就像是中国智者转世。卫礼贤认为，这并非是某种意外巧合，而是生命核心的奥秘所在。在心灵深处，存有智慧的源泉。或许，这也是卫礼贤最为深刻的中国体验，其身心融入中国文化的真实感受。

卫礼贤，本名理查德·威廉(Richard Wilhelm)，被誉为"发现中国内在世界的马可·波罗"，也被称之为"伟大的德意志中国人"。他为自己取名卫希圣，字礼贤，自称中国山东人，儒教徒。

卫礼贤于1873年5月10日凌晨时分出生在德国的斯图加特，比荣格大两岁。卫礼贤的父亲是个手工艺人，一名玻璃匠，在他9岁时去世，卫礼贤由母亲和外祖母抚养长大。妈妈给卫礼贤取名为理查德·威廉，是由

---

① 卫礼贤的这篇文章发表于《新苏黎世报》(1929年1月21日)，英文标题："My Meeting with C. G. Jung in China"(德文："Meine Begegnung mit C. G. Jung in China")。

于其对狮心王理查德崇拜的缘故[①]。

1891 年卫礼贤 18 岁时，开始在杜宾根大学学习神学，年轻的卫礼贤博览群书，涉猎甚广，包括哲学与文学。大学时期，卫礼贤尤其喜欢歌德的《中德四季晨昏杂咏》，他也曾坦言，由此触发其“中国文化之缘”。

早早开放的水仙花，
在园中已成行成排。
好心的人儿也许知晓，
它们列队等待谁来。[②]

这是钱春绮翻译的歌德诗句，诗中包含了歌德以及卫礼贤对中国的向往之情，以及他们在德国所感受到的中国气息。

卫礼贤 1895 年通过神学职业考试，随后获得斯图加特修道院教堂的牧师职位。1897 年被调往巴德·鲍尔(Bad Boll)，结识布卢姆哈特兄弟[③]，并与克里斯朵夫·布卢姆哈特的女儿莎乐美(Salome)成为朋友。后来，在报纸上看到“青岛需要传教士”的消息，卫礼贤即萌发前往中国的心愿，随后获得同善会[④]的同意。1899 年 1 月 19 日，老牧师为自己的女儿和卫礼贤举行了订婚仪式；当天晚上，卫礼贤就出发了，目的地是遥远的东方——中国青岛。

26 岁的卫礼贤乘坐北德意志洛伊德公司的蒸汽轮船途经香港和上海，1899 年 5 月 12 日抵达青岛。在接下来的 25 年（1899～1924）中，卫礼贤大部分时间都在中国。1920 年夏天，卫礼贤离开青岛回到德国，随后不久又返回中国，作为科学顾问就职于德国大使馆，并在北京大学任教；1924 年，卫礼贤回去德国后在法兰克福大学任中国史和中国哲学荣誉教授；1925 年创办德国第一个“中国学社”(也称“中国学院”或“中国研究院”)，连

---

① 狮心王理查德，亨利二世之子，1189 年成为英格兰国王，身为骑士，他英勇无敌；身为国王则备受推崇。

② 歌德：《歌德文集》第 8 卷，冯至、钱春绮等译，北京，人民文学出版社，1999 年，第 337 页。

③ 即奥菲尔·布卢姆哈特和克里斯朵夫·布卢姆哈特，其父亲约翰·克里斯朵夫·布卢姆哈特也是牧师，但曾因治愈“疯魔症”的病人而闻名，1852 年买下巴德·鲍尔疗养院，从事宗教与疗愈。

④ 同善会由具有自由思想的新教徒 1884 年在魏玛成立。

续创办多种传播中国文化专业的期刊，如《中国科学与艺术学报》(1925)、《中德年鉴》(1926)、《中国》(1927)和《东亚评论》(1929)等。终其一生，卫礼贤犹如中国文化的使者，往来于东方与西方之间；也如中国文化的守护者，使其薪火相传，发扬光大。如卫礼贤自己所说："我有幸在中国度过了生命中 25 年光阴。像每一个在这块土地上生活了许久的人一样，我学会了爱这个国家，爱其人民。"[①]

年轻时的卫礼贤

卫礼贤来到青岛，受花之安[②]的影响着手学习汉语。花之安用中文撰写的《自西徂东》[③]是其学习的楷模。1900 年 5 月，卫礼贤的未婚妻莎乐美来到中国，两人 5 月 7 日在上海完婚，5 月 12 日住入青岛新居。随后卫礼贤即与妻子在其寓所开始办学("德华讲习班"Deutsch-Chinesisches Seminar)，后扩展为著名的"礼贤书院"(Richard-Wilhelm Schule)，如今为"青岛第九中学"。其间卫礼贤与妻子还创办了青岛第一所女子学校"美懿书院"(莎乐美的中文名字为美懿，又叫"淑范女学")。

1902 年，卫礼贤在上海的德文杂志《远东》上发表《三字经》的译文。通过学习汉语以及翻译，卫礼贤开始接受中国文化的洗礼，尤其是主流的儒家文化。1903 年，卫礼贤在青岛作过题为《孔子在人类师表中的地位》的公开报告，颇具影响；1909 年在《传教信息与宗教学》上发表《孔子的意义》，随后翻译出版了《论语》(1910)，已是逐渐深化了其儒家认同。

在青岛，卫礼贤遇到了当时最具代表性的中国学者，大都属于儒家道

---

① 卫礼贤：《中国心灵》"序言"，王宇洁等译，北京，国际文化出版公司，1998 年，第 1 页。

② 花之安(Ernst Faber，1839—1899)，传教士、汉学家，上海"广学会"合作人。

③ 花之安的《自西徂东》，直译为《文明、中国与基督教》，是该时期西方传教士撰写的颇有影响的作品。

统的守护者，如劳乃宣[①]、周馥[②]、康有为、辜鸿铭，以及恭亲王溥伟[③]和孔氏家族的衍圣公等，并由此为基础成立了“尊孔学社”，建立了被称之为“万国图书馆”的“藏书楼”。藏书楼广收经史子集，以及现代中外文书籍，多达3万余册，蔚为壮观。后来，卫礼贤又结识段正元[④]、蔡元培、王国维、胡适、梁启超、徐志摩、张君劢[⑤]等，与诸多中国学者保持终生友谊。

1902年，时任山东巡抚的周馥来到青岛，对卫礼贤所建的“礼贤书院”称赞有加并给予支持。数年后，1906年，其继任杨士骧也来礼贤书院考察，甚为满意，并奏请清廷颁赐四品顶戴，以彰卫氏办学之功。由此，卫礼贤与周馥结下友谊。作为晚清重臣的周馥，曾担任山东巡抚以及两江和两广总督；其学识渊博，著有《易理汇参》，晚清之黎元洪、段祺瑞、陈光远、齐燮元等均与其有师生之谊。黎元洪为周馥去世所写挽联，也犹如其一生写照：“迟暮师生，情真语挚，清谈竟日，礼数皆宽，人以为姻娅往来，岂知桃李新阴，曾亲传圯上阴符、信陵兵法。”在卫礼贤的心目中，周馥与人真诚坦率，幽默自然，乐于助人。两人所结下的友谊也在其各自家族的后人中延续。[⑥]

周馥后来也举家移居青岛，并向卫礼贤推荐了晚清学部副大臣、京师大学堂监督劳乃宣。周馥对卫礼贤说，“你们欧洲人只了解中国文化的浅层和表面，没有一个人明白它的真正含义和真实深刻之处。原因在于你们从未接触过真正的中国学者。你曾拜作老师的乡村教师，他们也只了解些表面东西。因此毫不奇怪，欧洲人有关中国的知识只是一大堆垃圾。如果我给你引见一位老师，他的思想真正根植于中国精神之中，他会引导你探

---

① 劳乃宣(1843—1921)，字季瑄，号玉初，别署矩斋，晚号韧叟、劳山居士等。任京师大学堂(北京大学前身)总监督，兼署学部副大臣及代理大臣。

② 周馥(1837—1921)，字玉山，号兰溪，谥悫慎，安徽建德(今东至县)人。1862年开始随李鸿章办洋务达30余年，深受倚重，由候补县累迁至封疆大吏。1902年，周馥升任山东巡抚，并加兵部尚书衔。1906年调任闽浙总督，后调补两广总督。1921年8月21日病逝于天津寓所，终年84岁。

③ 爱新觉罗·溥伟(1880—1936)，别称锡晋斋主，清末宗室，道光帝旻宁曾孙，恭亲王奕䜣之孙，贝勒载滢之子。

④ 段正元(1864—1940)，原名德新，道号正元(取“天元正午，道集大成”之意)。四川威远县望集乡堰沟坝(现镇西镇红林村)人。道德学社创始人。

⑤ 张君劢(1887—1968)，原名嘉森，字士林，号立斋，别署“世界室主人”，笔名君房，江苏宝山人，早期新儒家的代表之一。1958年，与唐君毅、牟宗三、徐复观联名发表《为中国文化敬告世界人士宣言》。

⑥ 见《档案青岛》，《周馥家族与卫礼贤家族的友情》，2014年3月25日。

讨中国精神的深刻之处。你觉得怎么样？你就能翻译各种各样的东西，自己也写一写，中国也就不会总在世界面前蒙羞了。”[①]

卫礼贤闻之十分欣喜，随即修书给这位周馥所举荐的老师。并在其礼贤书院，为老师准备好了舒适的住处。

几周后，已是71岁的劳乃宣接受邀请，携家人从直隶涞水之北的郭下村来到青岛。

卫礼贤见到劳乃宣，不仅喜出望外，而且惊讶不已。因为，他所见到的劳乃宣，与他之前梦中所遇到的一位老人，极为相似。

在卫礼贤的日记中，遇到劳乃宣的数月前，曾记有这样一则梦：

> ……在乌云散去之前，我做了一个奇怪的梦。梦里有一个眼神友好、胡子雪白的老人来探访我。他称自己为“崂山”，要我去探寻古老山岳的秘密。我向他鞠躬表示感谢，他一消失我立刻醒了。[②]

如今，站在卫礼贤面前的这位老师，劳乃宣，带给卫礼贤几近震惊的感觉——“他和在梦中探访我的老者像极了”，卫礼贤感叹不已地说。竟然，他也真的叫“崂山”(卫礼贤此时知道，劳乃宣家族的姓氏正是源于崂山[③])。而这位来自崂山的劳乃宣，也真的要为卫礼贤开启中国文化的宝藏。

荣格常常讲述卫礼贤与劳乃宣的梦，两人魂牵梦绕、真实相遇的故事。其中不仅是《易经》中所包含的“共时性”[④]，而且，也是他分析心理学中最为关键的“心灵的真实性”[⑤]，犹如命中注定的缘分。

劳乃宣在其《韧叟自订年谱》中有这样的记录：“山东青岛为德国租借地，国变后中国遗老多往居之。德人尉礼贤笃志中国孔孟之道，讲求经

---

① 卫礼贤：《中国心灵》，王宇洁等译，北京，国际文化出版公司，1998年，第144页。

② 同上书，第144—145页。

③ 劳乃宣在其《劳山草》自序云：癸丑冬，自涞水移居青岛。以在劳山之麓为吾家得姓之地，固自号劳山居士。居此所得之诗，录为《劳山草》。

④ “共时性”(synchronicity)，荣格从《易经》中提炼的非因果性心理学原理。

⑤ “心灵的真实性”(the reality of the Psyche)，荣格分析心理学的核心概念之一，心灵与精神，并非仅仅是主观想象或思想，而且具有其自身的客观与真实性。

学，设书院于岛境有年，与吾国诸寓公立尊孔文社，浼周玉山制军来函，见招主持社事。适馆授餐情谊优渥，于十月移家至岛。”[①]

劳乃宣先生画像

劳乃宣在写给罗振玉的信函中，也特别提到他应邀来到青岛的背景：“友人周玉山（即周馥）及刘幼云[②]诸君来函，言德国尉礼贤君久居中国，于学术流别研究最深，周秦诸子皆有译本，而独推尊孔子，如昔所称服孔子教者。近闻京师人言议废孔教，以为大戚，约中西学者为‘尊孔文社’，著书论学，以昌明正学为宗，并登报传布，暨泽西文，流传西国。社中须延执笔之人，欲约弟承乏是席，代备居室一所，月赠笔资数十元，周、刘两君极力怂恿。”[③]

卫礼贤将劳乃宣作为自己的老师，礼仪有加。正如周馥所言，劳乃宣堪称通儒，其思想真正根植于中国精神之中。如《清史稿》对劳乃宣的评价：“乃宣诵服儒先，践履不苟，而于古今政治，四裔情势，靡弗洞达，世目为通儒。”[④]劳乃宣对卫礼贤也十分满意。他在写给罗振玉的信中，这样来描述卫礼贤：“尉君[⑤]以弟子自居，其人恂恂有儒者气象，殊难得也。”[⑥]而对于卫礼贤所提供的住处，劳乃宣也有宾至如归的感觉：“岛地山川清旷，所居之屋，室中可以看山，廊下可以望海，甚是适怀。”[⑦]劳乃宣在写给罗振玉的信中如此形容。差不多一百年后，国际分析心理学会(IAAP)数位主席和资深心理分析师来到这里，仍然感叹其环境的舒适和优美，想象当年卫礼贤与劳乃宣，能在如此“宽以居之”之处来一起翻译

① 《清劳韧叟先生乃宣自订年谱》，台北，台湾商务印书馆，1978年，第47页。

② 即刘廷琛，字幼云，晚清京师大学堂、学部副大臣。

③ 《劳乃宣与罗振玉书札十六通》，韩行方、房学惠，《文献》，1999年第4期。

④ 《清史稿》之“列传二百五十九”。

⑤ 卫礼贤，早期也被用作尉礼贤。

⑥ 《劳乃宣与罗振玉书札十六通》，韩行方、房学惠，《文献》，1999年第4期。

⑦ 同上。

《易经》的情景。

卫礼贤开始在劳乃宣的指导下翻译《易经》，被荣格称之为最伟大的工作和杰出的贡献。劳乃宣曾记录与卫礼贤一起译经的细节：“尉君自以《孟子》翻译德文，每日来弟寓，由弟讲授 小时，归而笔译。又以德国哲学家康德所著之书译中文，由尉君与周玉翁之孙叔弢(原名周暹，字叔弢，以字为行。著名政治家、实业家、收藏家——记者注)同译，而弟为之修饬而润色之。”①

在劳乃宣指点下，青灯孤影，卫礼贤“理解确切而透彻”地翻译起《易经》。卫礼贤不仅将劳乃宣所传《易经》翻译成德文，而且，按照劳乃宣的要求，他再从其翻译的德文，译回中文。两人切磋琢磨，直到心满意足始为定稿。

卫礼贤在其《中国心灵》中写道：“我们工作得非常认真，他用中文翻译内容，我做下笔记，然后我把它们翻译成德语。”然后，卫礼贤再把德语译回汉语，“他(劳乃宣)则进行对比，检查我的翻译是否在所有细节上都准确无误。而后，再审查德语文本，对文字进行修改和完善，同时做详细的讨论。我再写出三到四份译本，并补充上最重要的注释。”②

卫礼贤说，他与劳乃宣朝夕相处，促膝交流，使其逐渐进入中国文化的精深之处。劳乃宣之所以建议他来翻译《易经》，是因为劳先生似乎感觉到，《易经》中最为关键的传统已经濒于消亡。而劳乃宣本人，则正是中国文化薪火相传的守护者。他的老师(与孔子后代关系密切③)，珍藏孔子墓地的蓍草，将《易经》的精髓传授于他；而他，在那特殊的时刻，要将其亲手传给卫礼贤。将《易经》传授给卫礼贤，使其在西方弘扬，似乎是劳乃宣的使命，当然其中也已包含卫礼贤的命运；或许，劳乃宣正是效法孔子与古代圣者，所要传递的正是文化生命的火种。于是，卫礼贤，卫希圣，名副其实，也由此成为中国文化的守护与传递者，尤其是在此中国文化面临王朝倾覆、空前忧患之际。也如孔子之感叹：“易之兴也，其于中古乎，作易者，其有忧患乎。”(《易经·系辞下》)通过卫礼贤，《易经》的精神与智慧又传于荣格；正如荣格对于《易经》的切身感受：“卫礼贤的工作，给我

---

① 转引自《揭秘劳乃宣在青岛的日子：卫礼贤曾拜师学译经》，《青岛日报》2015年11月19日。

② 卫礼贤：《中国心灵》，王宇洁等译，北京，国际文化出版公司，1998年，第145页。

③ 劳乃宣1861年缔姻于曲阜孔氏，与孔悦庭之女结婚。

们带来了中国文化的基因，给我们带来了一种足以从根本上改变我们世界观的中国文化基因”[①]。或许，劳乃宣也意识到了随后各种名义的“革命”，比如“文化大革命”将给中国文化所带来的毁灭和劫难；于是，劳乃宣、卫礼贤以及荣格，皆可视为文化精神的信使与守护者，既为使命与选择，也是命运和被选。完成其使命，劳乃宣便将其遗嘱托付卫礼贤，希望卫礼贤将中国文化发扬光大，希望他们翻译的《易经》早日出版，然后，这位中国文化的守护者便欣然离去。[②]这也是命运使然，薪尽而火传。

劳乃宣同时帮助卫礼贤主持“礼贤书院”“尊孔学社”和“藏书楼”的日常事务。周馥和恭亲王溥伟等，都是积极的资助和参与者。卫礼贤曾这样来描述恭亲王溥伟：“恭亲王的爷爷，曾在朝廷当中权倾一时，在慈禧太后手下长期执掌国家大权。他知识渊博、处事公正、富有个人魅力，但是后来他与太后的想法常常格格不入，于是太后对他便不再垂青。这也许还导致后来太后在光绪帝死后，将皇位传给了溥仪而没有交给小恭亲王。”[③]卫礼贤坦言，其与亲王及其家人的交往中，感到非常愉快。“我与亲王经常聚会，称其为难能可贵的朋友。他们给予我无微不至的照顾，既帮助我管理红十字会，又协助我组织创立学校。”[④]

溥伟为“藏书楼”撰写匾额，劳乃宣也著有《青岛尊孔文社藏书楼记》，对卫礼贤的弘扬儒学之举做了历史的见证：“德国卫礼贤以西人而读吾圣人之书，明吾圣人之道者也。时居青岛闻而忧之，与中国寓岛诸同人结尊孔文社以求圣人之道，议建藏书楼以藏经籍……”[⑤]同时，劳乃宣和周馥等还组织了著名的“十老会”，由吕海寰（镜宇）、刘喬祺（云樵）、赵尔巽（次珊）、童祥熊（次山）、李思敬（惺园）、张人俊（安圃）、陆润庠（凤石）、王

---

① 荣格与卫礼贤合著《金花的秘密》，美国纽约 1975 年版，第 139 页（*The Secret of the Golden Flower*：*A Chinese Book of Life*. New York. Causeway Books，1975，P. 139）

② 劳乃宣 1921 年 7 月在青岛去世，终年 79 岁。卫礼贤在《易经》第一版“序言”中深情回忆他与劳乃宣之间的师生情谊，由衷表达其对老师的感激。

③ 卫礼贤：《中国心灵》，第 12 章“亲王”，王宇洁等译，北京，国际文化出版公司，1998 年，第 150 页。

④ 同上书，第 158 页。

⑤ 见张贻修：《尊孔文社藏书楼》，《青岛晚报》，2008 年 7 月 20 日。

季寅(石坞)等清朝遗老组成[1]，皆七十岁左右，常相约饮酒赋诗。如劳乃宣《韧叟自订年谱》云：甲寅七十二岁，“青岛寓公吕镜宇(吕海寰字)、刘云樵、赵次珊、童次山、李惺园皆年七十余，张安圃(张人骏号)六十九，陆凤石自都来，王石坞自福山来，皆七十余，相约为十老会，饮十周氏斋中，各赋诗以记之。”[2]这些人也常到卫礼贤家做客，对此卫礼贤在其日记中也有记录(1914 年 8 月 2 日：宣统皇帝的老师们来我家坐客)。组建“尊孔学社”的初衷，如卫礼贤的明确表达：“我们的想法是为了将来，挽救已处于极度危险境地的中国文化财富。”[3]

“尊孔学社”也被称之为“中西文社”，在这里聚会的，不仅有晚清遗老和国学大家，也有在青岛任教的德国学者，包含了东西方文化的对话与交流。1914 年暮春，“尊孔文社”建起拥有 3 万册图书的藏书楼。“我们希望通过翻译、讲座和出版的方式，在东西方文化之间架起一座桥梁，康德的著作被翻译成中文，中国的经典也被翻译成德文……”[4]在其《中国心灵》一书中，卫礼贤如是表述。“尊孔学社”的活动，常使卫礼贤联想起中国历史上巅峰时代的盛况：学者和艺术家们时常聚集一起……比如诗人王羲之所描写的兰亭聚会(群贤毕至)：夫人之相与，俯仰一世，或取诸怀抱，晤言一室之内；或因寄所托，放浪形骸之外。虽趣舍万殊，静躁不同，当其欣于所遇，暂得于己，快然自足，不知老之将至。

在这里，卫礼贤接待过来自德国的凯热林伯爵以及鲁道夫·奥托(Rudolph Otto)等西方著名人士。卫礼贤 1924 年返回德国在法兰克福创建“中国学社”，对当时的德国以及欧洲知识界有相当影响，即可视为其青岛“中西文社”的另一种存在。黑塞与卫礼贤是好友，他在其《玻璃球游戏》中对《易经》思想和中国礼乐思想倍加推崇，生动赞美“东方旅行者”和汉学家的荣耀。

---

① “十老会”中，吕海寰(1842—1927)，曾任清朝使德国大臣，也曾出使德国，创办中国红十字会；刘禹祺(1842—1920)，丁卯举人，曾任两浙盐运使；赵尔巽(1844—1927)，曾任东三省总督、奉天都督；童祥熊(1844—1917)，曾任山东劝业道道台；李思敬(1844—?)，曾晋授一品封典；张人俊(1846—1927)，曾任河南、山东巡抚，两江总督；陆润庠(1841—1915)，曾任国子监祭酒、东阁大学士、毓庆宫溥仪师傅，授以太保；王季寅(1843—1925)，曾任浙江督粮道。

② 劳乃宣为“十老会”留诗：“绿野东山望并清，披裘我愧酒同倾。睢阳只自传图画，司马何劳识姓名。惟剩海滨栖大老，那寻洛社咏耆英。田横岛畔寒风劲，好与苍松共证盟。”

③ 卫礼贤：《中国心灵》，王宇洁等译，北京，国际文化出版公司，1998 年，第 144 页。

④ 同上。

卫礼贤所交往的中国学者(图片来自网络)

后来，凯热林伯爵在德国达姆斯塔特兴办“智慧学校”(School of Wisdom)，以及荣格、奥图与奥尔加·弗罗贝一卡普泰因夫人(Olga Froebe-Kapteyn)等在瑞士南部与意大利接壤处的阿斯科纳(Ascona)创建“爱诺思(Eranos)东西方文化圆桌会议”，皆有卫礼贤与其“中西文社”的身影与影响。

卫礼贤曾有对“中西文社”的生动记录。比如众人在谈论当时的中国时局，太阳沉落之时，意味着否定性力量的胜利。一位在场的中国学者说，“当毁灭性力量到达其顶点时，一束新的光线将确定无疑地出现，就像新的一天从午夜开始一样。”①此时，卫礼贤则插入说：“古代的犹太人有一个美好的习惯，他们一向认为在黑暗和大灾难的时候，上帝的力量将会显现。”②而这位中国学者则回应说：“这个观点和我们的《易经》是相吻合的。夜晚是黑暗力量的顶点，自此时起，它们越显现自己，就越是在消耗自己。”而另有一位学者补充说：“在佛教中，如来就是即将到来的上帝，是

① 卫礼贤：《中国心灵》，王宇洁等译，北京，国际文化出版公司，1998 年，第 141—142 页。
② 同上。

神之本质的最高说明。”①

卫礼贤于1900年建立的礼贤书院以及后来的“中西文社”

中西学社的聚会，不仅有智者的智慧，也有卫礼贤提供的德国美酒，以及精致的中国美食。在这里，中国青岛，卫礼贤的第二故乡，在其建立的“尊孔学社”和万国图书馆，卫礼贤尽情感受中国文化及其影响，感受与接受其中的滋养。

卫礼贤对于辜鸿铭，有着一番特殊的感受，称其为“充满活力的中国人”②。从其描述的字里行间看，辜鸿铭的形容尤其生动。

在客人散去之后，凯瑟林伯爵留下来，和我谈论他的体会。这些老绅士眼光如此恬淡安闲，又如此清楚明晰，而本性又如此朴实宽宏，这给他的印象简直太深了。

但他的感觉，中国人的本性中，似乎不如欧洲人具有活力。

我告诉他，我只希望他能认识辜鸿铭，他的活力和刚健的耐久力，丝毫不比任何欧洲人差。

这时，突然有人敲门，然后辜鸿铭就走了进来，做他当夜的造访。当他还没有用完他要的那份简单的晚餐时，谈话的火焰就

---

① 卫礼贤：《中国心灵》，王宇洁等译，北京，国际文化出版公司，1998年，第141—142页。

② 卫礼贤与辜鸿铭也为挚友。辜鸿铭最早在德国引起轰动的著作《中国抵抗欧洲思想》(1911)也是由卫礼贤译成德文的。

> 好像是闪开的火花一样迸射。伯爵说话时，辜鸿铭总是迫不及待，他把中文、英文、法文和德文都混在一起，又说又写。这位东方哲人的心灵和头脑中充满了各种各样的思想和感觉，包括整个世界的历史和神圣的创造计划，以及远东的精神和西方的野蛮掠夺。他把所有的一切都倾泻给伯爵。宴会终于结束了，曙光透过窗棂照射进来。地上撒落着一片碎纸，上面写满了欧洲和中国的格言、各种建议、妙言警句和引语。辜鸿铭起身去睡觉，凯瑟林伯爵承认，自己确实面对着一个充满活力的中国人。①

于是，卫礼贤说他在中国遇到了荣格，看似不经意的话语，亦然留下一种深刻的心理分析道理。周馥、溥仪、辜鸿铭、劳乃宣……皆传达着中国文化的意象与意义。卫礼贤长期以来把中国人的生活智慧理解为“现代欧洲的药方和拯救手段”。如同辜鸿铭，卫礼贤也认为中国智慧所表达的是一种孩童般纯真的精神。在卫礼贤看来，只有纯真的人才能达于人性的最深处，那里才是生命之源泉。对于卫礼贤来说：“没有任何东西能像真心实意的渴望相互了解那样，打开中国人的心扉。当然，他们不会轻易说出它们最深和最终的认识。某种羞怯始终抑制着他们。”②荣格尤其欣赏卫礼贤所传达的这种中国品质，尤其赞同卫礼贤将“中国智慧作为现代欧洲的拯救者”③。卫礼贤一向认为，中国人不是渴求马上行动去寻求外在的成功，而是渴求在较长的时段内去影响进化的种子，这也正是欧洲心灵所需要的。卫礼贤在其《中国心灵》中写道：“这正是我们所需要的古老的中国所能给予我们的东西。仅靠模仿不能帮助我们。我们无须外在的、人工的方法去理解我们陌生的事物，而是要发现我们自己，我们必须发现自己的深度，继续寻找喷涌生命之泉的源头。在我们所理解的范围内，平静地接近向我们开放的、真正神秘力的最深层领域是可能的。这给了我们勇气去拒绝一切外在的东西，放弃一些发生在生存外壳上的无足轻重的举止。我们将学会变成婴儿，去找寻哺育、安慰我们的母亲，她赐予我们力量从内

---

① 卫礼贤：《中国心灵》，王宇洁等译，北京，国际文化出版公司，1998 年，第 147 页。
② 同上书，第 146 页。
③ 同上书，第 331 页。

部去影响事物，这使我们不至于在寻求成功的同时失去自我。”①卫礼贤在中国的接触与体验，对中国文化的感受与表达，与荣格的深度心理学探索，及其分析心理学思想不谋而合。

在卫礼贤看来，中国儒家传统的保持与发扬，可使如今世界获得大同气象。卫礼贤说：“大同之道，以《六经》为极据。《六经》者，孔子建屋之图样也。孔教以修身为本，推及而齐家治国平天下。凡所谓经济学说，社会学说，皆不如孔教。西国只知爱国，国之下缺家，国之上缺天下，非孔教无以弥补之。”②卫礼贤在中国的20余年，逐渐投入于中国文化，也将中国文化融入自身，躬行以率之，志在发扬光大。

卫礼贤手中正是康有为的《大同书》

卫礼贤在青岛期间，翻译了诸多中国文化经典，如《论语》(1910)、《老子的道德经》(1911)、《列子：太虚真经》(1911)、《庄子：南华真经》(1912)、《孟子》(1914)、《中国的民间童话》(1914)、《大学》(1920)，以及后来出版的《易经》(1924)等，可谓硕果累累，影响深远。

1924年，卫礼贤离开中国时，专程去到青岛。康有为特意为其送行，并赠其《大同书》和中国典籍。对此，卫礼贤印象深刻：“我离开中国的时候，他送给我《大同书》，以及其他一些著作。临别时，这位老人给我的良好祝愿将是我一生中最珍贵的回忆。”③

卫礼贤对于中国文化，不仅是通过其著作和翻译，以及与学者的接触和研讨；或者从某种程度上说，卫礼贤对于中国文化的认识也包含了中国文人的自我认识和自我表达；然而尤为特殊的是，卫礼贤对于中国文化，是通过他的亲身经历，通过他对这片土地的切身感受，这是其将中国文化融汇贯通的重要途径。尽管当时交通不便，卫礼贤仍然游历中国，去到泰

① 卫礼贤：《中国心灵》，王宇洁等译，北京，国际文化出版公司，1998年，第331—332页。

② 这是卫礼贤在“孔教大学”开学讲经会上的演讲：“惟孔子中和之道，可致世界大同”；发表于1924年《经世报》第2卷第9期。

③ 卫礼贤：《中国心灵》，王宇洁等译，北京，国际文化出版公司，1998年，第63页。

图片上方的文字：中华民国十三年七月十一日，礼贤书院同学恭送卫博士希圣夫子回国纪念

山、曲阜，去到大同云冈……对于卫礼贤来说，中国文化并非仅仅是著书立说或书面文字，而是实际的体验，真切的感受，富有意义的生活。犹如张君劢先生的评价："卫礼贤不是文化研究者，而是一个文化经历者，一个文化领会者。"[①]对于中国文化，卫礼贤所重视与强调的，是一种"命运"(schicksal)的存在和一种"体验"(Erleben)的感受。

卫礼贤《中国心灵》的第一章是"初到东方"，以诗一样的语言开始："中欧的迷雾在地平线那边消散了，在意大利的欢歌笑语和蓝天皓月中，我做好了前往美丽的东方的准备。"[②]犹如歌德在《中德四季晨昏杂咏》所表达的诗意，卫礼贤对中国充满憧憬。

来到中国，一物一景，一草一木，都对卫礼贤有所触动；如他所描述的

---

① 张君劢：《世界公民卫礼贤》(Richard Wilhelm, A World Citize)，见《东西方之间——中外学者论卫礼贤》，孙立新、蒋锐主编，济南，山东大学出版社，2004年，第28页。

② 卫礼贤：《中国心灵》，王宇洁等译，北京，国际文化出版公司，1998年，第1页。

中国的“马”，所分析的“马的心理”①，实际上其中已包含他的“中国印象”。如他所叙述的，与中国孩子的游戏，以及在尚未掌握语言之时便已开始的交流与沟通，已是属于卫礼贤的文化心理学。②对于卫礼贤来说，中国文化体验，中国生活与中国智慧，便是一种深刻的心理学。

在卫礼贤对中国的感受中，泰山具有特殊寓意。他将泰山称为神山，将其比喻为希腊的奥林匹斯……他也用泰山作为象征，表达中国“新时代的诞生”。卫礼贤说：“在中国的历史上，这座山一次又一次地显示出自己不可取代的位置。它象征了一种启示，也象征了一种神秘，生和死都被认为起源于它。”③卫礼贤1924年离开中国之前，又特意去到泰山作为特殊的告别，他在给友人的信中这样描述当时的心情：从南天门上来，我们置身于一片浓重的雾霭之中。不一会儿，云开一线。太阳升起之际，刹那间云层、平原、山峦尽收眼底。啊！中国真美啊！这里有多少东西，使人流连不舍……这是卫礼贤内心深处的中国情感，依然寄托于泰山的意象中。④

从泰山下来，卫礼贤去到孔府，参加了孔府衍圣公的婚礼。卫礼贤对孔府的描述，字里行间，已是包含心理分析的寓意：

> 参天的古柏守护着曲阜的这座孔庙。庙内大理石的柱子上雕着气宇轩昂的盘龙，气氛高贵而严肃。一些古柏已经只剩下向外伸展的枯枝，逐渐开始朽坏，而有的老根上又抽出了新的枝条。

---

① 卫礼贤：“中国马要比欧洲马个头小，也不是那么优雅高贵，但却难以置信地吃苦耐劳。它们供人役使，骑乘或拉车，驭者能忍耐的它们就能忍耐。它们甚至并不要求太高的驾驭技术。你要做的只是高踞马背，奋力向前，不要害怕。如果这匹马知道你不具备这些素质，它就会戏弄你、偷懒、不听话，有时候还会把你从马背上扔下去。我到后来才明白了中国马的心理。那几天我只是看着这些美丽的动物哀伤地奔跑着，不知到哪里去，直到它们的身影深深地融入夕阳的余晖里。”“……马在院子里烦躁不安，多愁善感的驴子则用长嚎表达他们的爱情，那声音里似乎包含了世界上的全部苦难。而且一旦一只开始叫，其他同伴立刻就会跟着悲鸣。”（《中国心灵》之“初到东方”，第4—5、10页。）

② 卫礼贤：“……晚上我就待在那个鸡毛小店里，一大群小孩围着我，我用纸剪出小人儿跟他们玩，孩子的父母在他们后面或蹲或坐，他们静静地抽着旱烟袋，对我所来自的遥远国度问这问那。世界上没有哪个国家的小孩像中国的小孩一样，被允许如此自然地发展，没有束缚，而又得到如此之多的关照和疼爱。人们对这种自由自在的教育方式赞誉有加，说不受束缚长大的孩子最终会成为有用并且高尚的人。通过孩子我很快就和他们的长辈拉上了关系。我们进行了非常愉快的交谈，尽管我对他们的语言所知不多。”（《中国心灵》之“初到东方”，第10页。）

③ 卫礼贤：《中国心灵》，王宇洁等译，北京，国际文化出版公司，1998年，第12页。

④ 同上书，第97—98页。

这些圣洁的古柏奇妙地展示了生长和形成的过程。这里的确是一片神圣的土地。每一个角落都带有圣人生活过的痕迹，每一棵圣树都有一块纪念石，昔日刻写在上面的文字揭示着这些古树的含义。埋葬孔氏家族成员的坟园给人留下的印象更加深刻。两排柏树相伴，道路向前延伸，直通孔子的墓地，越朝里走，气氛越神秘。孔子的墓地相当简单：一座泥土拱起的小丘，绿草覆盖着，苍柏掩映。一种叫声奇特的灰黑色的鸟栖息在树的枝桠上。它们似乎在用自己的语言谈论着长眠在地下的圣人。就连长在这里的草也具有魔力。一块简单的石碑在墓前，告诉我们是谁安息在这里。在这种神圣的宁静中，在这种被古柏的浓阴和奇特的鸟鸣加重了的宁静中，人类的心灵会被永恒轻轻打动。①

卫礼贤善于记行，行文优美，素有文采：

崂山的圣顶俯瞰着整个平原。在海湾之外的西方，琅琊山在欢迎每一位来客。在海与大山之间，在广阔而起伏的玉米田中，你会看到一个个绿树掩映得、像小岛一样的村庄。中国的一首古诗中有几句就描写了这种地方的一个夜晚。山际见来烟，竹中窥落日；鸟向檐上飞，云从窗里出。②

卫礼贤在其《中国心灵》中，也曾引用白居易的《钱塘湖春行》："孤山寺北贾亭西，水面初平云脚低。几处早莺争暖树，谁家新燕啄春泥。乱花渐欲迷人眼，浅草才能没马蹄。最爱湖东行不足，绿杨阴里白沙堤。"优美的诗句中，呈现无尽的中国意象。或许，这也是荣格喜欢卫礼贤，喜欢卫礼贤文笔的缘由。

或许，这也是歌德的影响，所感触的东方大地所富有的特殊诗意。

在这诗意中，便是卫礼贤中国情怀的体现，其中也包含了卫礼贤在中国所遇到的荣格。

卫礼贤说他在中国遇到了荣格，尽管荣格并未来过中国，并且十分认真

① 卫礼贤：《中国心灵》，王宇洁等译，北京，国际文化出版公司，1998年，第79页。

② 同上书，第119页。

地说："在中国，我确实常常遇到荣格……"为世人留下耐人寻味的话题。实际上，卫礼贤自己曾这样来解释他所说的"在中国遇到了荣格"：

其一，这样一个话题，在卫礼贤看来，包含着瑞士的荣格或许是某位中国智者的转世。那么，其所以转世为荣格，是为了纠正偏离道统的中国学术，将隐藏的古老中国智慧，在其心理学的理论中来呈现发扬。于是，"荣格"，确实时隐时现于卫礼贤的中国体验。

其二，卫礼贤认为，在荣格和古代中国哲学之间，有一种共鸣或心灵感应，如《易经》之"咸卦"以及"中孚"的意象和寓意。卫礼贤侧重"咸"之影响与感化(Influence)，将"中孚"翻译为"内在真实"(Inner Truth)；当然，其中也包含荣格后来所用的"共时性"(Synchronicity)。

其三，卫礼贤确信，在中国智慧和荣格哲学之间，存有共同的集体无意识源泉，而荣格则通过自己内在的探索沟通了这个源泉。于是，卫礼贤认为，若能努力至深，从任何一种角度，真理都能被触及。作为瑞士的荣格与中国古代圣者的一致性，已是表明两者都已触通共同的真理源泉。

卫礼贤在其《我在中国遇到了荣格》中也曾这样的表达：我不知道荣格会怎样想，但我自己很满意这样的解释。实际上，荣格十分欣慰看到卫礼贤将其形容为中国智者的化身，从其分析心理学的角度，卫礼贤所描述的这三种可能同时存在，其中正是感应的力量，以及"中孚"的真实体现，同时也属命运使然和使命所在。

第二节　荣格心目中的"卫礼贤"

荣格认为，他与卫礼贤相遇，是其命中注定的缘分，荣格称其为"注定要成为我一生中最有意义的事件之一。"[①]在荣格看来，卫礼贤不仅以他的精神，而且以其全部生命的存在，给我们再现了一幅真正的东方图像。

荣格与卫礼贤初次相遇(1920)，便一见如故。卫礼贤说他仿佛是在中国遇到的荣格，而对于荣格来说，卫礼贤则几乎就是一个"中国人"，其一言一行，举手投足，优雅自得，尽显中国儒者风度。在荣格的心目中，卫

---

① 荣格：《纪念卫礼贤》，《荣格全集》第15卷(C. G. Jung. *Richard Wilhelm*: *In Memoriam*. CW 15. § 78)；可参见荣格：《回忆·梦·思考》，沈阳，辽宁人民出版社，1988年，第602—603页。

礼贤即是中国文化的化身，中国文化的使者，中国文化生命意义的体现。在荣格看来，卫礼贤与中国文化有真正的心灵沟通，有着本质的参透和融合，于是，能够创造一种新的生命。

荣格曾生动描述其对于卫礼贤的最初印象："我见到卫礼贤时，他看上去完全是个中国人，外在举止以及写作和说话的方式都是如此。东方观点和古代中国文化已渐渐融入其内心深处。"①在荣格看来，卫礼贤已完全为中国文化所同化。荣格在其传记中说，"我甚至不能用'影响'一词来描述中国文化和中国思想与卫礼贤的关系，因为实际上，卫礼贤是被中国文化所征服了，被同化了。"②或许，这是其命中注定的相遇相逢，面对卫礼贤，面对卫礼贤所代表的中国文化，荣格将其作为自己的良师益友，也作为其心理学的深远背景。

初次相遇的一年后，荣格即邀请卫礼贤来到苏黎世，在其心理学俱乐部做有关《易经》的讲座。这是 1921 年 12 月 15 日。③荣格曾这样记录与描述卫礼贤在苏黎世心理学俱乐部④的第一次演讲。荣格说："卫礼贤第一次来苏黎世心理学俱乐部讲座时，在我的请求下，演示《易经》的操作，同时做有关预测，不到两年便精确无误地实现了。这种预测也为多种相应的经验所确认。然而我的兴趣并不在于对《易经》的论断建立客观的有效性，而是如同卫礼贤那样，只是将其作为一种预定前提。我只是关注其过程中所发生的惊人事实，在卦象中所呈现的时间中的潜质。"⑤

荣格在其《谈卫礼贤》一文中这样说："卫礼贤来苏黎世时，我得以有机会大范围地讨论该问题，我们也谈了许多中国哲学和宗教问题。他对中国思想所知甚多，这样他跟我的谈话使一些我感到非常困难的问题都得以澄清，这些问题是欧洲式无意识强加于我的。此外，我跟他谈到我对无意

---

① 荣格：《纪念卫礼贤》，《荣格全集》第 15 卷(C. G. Jung. *Richard Wilhelm*：*In Memoriam*. CW 15. § 78)；可参见荣格：《回忆·梦·思考》，沈阳，辽宁人民出版社，1988 年，第 602—603 页。

② 同上。

③ 尽管在《回忆·梦·思考》中，荣格与亚菲提到的是 1923 年，但多谢托马斯·科茨(Tom Kirsch)，荣格著作基金会主席乌利齐·霍纳(Ulrich Hoerni)和托马斯·费舍尔(Thomas Fisher)所提供的档案和记录，确认以上历史事件的时间，卫礼贤首次在苏黎世的讲座是 1921 年 12 月，主题是关于《易经》。

④ 苏黎世心理学俱乐部，也即荣格分析心理学学派的前身。

⑤ 荣格：《纪念卫礼贤》，《荣格全集》第 15 卷(C. G. Jung. *Richard Wilhelm*：*In Memoriam*. CW 15. § 78)

识研究的一些结果，这未使他感到惊讶，因为他在这些结果中已认识到一些事情是他认为中国哲学传统独自拥有的东西。”①

苏黎世心理学俱乐部/作者拍摄

荣格相遇卫礼贤之时，正是他自己在其心理学研究中最为关键的时期。与弗洛伊德分道扬镳之后，荣格辞去国际精神分析学会（IPA）主席的职务，辞去国际精神分析杂志主编的职务，甚至辞去苏黎世大学的教职，以至于很长一段时间都陷于深深的抑郁之中。为此，如荣格在其《红书》中的记录，他义无反顾，深入于无意识，上穷碧落下黄泉，寻求心灵深处的意义。他希望自己能够有一种理论的根基，来帮助他整理自己的研究和发现，使他拥有足够的力量和勇气，来抗衡所面临的压力，重新获得心灵的回归之路。

后来，荣格再度邀请卫礼贤来到苏黎世荣格心理学俱乐部。那是1926年。卫礼贤分别在1926年5月27日和28日，就“中国的瑜伽术”（Chinesische Jogapraxis）和“中国的灵性说”（Chinesische Seelenlehre）做主题演讲②。两者均对荣格及其分析心理学产生重要影响。比如，“瑜伽”以及“中国瑜伽术”是荣格著作中常出现的词汇（荣格也将道家的内丹作为“瑜伽”），而“中国的灵性说”或“中国的心灵学说”，则直接体现在荣格论述原型意象，比如“阿尼玛”和“阿尼姆斯”的著作中。

在荣格的心目中，卫礼贤不仅是卓越的汉学家，而且具有心理学以及心理分析师的天赋与敏感。确实如此，卫礼贤的诸多翻译和著述，均具有重要的心理学启迪。比如，卫礼贤曾在其《中国心灵》和《中国人的经济心理学》等著述中，阐释中国人的“自我”：从别具一格的“非我”到“真我”，

---

① 荣格：《卫礼贤》，见荣格：《回忆·梦·思考》附录；刘国彬、杨德友译，沈阳，辽宁人民出版社，1988年，第602页（C. G. Jung. *Memories, Dreams, Reflections.* New York, Vintage Books, 1989）

② 根据荣格家和荣格著作基金会所提供的记录，1926年5月27日和28日是卫礼贤在苏黎世心理学俱乐部演讲的准确时间（而一些著作将此事件误传为1927年或1928年）。

由"真我"到"圣我"的三重结构。其中的"圣我"概念，则以孔子为典范。在卫礼贤看来，若我们真正关心自我拯救，那么就应从中国文化中去发现和理解"圣我"的意义和启示。为此，卫礼贤也借助《大学》，将其中的"至善"，作为"圣我"的表达与境界。当然，《大学》《中庸》本为儒学心法，其中不仅呈现境界与理论，而且包含途径与方法，如《大学》之正心诚意，格物致知以及"知止而后有定，定而后能静，静而后能安，安而后能虑，虑而后能得"均包含完美的心理分析寓意与哲理，均有对荣格及其分析心理学的重要启示。

由于卫礼贤，中国的孔子及儒学，以及中国的道家与佛教，尤其是《易经》，都具有了深远的心理学意义。其中，不仅是知识的传播，而且更是生命的投入。从其1903年发表《孔子在人类师表中的地位》演讲起，在中国的20余年，卫礼贤与孔子可谓神交已久，自称儒教徒，取名卫希圣，字礼贤，命运的赋予和主体的体验在他身上达到了完美结合。

儒家之仁，对于卫礼贤来说，便是人道，便是人之为人的道理，犹如作为西方心理学缘起的德尔菲箴言：认识自己与发挥天赋。于是，卫礼贤将儒家之"仁"，演绎为"人性"(menschlichkeit)、"善行"(wohlwollen)，以及"完满"(vollkommenheit)。由此，儒家之"仁"，自然而然进入荣格的分析心理学体系，不管是其"心理类型"(psychological types)，还是其"自性化"以及"自性化过程"(individuation process)，都涉及人性所蕴含的发展趋势：完整性(wholeness)。

《论语》中有夫子忠恕之道的表达。[①]卫礼贤把"忠"翻译为"对自身的忠实"(Treue gegen sich selbst)，把"恕"译为"对他人的友善"(Gutigkeit gegen andre)；俨然发挥出孔子的心理学，其中已是包含对荣格心理分析的启迪。在卫礼贤看来，中国之"中"的意识——当其返回多样性的现实世界——就成为一种特殊的对等意识，即"恕"。而卫礼贤将汉字之"忠"注解为"心之中"，阐释为"对中的意识"，或"具中的心理"。在卫礼贤的理解中，儒家之"忠"，已是一种深层或深入的意识。但用此"中"与"心"(忠)，即可意识到自身与人类的本性，深入于无意识的超然境界，领会天命的意义。而汉字之"恕"，如同一心，一种深度的"共情"，卫礼贤将其表述为

① "子曰：'参乎，吾道一以贯之。'曾子曰：'唯。'子出，门人问曰：'何谓也?'曾子曰：'夫子之道，忠恕而已矣。'"

“同情的原则”(das Prinzip der Sympathie)，以天下人之心为己心的内在依据；于是，这便为儒家的黄金律“己所不欲，勿施于人”[1]注入了心理分析的内涵。子曰：“吾道一以贯之。”曾子之理解：“夫子之道，忠恕而已矣。”通过卫礼贤的“翻译”与弘扬，中国哲学彰显出深刻的心理学意义。我们可以想象，当年求索于无意识智慧的荣格，遇到卫礼贤，遇到中国文化，那种如获至宝的感觉。

在卫礼贤看来，孔子之道，归根结底在于秩序的整理，或称之为“礼”；以此为前提，让各种力量包括被视为罪恶的人欲各得其所。以“礼”为基础的“秩序”不是外在的作用，而是内在的力量，一种自然与美的形式。卫礼贤也曾将中国儒家之礼进行心理学的阐释，比如，人人心中都有一头野兽，称为邪恶或冲动，犹如宗教所说的罪，总是在人性中作乱，难以融入和谐秩序。对此，我们面临两种选择，西方所常用的方式，即赶走野兽，如各种宗教性的苦修，但这并非最有效的办法，如心理分析所揭示的，野兽会在无意识中继续发挥影响。在卫礼贤看来，孔子则选择了更为深刻的方式：人们须接受自身本来的样子，将凶猛的野兽视为自身的一部分，并将其掌握在自家主人(人性)的手中。做到这一点的关键便是儒家的秩序和中国之礼。高低、轻重各得其宜，大者成其大，小者成其小。若得到明智的约束和引导，罪也能成为力量的源泉。卫礼贤所传达的儒家智慧，中国之礼的意义，深深影响了荣格及其分析心理学的表达。荣格曾十分感慨地说：“在种种刺耳喧嚣的欧洲式的说教声中，能听到卫礼贤这位从中国归来的使者的质朴的语言，不啻于一种福音。中国思想能如草木一般随处生根，能够用平易的语言表达深刻的东西。卫礼贤的思想显然受到了这种熏陶，他使我们看到了在伟大的真理和深刻的大道中所蕴含的某种质朴的东西，他给西方的土壤移植了一株金华的嫩苗，使我们对于生命和道有了一种新的感受，使我们整日处于顽冥乖戾的紧张情绪得到了一定的解脱。”[2]

在《回忆·梦·思考》中，荣格所叙述的“自性化过程”(Individuation Process)，尤其是对于“自性”(Self)的理解与体验，均与卫礼贤和中国文化

---

① 《论语·卫灵公》：“其恕乎，己所不欲，勿施于人。”

② 荣格：《纪念卫礼贤》，《荣格全集》第15卷(C. G. Jung. *Richard Wilhelm: In Memoriam*. CW 15. § 92)。

息息相关，其中不仅有道家(如《太乙金华宗旨》)、佛教(如曼荼罗的寓意)，亦有卫礼贤之儒家文化的影响。自性及其意义、自性化过程，组成荣格分析心理学的核心。荣格在卫礼贤带给他的中国意象中，印证了他自己在绘制曼荼罗，以及在与西方病人做心理分析时所不断发现的心理事实。荣格说："事情对我变得越来越明白，曼荼罗就是中心。它是一切道路的代表，是通向这个中心，通向自性化的道路。"[①]而这一切，均获益于卫礼贤，均属于来自中国文化的启迪。

1923年至1927年期间，荣格也在构建他的波林根塔楼。在波林根的荣格，能够感受卫礼贤所带来的中国气氛，如其在《回忆·梦·思考》中的描述："在波林根，我的四周一片寂静，最最微小的动静也可听得出来，而我则'与大自然淳朴协调'"。为此"与大自然淳朴协调"，荣格加了这样的附注："这是一幅古老的中国木刻画的主题，画的是一个矮小的老者在壮美的风景中站着。"[②]卫礼贤曾在其《中国心灵》中说，面对中国古老的智慧，仅靠模仿不能帮助我们。我们无须外在的、人工的方法去理解对我们陌生的事物，而是要发现我们自己，我们必须发现自己的深度，继续找寻喷涌生命之泉的源头。卫礼贤的态度对荣格有着重要启发。他们两人都认为，在其所能理解的范围内，平静地接近东方向其开放的真正神秘力的最深层领域是可能的。这使得他们有勇气去拒绝一些外在的东西，而专心内寻。如卫礼贤所体验的中国文化，也如老子的描述：专气致柔，能如婴儿乎？或如卫礼贤与荣格的共识：我们将学会变成为婴儿，去找寻哺育、安慰我们的母亲，她赐予我们力量从内部去影响事物，这使得我们不至于在寻求成功的同时失去自己。

在第二届心理分析与中国文化国际论坛上(2002)，默瑞·斯丹曾以荣格与卫礼贤之间的通信为线索，呈现与分析"中国思想对荣格及其心理学理论的影响"，作为那次大会的主题演讲。这也是我们一起合作20余年，一起策划"心理分析与中国文化"系列(国际论坛、主题研究与专业出版)的持续主题。

---

① 荣格：《回忆·梦·思考》附录；刘国彬、杨德友译，沈阳，辽宁人民出版社，1988年，第333页(C.G. Jung. *Memories*, *Dreams*, *Reflections*. New York, Vintage Books, 1989, P.196)。

② 同上书，第382页。

荣格和卫礼贤之间的部分书信现存放在苏黎世联邦理工学院(ETH)图书馆特别设立的“荣格档案室”，那里不仅有荣格的书信手稿，而且还有许多尚未公开发表的荣格著作与讲座手稿。尽管荣格与卫礼贤的书信往来，有些已经选登在《荣格书信集》[①]中，但这些原件仍然是极其珍贵，具有重要学术意义和历史价值。因为，《荣格书信集》中所选登的只是荣格写给卫礼贤的书信，而在这里则可以看到卫礼贤写给荣格的部分。这些往来的信函(尽管并非其通信的全部)，提供了一种特殊的视角，不仅反映荣格与卫礼贤的个人关系，而且使我们从中得以了解中国文化对荣格思想影响的重要细节和内容。

在卫礼贤1928年12月28日写给荣格的一封信中，信首写着“法兰克福，中国学院院长，卫礼贤教授”。信中卫礼贤问荣格是否愿意以发起人的名义参加新组建的国际佛教研究院。该国际佛教研究院的背景，是太虚法师作为中国佛教联合会会长，最初在欧洲成立的国际佛教机构。

荣格也曾去法兰克福拜会卫礼贤。1929年，荣格要途经法兰克福去诺海姆(Bad Nauheim)参加心理治疗医学大会[②]，他事先写信给卫礼贤(1929年4月6日)，信中说，若有可能他乐意顺道来拜访。

卫礼贤很高兴在法兰克福的家中接待了荣格。两人相见格外亲切，酒逢知己，开怀畅谈，不时发出欢笑声。“荣格的笑是那种瑞士讲德语的人的大笑，可以说是开怀大笑；卫礼贤的笑，则是细微的，轻声的，像是中国人的那种笑……”卫礼贤的孙女贝蒂娜(Bettina Wilhelm)这样告诉我们。这是她从其奶奶莎乐美(美懿)那里听来的故事。

随后不久，荣格写信给卫礼贤，他甚为卫礼贤的健康担忧，对自己不久前在其家中的打扰表示歉意。此时，荣格应是觉察到了卫礼贤身体的虚弱。他在信中表达深度关切，荣格说：“你对我们西方世界太重要了，我必须不时地提醒你这一点。你可不能离开这个世界，不许生病啊。”[③]

---

① 荣格：《荣格书信集》(*C. G. Jung Letters*. Selected and edited by Gerhard Adler and Aniela Jaffe. Bollingen Series, Princeton University Press. Princeton, 1973)。

② 在此大会上荣格做了后来被广为引用的“心理治疗的目的”的演讲。

③ 荣格：《荣格书信集・第一册》(*C. G. Jung Letters/I*. Selected and edited by Gerhard Adler and Aniela Jaffe. Bollingen Series, Princeton University Press. Princeton, 1973, P. 63)。

在随后的通信中，荣格一再表达对卫礼贤身体的关心[①]。作为医生，荣格对卫礼贤身体的变化特别关注，叮嘱他千万要保重。在 1929 年 4 月 6 日的信中，荣格提到他与卫礼贤之间的重要合作："不久我就要开始我们的 MS"[②]。MS 即指后来出版的《金花的秘密》[③]一书。该书由卫礼贤与荣格合著，对于荣格及其分析心理学，以及对中国文化的传播，都具有深远的影响。正如荣格在《金花的秘密》德文版第 2 版序言中所说："我已故朋友，本书的著者之一卫礼贤，将这部《太乙金华宗旨》寄给我时，我的工作正处于一个艰难时刻。1913 年以来，我一直埋头于研究集体无意识的过程，也得到了一些结论，但其中很多地方让我感到不能肯定。它不仅远远超出了'学院'心理学所熟知的一切，而且逾越了医学心理学——准确地说是与个人人身有关的心理学——的界限。"[④]荣格说，"就在此时，卫礼贤给我寄来这部著作，使我从困境中摆脱出来。它正好包含了我在诺斯替教中费尽心机也得不到的东西。这部文献使我有可能发表一些基本的研究成果，至少以一种暂时的形式发表出来。"[⑤]对此，荣格说，"我所要强调的是，正是《太乙金华宗旨》这部著作，第一次把我推到了正确的方向上。由于对中世纪炼丹术的长期研究，我们找到了在灵知和集体无意识过程中存在的联结点。现在看来这是显而易见的。"[⑥]

接着，荣格在这封信中提出一个非常重要的话题："最近在诺海姆召开的心理治疗大会上，我的演讲很有收获，协会决定邀请你明年做主题演讲。这可是具有历史意义的决定！那些直接触及到普通人群最敏感领域的临床医生，如果能够受到中国哲学的陶冶，想一想，这意味着什么！我很激动，只希望不要有什么妖魔鬼怪来纠缠你而使你不能成行！这将令世人瞩目！医学正在生气勃勃地把自己皈依到心灵的领域，在这个历史的关键

---

① 这封信收录在《荣格书信集·第一册》中；信中荣格知道卫礼贤患有肠胃不适，提到"都是史莱格夫妇(Schlegels)的冷蛋黄酱惹的麻烦。"1929 年 1 月 29 日荣格邀请卫礼贤在苏黎世心理学俱乐部做过一次题为"佛教冥想中的一些问题"的演讲。史莱格夫妇是苏黎世心理学俱乐部的成员，卫礼贤应是在和他们的一次共餐之后得了消化不良。

② 见《荣格书信集·第一册》(C. G. Jung Letters/. Selected and edited by Gerhard Adler and Aniela Jaffe. Bollingen Series, Princeton University Press. Princeton, 1973. PP. 62—63)。

③ 《金花的秘密》，包括卫礼贤对《太乙金华宗旨》的翻译以及《慧命经》的部分，序言以及荣格的心理学评论。

④ 荣格第二版序言，见《荣格全集》第 13 卷(CW. 13. foreword)。

⑤ 同上。

⑥ 同上。

点上，东方必须介入。只有那些傲慢自大的神学家和哲学家，才会无动于衷。”①

荣格在其《纪念卫礼贤》中也曾提到：“我觉得我们的潜意识之中已经充满了东方的象征手法，东方的精灵就在我们的大门之外巡回。所以，在我看来，把道融入生活，寻找大道，在我们之中已经成为一种共识，而且，其程度比我们通常所认识到的要大得多。在今年(1930 年)德国心理治疗家协会的年会上，卫礼贤(和印度学者豪尔/Hauer)受邀做关于瑜伽的报告。我觉得，这是当代最耐人寻味的事件。试想对于一位与那些痛苦不堪，因而就容易病急乱投医的人直接打交道的开业医生来说，与东方的治疗体系建立联系究竟意味着什么。东方的精神将穿过我们所有的毛孔，渗入到欧洲最易感染的各个地方。这可能是一种危险的传染病，但也可能是一剂良药。”②

荣格一向认为，卫礼贤所翻译与传播的中国文化经典对西方医学和心理治疗来说极具重要性。默瑞·斯丹也注意到，荣格一直关注医学的转型，也就是说，要把精神病学和心理治疗职业从医学模式的唯物还原论主导(心灵＝大脑)转移到心理学的理解视角。为此，荣格一直在关注更为广泛的学科领域，现在他看到了一种崭新的、潜力无穷的资源——中国文化和中国思想。在西方医学的转型过程中，尤其对心理治疗而言，中国的哲学和宗教是一种如此有效和必需的工具。荣格相信，由于深刻的内省传统与历史，中国思想已经发现了心灵的全部领域及其复杂的组成，现在它将通过一种象征的形式展示给西方人。

荣格也曾对卫礼贤身体的变化，做了某种程度的心理分析；荣格认为，卫礼贤症状的背后，是意识与无意识的冲突；而这冲突，也体现在已经中国化的卫礼贤在当时欧洲现实之间的挣扎；或者说，卫礼贤的中国之心，与其欧洲头脑之间的矛盾。因为，当卫礼贤从中国回来之后，在荣格看来，很可能(或不可避免)要重新被西方所同化，而对此卫礼贤内心是抗拒的。荣格说：“我想，由于这是一次被动的被同化，即是说，是一次对

① 荣格：《荣格书信集·第一册》英文版第 63 页(*C. G. Jung Letters*. Selected and edited by Gerhard Adler. Princeton University Press 1973. P. 63)。

② 荣格：《纪念卫礼贤》，《荣格全集》第 15 卷(C. G. Jung. *Richard Wilhelm: In Memoriam*. CW 15. §90)。

环境影响的屈服，因此会产生相对而言属于无意识冲突的危险，一种他身上西方和东方精神之间的抵触。”①作为心理分析师的荣格，此时真的很希望，其深度心理学能够对卫礼贤的生活和生命有所助益。

荣格说，他曾几次前往法兰克福“中国学社”去听卫礼贤的讲座，“听了他的讲座后，我曾试图让他注意威胁着他的危险。我说给他的话是：‘我亲爱的威廉，请不要误解我的话，不过我有种感觉，就是西方的东西正再次拥有你，你对你那次将东方介绍给西方的旅行变得越来越不忠诚了。’他回答说，‘我认为你说得对——这儿好像有什么东西正强烈地攫住我。可又能怎么办呢？’”②

荣格曾在其传记的附录《卫礼贤》一文中写道：“几年后，卫礼贤作为客人来到我家，他的身体由于变形虫痢疾病的侵扰已经垮了下来，这病他二十年前就患了。后来数月里，他的情形每况愈下。后来，我听说他住院了。我到法兰克福探望了他，眼前却是一个病入膏肓的人。医生们还没有失去希望，卫礼贤也谈及等病愈后想实施的一些计划。我和他一起分享了他的希望，但我却有所预感了。那会儿他跟我透露的一些话更证实了我的猜测。他说在他做的一些梦里，他再次到荒芜无尽的亚洲干旷草原那儿去了一趟——他离开过的中国，他在找寻着中国留给他的问题的答案。那一答案在他那儿已被西方笼罩死了。直到现在他才意识到这一问题，但却没有能力找到答案了。他的病又拖了他几个月。”③

在卫礼贤去世之前，荣格曾有十分特殊的意象体验。荣格说：“直到他临死前几个星期，我已经好久没听到他什么消息，我刚要睡着，却被一幅幻境给猛地撼醒：在我床旁，立着一位身着一袭深蓝外衣的中国人，双手合十插在袖里，他在我面前深鞠一躬，好像希望给我一个消息，我知道这很说明问题。那幻境特别清楚，我不光看到那人脸上每条皱纹，还看到了他棉衣服上的每根棉线。”④

荣格与卫礼贤的最后一封通信写于1929年10月28日，信中荣格表示同意卫礼贤提出的这些改动并表达了对著作标题(《金花的秘密》)的热情支

---

① 荣格：《卫礼贤》，见《回忆·梦·思考》附录，刘国彬、杨德友译，沈阳，辽宁人民出版社，1988年，第605页。

② 同上书，第604页。

③ 同上书，第604—605页。

④ 同上。

持。还说他正在准备一组由其病人所画的曼荼罗图案。荣格认为这些图案相互补充，精致而复杂，它们反映了欧洲的无意识心灵对东方文化的努力把握。对此，我们与默瑞·斯丹有过这样的讨论：卫礼贤邀请荣格来为其翻译的《太乙金华宗旨》撰写评论，无疑是送给荣格的特殊礼物，两人合作完成的《金花的秘密》，实际上是给荣格提供了一种方式来理解他多年来所做之事的意义，即自发地描绘“曼荼罗”图画。在心理分析的语境中，曼荼罗代表了自性围绕中心绕行以及由此引发的自性化历程。荣格获益于中国文化，其从中所获得的支持是，心理发展不是线性的，而是“圆环式”。由此，将自性化过程视为一种环形而非线性的观点，成为荣格自性化理论的核心特征，这完全受惠于中国文化的启发。所以，在荣格理解和形成其上述理论的过程中，中国思想起到了关键作用。中国哲学的思维方式包含一种非线性，对此荣格印象深刻，其共时性(synchronicity)理论也由此生发出来。

在1929年10月28日荣格写给卫礼贤最后一封信的最后，荣格对卫礼贤说：“无论如何你要保重身体，因为很不幸，精神有一种倾向，总会试图吞噬躯体。”[①]

荣格与卫礼贤合著的《金花的秘密》在1929年年底出版，卫礼贤于1930年3月1日，在德国图林根医院病逝。

卫礼贤被安葬于巴德·鲍尔(Bad Boll)的家族墓地，与其夫人莎乐美合葬。附近有卫礼贤岳父约翰·克里斯托夫·布卢姆哈特的墓碑，刻有那著名的《诗篇》：“上帝是我们的避难所，是我们的力量，是我们在患难中随时的帮助……”这里曾是历史上富有盛名的疗愈中心，身心康复之地。年轻的黑塞也曾在此度过其初发的心理危机。

1930年5月，荣格在德国慕尼黑“卫礼贤纪念会”上致辞[②]。在这次生动的演讲中，荣格表达了他对卫礼贤深深感激之情：“卫礼贤一生的工作对我无比重要，因为其有力阐明并证实了我为医治欧洲人心灵痛苦所探

① 荣格：《荣格书信集·第一册》英文版第71页(*C. G. Jung Letters*. Vol. 1：1906—1950. Selected and edited by Gerhard Adler. Princeton University Press，1973，P. 71)。

② 该文曾以“卫礼贤的悼词”为题刊登在《新苏黎世日报》。后也收入荣格与卫礼贤合著的《金花的秘密》；见《荣格全集》第15卷；C. G. Jung. *Richard Wilhelm*：*In Memoriam*. (1930) In Collected Works，Vol. 15，PP. 53—62. Princeton，New York. Princeton University Press，1966.

索、奋斗、思考以及实践的内容。”[①]荣格表示：“对我来说，这是难以忘怀的经历，听其用清晰的语言，讲述那些我曾隐约在我们欧洲无意识中发现的事情。我真的感觉他充实丰富了我，在我看来，仿佛我从他那里获得的教益要远远多于任何其他人。”[②]。

卫礼贤与莎乐美的墓碑，是由《易经》八卦所环绕的圆球，其上刻有两人的名字

也就是说，在荣格的心目中，卫礼贤的意义，已经是超过尤金·布洛伊勒、弗洛伊德、让内等对他的影响。1994 年国际分析心理学会主席托马斯·科茨在其首次访问中国的演讲中提到这一点，这在当时显得是语惊四座，因为大家已经习惯上将弗洛伊德，尤金·布洛伊勒或让内作为荣格思想的主要影响者。而对于卫礼贤，对于荣格分析心理学背后的中国文化元素，则显得些许陌生。

荣格《纪念卫礼贤》的悼文，是这样开始的：

> 对我来说，就卫礼贤及其工作来做演讲，实非轻松的任务。我们彼此的出发点相去甚远，如彗星般偶然相遇。他毕生工作的领域有些我从未涉足。我没有去过中国，这个最初陶冶其思想，继而一直吸引他的国度；我也不熟悉它的语言，中国东方的生动表达。面对如此广袤的知识和经验的世界，我的确像是门外汉，而卫礼贤却在其中得心应手，堪称大师。若我们停留在各自专业领域，他作为汉学家而我作为医生，我们或许永远都不会发生联系。然而，我们相遇在人性和人文领域，这一开始便超越学院门类界限。在那里有我们的触点，在那里闪烁的火花点燃明灯，而这注定要成为我一生中最有意义的事件之一。由此缘故，我或许

① 荣格：《纪念卫礼贤》，《荣格全集》第 15 卷英文版第 96 段落（C. G. Jung. Richard Wilhelm: In Memoriam. CW. 15. § 96）。

② 同上。

> 可以评说卫礼贤及其工作，深怀对其精神的感激与敬意，评说其在东方和西方创建桥梁，将数千年古老文化的珍贵遗产，或许将要消逝的文化，带给西方。[①]

在荣格看来，思维，尤其是逻辑思维，属于"阳性"的特长，而面对如此深远的东方，尤其是将其翻译引入西方这样艰巨的工作，则需要一种女性的胸怀："而一种伟大的心胸则具有女性印迹，其禀赋兼容并蓄且丰腴多产的子宫，可以将陌生的东西重塑，使之具有我们所熟悉的形式。卫礼贤便具有这种精神之母的罕见天赋，由此无与伦比的才能而感入(feel his way into)东方精神，完成其绝世的翻译。"[②]荣格所描述与阐释的，也正是其分析心理学中的要点，一种阴阳和谐的整合性发展。

荣格在这篇悼文中说：

> 卫礼贤无愧为一位大师，他不仅超越了其职业范畴，而且他对知识的追求，已成为对整个人类的关怀。更确切地说，这种关怀自始至终一如既往。除此之外，还有什么能使他如此彻底从欧洲人——当然也是从传教士——的狭隘眼界中解脱出来呢？事实上，他刚开始探究中国人心灵的奥秘，就即刻觉察到其中包含我们所需要的宝藏。于是，为此稀世珍宝，他放弃了欧洲人的成见。惟有无限包容的人性，心之伟大的洞察，才能使他对此深远的异域精神毫无保留敞开自己，并将自己的种种天赋与才能为其服务，扩展其影响。他献身这一任务时所怀有的那种理解，没有丝毫基督教的忿懑或欧罗巴的傲慢，充分证明其真正伟大的心灵；因为所有平庸的心理与外来文化接触时，不是毁灭于盲目自我封闭的企图，就是沉溺于无知和吹毛求疵。他们只能以外来文化的表面和皮毛自娱，从未感受过其真正的生活(they never eat its bread or drink its wine)，因而从未进入真正的心灵沟通，那

---

① 荣格：《纪念卫礼贤》，《荣格全集》第15卷英文版第74段落(C. G. Jung. *Richard Wilhelm: In Memoriam*. CW. 15. §74)。

② 同上书，§76。

种创造新生命的亲密融入和相互渗透。[1]

对于荣格来说，卫礼贤在中国的经历堪称传奇。作为职业的宗教人士，在中国生活20余年，几乎是完全沉浸于东方智慧的洗礼之中；唯有如此之诚挚，始能将中国文化宝藏带回欧洲。

张君劢在其《世界公民卫礼贤》一文中说，“卫礼贤来到中国时，是一名神学家和传教士，他离开中国时却成为孔子的信徒”[2]。这也是荣格的观点和印象：“卫礼贤年轻时曾作为基督教传教士去过中国，在那里，东方的精神世界为他敞开大门。卫礼贤具有真正的宗教精神，对事物观点清晰且富有远见。他具有毫无偏见倾听外国思想表达的天赋，实现那共情的奇迹，使他能够将中国的知识珍宝引入欧洲。他深受中国文化的影响，有一次对我说，‘我真的很欣慰，因为我没有给一个中国人洗礼！’”[3]张君劢也记录过卫礼贤同样的话语：“他（卫礼贤）曾对我说：令我感到欣慰的是，作为一介传教士，在中国我没有发展一个教徒”。[4]

在《纪念卫礼贤》中，荣格赞美卫礼贤的成就及其意义。在他看来：“……正是卫礼贤，从东方给我们带来新的光明。他感受到这文化使命对自己的召唤，认识到对于我们的精神需要，东方能够提供何等的贡献。”[5]在荣格看来，“面对东方的陌生文化，卫礼贤表现出欧洲人所罕见的高度谦虚，他欣然地走向它，没有丝毫偏见，没有丝毫自负，他把自己的心灵和头脑完全向其敞开，任其牵引，由其塑造。”[6]荣格说：“这样，当他返回欧洲的时候，他不仅以他的精神而且以他的全部生命存在，给我们再现了一幅东方的真正图像。这种深刻的变化若不付出巨大的牺牲是绝无可能的，因为我们的历史背景与东方全然不同。在东方文化十分宽广十分稳定

① 荣格：《纪念卫礼贤》，《荣格全集》第15卷英文版第74段落（C. G. Jung. *Richard Wilhelm*：*In Memoriam*. CW. 15. §75）。

② 张君劢：《世界公民卫礼贤》（*Richard Wilhelm*, *A World Citize*），见《东西方之间——中外学者论卫礼贤》，孙立新、蒋锐主编，济南，山东大学出版社，2004年，第27页。

③ 荣格：“卫礼贤”，见《回忆·梦·思考》附录，刘国彬、杨德友译，沈阳，辽宁人民出版社，1988年，第602页。

④ 张君劢：《世界公民卫礼贤》（*Richard Wilhelm*, *A World Citize*），见《东西方之间——中外学者论卫礼贤》，孙立新、蒋锐主编，济南，山东大学出版社，2004年，第27页。

⑤ 荣格：“纪念卫礼贤”，《荣格全集》第15卷（C. G. Jung. *Richard Wilhelm*：*In Memoriam*. CW. 15. §87）。

⑥ 同上书，§93。

的特性面前，西方意识的敏感，及其问题的严峻必定会有所淡化；西方的理性主义及其偏执一端的思维习惯也不得不屈服于东方的宽容和简朴。对于卫礼贤来说，这种变化不仅仅意味着理性的立足点产生了转移，而且意味着他的人格组成部分产生了必要的调整。如果卫礼贤没有能力使他自身的欧洲精神隐入幕后，他给我们提供的东方图像就不可能再现的如此完美，没有任何功利色彩、没有任何主观臆测的迹象。如果他让东西方文化在他内心进行一场针锋相对的较量，他也不可能完成他的使命，给我们提供一幅中国的真实图像。为了完成他命定的任务，牺牲掉他作为欧洲人的那一部分是不可避免的，也是必要的。”①

荣格说：“卫礼贤在最高的意义上彻底完成了他的使命。他不仅为我们打开古老的中国思想宝库，而且如我所指出的，他带来了中国精神的根，滋生了数千年的根，并把他移植到欧洲的土壤之中。随着这一任务的完成，他的事业也到达了顶峰，不幸，也到了终点。按照中国人所精通的物极必反、相反相成(enantiodromia)法则，一个过程的完结正是其对立面的开端。所以，阳至极则阴，长至极则消。我只是在卫礼贤生命中的最后几年才走近他，我亲眼看到，随着其使命的完成，欧洲以及欧洲人是怎样愈演愈烈地困扰他、压抑他。与此同时，他也深深感觉到，他正站在一场巨变的边缘，而他很难把握这巨变的本质。他只知道，他在面对至关重要的危机。他的身体疾病与此变化几乎同步。他的梦里充满中国记忆，但其意象总是悲伤和沮丧；这已是清楚表明，其思想中的中国部分已转为消极。”②

荣格在《纪念卫礼贤》的最后说：“诸位明鉴，我没有隐瞒我个人的观点，如果我不告诉你们卫礼贤对我的意义，我又怎能为其演说？卫礼贤一生的工作对我无比重要，因为其有力阐明并证实了我为医治欧洲人心灵痛苦所探索、奋斗、思考以及实践的内容。对我来说，这是难以忘怀的经历，听其用清晰的语言，讲述那些我曾隐约在我们欧洲无意识中发现的事情。我真的感觉他充实丰富了我，在我看来，仿佛我从他那里获得的教益要远远多于任何其他人。为此，我没有觉着冒昧，在纪念他的圣坛上，表

---

① 荣格：《纪念卫礼贤》，《荣格全集》第15卷(C. G. Jung. *Richard Wilhelm*: *In Memoriam*. CW. 15. §92)。

② 同上书，§94。

达我们所有人对他的感激和敬意。”①

在《纪念卫礼贤》这篇著名的悼文中，荣格生动阐述了卫礼贤与中国文化的关系，述及中国文化的意义及其深远影响，包括《易经》、中国道家、佛教以及儒学。如荣格为卫礼贤所译《易经》作序时，同样表达对卫礼贤的深刻怀念：“我不是汉学家，但我接触过《易经》这部伟大非凡著作，愿意写下这篇序言，以作见证。同时，我也想借此良机再向故友卫礼贤致敬，他深切体会到所翻译的《易经》这部经典在西方是无可比拟的，在文化上也有相当重要的意义。”②也如荣格与卫礼贤合著《金花的秘密》中的表达：“我的(临床心理学)职业经验告诉我，我在技术方法上已被无意识引向了一条神秘之路，这条道路，东方圣贤早已捷足先登达几个世纪之久了……卫礼贤，这位中国精神的伟大阐述者，充分为我证实了这种相似性。这使得我鼓起勇气，评说这样一部处处散发着东方精神神秘气息的中国著作。同时，这实在是非同寻常，从内容上看，它与在我的病人心理发展过程中所发生的事情有着惊人的相似，而这些病人，没有一个是中国人。”③

1930 年 1 月 19 日，荣格曾接受慕尼黑电台的采访，记者问到其对于中国文化的研究。荣格回答说：“为了我的心理学，我熟悉所有与其有关的富有价值的事情。但开始的时候，中国思想对我来说却犹如天书。对于一些特定的心理学发现，都是由于我与中国(文化)的关系和卫礼贤的缘故。首先，由于对于集体无意识的发现，也即非个人的心理过程，引发了我对原始和东方心理学的兴趣。在这些非个人的心理过程中，有许多看起来绝对奇特和深不可测的内容，很难与我们所了解的任何历史象征有关联。但是，在东方心理学中，我们却可以发现大量确认的象征和类似性。”④

正是由于卫礼贤，才使荣格在中国文化中发现了心灵宝藏；荣格将其融入所建立的分析心理学，至今具有深远的影响。他们的合作始于搭建沟

---

① 荣格：《纪念卫礼贤》，《荣格全集》第 15 卷(C. G. Jung. *Richard Wilhelm*：*In Memoriam*. CW. 15. §96)。

② 荣格：《〈易经〉序言》，《荣格全集》第 11 卷英文版(CW. 11. §964)，参考荣格《东洋冥想的心理学》，杨儒宾译，社会科学文献出版社，2000 年。

③ 荣格：《〈金花的秘密〉评论》；见《荣格全集》第 13 卷英文版(CW. 13. §10)。

④ 引自荣格 1930 年 1 月 19 日，荣格在德国慕尼黑电台的参访(A RADIO TALK IN MUNICH，Unpublished；from a MS in Jung's hand，dated 19 Jan. 1930.)后收入《荣格全集》第 18 卷(CW. 18. §1286—1287)。

通东西方桥梁的共同使命，收获于一个复杂性系统的深度心理学理论，该理论把西方线性的、因果关系的、客观的思维方式与东方（中国）非因果关系的、共时性的、圆融性思维方式整合了起来。于是，荣格心理学中所有重要的概念及方法，如集体无意识、原型、原型意象（如阿尼玛、阿尼姆斯）、自性和自性化，心灵的真实性和心灵的自主性以及积极想象、炼金术、心理类型、直觉方法等，都深深获益于卫礼贤所传达的中国文化及其意义。

尽管在荣格的著述中，我们看到有关《易经》、“道”、“瑜伽”以及“中国禅宗”等方面的内容居多，对此我们将在下面的章节展开论述，但毫无疑问，在荣格所接受的卫礼贤及中国文化的影响中，儒家思想亦然至关重要。这也是本章所要努力呈现的。如前所述，理查德·威廉之所以为自己取名为卫希圣，字礼贤，自称中国山东人，儒教徒，便是例证。卫礼贤引入西方的最重要的中国文化典范当然也是孔子。在卫礼贤看来，唯孔子的中和之道，可致世界大同。卫礼贤之儒学，身体力行，已是将中国文化融入一种特殊的深度心理学。这也是卫氏之学的重要特色，将“命运”(schicksal)和“体验”(erleben)融为一体。卫礼贤一向把中国人的生活智慧视为现代欧洲人心灵的需要，或者拯救西方心灵的药方和手段。

儒者，人之需。人本天地之性，也为天地之心。如《礼记·礼运》所说：“人者，天地之德，阴阳之交，鬼神之会，五行之秀气也。”需者云上于天，需时而雨；雨而阴阳和气，也即天地之气和则雨，辅时生养，如《易经·乾卦》之文言：“云行雨施，品物流形。”故儒者也为学者之称，如“通天地人曰儒。”(《扬子·法言》)“儒，以道得民。”(《周礼·天官》)。“《儒行》者，以其记有道德者所行也”。(郑玄《三礼目录》)

在我们看来，荣格与卫礼贤皆为儒行者。尽管两人，尤其是荣格，在其著述中彰显道家和佛教思想，但其内涵，尤其是卫礼贤，深含儒家的智慧，秉持儒家的修养。

卫礼贤与中国，犹如其哲学中的“命运”，犹如其心理学中的“体验”；或许，这也正是卫礼贤所代表的中国文化，对荣格的真正影响所在。卫礼贤所呈现的，也正是荣格心理学的感受性(feeling)，一种涵容与融入的能力，一种感应性的化身体验。

在荣格私人日记《红书》的最后，特别提到卫礼贤，他们所合作的《金花的秘密：中国生命之书》及其深远的意义。荣格在其传记《回忆·梦·思考》中，将“卫礼贤”作为附录；其撰写的《悼念卫礼贤》情真意切，刊登在《新苏黎世报》(1930 年 3 月 6 日)，以及法兰克福《中德年鉴》(1931)，后收入《荣格全集》第 15 卷：《人，艺术与文学中的精神》(*Spirit in Man, Art, and Literature*)。在荣格的心目中，卫礼贤不仅是中国文化的使者，更是中国文化的化身，中国文化生命意义的真实体现。

第三节 荣格与卫礼贤，使者与使命

荣格与卫礼贤有一个共同的心愿，那就是建起东西方文化之桥，能够使东方与西方的文化与心灵由此贯通。卫礼贤作为中国文化的使者，以及荣格的分析心理学，便是坚实的桥墩与桥头堡。于是，两人便肩负起共同的文化使命，身体力行，来促进中国文化与西方文化的交流。

1929 年 5 月，当荣格完成为卫礼贤翻译的《太乙金华宗旨》撰写评论时(也即著名的《金花的秘密》)，荣格特意写信给卫礼贤说：“似乎命运给我们分派了柱子的角色，来支持东西方沟通的桥梁。”[①] 荣格在写给卫礼贤的书信中充满激情和使命感，表示他将与卫礼贤一起共同致力于促进东方和西方的沟通。

1930 年荣格在《纪念卫礼贤》中也特别提到：“他在东西方之间架设了一座桥梁，并把一种有数千年历史的古老文化的宝贵遗产介绍给西方……”[②]这本来便是卫礼贤多年的愿望，也是荣格及其分析心理学持续的努力。

卫礼贤返回德国后，受聘为法兰克福大学中国史专业和中国哲学专业荣誉教授，同时筹建了“中国学社”(1925 年 11 月)。如其 1914 年在青岛创办“中西文社”，以及后来在北京建立“东方学社”，其持之以恒的努力便是要在东西方文化之间架起一座桥梁，以传播中国文化为己任，始终享有“中国和欧洲精神交流的使者”的盛名。卫礼贤与荣格等一起，致力于东方

---

① 荣格：《荣格书信集·第一册》，英文版第 66 页，1929 年 5 月 25 日(C. G. Jung Letters/I. Selected and edited by Gerhard Adler. Princeton University Press, 1973, P. 66)。

② 荣格：《纪念卫礼贤》，《荣格全集》第 15 卷英文版第 80 段落(C. G. Jung. *Richard Wilhelm: In Memoriam*. CW 15. § 74)。

与西方的精神交流，履行其所肩负的历史使命。诸多知名文化学者也加入这一行列，如：鲁道夫·奥托、阿尔伯特·史威泽(Albert Schweitzer)、赫尔曼·黑塞、马丁·布伯(Martin Buber)等。卫礼贤在其“中国学社”，不仅邀请与接待了胡适、梁启超、史太虚、徐志摩等中国学者的访问，更是通过其《中国学刊》，系统介绍中国学者与中国文化。凡东学西渐或西学东来，荣格与卫礼贤便是我们的榜样，他们的努力至今仍然使我们深获教益，而且，亦然具有深刻的启迪。

从1925年至1930年，卫礼贤有许多关于中国的汉学研究和译著问世，如：《孔子生平事业》(1925)、《老子和道家》(1925)、《中国文学》(1926)、《中国心灵》(1926)、《孔子和儒家》(1928)、《东亚：中国文化圈的形成与变迁》(1928)、《中国文化史》(1928)、《吕氏春秋》(1928)、《太乙金华宗旨》(1929)、《中国哲学》(1929)、《中国人的经济心理》(1930)和《礼记——大戴和小戴的礼仪书》(1930)等。通过翻译和著述，卫礼贤为西方读者呈现诸多的中国文化人物，如孔子、老子、庄子、孟子、列子、杨朱、韩非子、淮南子等。卫礼贤以其一己之力，完成其使命，其命中注定的事业，塑造了中国在西方的全新形象。荣格认为，卫礼贤不仅以他的精神，而且以他的全部生命的存在，给我们再现了一幅东方的真正图像。

在卫礼贤看来，中国智慧是现代欧洲的拯救者。在其《中国心灵》中，卫礼贤说：“中国人是如此古老，但无丝毫奴颜媚骨，矫揉造作，而是生活在孩童般纯真幼稚的精神中。纯真远非无知与野蛮，只有纯真的人才能达于人性最深处，那里才是生命之泉喷涌之所在。因此，中国人并不首先看重自己的外在所为，而只是视己为潜在的人。这种生存方式不是一种无生命的存在，而是一种祥和而具体的真实存在，这种存在方式产生的影响力是更有力的，因为它不是有意要造成这种影响，而且因为它表达了一些顺其自然的东西，因此不自觉地形成了巨大的平静和冷静。”[①]卫礼贤所传达的中国文化，正是荣格分析心理学发展的需要。卫礼贤一向把中国人的生活智慧理解为现代欧洲的药方和拯救手段。而在荣格看来，其临床心理学的经验，冥冥之中将其引向的道路，东方圣贤在很多世纪之前早已捷足先登。正是卫礼贤，被荣格称为中国精神的伟大阐述者，为其证实了分析

① 卫礼贤：《中国心灵》，王宇洁等译，北京，国际文化出版公司，1998年，第290页。

心理学与中国文化的这种接近与相似。

卫礼贤建立的“中国学社”创办数种汉学研究期刊，如《中国科学与艺术学报》(达姆施塔特，1925 年创办)、《中德年鉴》(法兰克福，1926 年创办)、《中国》(法兰克福，1927 年创办)和《东亚评论》(汉堡，1929 年创办)等，同时，学社还主办各种中国文化报告会和展览会，内容涉及文学、艺术、绘画、建筑、工艺等诸多领域，向西方传播中国文化及其意义。荣格及其学生创办的苏黎世心理学俱乐部，也是最早与卫礼贤“中国学社”建立学术联系的组织之一。

法兰克福“中国学社”每年都举行聚会，邀请国际著名学者参加进行有关中国文化的专业研讨和交流。如我们前面所提到的奥托、马丁·布伯、杜里舒、黑塞，当然也包括荣格以及胡适、梁启超、史太虚等中国学者。如卫礼贤在青岛接待与安排凯瑟琳、奥托等访问交流，他在德国也曾为蔡元培、徐志摩、梁启超、史太虚和胡适等诸多中国学者提供方便。

卫礼贤在北京任职于德国驻北京公使馆期间(1921—1924 年，曾任科学参赞)，与胡适、蔡元培、王国维、梁启超、张君劢、陈大齐等相识交往，1923 年也曾受蔡元培之邀在北京大学任教。在此期间，卫礼贤在北京成立“东方学社”(Orient-intitut)。[①]卫礼贤回德国后，与他们都保持书信往来。1925 年 7 月 23 日，蔡元培写信给卫礼贤，感谢其赠送《新水星》期刊，对其中卫礼贤文章《中国和力量》表示赞赏，感谢其对中国文化的传播，对中国的帮助和支持。随后卫礼贤写信给蔡元培，邀请他来德国参加“中国学社”组织的会议。1925 年 11 月 12 日，蔡元培写信给卫礼贤，感谢其邀请，并向卫礼贤推荐傅斯年和俞大维。后来，卫礼贤也将其《中国心灵》送给蔡元培。蔡元培于 1907—1911 年间曾留学莱比锡大学，他几乎是唯一在德国随心理学创建者冯特学习过的中国学者。也正是在蔡元培的支持下，陈大齐等在北京大学建立心理学实验室(1917)，标志着中国科学心理学的开始。

卫礼贤在北大任教期间，与胡适交往颇深，彼此多有助益并相互影响。斯文·赫定(Sven Hedin)[②]提名胡适为诺贝尔文学奖候选人时，首先

① 卫礼贤儿子卫德明，1905 年出生于青岛，也曾任北京大学教授，并于 1933 年在北大创办中德文化协会。荣格也十分欣赏卫德明的汉学，包括对《易经》的研究。

② 斯文·赫定(Sven Hedin，1865 年 2 月 19 日—1952 年 11 月 26 日)，瑞典人，瑞典学院院士，著名地理学家，探险家，对瑞典人来说其与诺贝尔有着相同声誉。

征求卫礼贤的意见。而在卫礼贤的心目中，胡适也正是诺贝尔奖的合适人选。1926年，卫礼贤邀请胡适在法兰克福“中国学社”做报告。胡适以《中国的小说艺术》作为主题演讲。荣格与胡适的交往，也是由于卫礼贤的引荐。

卫礼贤十分推崇梁启超，在得知瑞典学院有意物色中国学者为诺贝尔文学奖候选人时，他特意写信推荐梁启超。在1924年11月29日写给斯文·赫定的信中，卫礼贤说：“我认为把诺贝尔奖授予一位中国作家的想法非常出色。这将必然在文化政策上具有最深远的影响。我尚不清楚，哪个方向的人选会被考虑。作为对中国哲学、历史和文学都有涉猎的学者型作家，则现代人文领域的领袖人物梁启超应被考虑。……梁启超现在致力于保护中国古典文化的精华，以使得这些精华在新时代的新需求下得以拯救，但不是用僵死的保守主义，而是以严格的学术精神。他也是中国新语言的创造者之一，因此赢得了一定的影响力。假如他能被作为人选考虑，则我可以和他接触，并遴选、翻译他的作品。除他之外还有几位年轻一些的人选：1，胡适，哲学家、改革家，很激进，尽管年轻，却具有惊人的学识，而且充满激情。2，徐志摩，年轻的白话诗人，萧伯纳和泰戈尔的学生。这两位的作品我也可以翻译。但我倾向于梁启超，因为他更具代表性。”[①] 1925年10月，卫礼贤又写信给斯文·赫定，并邮寄其首期《中德季刊》，其中有他所翻译梁启超的文章：《五十年中国进化概论》。他再次表达希望梁启超能作为诺贝尔文学奖候选人。[②]

卫礼贤也在其《中国学刊》(*Sinica*)，连载梁启超的《佛教心理学浅测》(《中国学刊》1929年第1期、第2期)。梁启超的《佛教心理学浅测》，是其1922年在中国心理学大会上的主题演讲[③]。这是至今依然具有重要影响的《佛教与心理学》论文。随后，卫礼贤则在《中国学刊》1929年第3期，发表了《佛教心理学中的一些问题》。接着，在第5期，刊登了太虚法师的《论客观精神的无有》。《中国学刊》1929年第1期的《中国人物画廊》栏目，卫礼

---

① 卫礼贤书信，1924年11月29日。他首推梁启超为诺贝尔文学奖候选人，胡适和徐志摩作为候补。赫定与卫礼贤书信存于德国巴伐利亚科学院卫礼贤遗稿档案。

② 卫礼贤夫人莎乐美所撰写的《卫礼贤传记》对此有记载(Salome Wilhelm: *Richard Wilehlm: Der geistige Mittler zwishcen China und Europa*, S. 297)。

③ 中国心理学会第一届大会1921年在南京召开；1922年在北京召开第二届大会。

贤专门介绍当时在中国佛学界已产生重要影响的太虚法师[①]。本书第五章，将集中讨论“荣格与中国佛教”。

从左至右是太虚法师、德驻华公使卜尔熙（Herbert von Borch）和卫礼贤。摄于1928年法兰克福，太虚法师访问德国时（图片来自网络）

太虚法师1928年出访欧美弘法，在德国便主要是由卫礼贤来接待。太虚法师曾这样来形容其对卫礼贤的印象：“西国其质中华心，孔易老庄寝馈深，精进更谈大乘法，直欲一炉冶古今。”[②]

荣格与卫礼贤，也一起参加1927年“智慧学院”的年会，并分别作报告。卫礼贤的报告是《作为尺度和中心的人》，荣格则介绍其分析心理学的有关研究（报告发表于《智慧学派年鉴》）。1927年3月14日到19日，卫礼贤则在中国学社，邀请了在德国留学的66位中国学生在此聚会，并特别邀请奥托，作有关《欧洲的精神统一体》的报告。1928年10月，中国学社举办秋季会议，卫礼贤专门组织了关于中国文化危机的研讨，荣格也受邀参加。

卫礼贤去世前发表的最后一篇文章也是有关中国文化危机的主题。在卫礼贤看来，中国文化是一种植根于自然性冲动的直接生命延续的文化，是美化自然的文化。可是这种同宇宙紧密结合的文化从19世纪中期以来受

① 太虚（1890～1947）法师俗姓吕，乳名淦森，学名沛林，法名唯心，字太虚。浙江崇德（今浙江桐乡）人。清光绪三十年（1904）依苏州木渎士达和尚出家，同年于天童寺依寄禅和尚受具足戒。

② 太虚：《潮音草舍诗存》之“德国杂咏”（卫教授）；《太虚大师全书》第34卷，北京，宗教文化出版社，2005年，第139页。

到了西方文化的挑战，呈现出不断退缩的态势，因为没有了代表公共良心的中国文化的代表者，被掏空了的中国文化变得愈益虚弱，无力抵抗欧洲文化的扩张。对于中国文化的命运，与卫礼贤交往颇深的中国学者张君劢先生也有同感。他在其《卫礼贤——世界公民》一文中说："正当中国高呼'打倒孔家店，打倒旧文化！'的时候，外国对中国文化的兴趣却在觉醒。"为此，张君劢十分欣赏卫礼贤的工作。认为卫礼贤通过对中国经典，尤其是《易经》的翻译和阐释，以及其《中国学社》的活动与传播，试图建立一种基于中国古代智慧的新哲学，以呼应当代人内心的精神需要。

荣格也曾觉察这种历史的悖论与冲突。他在《纪念卫礼贤》一文也表达了其担忧与反思："让我们的目光投向东方，我们会看到，在那块地方，正笼罩着一种无可抗拒的命运。欧洲的大炮轰开了亚洲的大门，欧洲的科学和技术，伴随着欧洲的世俗主义和贪婪一起冲击着中国，我们的确在政治上攻克了东方。但是，你们知道当年罗马大军征服近东的时候，都发生了什么事吗？东方的精神渗入罗马，'密斯拉'（Mithra）成了罗马人的战神，一个全新的罗马精神从小亚细亚最不可能的一角悄然走出。难道我们今天就不可能发生同样的事情吗？……我觉得我们的潜意识之中已经充满了东方的象征手法，东方的精灵就在我们的大门之外巡回。所以，在我看来，把道融入生活，寻找大道，在我们之中已经成为一种共识……"①

1929年，荣格与卫礼贤合著的《金花的秘密》出版，引起广泛的国际关注。对中国道家经典《太乙金华宗旨》的评论，是荣格从卫礼贤那里所受中国文化影响的最重要的一篇论著。从此之后，荣格则连续发表诸多与中国及东方文化有关的重要论述，如：《〈西藏度亡经〉心理学评论》（*Psychological Commentary on The Tibetan Book of the Dead* /1935）、《瑜伽与东方》（*Yoga and the West* /1936）、《〈西藏大解脱书〉心理学评论》（*Psychological Commentary on The Tibetan Book of the Great Liberation*/1939）、《铃木大拙〈禅学导论〉序言》（*Foreword to Suzuki's Introduction to Zen Buddhism*/1939）、《东方冥想的心理学》（*The Psychology of Eastern Meditation*/1943），《〈易经〉序言》（*Foreword to the I Ching* /1950），以及《论共时性》（*On Synchronicity*/1951）和《共时性：非因果关系原则》（*Synchronicity*：

① 荣格：《纪念卫礼贤》，《荣格全集》第15卷（C. G. Jung. *Richard Wilhelm*: *In Memoriam*. CW 15. § 90）。

An Acausal Connecting Principle/1952）等，在荣格晚年所撰写的传记《回忆·梦·思考》中，中国文化的影响及其意义也得到充分体现。

1929年9月10日，荣格在其隐居的波林根塔楼给卫礼贤写信，说他对《太乙金华宗旨》的心理学评述已大致完成。尽管此项工作比其预期的时间要长，但荣格为此踌躇满志，志在必得。荣格说，"因为它代表了一个欧洲人对中国智慧的反应。我正尝试着解释'道'"①。

荣格坦言："作为一名地地道道的西方人，我别无选择地被这部中国著作的奇思异想深深迷住了。"②在荣格看来，"卫礼贤在这种中国智慧神奇的生命力中实在是陷得太深了。他不能允许这种直觉洞察的宝珠在专家学者的书案中消失。我很荣幸，他把一个心理学评论的重任交给了我。"③

荣格认为，《金花的秘密》是以高度发展的中国精神行之有效的洞察力为基础的。"中国的这些洞察力植根于一种在很大限度上全面的、实实在在的生活方式。这些洞察力源自中国的远古文明，而这种文明则是从其最深层的本能中连绵不绝地滋生出来的。"④于是，荣格告诫其西方，"对于中国精神，我们丝毫没有轻视的理由。"⑤

由于《金花的秘密》的合作，加强与加深了荣格与卫礼贤的友谊和交流。在有关的通信中，荣格说："似乎是命运派我们担负起搭建沟通东西方桥梁的重任。真诚地感谢你接受讲学的邀请。"⑥荣格在写给卫礼贤的书信中充满激情和使命感，一再表示他将与卫礼贤一起共同致力于促进东方和西方的沟通。

在荣格传记《回忆·梦·思考》中所附录的"卫礼贤"，是用这样一段话结束的：

---

① 荣格：《荣格书信集·第一册》，英文版第66页（*C. G. Jung Letters*/I. Selected and edited by Gerhard Adler and Aniela Jaffe. Bollingen Series, Princeton University Press. Princeton, 1973. P. 66）。

② 荣格：《〈金花的秘密〉评论》之引论："欧洲人在理解东方时所遇到的困难"；见《荣格全集》第13卷英文版（CW. 13. §1）。

③ 同上。

④ 同上书，（CW. 13. §2）。

⑤ 同上。

⑥ 荣格：《荣格书信集·第一册》，英文版第66页（*C. G. Jung Letters*/I. Selected and edited by Gerhard Adler. Princeton University Press. Princeton, 1973. P. 66）。

> 卫礼贤的问题大概也可被视为是意识和无意识之间所做的冲突，这种冲突在他那里以西方与东方之间的抵触形式出现，由于我自己也有与他相同的问题，因此知道卷入到这场冲突之中会意味着什么。诚然，在我们最后一次会面时，威廉也没坦率说出来。尽管我向他介绍心理学的观点时，他表现得极感兴趣，但是，他的兴趣也只保持在我说起客观事物，如一个念头或是宗教心理学引起的一些问题时。也只到这时，他一切都很好。不过我一俟试图去触碰他内心冲突那一实际问题时，我马上即能体会到他往后缩的感觉，一种将自己内心锁住的感觉——因为这些事情正中要害。这种情况我在许多重要人物身上都观察到过。记得歌德在《浮士德》里将其写成是一片"人迹罕至的、未被踏过的"地方。其所有区域均不能也不许被强行入内，那儿是一个命运，不允许任何人去干扰它。①

1930年卫礼贤去世，海内外的中国文化界均深表痛惜，在德中国留学生以古礼举办了哀悼会，北京大学以《本校旧教授 Richard Wilhelm 先生逝世》为题发布讣告，由陈大齐②、何鸿基等发起追悼演讲会。

在青岛，当时的礼贤中学，有庄严肃穆的追悼仪式，以"大道归真"，缅怀卫礼贤的东来西去，赞美其"宣扬夫文化，启迪我后生"。

张君劢撰写《卫礼贤——世界公民》作为纪念。其中张君劢富有深情地表达："卫礼贤到中国时是一位神学家和传教士，离开中国时却变成了儒家信徒。他曾对我说：'我作为传教士没有劝说任何中国人皈依基督教。这对我是一个安慰。'我之所以喜欢这个表白，不是因为卫礼贤看不出皈依基督教能为中华民族带来什么福祉，而是因为把自己从既有的认识和习惯中解放出来并转向新的人生目的，绝非一件轻松的事情。这里充分显示了卫礼贤人格的伟大。"③在张君劢看来，对于中华民族(及其智慧)"要把握它的

---

① 荣格：《回忆·梦·思考》，刘国彬、杨德友译，沈阳，辽宁人民出版社，1988年，第606页(C. G. Jung. *Memories*, *Dreams*, *Reflections*. New York, Vintage Books. 1989)。

② 陈大齐(1886—1983)，字百年，1917年在北京大学任教时期，建立中国第一个心理学实验室；1918年出版《心理学大纲》，1929年代理北京大学校长。

③ 原载法兰克福中国学社《中国》1930年第五卷，第2期；引自《东西方之间——中外学者论卫礼贤》，孙立新、蒋锐主编，济南，山东大学出版社，2004年，第27页。

青岛礼贤中学的追悼会现场

本质必须靠理解和亲身感受。通过在中国25年的居留和同受过教育的中国人的交往，卫礼贤成功地触及了中国精神的最深处。在他的《中国的精神》一书中可以发现，他是多么准确地了解中国人生活中哪怕是无关紧要的细节，例如饭后对热餐巾的使用和行酒令。他对《易经》的翻译抓住了中国智慧的制高点——当初孔子在读这本书时就曾感叹人生短暂，希望再多活几年以深刻领会它。”①张君劢认为，儒家思想是卫礼贤理解中国文化的基石，这也为其深入道家和精研中国文化提供了必要的准备。在西方，作为汉学家的卫礼贤，终其一生都是孔子和儒家的坚定捍卫者。

在张君劢看来，卫礼贤是值得中国乃至世界所铭记的伟人。“他应当被安放到专门供奉文化交流的英雄们的殿堂之中。如果他是中国人，人们也许会把他供奉在文庙，那里会集了伟大哲人孔子的历代信徒。按照中国的礼仪，朋友们有时要赠予那些万古流芳的伟大亡者一个谥号。卫礼贤教授，因为您促进了东方对西方文化的认识和西方对东方文化的认识，我是否可以称您为当代的世界公民?”②

黑塞曾以《卫礼贤，中国与欧洲之间的精神中介》为题撰文纪念，赞美其对于东西方沟通与整合的贡献。黑塞这样评价卫礼贤：“他是一位先知和楷模，一个和谐的人，一个综合了东方和西方、收集与行动的人。他没

---

① 原载法兰克福中国学社《中国》第5卷，1930年，第2期；引自《东西方之间——中外学者论卫礼贤》，孙立新、蒋锐主编，济南，山东大学出版社，2004年，第28页。

② 同上书，第27—28页。

有逃避任何一个欧洲的问题，没有回避任何一个现实生活的呼唤，既没有屈服于思想的也没有屈服于美学的清静无为主义，他在心中一步一步地完成了两种伟大而又古老理想的结交与融合，使中国与欧洲、阳与阴、思与行、效果与观照在心里走向和解。”①

鲁道夫·奥托以《卫礼贤，人格肖像》(*Richard Wilhelm*, *A Portrait of His Personality*)为题，发表对卫礼贤的悼念，刊登在法兰克福中国学社《中国》期刊 1930 年第二期(第 49—57 页)。奥托写道：“在那里以不满 57 岁的年龄溘然长逝，3 月 3 日傍晚被安葬在格平根的巴德·鲍尔。当一些亲属和朋友环立在敞开的墓穴边时，太阳刚刚从晴朗的天空西沉——他自己就曾希望能有这样一个最安静的告别仪式。不久，一弯新月升起，照耀着他的坟墓和无数的花圈。”②奥托说：“他长眠的地方，正是他曾经历人生第一次抉择的地方，他正是从这里开始通往世界的人生之路的。在那里，他和克里斯托夫·布卢姆哈特牧师，一个思想开明而坚定侍奉上帝的人，建立了终生的接触和联系；在那里，他遇见了布卢姆哈特的女儿，而她后来成为他一贯通情达理和忠诚的人生伴侣；也是在那里，他的思想逐渐成熟，并在不久以后指引他到了中国。就像他生命中的所有一切一样，他的目的也是他人生前后统一和一致的一个象征。”③

鲁道夫·奥托曾在其纪念卫礼贤的文章中，描述了他心目中的卫礼贤，认为卫礼贤与中国，正是其命运使然：“(从中国回来之后)他广博了，成熟了，因为完成了先前预定的使命而神采奕奕。他生来就注定要超越种族和民族的狭隘性而进入人类的层面。”④

奥托不仅是卫礼贤的挚友，也与荣格有着深刻的交往。他们常在“智慧学校”，以及“爱诺思东西方文化圆桌会议”相遇，荣格也专门邀请奥托到苏黎世与其分析心理学的学生交流。

---

① 黑塞对《卫礼贤，中国与欧洲之间的精神中介》的评介，见《黑塞画传》，[德]弗尔克米歇尔斯编著，上海世纪出版集团，2009 年，第 199 页。

② 鲁道夫·奥托：《卫礼贤，人格肖像》(*Richard Wilhelm*, *A Portrait of His Personality*)，法兰克福中国学社《中国》第 5 卷，1930 年第 2 期，第 49—57 页；见孙立新、蒋锐主编：《东西方之间——中外学者论卫礼贤》，济南，山东大学出版社，2004 年，第 1—2 页。鲁道夫·奥托曾访问中国，受到卫礼贤的接待。奥托也是荣格的朋友，“爱诺思”(Eranos)东西方文化圆桌会议的重要参与者。

③ 同上书，第 2 页。

④ 同上书，第 7 页。

荣格与奥托，1939 年在爱诺思东西方文化圆桌会议

荣格与卫礼贤，及其与中国文化，皆与歌德有着特殊的关联。正如奥托在其《卫礼贤，人格肖像》中所表达的那样，如果人们要想理解中国人的智慧曾经对卫礼贤具有多么重要的意义，了解歌德之与卫礼贤是必要的。“当卫礼贤还是一个青年学生时，他就已是歌德作品的十足行家，在后来的岁月里，证明歌德与中国之间在基本思想上的内在相似性，对他来说几乎成了梦寐以求的夙愿。正是歌德本人，在他的诗中向我们谈到‘上帝与世界’的问题。在他的《中德的四季与晨昏》中可以发现这样的诗句，这些诗句是卫礼贤特别喜爱并且从中国回来后喜欢作为对东西方思想一致性的表达……”①

在德国法兰克福的歌德房屋，以及魏玛的歌德故居，至今都仍然保持着其中特有的“中国气氛”。比如，在歌德诞生的法兰克福故居中，二楼有歌德的书房，创作室和那著名的宴会客厅“红屋”。而红屋中则充满中国气氛，四周墙壁上是来自中国的墙纸，中国的色调和中国的风景，山水、亭台、蝴蝶、麒麟和时隐时现的中国人；深红色大窗帘，深红色的桌椅，尽显中国氛围。于是，在这里诞生与长大的歌德，自然也有了与“中国”的亲近。

歌德在其晚年创作的组诗《中德四季晨昏杂咏》中写道：“彩瓦、窗棂、

① 鲁道夫·奥托：《卫礼贤，人格肖像》(*Richard Wilhelm, A Portrait of His Personality*)，法兰克福中国学社《中国》第 5 卷，1930 年第 2 期，第 49—57 页；见孙立新、蒋锐主编：《东西方之间——中外学者论卫礼贤》，济南，山东大学出版社，2004 年，第 3—4 页。

廊柱，都已被浓荫遮住；可无论向何处窥望，仍见我东方乐土。”①字里行间，无不体现了歌德把中国作为美好世界的象征，并将自己的向往融入到了诗情画意之中。“此时在那东方，该有朗朗月光。秀发也似柳丝，嬉戏在清溪上。柳荫随风摆动，月影轻盈跳荡。透过人的眼帘，凉意沁人心田。”②

歌德曾在其魏玛的别墅边建起中国式草屋，且留下隽美的诗句，表达其特有的中国情怀。歌德说：“中国人几乎和我们有同样的思想、行为和感情，我们不久就觉得自己和他们是类似的人。只不过在他们那里，一切都来得更加明朗、纯洁，也更合乎道德。”③在当时的欧洲，歌德也被称为“魏玛的孔夫子”。

歌德画像作者摄于歌德法兰克福故居

在《荣格的中国文化情怀》中，我们曾述及荣格爷爷卡尔·古斯塔夫·荣格与歌德关系的传说。说起来荣格对这位祖父也是一往情深，魂牵梦绕。1935年9月30日至10月4日，荣格曾在英国伦敦塔维斯托克心理学协会做五次分析心理学讲座④，在回答有关“积极想象”(Active Imagination)的方法时，荣格讲述自己与其祖父有关的故事：在其姑姑家里，有他爷爷的一幅像，作为主教的爷爷，佩戴着徽章，走出房门，站在台阶上……荣格说，他常常跪在一把椅子上凝视着这幅画像，直到觉得他走下

① 歌德：《歌德文集》第8卷，冯至、钱春绮等译，北京，人民文学出版社，1999年，第338页。

② 同上书，第339—340页(参见杨武能的翻译)。

③ 歌德：《歌德谈话录》，朱光潜译，人民文学出版社，1982年，第112页。

④ 荣格的这五次讲座也即其著名的“塔维斯托克演讲”，曾以《分析心理学的理论与实践》为题出版(1968)，收录于《荣格全集》第18卷。

了台阶。而他姑妈每次看到荣格在那里看得出神，总是说："嗨，乖孩子，他不会动的，还站在那里呐。"荣格在其塔维斯托克讲演时说，"但我知道我看见他走了下来"。①

少年荣格，在其母亲的督促下阅读《浮士德》，如他自己所说，"它像一种产生奇效的奇香那种沁入我的肺腑。"②成长中的荣格，曾受困于其"第一人格"和"第二人格"的内在冲突，正是《浮士德》给予他慰藉和支持。荣格在《回忆·梦·思考》之"大学时代"一章中说："我现在震惊地认识到，《浮士德》对我来说所含有的意义，要远胜于我那可爱的圣约翰的《福音书》了。在《浮士德》里有某种可直接作用到我的感情上的东西。圣约翰所说的基督在我看来显得古怪，但更古怪的还是其他几本福音书中所说的那位救世主。另一方面，《浮士德》是第二人格的活生生的等同物，而且我相信，浮士德就是歌德给其时代所做出的回答。这种顿悟不但对我很有安慰作用，它还给予我一种更大的内心安定感及一种我属于人类社会的感觉。我不再是孤立了，也不再只是一个怪人。一个残忍的大自然的嘲弄对象。我的教父和权威是伟大的歌德本人。"③

荣格分析心理学的核心是"自性"以及"自性化过程"。带有东方气息的"曼荼罗"体验酝酿了他对"自性"的感悟，其中也有歌德与《浮士德》的启发。如荣格所说："事后只是慢慢地，我才发现什么才是真正的曼荼罗：'成形、变形、永恒的心灵的永恒创造。'而这便是自性即人格的完整性……"④荣格正是借用《浮士德》来表达自己对此曼荼罗自性体验的认识和理解。而在其传记介绍"著述"一章时，荣格说："我把自己对炼丹术的研究看作是我与歌德有着内在联系的一种迹象。歌德的秘密在于他处于被一种原形性变化过程支配，而这一过程，千百年来一直在发生着。他认为他的《浮士德》是一种'重要工作'或'神圣工作'。他把它称为他的'主要事业'，而他整个一生的行动，都是在这出戏剧的范围之内进行的。因此，在他身

---

① 荣格：《分析心理学的理论与实践》(《荣格全集》第18卷，CW. 18. § 397)

② 荣格：《回忆·梦·思考》之"中学时代"，刘国彬、杨德友译，沈阳，辽宁人民出版社，1988年，第104页。

③ 荣格：《回忆·梦·思考》之"大学时代"，刘国彬、杨德友译，沈阳，辽宁人民出版社，1988年，第152页。

④ 荣格：《回忆·梦·思考》，刘国彬、杨德友译，沈阳，辽宁人民出版社，1988年，第331—332页。

上活跃着的便是一种具有生命力本质，是种超人的过程，是原形世界的伟大之梦。”[①]即使到了晚年，荣格隐居于他的波林根，仍然念念不忘歌德和《浮士德》。荣格将其创建的圣殿，作为“斐乐蒙的圣坛——浮士德的忏悔所。”[②]

歌德之于荣格，也如其对卫礼贤的影响，包括《浮士德》。卫礼贤曾这样来表达其对《浮士德》的感悟：圣灵降来心灵之下，它的力量渗入心灵，心灵就变成了接受体，艺术品由此而成形。在卫礼贤看来，歌德的《浮士德》就是一部浮士德将个体心灵扩大为整个人类心灵的发展史，整个过程正是《易经》以朴素语言道出的生命和变化之谜：由个体到实在，又由实在到虚无，最后浮士德仍然克服了这种虚无主义，向永恒者皈依。

卫礼贤曾在歌德故居做有关中国文化的系列演讲，包括《易经的艺术精神》(*Der Geist der Kunst nach dem Buch der Wandlungen*)。在其中第一部分“诗与造型”中，卫礼贤用“贲”卦，来解读艺术创作的过程。在卫礼贤看来，“贲”(离下艮上)之下为诗，上为造型，从下往上为照耀之美；其中的内卦有“震”和“坎”，赋予艺术作品以紧张和节奏感。坎为下陷，震为上升，显示了艺术品的内在结构。

歌德在其《变化中的持久》有这样的表达：“让开端跟着结束，紧紧地结合一处；甚至你匆匆过去，比物体还要迅速。要感谢缪斯的恩惠，预示两件事永不消逝；是你怀里蕴蓄的思想，和你精神里构成的形式”[③]《变化中的持久》后来成为卫礼贤阐述《易经》精神的文章标题，在他看来，歌德的哲思与诗情已是概括了《易经》的主题。

或许正是歌德的影响，荣格与卫礼贤，不管是作为医生或心理分析师，还是牧师与汉学家，都具有诗人的情怀，或诗一般的睿智哲思。中国诗人徐志摩曾作《小花篮——送卫礼贤先生》的诗篇，发表于 1923 年 3 月 23 日的《晨报副刊》。在这首诗的小序中，徐志摩写道：“卫礼贤先生，通我国学，传播甚力，其生平所最崇拜者，孔子而外，其邦人葛德(歌德)

---

① 荣格：《回忆·梦·思考》，刘国彬、杨德友译，沈阳，辽宁人民出版社，1988 年，第 349 页。

② 荣格曾在其波林根塔楼的大门上刻了“斐乐蒙的圣坛——浮士德的忏悔所。后来大门改建，他又把同样的话语刻在塔楼二楼的入门处。

③ 歌德：《歌德文集》第 8 卷，冯至、钱春绮等译，北京，人民文学出版社，1999 年，第 215—216 页(这部《歌德文集》中为绿原翻译，此处引用是冯至的翻译。)

是，今在北大讲葛德。”[①]

在这之前，徐志摩和陈源曾由卫礼贤陪同游历魏玛和耶拿。访问了歌德和席勒故居。诗人在途中买了一只小花篮，随手采集野草装入篮中。

我买一只小小的花篮，
杜陵人手编的兰花篮；
我采集一把青翠的小草，
从玫瑰园外的小河河边；
把那些小草装入了小篮，
小小的纪念，别有风趣可爱。
当年葛德自罗马来，
载回朝旭似文化的光彩；
如今玫瑰园中清简的屋内，
贴近他创制诗歌的书案。
（Rosen-garden 在 Weimar 葛德制诗处）

一束罗马特产的鲜菜，
如今僵缩成一小撮的灰骸！
这一小撮僵缩的灰骸！
却最澄见他宏坦的诗怀！
我冥想历史进行至参差，
问何年这伟大的明星再来？
听否那黄海东海南海的潮声，
声声问华族的灵魂何时自由？
我自槐马归来，不过一年。
那小篮里的鲜活，已成枯卷；
我感怀于光阴造作之荣衰，
亦憬然于声声无已之循环；
便历尽了人间的悲欢变幻，

① 徐志摩：《小花篮——送卫礼贤先生》，《晨报副刊》，1923 年 3 月 23 日。见梁仁编：《徐志摩诗全编》，杭州，浙江文艺出版社，1990 年，第 55—57 页。

也只似微波在造化无边之海![1]

“当年葛德自罗马来，载回朝旭似文化的光彩”；也如卫礼贤与荣格之中国情怀，诗人问其何年再来，“听否那黄海东海南海的潮声，声声问华族的灵魂何时自由?”难得徐志摩这送卫礼贤的诗意花篮。

荣格与卫礼贤，也都与诺贝尔文学奖获得者赫尔曼·黑塞(Hermann Hesse，1877—1962)有着密切的关系，其中也都有中国文化的特殊影响。或者说，黑塞也如荣格和卫礼贤，同样具有深深的中国情怀。也如黑塞心目中的中国：同生活的接近，以及一种高尚的，决心达到最高伦理要求的精神性和感性、日常生活游戏与刺激间的和谐——在高度精神化和天真的生活享受之间明智地摆荡。

黑塞曾为卫礼贤翻译、编译的中国哲学、文学著作撰写过十几篇序言和介绍文章，并向罗曼·罗兰等友人推荐卫礼贤的作品[2]。黑塞说：“对我而言，二十年里没有任何东西比卫礼贤对于中国经典作品的德语翻译更重要、更珍贵。它们向我和很多人展现了一个世界，假如缺少了这个世界，我们就都不愿意再生存下去了。”[3]黑塞在其《我观中国》中曾这样介绍自己的书房：“我踱至书库的一角，这儿站立着许多中国人——一个雅致、宁静和愉快的角落。这些古老的书本里写着那么多优秀而又非常奇特的具有现实意义的东西。在可怕的战争年代里，我曾多少次在这里寻得借以自慰、使我振作的思想啊!”[4]黑塞书房中的这些与中国文化有关的书籍，很多都是卫礼贤的翻译。中国文化对黑塞的思想与创作影响深远，曾被他称之为自己精神上的避难所和第二故乡。

卫礼贤曾这样写信给黑塞：“……我很愿意能和你私下见面，和你呆一个晚上——如果你不反对喝酒的话——来一瓶好葡萄酒，我们可以对很

---

① 徐志摩：《小花篮——送卫礼贤先生》，《晨报副刊》，1923年3月23日。见梁仁编：《徐志摩诗全编》杭州，浙江文艺出版社，1990年，第55—57页。

② 黑塞为卫礼贤写的评论包括：卫礼贤《论语》译本评论(1910)；卫礼贤译辜鸿铭《中国抵抗欧洲思想》的评论(1912)；卫礼贤编译《中国民间童话》评论(2014)；卫礼贤编译《中国小说》的评论(1914)；卫礼贤《易经》译本书评(1925)；卫礼贤译《吕氏春秋》书评(1929)；卫礼贤《礼记》译本评论(1930)；卫礼贤《人与存在》书评(1932)等。

③ 《黑塞画传》，[德]弗尔克米歇尔斯编著，上海世纪出版集团，2009年，第199页。

④ 黑塞：“我观中国”，见孙凤城编选：《二十世纪德语作家散文精华》，北京，作家出版社，1990年，第51—54页。

黑塞书房的部分中国藏书

多问题开怀畅谈，或者沉默不语。但愿我与凯瑟琳的关系不会让您困惑，还有我的'世界本质'也是。如果一个人对这个世界已经看透，如你和我，他就会以双重方式隐藏起来：要么离群索居，像你；要么隐于世，如我。但是我相信我们能相互理解，从古老的中国我能把更多的君子介绍给你，如庄子等，他们全都是非社会者。孔夫子饱受他们之苦，对他们太了解了。"①

黑塞在写给卫礼贤的信中说："如果要我坦白几个重要的曾经对我发生持久精神影响的经历，那么，他们大概是尼采、印度人(巴哥维德·吉它和古奥义书)，您翻译的中国著作，大约还有弗洛伊德和荣格的接触与推动。"②

黑塞与荣格也有着特殊的关系和友谊。他曾是荣格的病人，1916—1920 年间，黑塞曾与荣格及其学生 J. B. 郎格③做分析性心理治疗。黑塞的心理分析经历，不仅帮助他渡过了心理危机，而且激发了他的文学创作。在此期间，荣格也邀请黑塞为其苏黎世分析心理学俱乐部演讲。1921 年，黑塞在创作《悉达多》时遇到困难，也曾来到库斯纳赫特(Kusnacht)荣格家做心理分析。

通过黑塞的书信，我们可以看到，黑塞对于荣格的人格以及心理分析

① 阿迪伦·西亚：《黑塞与中国》(Adiran Hsia, *Hermann Hesse und China*, S. 346—347)；转引自詹春花：《黑塞与东方》，华东师范大学博士论文 2006 年。

② 黑塞 1929 年 12 月写给卫礼贤的信；转引自《黑塞画传》，[德]弗尔克米歇尔斯编著，上海世纪出版集团，2009 年，第 199 页。

③ 约瑟夫·贝恩哈特·郎昂(J. B. Lang)，荣格的学生，荣格心理分析师。

都有着极大的热情："我与荣格一起，此时，我正经历着十分困难，有时是难以承受的生活危机，也体验着心理分析的冲撞……它震撼着你的内心，这同样伴随着痛苦。但它是有效，是有帮助的……所有我能说的是，荣格博士正用其出色的专业技能引导着我的心理分析。"[①]即使是在黑塞完成了与荣格的心理分析之后，他也曾这样表示："我希望能够继续与荣格做心理分析。他是一位崇高，充满活力与智慧的人。我对他充满感激，很庆幸自己能够有机会与他一起做心理分析。"[②]

黑塞被称为德国浪漫主义的"最后骑士"，也是20世纪最具透视心理和灵性创意的作家，其超越性的成就，一方面是借助于深度心理学，一方面则正是由于中国文化的滋养。他在写给卫礼贤的信中多次表明，卫礼贤的中国世界对其有着无限的吸引。也如他自己所说："我对中国智慧的钟爱你是早就知道的……古老的诗经、易经以及由孔夫子、老子、庄子所著并介绍他们的文字，他们如荷马、柏拉图和亚里士多德一样给予我同样的教育，他们帮助我成为善良、明智、完美的人并形成相应的人生观。"[③]

在近代东学西渐的过程中，卫礼贤、荣格以及黑塞，均属于传奇人物，在其各自的领域，凡汉学与翻译，心理分析以及文学，体现了中国文化的智慧与生命意义。

2002年6月28—30日，德国杜伊斯堡大学与巴德·鲍尔福音教神学院，为纪念卫礼贤诞辰125周年，在巴德·鲍尔小镇举行了一次国际学术研讨会，开宗明义以《中国与欧洲之间的使者》为主题。巴德·鲍尔不仅是卫礼贤一生的转折点，也是其归宿之地。我也曾专门前去拜访，为了卫礼贤，为了黑塞，为了卫礼贤和荣格。

2007年10月的一天，我们收到荣格孙子安德烈·荣格的来信，介绍我们与贝蒂娜·威廉认识。贝蒂娜是卫礼贤的孙女，职业的作家和导演，当时她正在筹划制作《卫礼贤与中国》的纪录片。我们给贝蒂娜传去我收集的有关卫礼贤与中国，以及卫礼贤与荣格的资料，包括照片，保持着书信

---

① 冈特尔·包曼：《黑塞与荣格心理学》(Gunter Baumann, *Hermann Hesse and the psychology of C.G. Jung*, paper given at the 9th International Hesse Colloquium in Calw, 1997.)见张敏、申荷永：《黑塞与心理分析》，《学术研究》2007年第4期。

② 同上。

③ 黑塞：《约瑟夫克乃西特致卡洛费罗蒙悌信》，1961年《新苏黎士报》；转引自詹春花：《黑塞与东方》，华东师范大学博士论文2006年。

往来。数年后（2011 年），贝蒂娜完成了她的电影：《〈易经〉的智慧，卫礼贤与中国》。影片上映即在欧洲引起轰动。贝蒂娜希望通过影片，继续加强其祖父所努力构建的东西方文化桥梁。在我们看来，这桥梁，《卫礼贤与中国》，不仅是东西方之桥，同时也是古代中国和现代中国的连接。2012 年，借第五届心理分析与中国文化国际论坛的召开，我们特别邀请贝蒂娜前来中国，她带着其《〈易经〉的智慧，卫礼贤与中国》，并将其在大会上做英文首映。我们也一起就有关主题，“卫礼贤与中国，荣格与卫礼贤”，做深入的讨论与交流。

随后，我们商议，在青岛召开“卫礼贤与中国，荣格与卫礼贤”的国际会议，并一起组织与策划，将“卫礼贤与中国”的电影翻译成中文。于是，有了在青岛卫礼贤故居召开的“卫礼贤与《易经》，《易经》与心理分析”圆桌会议及“第六届心理分析与中国文化国际论坛”。IAAP 前任主席托马斯·科茨、默瑞·斯丹，副主席安吉拉·康诺利（Angela Connolly），荣誉秘书长保罗·库勒（Paul Kugler），爱诺思（Eranos）东西方文化基金会前主席克里斯塔·罗宾逊（Christa Robinson），卫礼贤孙女贝蒂娜·威廉，以及资深心理分析师约翰·毕比（John Beebe）、约翰·希尔（John Hill）、保罗·布鲁奇（Paul Brutche）等数百人与会，荷永与默瑞·斯丹和山东大学易学家刘大钧教授一起主持大会，其间所讨论的主题，便是卫礼贤与荣格，他们为东西方文化交流所搭建的桥梁，其意象与意义。

卫礼贤在中国的 25 年，是其命运使然。他所感受与体验的中国文化，也是这命运的内涵。如劳乃宣完成其使命，将遗嘱交付于卫礼贤便去世；如卫礼贤将其在西方发扬光大，悉心交付于荣格，也便与世长辞，犹如薪尽而火传，皆为命运的使者，中国文化的守护者。托马斯·科茨与默瑞·斯丹对此深有感触，在他们看来，卫礼贤与荣格一起致力于构建东西方文化沟通的桥梁，是需要后人继续的事业。他们也将其努力推动的分析心理学在中国的发展作为这事业的组成。刘大钧则感动于卫礼贤和荣格对《易经》的贡献，《易经》中已是包含文化的生命，以及命运的哲学和心理学。来到中国，来到中国青岛，大家都能感受到卫礼贤所说的“我在中国遇到荣格”的寓意，不管是将荣格视为中国大儒转世，还是觉察心理分析与中国哲学之间的共鸣与感应，还是在东西方文化的深处发现共同的心灵奥秘；大家也能感受到这命运的力量，以及使命的荣耀。正如荣格对卫礼贤的评价，以及对自己的要求："我们必须在更为广泛的意义上继续卫礼贤的翻译工作，如果我们希望做老师有价值的学生。卫礼贤将中国哲学的核心概念——道译为'意义'。正如卫礼贤将东方精神财富的意义注入欧洲，于是，我们就应该将此意义融入生活。这样去做，也即，实现道——这将是学生的真正任务。"[①]如是，便是歌德的期望：东方与西方不再遥远。

我们喜欢卫礼贤的《中国心灵》，如其所说，"我有幸在中国度过了生命中25年的光阴。像每一个在这块土地上生活了很久的人一样，我学会了爱这个国家，爱它的人民。"[②]我曾为其深深感动。我相信，作为中国文化使者的卫礼贤，也已获得他所热爱的中国之爱。

我也由衷欣赏荣格心目中的卫礼贤，正如荣格所说："卫礼贤在最高的意义上彻底完成了他的使命。他不仅为我们打开古老的中国思想宝库，而且如我所指出的，他带来了中国精神的根，滋生了数千年的根，并把他移植到欧洲的土壤之中。"[③]于是，荣格与卫礼贤，其共同的努力，不仅是已见的"东西方文化之桥"，也是东西方文化交融的种子，生命之根。

诚如卫礼贤在其《中国心灵》殷殷告诫的话语："……新事物并不是自动产生的，它的根仍然在过去。只有懂得阐释进化之根的人，才能从过去中预测未来……但是，不管是在新中国还是在旧中国，有一个因素是共同的，那就是处于进化过程中的中国人的心灵，这种心灵尚未失去它的文雅与冷静，并且我也希望，永远不要失去它。"[④]

荣格与卫礼贤，或卫礼贤与荣格，不仅是儒家思想或广义的中国文化影响，而且涉及《易经》、道家和佛教等深远领域，在接下来"荣格与《易经》"、"荣格与道家"和"荣格与佛教"中，随处也有"卫礼贤"的身影。这便是两人共同承担的使命。

---

① 荣格：《纪念卫礼贤》，见《荣格全集》英文版第15卷(C. G. Jung. *Richard Wilhelm*: *In Memoriam*. CW 15. § 78)。

② 卫礼贤：《中国心灵》"序言"，王宇洁等译，北京，国际文化出版公司，1998年，第1页。

③ 荣格：《纪念卫礼贤》，见《荣格全集》英文版第15卷(C. G. Jung. *Richard Wilhelm*: *In Memoriam*. CW 15. § 94)。

④ 卫礼贤：《中国心灵》，王宇洁等译，北京，国际文化出版公司，1998年，第1—2页。

第三章　荣格与《易经》

在荣格看来，《易经》的翻译是卫礼贤传播中国文化的最大贡献。如贝蒂娜·威廉(Bettina Wilhelm)所制作的影片《〈易经〉的智慧，卫礼贤与中国》上映后在欧洲和世界所引起的强烈反响，荣格与《易经》，荣格从《易经》中所受的启迪，以及《易经》与心理分析和深度心理学，如今依然具有十分重要的意义。

在荣格的著述中(《荣格全集》20卷，以及未收入《全集》的数十部著作，如荣格的诸多讲座和《荣格书信集》等)，《易经》随处可见；其"象"其"数"其"理"，其"中"其"时"以及"时中"，其六十四卦及384爻，潜移默化融入荣格分析心理学体系。作为心理分析师的荣格，从《易经》中发现了他寻觅已久的"哲人石"，可从中发挥其"点石成金"的转化作用；对于荣格来说，这也是他渴望获得的"阿基米德点"，其分析心理学的核心所在。

荣格遇到《易经》，便产生内心深处的共鸣，或称之为不可思议的感应。荣格说："任何一位有幸经由卫礼贤体验了《易经》预示神力的人，如我自己，都不能再忽视这样一个事实，由此我们已触及足以动摇我们西方心态基础的阿基米得点。"[①]同样是在《纪念卫礼贤》的悼文中，荣格接着说："更为重要的是，卫礼贤已为我们接种中国精神的生命胚基，这将使我们的世界观产生根本变化。我们将不再沦落为临渊羡鱼或品头论足的旁观

---

① 荣格：《纪念卫礼贤》，《荣格全集》第15卷英文版(C. G. Jung. *Richard Wilhelm*: *In Memoriam*. CW 15. §78)。

者，我们已成为东方精神的参与者，并能够体验到《易经》的生命活力。”[①]

第一节　荣格遇到《易经》

荣格在其四十岁左右时接触《易经》，那正是其不惑之年。或许，《易经》之与荣格，也有这“不惑”中的收获；或许，此时的荣格之与《易经》，也正是为了其“知天命”的努力。犹如荣格知遇卫礼贤，荣格与《易经》，也是其命中注定的缘分。

1912年，荣格出版其《转化的象征》(*Symbols of Transformation*)。这是荣格早期最重要的著作之一，正是由于该著作的出版，激化了荣格与弗洛伊德的矛盾，最终导致两人分道扬镳。

在《转化的象征》第二卷之第三部分：“力比多的转化”(The Transformation of Libido)，荣格在阐释“力比多受阻”(“blocking of libido”)和火的意象时，引用《易经》作如下表示：“对于有关状态，古代中国的《易经》哲学发明了一些精辟的意象。”[②]当然，《易经》中“离”为火；与“离”相组合的诸卦也都带有火的意象，比如“同人”和“大有”等；同时，《易经》的有关卦象，其意象与寓意，确实也与精神分析所描述的力比多的发展与变化有关。

同样是在《转化的象征》第二卷，第六部分：“挣脱母体之战”(VI. The Battle for Deliverance from the Mother)分析“马的象征”时，荣格引用了有关“河图”龙马与《易经》的传说。荣格在其著述中这样表达：“传说《易经》是由一匹身上带有神秘符号(“河图”)的马背负到中国的。”[③]实际上，“河图”以及“洛书”，正是《易经》的缘起与重要背景。

相传上古伏羲氏时，洛阳东北孟津县境内的黄河中浮出龙马，背负“河图”；洛河中浮出神龟，背负“洛书”，伏羲依此而演成八卦(包含五行法则)，即为《易经》的缘起。

先秦经典中有许多关于“河图洛书”的记载，如《论语·子罕篇》：“子

① 荣格：《纪念卫礼贤》，《荣格全集》第15卷英文版(C. G. Jung. *Richard Wilhelm: In Memoriam*. CW 15. §78)。

② 荣格：《力比多的转化》(《荣格全集》第5卷英文版；CW. 5. § 250)。

③ 同上书，§ 423(note 21)。

曰：凤鸟不至，河不出图，洛不出书，吾已矣夫!”如《管子·小匡》：“管子对曰……昔人之受命者，龙龟假，河出图、洛出书，地出乘黄。”如《墨子·非攻下》：“赤鸟衔珪，降周之岐社，曰：天命周文王伐殷有国，泰颠来宾，河出录图，地出乘黄。”也如《易经·系辞》所说：“河出图，洛出书，圣人则之。”古代学者早已将河图洛书视为伏羲初画八卦的依据，也如汉孔安国《尚书传》中所说：“河图者，伏羲氏王天下，龙马出河，遂则其文以画八卦。洛书者，禹治洪水，神龟负文而列于背，有数至九，禹遂因而第之，以成九畴。”

于是，“河图”与“洛书”则不仅是传说，以上诸多经典文献记载便是明证；而且，近代许多考古发现，也一再证实“河图洛书”的古老真实(尽管历史上对河图洛书之说曾有疑问[①])。

1973年长沙马王堆汉墓出土的帛书《易经》，其卦序与“伏羲六十四卦方位图”极为相似；1977年安徽阜阳双古堆西汉汝阴侯墓中出土了“太乙九宫占盘”，其小圆盘上的刻划与“河图洛书”完全符合；1987年，安徽含山凌家滩遗址(新石器时代)出土了一件玉龟和玉片(距今5000年)，玉片上刻划着原始的八卦图形，夹在玉龟的腹甲和背甲之间，俨然重现“洛书”之“神鬼负文”的描述。

《易经》素有“书更三圣”之说，由伏羲、周文王和孔子相继完成，即伏羲创八卦、文王演周易、孔子做“十翼”。如《易经·系辞》所言：“古者包牺氏之王天下也，仰则观象于天，俯则观法于地。观鸟兽之文与地之宜，近取诸身，远取诸物，于是始作八卦，以通神明之德，以类万物之情。”班固在《汉书·艺文志》中也有记载：“《易》道深矣，人更三圣，世历三古。”近年的考古发现也支持易经缘起于“伏羲时代”，如河南舞阳贾湖遗址出土的龟甲刻符，犹如原始八卦的生动意象；诸多数字卦的发现也表明，在殷商时期易之重卦已基本成熟。

同样，“古有三易”之说也由来已久，《周易正义》引郑玄《易赞》及《易论》云：“夏曰《连山》，殷曰《归藏》，周曰《周易》。”郑玄也在其《易赞》中称：“《连山》者，象山之出云，连连不绝；《归藏》者，万物莫不归藏于其中；《周易》者，言易道周普，无所不备。”传说中的古之三易，或均与河图

---

① 目前流行的“河图洛书”(图)，据说由陈抟所传，朱熹首次刊用于其《周易本义》。

洛书相关。如三国姚信曾断言："连山氏得河图，夏人因之曰《连山》；归藏氏得河图，商人因之曰《归藏》；伏羲氏得河图，周人因之曰《周易》。"[①]

也如《周礼·春官宗伯·大卜》所记："大卜：掌三兆之法，一曰《王兆》，二曰《瓦兆》，三曰《原兆》。其经兆之体，皆百有二十，其颂皆千有二百。掌三易之法，一曰《连山》，二曰《归藏》，三曰《周易》。其经卦皆八，其别，皆六十有四。掌三梦之法：一曰《致梦》，二曰《觭梦》，三曰《咸陟》。其经运十，其别九十。以邦事作龟之八命，一曰征，二曰象，三曰与，四曰谋，五曰果，六曰至，七曰雨，八曰瘳。以八命者赞三兆、三易、三梦之占，以观国家之吉凶，以诏救政。"我曾想象，荣格读到《周礼》中如此的记载和描述，是何等的兴奋。因为，凡"三兆"（以及卜兆、征兆或预兆），凡"三易"和"三梦"等，都属于心理分析与深度心理学的核心内容。荣格是读过《礼记》的，在其书房有不同的《礼记》译本，而他也曾多次引用其中的内容。

荣格接触《易经》，最初是通过英国汉学家理雅各（James Legge）[②]的翻译，该著作1882年由牛津出版社出版，当时为公认的英文权威译本。这也是穆勒（M. MÜller）主编的五十卷《东方圣典》所收入的《易经》（第十六卷）。在这之前，金尼阁（Nicolas Trigault）[③]、柏应理（Philippe Couplet）[④]、刘应（Claude de Visdelou）[⑤]、白晋（Joachim Bouvet）[⑥]、马若瑟（Joseph Marid

---

① 南宋朱震《汉上易传》和王应麟《汉书艺文志考证》等，均有对三国姚信论三易的引注。

② 理雅各（James Legge，1815—1897），英国伦敦会传教士，1840年东来，在马六甲"英华书院"任院长，1843年随书院迁到香港，在港居住三十余年，1876年被牛津大学聘为汉学讲座第一任教授。其《易经》译本1882年由牛津出版社出版。

③ 金尼阁（Nicolas Trigault，1577—1628），法国传教士（耶稣会士），1610年来华，曾将《周易》译为拉丁文，1626年在杭州刊印。金尼阁是利玛窦的弟子，利玛窦1594将《四书》译为拉丁文时，已关注《易经》及其意义。

④ 柏应理（Philippe Couplet，1623—1693），比利时耶稣会士，1659年来到中国，用拉丁文翻译出版了《中国之哲人孔子》，内附《周易》六十四卦及其卦义，伏羲八卦次序图和方位图，以及周文王六十四卦图。

⑤ 刘应（Claude de Visdelou，1656—1737），字声闻，法国传教士（耶稣会士），1770年出版《易经》法语译本。其用 trigramme 表示三天线的卦符，用 hexagramme 表示六条线的卦符。

⑥ 白晋（Joachim Bouvet，1656—1730），又作白进，字明远，法国传教士（耶稣会士），1687年来华，后著有《易经大意》（*Idea Generalis Doctrinae libri Ye Kin*），又译《周易宗旨》。

de Premere)[①]、雷孝思(Jean-Baptiste Regis)[②]、麦格基(Rev. Canon McClatchie)[③]、拉古贝里(A. Terrien de La Couperie)[④]等，都是早期西方接触与翻译《易经》的重要学者。尤其是白晋，他曾将其对《易经》的翻译与理解，与莱布尼兹书信讨论，在西方产生重要影响。而白晋本人作为“索隐学派”的开创人物，其形象理论直接受益于对《易经》的翻译和研究，荣格对白晋也有阅读和引用。

荣格自己说，他最初研读《易经》主要是通过理雅各的英译本。尽管在当今汉学界看来，理雅各的《易经》翻译已属用心之作。在卫礼贤的译本问世之前，它是西方公认的《易经》翻译标准版，被誉为西方易学史上的旧约全书。但是在荣格看来，这译本并不能使《易经》为西方人的心灵所理解。在当时的西方，来自遥远东方的《易经》，似乎只是晦涩难懂的咒语集，其意义和价值被貌似“神秘”的迷雾所笼罩，难以领会和运用。实际上，理雅各在1845年和1855年就完成了《易经》和《易传》的初稿，选用李光地的《周易折中》作为蓝本。但正是不能确定自己是否能够理解《易经》，用其自己的话来说，由于当时对于《易经》的领域和方法所知甚少，理雅各所以将译稿搁置20多年后始考虑出版，期望着自己有一天能够获得理解东方这一“神秘经典”的线索。在出版时的前言中，理雅各也分析了雷孝思、麦格基、拉古贝里等人的《易经》译本，认为均有明显缺陷，几乎没有任何可以利用的价值，并称《易经》是最难翻译的中国古代经典。

然而，如前所述，1920年11月荣格去德国达姆斯塔特参加“智慧学校”成立聚会，遇到从中国短期回国的卫礼贤。两人一见如故。荣格更是为卫礼贤所带来的“易经的智慧”深深吸引。荣格能够感觉到，他所追求的《易经》，已经融入卫礼贤的内心深处。随后，1921年12月15日，荣格便邀请卫礼贤到瑞士苏黎世的“心理学俱乐部”讲学，主题便是中国的《易经》

---

① 马若瑟(Joseph Marid de Premere，1666—1736)，法国传教士，1687年来华，著有《易经入门注释》(法文)。

② 雷孝思(Jean-Baptiste Regis，1663—1738)，法国传教士，1723年用拉丁文翻译《易经》(1834/1839在巴黎出版)，取名为《易经，用拉丁文译出的最古老的书籍》。

③ 麦格基(C. McClatchie，1813—1885)，英国圣公会传教士，首次完整将《易经》译为英文出版(1876)，用《孔子易经之翻译——附注释与附录》作为书名。

④ 拉古贝里(A. Terrien de LaCouperie，1845—1894)，法国学者，伦敦大学汉语教授，1882年翻译《易经》，以《中国最古老的一部书——易经及其作者》在《皇家亚洲学会学报》发表，后编辑成书出版。

(Der J-king)。

作为已经熟读《易经》的荣格，对于《易经》的实际运用十分着迷。卫礼贤在讲座的时候，应荣格所求，现场演示了《易经》的占卜程序(50根蓍草的大衍之数)，几乎是"受命如响"[①]、"有求必应"[②]。这对于荣格以及在场的诸多心理学家来说，可谓大开眼界，获益匪浅。

后来，荣格在纪念卫礼贤的时候，这样回顾往事："卫礼贤在苏黎世心理学研讨小组作第一次演讲时，应我的请求，他演示了利用《易经》占卜的方法，同时做了一项预言，这个预言在不到两年的时间里准确无误地应验了。这件事还可以从许多类似的经验中得到进一步的证实。但在这里，对于《易经》为什么具有这种预测能力，我就不再做更多的探讨了，而是把它作为一个前提，就如我已故的朋友所做的那样。所以，下面我单单讨论这一令人惊诧的事实：借助《易经》的六爻，就可以理解隐存在某一时刻中的冥冥天意。我们所讨论的诸事件的关系，恐怕不仅仅与占星术有所类似，甚至可能存在某些实质上的联系。出生的时刻与蓍草占卜的过程相呼应，星宫对应着六爻，根据星宫做出的占星术释语，对应着六爻的爻辞。"[③]

荣格的秘书亚菲(Aniela Jaffe)，曾与荣格一起完成其传记《回忆·梦·思考》，在其《荣格晚年及其作品》一书中，记述了荣格与卫礼贤在苏黎世一起切磋研讨，尤其是让卫礼贤起卦求问《易经》的情境。她引用荣格的话说："(荣格)我十分感谢卫礼贤对《易经》复杂问题的宝贵阐释和说明，尤其是对所得结果(卦象)的实效分析。"[④]荣格曾这样说："当卫礼贤在苏黎世和我在一起的时候，我让他为心理学俱乐部的前景起一卦。俱乐部的状况我是了解的，但卫礼贤则全然不知。《易经》的判断，描述了随后将发生的事件，对此我自己并没有觉察到。然而，对我个人来说，这一结果已不

---

① 《易经·系辞》："《易》有圣人之道四焉：以言者尚其辞，以动者尚其变，以制器者尚其象，以卜筮者尚其占。是以君子将有为也，将有行也，问焉而以言，其受命也如响，无有远近幽深，遂知来物，非天下之至精，其孰能与于此。"

② 1930年，荣格在《纪念卫礼贤》的悼词中，曾提到当初卫礼贤所演示给他们的《易经》"占卜"及意义。

③ 荣格：《纪念卫礼贤》，《荣格全集》英文版第15卷(C. G. Jung. *Richard Wilhelm: In Memoriam*. CW 15. § 84)。

④ 亚菲：《荣格晚年及其作品》(Aniela Jaffe. *Jung's Last Years and Other Essays*. Translated by R. F. C. Hull and Murray Stein, Spring Publications, Inc. Dallas, Texas 1971. P. 27)。

再意外惊奇，因为我早已对《易经》的方法有过多次不可思议的体验。”[①]

在荣格家的书房，库斯纳赫特航海路 228 号，进入荣格密室的门端，悬挂着一幅草书的汉字，其中有“时在九秋，三日以应”的字样，总是使人想起荣格与卫礼贤所见证的《易经》的魅力。

荣格曾在不同场合表明，卫礼贤以及《易经》对其所产生的影响和意义。如 1930 年荣格在《纪念卫礼贤》时说，“在我看来，卫礼贤最伟大的成就便是其对《易经》的翻译和阐释。”[②]荣格接着说：“在我接触卫礼贤的译本之前，我已用理雅各不完备的翻译工作多年，所以我十分清楚两者之间的巨大差异。卫礼贤成功地赋予这部古老著作以一种新的形式，使之重获生命。”[③]理雅各在翻译《易经》的时候，有意无意之间忽视与淡化了他认为不重要的内容，比如《易经》中的象数。然而，被理雅各所忽视的部分，恰恰是荣格认为《易经》中所包含的重要内容。这也是荣格对理雅各译本表示不满的原由。比如在为《易经》撰写序言时荣格说：“理雅各的《易经》翻译，迄今为止唯一的英文译本，并未能使西方心智理解《易经》做出什么贡献。”[④]在荣格看来，或许是由于理雅各从未对《易经》的方法（占法）进行操作性验证，所以未能呈现其智慧的奥秘；或者说，理雅各翻译了《易经》，但从未用过《易经》，将《易经》的意义局限于文字之间。

然而，荣格认为：“卫礼贤则不然，他努力开启了理解《易经》原文象征意义之门。”[⑤]对此，荣格提到卫礼贤与劳乃宣的关系，称劳乃宣为“德高望重的圣者”(the venerable sage)。荣格说：“卫礼贤在中国有幸遇到一位传统学派的圣者，当时的革命将他逐出内地。这位圣者——劳乃宣——将卫礼贤引入中国瑜伽（道家）哲学和《易经》的心理学。由于他们两位的合作，我们得以看到附有精彩评论的《易经》译本。这部东方最深邃的著作首次以生动可懂的形式被介绍到西方。我将其视为卫礼贤最重要的成果。显

---

① 亚菲：《荣格晚年及其作品》(Aniela Jaffe. *Jung's Last Years and Other Essays*. Translated by R. F. C. Hull and Murray Stein, Spring Publications, Inc. Dallas, Texas 1971. P. 27)

② 卫礼贤的《易经》翻译从 1913 年开始，与劳乃宣一起工作，劳乃宣去世前已基本完成；后卫礼贤于再度来华，任职北京德国公使馆时，1923 年最终完成(历时 10 年)；引用见荣格：《纪念卫礼贤》；《荣格全集》英文版第 15 卷(C. G. Jung. *Richard Wilhelm*: *In Memoriam*. CW 15. § 77)

③ 荣格：《纪念卫礼贤》；《荣格全集》英文版第 15 卷(C. G. Jung. *Richard Wilhelm*: *In Memoriam*. CW 15. § 77)

④ 荣格：(卫礼贤译本)《〈易经〉序言》，《荣格全集》英文版第 11 卷，CW. 11. § 965。

⑤ 同上。

然而确切，卫礼贤的思想曾是西方的，但在其《易经》的评论中，他所表现的对中国心理学的适应程度无与伦比。”[①]荣格特别提示，卫礼贤从劳乃宣那里不仅学习了《易经》的哲学，而且学习了《易经》的用法。尤为重要的是，在荣格看来，卫礼贤长期以来将《易经》特殊的占卜技术付诸实践。于是，荣格说，“卫礼贤领会了《易经》中活生生的意义，这使得其翻译具有深远的视野。”[②]在荣格看来，“这是仅仅具有中国哲学学术知识的学者们无法企及的。”[③]

于是，荣格说：“我十分感激卫礼贤，为其在《易经》复杂问题上的启发，以及在《易经》应用与实践方面所带来的洞察。”[④]荣格说，“三十多年来，我自己对《易经》的占卜技术都十分关注。因为其作为一种探索无意识的方法，对我来说似乎具有不同寻常的意义。本世纪(20 世纪)20 年代初，当我初遇卫礼贤时，我已经相当熟悉《易经》。卫礼贤当时肯定了我的已知，并且教给我更多的内容。”[⑤]

荣格也认为劳乃宣与卫礼贤的《易经》传承，是命运使然，彼此命中注定都要去完成的工作。“当完成最后一页的翻译，收到出版印刷的最初样稿后，这位年长的劳乃宣大师去世了。仿佛他的工作已经完成，他将古老、濒临死亡的中国的最后消息传到了欧洲。而卫礼贤确是完美的弟子，实现了这位圣者愿望达成的梦。”[⑥]

卫礼贤与劳乃宣合作的《易经》研究与翻译，也是选用李光地的《周易折中》作为蓝本。但卫礼贤的翻译，则是生动体现了《易经》的意义。也如当代汉学家司马富(Richard J. Smith)[⑦]在其《易经传记》中的评价：若理雅

---

① 荣格：“卫礼贤”，见《回忆·梦·思考》附录；刘国彬、杨德友译，沈阳，辽宁人民出版社，1988 年，第 603 页(C. G. Jung. *Memories*, *Dreams*, *Reflections*. New York, Vintage Books. 1989)。

② 荣格：(卫礼贤译本)《〈易经〉序言》”，《荣格全集》英文版第 11 卷，CW. 11. §965。

③ 同上。

④ 同上书，§966

⑤ 同上。

⑥ 荣格：“卫礼贤”，见《回忆·梦·思考》附录；刘国彬、杨德友译，沈阳，辽宁人民出版社，1988 年，第 603 页(C. G. Jung. *Memories*, *Dreams*, *Reflections*. New York, Vintage Books. 1989)。

⑦ 司马富(Richard J. Smith；理查德·史密斯)，1944 年出生于美国，当代汉学家、历史学家，现就职于美国莱斯大学历史系，主要研究中国社会文化史、比较历史、世界历史及《易经》，曾多次参加“心理分析与中国文化国际论坛”，也是《易经智慧》纪录片中主要被采访者。

各译本呈现了原著所说，卫礼贤译本则传达了原著所意。[①]在汉学家卜德(Derk Bodde)[②]的印象中，阅读理雅各的译本感觉“冗长”(wordy)、“呆板”(stiff)、“平淡”(prosaic)，那么卫礼贤译本则“简明”(concise)、“自由”(free)、“想象”(imaginative)。卜德认为卫礼贤更好地把握了《易经》的精神实质，因为他对该文本有着更好的同情心和洞察力。[③]而后者的鲜明特点，也正是对荣格的最大吸引。

卫礼贤及其所翻译的《易经》，对荣格来说意义深远。荣格不仅熟读《易经》，而且反复练习。用他自己的话说，在波林根的一棵大树下，反复研习易经的起卦与“占卜”，从中多有感悟，包括他后来所发挥的“共时性”，以及，一直寻找的沟通无意识的途径：直觉性方法。

> 大概在1920年，我开始对《易经》一书作实验。一年夏天，在波林根，我决心向这本谜一样的著作发起全面进攻。传统方法要求使用蓍草茎干，而我用一把芦苇代替。我常常在那棵百岁梨树下面的空地上一坐数小时，身旁摊着《易经》来练习卜筮，查阅那些环环相扣的谕示，看因果相互影响。各种各样确凿的神迹出现了——它们与我的思维过程形成有意义的联系，我自己都找不到解释。[④]

1925年，荣格与朋友一起去非洲旅行。由于感觉旅途具有风险，诸多不确定因素，荣格起卦求问《易经》，得“渐卦”，其九三爻有“夫征不复”之语，使得荣格颇为惦记，甚至预感此行所需付出的代价，甚至可能是生命的代价。整个旅途中确实险象环生，有几位与其同船航行的旅客因感染相继死去，包括一位曾坐在他对面一起用餐的小伙子，荣格自己也生病，遭遇野兽袭击。然而，《易经》之“渐”的意象，对荣格深有启发与教诲。他将

① 司马富(Richard J. Smith)：《易经传记》(The I Ching: A Biography. Princeton, Princeton University Press, 2012)。

② 卜德(Derk Bodde，1909—2003)，美国汉学家，中国历史学者，对中国近代史有深入的研究。

③ 卜德1950年曾撰文评价卫礼贤的《易经》翻译，刊登在《美国东方社会》期刊(Journal of the American Oriental Society, 70: 326—329)。

④ 荣格：《卫礼贤》，见《回忆·梦·思考》附录；刘国彬、杨德友译，沈阳，辽宁人民出版社，1988年，第599页(C. G. Jung. Memories, Dreams, Reflections. New York, Vintage Books, 1989)。

其旅行视为无意识的探险，谨守渐卦之“渐，女归吉，利贞。”以及其象之启迪：“山上有木。渐。君子以居。贤德善俗。”安然完成其心满意足的非洲之旅。在其《回忆·梦·思考》中，荣格用卢梭之语“一切皆出自造物主”为题记来回顾此行。

1925年，荣格开始用研讨会的形式，用英文为其身边的学生讲授其“分析心理学”。其间，在讨论“对立组合”(pairs of opposites)或“对立统一”的问题时，荣格以《易经》为例，并向学生讲述“河图”与《易经》的起源[①]。1930年，荣格在柏林做了一个有关“曼荼罗”的讲座，后收入《荣格全集》第九卷(之一)中，题目为《关于曼荼罗象征》(“Concerning Mandala Symbolism”)。在这篇论文中，荣格进一步讲述与分析了与《易经》有关的“河图”。

荣格在文章中说：“‘河图’是《易经》传说中的基础之一，其目前的形式大概源自公元前12世纪。根据传说，一条龙从河里捞出了‘河图’的神秘符号。智者发现了它上面的图案，以及图案中有关世界秩序的法则。如此古老的河图，显示了表示数字的‘节绳’(knotted cord，又译作准绳)。这些数字具有种种原始特性，尤其是阳性和阴性。所有奇数均为阳性，而所有偶数则为阴性。”[②]这是荣格著作中所使用的“河图”：

有关“河图”，荣格做了如下注解：

乾居中为“天”，由此发源四德，如天行健。于是我们就有了：

乾：自生的创造力(self-generated creative energy)。[③]

亨：周行力(all-pervading power)。

元：原动力(generative power)。

利：仁爱力(beneficent power)。

贞：恒久力(unchangeable，determinative power)。[④]

河图所呈现的形式为“象”，象中具“理”，由“数”而成，而“象”“数”“理”也正是《易经》的关键。但同样重要的，则是荣格所把握的“气”，尽管

---

① 荣格：《分析心理学：1925年讲座记录》英文版第76页(C. G. Jung. *Analytical Psychology: Notes of the Seminar Given in* 1925. Ed. by William McGuire. Princeton，Princeton University Press，1989，P. 76)。

② 荣格：《关于曼荼罗象征》，《荣格全集》英文版第9卷之1(C. G. Jung. Concerning Mandala Symbolism. CW. 9—i. § 642)。

③ 荣格认为“乾”的自生创造力，相应于湿婆。

④ 荣格：《关于曼荼罗象征》，《荣格全集》英文版第9卷之1(C. G. Jung. Concerning Mandala Symbolism. CW. 9—i. § 640)

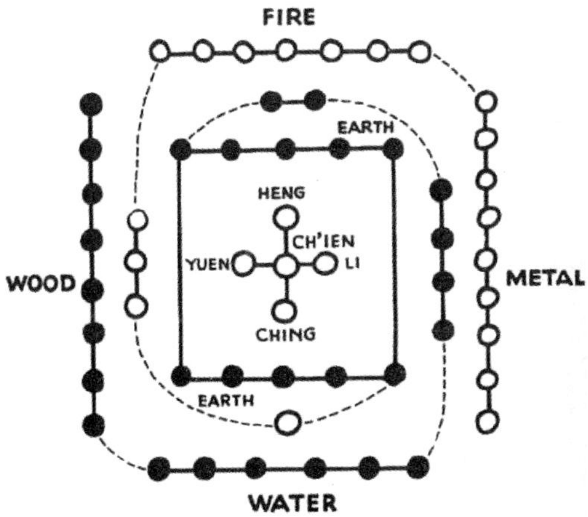

荣格"关于曼荼罗的象征"中所用的"河图"

其英文表达的形式是"力"(power)。

荣格接着说，"围绕这一阳性力量中心，是有其成形原素的土……这里的土，表示将天的创造力接受于自身的土。天与坤(阴性及接受力)的整合，产生四德(tetraktys，四圣或四元体，如在毕达哥拉斯那里)，这是一切存在的基础。"①

唐孔颖达、李鼎祚引《子夏传》："元，始也。亨，通也。利，和也。贞，正也。"《易经·文言传》则以仁、礼、义、固，四德说。"元者，善之长也，亨者，嘉之会也，利者，义之和也，贞者，事之干也。君子体仁，足以长人；嘉会，足以合礼；利物，足以和义；贞固，足以干事。君子行此四德者，故曰：乾：元亨利贞。"乾之元亨利贞，也与万物生成有关，如程颐所说："元亨利贞，谓之四德。元者万物之始，亨者万物之长，利者万物之遂，贞者万物之成。"(《周易程氏传》)

在荣格看来，"数"既是发明的也是发现的，所以它们与原型相似，有相对的自主性。它们和原型一样先于已是而存在。所以，数有时会规定意识，而不是为意识所规定。荣格曾引用席勒对"天王星"的赞美来表达对"数"的见解："席勒赞扬了天王星(Uranus)的轨道运行，给予优美的形容：

① 荣格：《关于曼荼罗象征》，《荣格全集》英文版第 9 卷之 1(C. G. Jung. Concerning Mandala Symbolism. CW. 9—i. § 641)。

你在宇宙中看到的只是上帝的荣耀。在奥林匹亚那里，数是永恒之王。”①

“数”与“气”，都是易经内含的本质性元素，难得荣格对此均有感悟。将河图之“天行”，配合乾之元亨利贞，兼具象数理气，已是把握《易经》的基本要义。在河图洛书“圈”、“点”贯通之间，包含古朴的心智及其原型意象。

河图

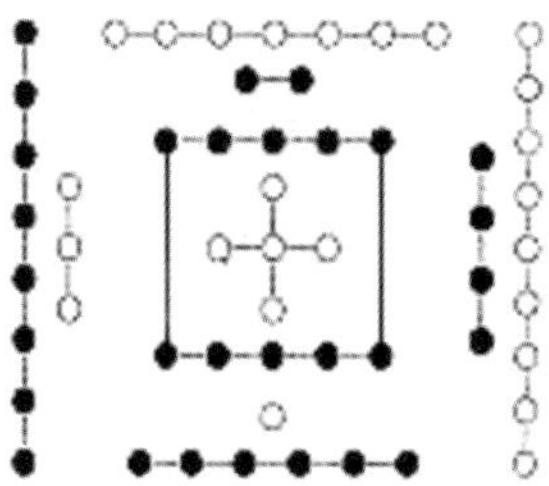

7
2

8 3　　5　　4 9
　　　10

16

洛书

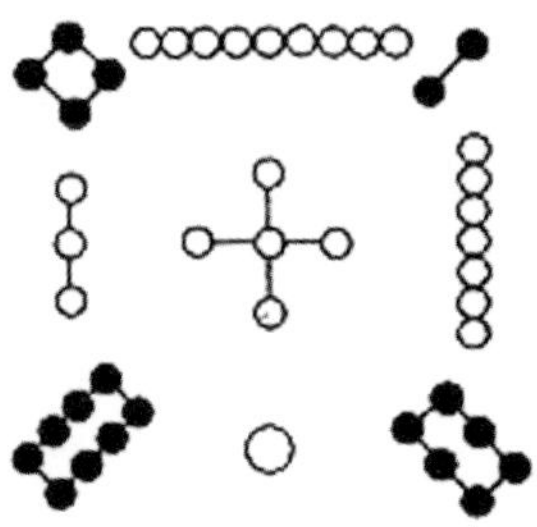

4	9	2
3	5	7
8	1	6

如图所示：河图之中为“五”和“十”，四边之数相减均为“五”，中数也寓“五”及“十五”。洛书之中也为“五”，其四边之数，横竖斜向之数相加，皆为“十五”。于是，在河图与洛书的原型意象中，“五”②居中，五为“交午”、为“结点”(the Point)、为核心，为中央之数，含阴阳二气之全，同时也为五行之本，其中之“理”已含天地之数的妙用，也正是“允执厥中”之“中”的体现，至道所在。

于是，河图之“五”，之“中”，也被喻为“道心所在”，寓意心道，或“天地之心”的体现。在中国语境中，天地之心，也便是宇宙之心；如陆九

① 荣格：《共时性：一种非因果的联结原则》(Synchronicity: An Acausal Connecting Principle)；《荣格全集》英文版第8卷(CW. 8. § 942)。

② 《说文解字》：“(五)五行也。从二，阴阳在天地闲交午也。”段注进一步解释说：(五)五行也。古之圣人知有水火木金土五者。而后造此字也。从二。同时，五与午、巫、吾音近，义亦相联。

渊之“吾心便是宇宙”。而在我们看来，河图中央之“五”，本来也是中文“吾”的构成；“吾”可为“自性”，如荣格所引用庄子的“吾丧我”[①]；意识之我(ego)臣服之时，内心之我(self)始涌现；于是，“吾”之遇心，遇心则“悟”。由此，也就有了“核心心理学”(Psychology of the Heart)。于是，由“五”及“吾”，由“吾”及“悟”；意象之意，惟心得之。

1933 年 10 月 4 日，荣格在其《意象研讨》讲座时，探讨远古的原型记忆，用中国的“结绳记事”为例，再次阐释有关“河图”中的节点及其意义。在荣格看来，中国的河图，一种特殊的曼荼罗，便是对世界系统的远古描述。

中国先哲，在河图洛书之原型意象的基础上，演绎了《易经》之伏羲先天八卦图，以及文王后天八卦图：

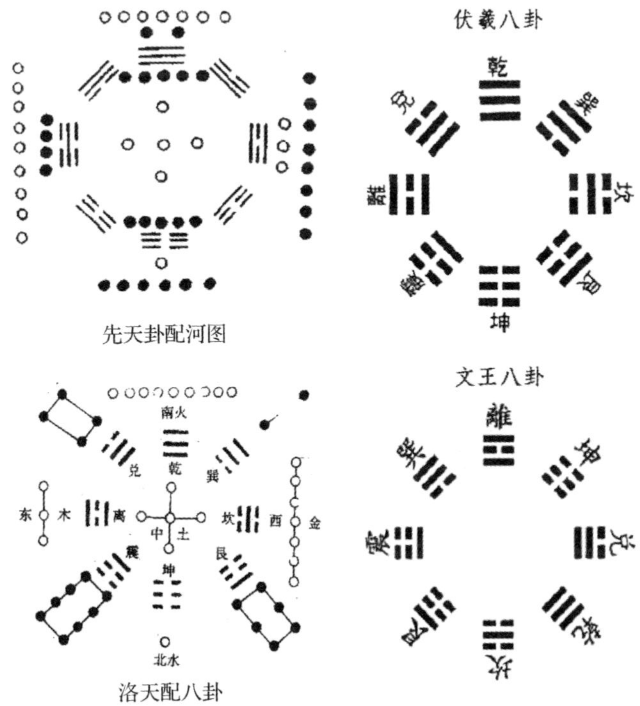

八卦

① 荣格在《金花的秘密》中，借用庄子“齐物论”的思想，其“吾丧我”的阐述，来表达自性与积极想象。庄子齐物论，也是庄周梦蝶的那一章。

这图中的奥秘，《易经》内在的结构与规律，皆关乎河图洛书之原型意象，其“气”与“数”；其“象”与“理”；其“时”与“中”；以及“执中”与“时中”。在卫礼贤《易经》英文版的封底，我们可以读到这样的评价：“《易经》，或《变化之书》，象征着人类心性置身宇宙的最初努力之一。”以及“其核心主题，为初始元气立象，演绎万物的持续变化与转化。”[①] 在中国哲人看来，尤其是道家，其所追求的“返璞归真”与“天人合一”也在其中，包括从“后天”返回“先天”的途径，其方法与意义。

卫礼贤在其《易经》译本的前面，撰写了详尽的引介，呈现其对《易经》的理解，以及阐释《易经》的意义。其中，卫礼贤说，八卦之意象是表达意义的，其内含的特性呼应于自然的演变。为此，卫礼贤为八卦之意象做了如下的总结，突出了其中心性的意义。

八卦	意义	属性	意象	家庭关系
乾	创造	健	天	父亲
坤	包容	顺	地	母亲
震	振奋	动	雷	长子
坎	陷	险	水	次子
艮	止	休止	山	三子
巽	入	穿入	风、木	长女
离	丽	明亮	火	次女
兑	愉	愉悦	湖	三女

卫礼贤说，他确信任何真正理解《易经》本质的人，也将由此获得充实，获得对生活与生命的体验与真正理解。卫礼贤认为，中国文化即是变易的象征，生命是一个双向运动，外向演化就是由萌芽发展为植物，而内向的演化是由植物变为新的种子，一出一入，出生入死构成了生命基本法则。卫礼贤把《易经》作为孔子儒家和老子道家的共同理论基础，其中充满无意识心理学的象征性语言。张君劢曾这样评价卫礼贤的《易经》翻译：“通过他对《易经》的解释以及他在中国学社1929年年底的两场演讲《对立和

① 《易经》，卫礼贤/贝恩斯翻译(*I Ching* / *Book of Changes*, Richard Wilhelm and Cary F. Baynes' translations, Bollingen Series XIX, Princeton: Princeton University Press, 1967)。

统一》，他要在古老的中国智慧基础上建立一种新的哲学。”①实际上，卫礼贤曾发表过有关《易经》研究的系列论文，如《变易与交感》、《〈易经〉的艺术精神》、《死亡与更新》、《变中之常》，以及《对立和统一》、《相反相成》等，②而这种基于易学和中国文化的新哲学，也融入了荣格的分析心理学。

第二节　《易经》与心理分析

在卫礼贤《易经》出版后不久，荣格即建议其学生贝恩斯（Cary F. Baynes）将其翻译成英文。最初，贝恩斯的工作得到卫礼贤的亲自指导。卫礼贤过世后，荣格便是其主要的翻译指导者。后由于种种原因，贝恩斯的英译本直到1950年才得以出版，荣格在1949年为其撰写了序言。投入于《易经》翻译的贝恩斯，从此迷上《易经》，认为这是人类的“第一哲学”，称其为“人类将自身置于宇宙中的最初努力。”③

荣格为卫礼贤《易经》之英译本所撰写的序言，集中反映了他对《易经》的基本理解，以及《易经》之与心理分析的意义。在荣格看来，撰写这篇序言，也是其对于《易经》这部心灵杰作独特体验的呈现；并认为这是一次难得的机会，以便向其故友卫礼贤再次表达敬意。在荣格看来，卫礼贤的《易经》翻译在西方是无与伦比的译本，而卫礼贤本人也深知其所翻译的《易经》有着重要的文化意义。

如前所述，尽管在西方早已有关于《易经》的翻译，但是，由于理解这部远古经典十分困难，翻译自然也是如此，以至诸多西方学者一直倾向于将《易经》当作“咒语”集，或认为神秘莫测，或认为毫无意义。尽管理雅各的译本已是尽力而作，但仍然困难重重。在荣格看来，或许是由于理雅各从未对《易经》的方法（占法）进行操作性验证。或者说，理雅各翻译了《易经》，但从未用过《易经》。但荣格认为：卫礼贤则不然，他努力开启了理

---

① 张君劢：《世界公民卫礼贤》(Richard Wilhelm, A World Citize)，见《东西方之间——中外学者论卫礼贤》，孙立新、蒋锐主编，济南，山东大学出版社，2004年，第28页。

② 卫礼贤有关《易经》的论文，1956年以《变与常》(Wandling und Dauer)为书名由德国欧根·迪特里希出版社出版。

③ 《易经》(英文版封底文字)，卫礼贤/贝恩斯翻译(*I Ching / Book of Changes*, Richard Wilhelm and Cary F. Baynes' translations, Bollingen Series XIX, Princeton: Princeton University Press, 1967)。

解《易经》原文象征意义之门。对此，荣格认为正是由于劳乃宣的缘故，卫礼贤师从劳乃宣学习《易经》是理解与实践并重，又加上切身的体验与命中注定的传承。

荣格阅读《易经》，对《易经》的理解及其实践，犹如其分析心理学的"积极想象"，几近于真实的心灵对话。荣格将《易经》视为具有真实生命意义的存在，如其运用积极想象在《红书》中与灵魂对话，他也真心希望《易经》能为其所撰写序言给予自己的表达。荣格在其"序言"写道："由于《易经》是充满灵性的书，传统上认为人们可向其请问，而且可预期获得合理的答复。"于是，荣格说，"此刻，我灵机一动，想到来见识一下《易经》的运作，或许会让普通读者感到兴趣。为此缘故，我严格依照中国人观念做了一个实验：在某种意义上我将此书人格化，问其对于自身当下情境的判断，也就是说，我意图将其介绍给英语大众，因此求问其判断。"[①]

荣格认为，他可以借为《易经》撰写序言的机会，来与《易经》，充满灵性的中国经典，做真实的积极想象和意象对话。这样做，用荣格的话来说，"可以让读者见识到源远流长，贯穿千百年来中国文化的心理学之方法。"[②]于是，荣格用中国传统的取卦方式认真地占卜求卦，得到了《易经》第 50 卦"鼎卦"(火风鼎，䷱，巽下离上)。

荣格说，假如《易经》回应了我的求问，那么，我们便可从《易经》鼎卦的意象，以及卦爻辞中获得答案。首先，便是这生动的鼎的意象，一种古老的礼器，可提供食物，既可作为祭祀，也可用作烹饪。荣格引用卫礼贤说："鼎属于优雅文明的器物，其示意对智者的养育，以及对邦国利益的奉献。于此我们可以看到文明在其宗教上的成就。鼎提供对神灵的献祭……神灵之天命则在先知与圣人身上显现。因此，尊敬他们也即尊崇神灵。神灵的旨意，由于通过他们显现，应被谦卑地接受。"[③]

此时的荣格，如其在心理分析过程中所做的积极想象，他相信，《易经》会通过自己的方式进行自我表达。由于荣格起卦时，鼎之九二爻变，于是荣格便从这鼎卦九二的爻辞开始分析。

若是将荣格所用的翻译文字(英文)再译回中文的话，那么其内容是这

---

① 荣格：《〈易经〉序言》，《荣格全集》第 11 卷英文版(CW. 11. § 975)

② 同上书，§ 976。

③ 同上书，§ 977。

样的：

鼎里有食物
我的同伴忌妒我
但他们不能伤害
何其幸运。
There is food in the *ting*.
My comrades are envious,
But they cannot harm me.
Good fortune.

荣格解释说："于是，《易经》这样来表达自己：'我包含（精神的）滋养。'"① 由于分享大事会引起忌妒，忌妒之声便是其意象的一部分。嫉妒者想剥夺《易经》的伟大财富，也即剥夺其意义，或者销毁其意义。但他们的恶意落空。《易经》丰富的意义获得保障，也即其积极成就得到确认，无人能将其夺走。

接着，荣格继续引用并分析鼎卦之九三爻辞，其译文大意是：

鼎的把柄已更改
其人生命之途受到阻碍
肥美的雉鸡尚未被享受
一旦落雨，悔恨必有
然幸运必落在最终的时候。
The handle of the *ting* is altered.
One is impeded in his way of life.
The fat of the pheasant is not eaten.
Once rain falls, remorse is spent.
Good fortune comes in the end.

① 荣格：《〈易经〉序言》，《荣格全集》第 11 卷英文版（CW. 11. § 980）。

荣格分析说，“柄(把手，德文 Griff)是鼎上可以抓握(德文 gegriffen)的部分，于是它表示了《易经》(鼎)中的概念(德文 begriff)。随着时光流逝，这一概念显然已有改变。于是我们今天已不能再把握(begreifen)《易经》。故‘其生命之途受到阻碍。’我们已不能从《易经》的睿智忠告及深邃洞见获得支持，因而我们也就不再能从命运迷宫和人性的朦胧中发现出路。鸡膏是一道好菜中的精华美味，并没有被吃掉。然而，当干渴的大地最终能再获甘霖，也即此刻需要已满足，也即失去智慧的悔恨也结束，于是渴望已久的时机即到来。卫礼贤评论说：‘这里所处描述的是一个高度文明中的人，发现自己遭遇漠视，无人相认，使其效能严重受阻。’《易经》说出了抱怨，其卓越品质被忽视，盛况不再，从此赋闲。它安慰自己，期望重获认可。”①

《易经》鼎卦之九二爻辞原文是：“鼎有实，我仇有疾；不我能即，吉。”九三爻辞原文为：“鼎耳革，其行塞；雉膏不食，方雨亏悔，终吉。”荣格认为，《易经》是在回应他的求问，若撰写此序言将其介绍给英语大众，情境或结果将会如何。使荣格倍感特别的是，《易经》在回应时，将自己视为“鼎”，一尊容器，用以侍奉神灵，祭祀供养的礼器。荣格分析说：“《易经》将自己设想为礼器，为无意识元素或力量(灵媒，spiritual agencies)提供精神滋养，这些因素或力量被投射为诸神——换言之，给予这些力量以其所需要的关注，为了使其融入个体，在个体生活中发挥作用。实际上，这便是‘宗教’(religio)一词的最初含义——悉心关注，体谅神奇(numinous)。”②

荣格很满意其与《易经》意象对话中所获得的答案。在他看来，“《易经》的方法确实考虑了隐藏在事物及人内部，以及一个人潜意识自我中的独特性质。我请教《易经》，就像人们请教一位要被介绍给朋友的人：问其是否同意他的做法。作为回答，《易经》告诉我其宗教的意义，目前被忽视遭误解的事实，以及其重获荣耀的希望——由此可以看出，《易经》已瞥见我尚未写就的序言，尤为重要的是，其已知悉这英文译本。”③

接着，荣格进一步反思，《易经》何以能做出这样的回答？求问者只是

① 荣格：《〈易经〉序言》，《荣格全集》第 11 卷英文版(CW. 11. § 981)。

② 同上书，§ 982。

③ 同上书，§ 983。

随机抛起三枚铜钱，便能获得如此不可思议的结果，自然而然充满意义的反应。实际上，这也正是《易经》的奥秘所在。正如《易经·系辞上传》所言："易无思也，无为也，寂然不动，感而遂通天下之故；非天下之至神，其孰能与于此?"荣格则从中获得有关"共时性"的心理学原理(对此我们将在下面详细论述)。这时，荣格对一些西方汉学家和中国哲学家提出批评，因为他们没有看到《易经》中所包含的意义与力量，只是武断地将其视为"陈旧的咒语集"(a collection of obsolete "magic spells")。荣格在这里批评了西方汉学家如理雅各，指出其《易经》翻译便忽视了其中的象征力量此外，中国哲学家胡适对易经的态度也令荣格颇有微词。荣格曾与胡适讨论《易经》，在胡适看来《易经》只不过是一种占卜工具。在荣格传记《梦·回忆·思考》的附录《谈卫礼贤》中，荣格详细介绍了当时的经历：

> 三十年代中期，我见到了中国哲学者胡适。我询问他对《易经》一书所持的观点，得到的回答是："噢，那本书不算什么，只是一本有年头的巫术魔法选集，没有什么重要意义。"他没对这本书做过实验——或者说他是这么说的。他记得他只遇到过一次，这本书被用过。有一天，他正和一个朋友散步，这位朋友跟他谈起他不愉快的恋情。这时他们正经过一座道观。他开玩笑地跟他朋友说："你可以请教一下预言!"话没说完，就真的这么做了。他们一起进去，请道长解释《易经》一书里的一段预言。不过他对那些解释的话一点不信。
>
> 我问他那预言是否说中了，他不情愿地说："噢，是的，当然……"我当时想起有名的"好友"的故事，即一个人做的每件事都是他不愿做的。我于是便很谨慎地问他从这件事情中是否得到益处。"是的，"他回答，"我也当开玩笑地问过一个问题。"
>
> "那么那个预言给没给你什么合乎情理的答案?"我问。
>
> 他犹豫着。"噢，这个，是的，你这样说也行。"这个话题显然令他不舒服。①

---

① 荣格：《谈卫礼贤》，见《回忆·梦·思考》附录；刘国彬、杨德友译，沈阳，辽宁人民出版社，1988 年，第 603 页(C. G. Jung. Memories, Dreams, Reflections. New York, Vintage Books, 1989)。

荣格提到其与胡适的见面，应是1936年9月16—18日，哈佛大学300年校庆的时候[①]。荣格受邀参加并作《决定人类行为的心理元素》(Psychological Factors Determining Human Behavior)的报告，胡适则有关于《中国的印度化：文化借贷的专题研究》的演讲，两人同时接受哈佛大学颁发的名誉博士学位。然而，从荣格的口气来看，两人的见面与交谈似乎显得不太愉快，尤其是胡适对于《易经》的态度，使得荣格一直耿耿于怀。1956年8月在写给鲁道夫·凯勒(Adolf Keller)的一封信中，荣格也提起此事："传统的宗教观念在渐渐消亡，或被抛弃，由于其不再被理解或者难于被吸收。比如在中国，像胡适这样的哲学家，羞于知道《易经》，道的深远意义已经丢失，取而代之是人们对火车和飞机的崇拜。"[②]

荣格认为，即使是在胡适与《易经》的故事中，《易经》的回答总是契合求问者内心的盲点。或者说，《易经》的回答总是指向潜藏在问题中被忽视的层面，这也正是《易经》心理学，或深度心理学的关键。

在荣格看来，不仅是鼎卦的九二九三之变爻在回答求问(尽管传统占卜重在变爻)，其整个鼎卦，都具有同样的启示意义。为此，荣格加了一个注解说："中国人在用《易经》占卜时只是解释卦中的变爻。我发现，大部分情况下，卦的所有爻都具有相关的意义。"[③]于是，荣格接着分析了鼎卦的其他诸爻，从初六至上九。比如，对于鼎卦之六五爻，其译文："鼎有黄色的把柄金色的环，永保不断。"(其《易经》原文：鼎黄耳，金铉，利贞)，荣格阐释说："《易经》似乎遇到新的正确(黄色)理解，也即一种可被把握的新概念(Begriff)。这概念甚有价值(金色)。实际上正是有了新的英文译本，使得《易经》比以前更能让西方世界接受。"[④]于是，至此，荣格踌躇满志，对其序言已是信心十足。因为，荣格的分析心理学，同样属于这

---

① 荣格与胡适可能有几次相遇的机会，比如，胡适1926年受卫礼贤的邀请参加法兰克福中国学社年会，1936年在美国哈佛大学，以及1938年，胡适在瑞士参加国际历史学会的会议。由于荣格自己提到的这次见面是"三十年代中期"，那么，就应是他们同时参加哈佛大学300年校庆的时候。荣格与胡适的谈话中，胡适提到的朋友，求问恋爱感情问题，或是徐志摩。

② 荣格：《荣格书信集·第二册》英文版(C. G. Jung Letters. Selected and edited by Gerhard Adler and Aniela Jaffe. Bollingen Series, Princeton University Press. Princeton, 1973, P. 322)。

③ 荣格：《〈易经〉序言》,《荣格全集》英文版第11卷(CW. 11. § 986. note 12)。

④ 同上，§ 991；参考荣格：《东洋冥想的心理学》，杨儒宾译，北京，社会科学文献出版社，2000年。

新概念。贝恩斯的翻译，也使得卫礼贤/贝恩斯(英文版)《易经》，充满了心理学和心理分析的气氛。

荣格在《〈易经〉序言》中，还插入了孔子与贲卦的故事。说的是孔子占卦得贲(山火贲，䷕，离下艮上)，显得很不高兴。故事出自《孔子家语》(好生第十)："孔子尝自筮，其卦得《贲》焉，愀然有不平之状。子张进曰：'师闻卜者得《贲》卦，吉也；而夫子之色有不平，何也?'孔子对曰：'以其离邪。在《周易》，山下有火谓之《贲》，非正色之卦也。夫质也，黑白宜正焉，今得《贲》，非吾兆也。吾闻丹漆不文，白玉不雕，何也？质有馀，不受饰故也。'"尽管非正色，非吾兆是孔子所不高兴的理由，但贲卦之彖辞："贲亨，柔来而文刚，故亨。分，刚上而文柔，故小利有攸往，天文也。文明以止，人文也。观乎天文，以察时变；观乎人文，以化成天下。"依然是孔子一生的写照。

孔子与《易经》之贲卦，使荣格联想起苏格拉底，其内在精灵曾劝他说："你应该多做些音乐。"于是，苏格拉底开始演习长笛。荣格说："孔子和苏格拉底都十分注重理性，对生活和生命具有一种学究式态度，但他们两人都未能如《易经》贲卦之六二爻所说：'连胡须都很优雅。'("贲其须")不幸的是，理性与教育通常都缺乏优雅和魅力，那么实际上《易经》占卜的说法可能并没有错。"①

接着，荣格采用《易经》之变卦，来对其最初的问题(意图为《易经》英译本撰写序言，《易经》对此有何判断)做进一步的分析。鼎卦之九二爻和九三爻变，于是就有了晋卦，《易经》的第 35 卦。

晋卦坤下离上：䷢，火地晋，四阴二阳，阳出地上，形成日出天明之象。《说文》解"晋"为"进也。日出万物进。从日从臸。《易》曰：'明出地上，晋。'"荣格也是从晋之汉字内涵，叙述其从日之升之进。但此刻的荣格，从晋中感受到了悲情，这是晋卦之六二爻的寓意："晋如，愁如，贞吉。受兹介福于，其王母。"荣格说："心理学可以帮助我们理解这隐晦的段落。在梦和童话故事里，祖母或女祖常代表无意识，因为后者在男人内心，包含了心灵的女性成分。如果《易经》不能为意识接受，那么至少无意识可以与其途中相遇，因为《易经》与无意识的关系远比其与意识理性态度

① 荣格：《〈易经〉序言》，《荣格全集》英文版第 11 卷(CW. 11. §995. note 12)。

的关系更为紧密。既然无意识在梦中常以女性形态为代表，对此我们可以有这样的解释，女性，或许是译者(贝恩斯)，给予《易经》母性的关怀，于是便可联系《易经》中的‘极大的幸福’(“受兹介福于”)。其预期普遍的理解，但也担心被误用——‘晋如鼫鼠，贞厉。’(晋卦九四爻)但是要留心那告诫，‘悔亡，失得，勿恤。’(晋卦六五爻)”[①]晋卦六五爻的爻辞，接着有“往吉，无不利”之语。对于荣格来说也是莫大的鼓励。

至此，荣格认为，《易经》已是有效回应了他的问题，对其自身当下的情境，贝恩斯的英文翻译和面对英语大众，做出了恰如其当的判断。但尽管如此，荣格依然犹豫。犹豫于其所撰写的序言，是否能起到积极的作用。希望《易经》能给其忠告。于是，荣格又求问《易经》，获得坎卦：䷜，坎上坎下，坎为水；其六三爻变。

荣格所读到的坎卦之六三爻的译文如下：

> 前进复后退
> 深渊重深渊
> 危殆若此，且止且观
> 苟不如斯，必陷深坎
> 慎无如是行
> Forward and backward，abyss on abyss.
> In danger like this，pause at first and wait，
> Otherwise you will fall into a pit in the abyss.
> Do not act in this way.

《易经》原文：“六三，来之坎坎，险且枕。入于坎窞，勿用。”

荣格能感觉到，他这一问而得到的卦象，几乎也正是其当时的心情与处境。荣格说，“事实上，我目前求进不能，求退不得。”[②]作为心理学家，他既担心其对《易经》的表达是否能为(实证)“科学”所接受，也顾虑是否能充分表达出自己对东方智慧的真实理解。荣格颇有感叹地说：“这就是《易经》如梦似幻的氛围……我不得不承认，这一爻非常中肯地将我撰写上述

---

① 荣格：《〈易经〉序言》，《荣格全集》英文版第11卷(CW. 11. §997. note 12)。

② 同上书，§1003。

文字时的心情表达了出来。"[①]荣格接着说："同样中肯的是此卦开始令人欣慰的文字——'假如你是真诚的，在你的内心你已成功。'——因为它指出了在此具有决定性的事物并非外在危险，而是主观的状况，也就是说，人是否相信他自己能够'真诚'。"[②]

荣格所说的坎卦开始的文字，是坎之卦辞："习坎，有孚，维心亨，行有尚。"有如坎卦之彖辞如言："习坎，重险也。水流而不盈。行险而不失其信，维心亨，乃以刚中也。'行有尚'，往有功也。"荣格深悟《易经》坎卦之内涵，坎中水之意象的意境，亦如孔子逢水必观所描述的"逝者如斯夫"。尽管坎为陷，其中危机重重，但荣格说："我发现深受无意识（水）左右、精神病随时会发作的病人，坎卦通常容易出现。"[③]荣格的发现符合《易经》坎卦本来的象征和寓意。如《易经·说卦传》所云："坎为水、为沟渎、为隐伏……其於人也，为加忧、为心病……"

荣格接着说："假如有人较为迷信，很可能他会认为这个卦本身就含有某些这类的意义。但是就像在解释梦境时，学者必须极端严格地顺从梦显现的真实状况，在向卦请教时，人也应该了解他所提出问题的方式，因为这限制了答案的诠释。"[④]荣格解释说，他最初所占鼎卦，是正在考虑如何（或是否应当）来撰写《易经》的序言，因此他需要《易经》来判断，此时《易经》是主体。而当他再次求教《易经》，则是为了自己，想从《易经》获得忠告，其所撰写的序言，是否能起到积极的作用。于是，《易经》之坎的回应，正是荣格自己此时的心情或心境。荣格能感觉到《易经》之坎对其回应的意义，"因为它表达了我心中无可否认的不安与危殆之感。"[⑤]

荣格同样是将坎卦的六爻，都进行了分析与阐释。如坎之初六：习坎，入于坎窞，凶。九二：坎有险，求小得。（"六三，来之坎坎，险且枕。入于坎窞，勿用。"）六四：樽酒簋贰。用缶，纳约自牖。终无咎。九五：坎不盈，祇既平，无咎。上六：系用徽纆，寘于丛棘，三岁不得，凶。荣格说："我竭力实践这些劝谕，所以在这篇序言里，我仅想将中国人心灵中《易经》如何运作的情境呈现出来，而放弃了对全书作心理学评论

---

① 荣格：《〈易经〉序言》，《荣格全集》英文版第 11 卷（CW. 11. § 1003. note 12）。

② 荣格：《〈易经〉序言》，《荣格全集》英文版第 11 卷（CW. 11. § 1003. note 12）。

③ 同上书，§ 1005。

④ 同上。

⑤ 同上。

这样雄心勃勃的计划(比如，荣格与卫礼贤合著的《金花的秘密》，其中，荣格对道家《太乙金华宗旨》进行了全面的心理学评论)。”[①]在荣格看来，《易经》坎卦之六四爻正是这样的启示，其译文大意为：“一碗饭，一樽酒；碗樽皆是土罐作；呈献由窗牖；如此必无咎。”荣格引用卫礼贤的解释说：“按照惯例，一个官吏在被任命前，总要敬献某些见面礼以及推荐书信，但此处一切都简单到了极点。礼物微不足道，没有人赞助他，所以他只好自我介绍。但假如存有危急时互相扶助的真诚心意，这就没有什么好羞愧的。”[②]尽管卫礼贤是借其中国生活经验来评论《易经》坎卦之六四爻的意象(或许，这也是卫礼贤的老师劳乃宣先生的意思)，但对于荣格来说不仅容易理解，而且正中下怀，给予荣格对于其序言的信心和支持。

由于荣格在占取坎卦时，六三爻变，故有了井卦(水风井，䷯，巽下坎上)。荣格解释说：“在我们这个卦(坎)的第三爻有六(老阴)之值，这阴爻产生了张力，遂变为阳爻，由此另生一新卦，它显示了新的可能性或倾向。我们现在得到的是第四十八卦，井卦。水的洼洞不再意味着危险，相反，它指向了有利的状况，有一口井：‘因此君子可激励百姓工作，劝勉彼此互相扶携。’”[③]荣格此处引用的《易经》，是坎卦之象，其原文：(坎)“《象》曰：木上有水，井。君子以劳民劝相。”同样，荣格逐一考察了井卦的六爻：“初六，井泥不食。旧井无禽。九二，井谷射鲋，瓮敝漏。九三，井渫不食，为我心恻。可用汲，王明并受其福。六四，井甃，无咎。九五，井洌，寒泉食。上六，井收勿幕，有孚元吉。”然后总结说：“井含有生命之水，它应当重修后再度使用，但世人对此毫无概念，因为樽已破裂(瓮敝漏)，再也找不到可以汲取井水的器具了。”[④]于是，荣格将其与前面的鼎卦相联系说：“鼎需要新的把柄与携环才能把捉得住，同样，井也需要重新规划，它含有‘清冷之泉，人可饮用。’(九五，井洌，寒泉食)人可以从中汲水，‘它很可靠’。(上六，井收勿幕，有孚元吉。)”[⑤]

于是，此刻的荣格，感觉到了《易经》的生动或生命力。荣格说：“在

---

① 荣格：《〈易经〉序言》，《荣格全集》英文版第 11 卷(CW. 11. § 1006. note 12)。
② 同上书，§ 1008。
③ 同上书，§ 1011。
④ 同上书，§ 1013。
⑤ 同上。

这个启示里，《易经》很明显地又是言说的主体，它将自己视同活水之泉。”[①]由此可见，其中已是包含其积极想象作用，以及心灵自主性和心灵真实性的体现。荣格总结说：“我利用钱币占卜所显现的几率方式，提出两个问题，第二个问题是在我写完对第一个问题的答案之分析后提出来的。第一个问题直接指向《易经》：我想写篇序言，其意见怎样？第二个问题则与我的行为，或者该说，我的情境有关，当时我是行动的主体……《易经》回答第一个问题时，将自己比作鼎，一只需要重新修正的礼器，这器物却不能得到群众完全的信任。回答第二个问题时，则指出我已陷入困境，这困境显象为深邃而危险的水坑，人很可能轻易地就会陷身进去。然而，小坑可以是个古井，它仅需要再加整修，即可重新使用。”[②]

就其为了撰写序言而请教《易经》所得的这四个卦(鼎、晋、坎、井)而言，在荣格看来，其思想和内容均有一致性，皆在回应他的求问，都具有深刻的启示。于是，荣格说：“《易经》历史悠远，源出中国，我不能因为它的语言古老、繁复、且多华丽之辞，就认定它是不正常的。恰好相反，我应该向这位虚拟的人物道谢，因为他洞穿了我内心隐藏的疑惑不安。”[③]在荣格撰写其《〈易经〉序言》的时候，1949 年，他需要面对西方学院派中的“理性”与“科学”质疑，这也是其显得尤为谨慎，准备面对批评的原因。荣格说：“但从另外的角度来说，任何聪明灵活的人士都可将事情倒过来看，他们会认为我将个人主观的心境投射到这些卦的象征形式里面。这样的批评是依据西方理性的观点，它虽然极具破坏性，但对《易经》的功能却丝毫无损。而且正好相反，中国的圣人只会含笑告诉我们：‘《易经》使你尚未明朗化的思虑投射到它奥妙的象征形式当中，这不是很有用吗?’否则，你虽然写下序言，却不了解它可能产生极大的误解。”[④]

在荣格看来，当我们想调和《易经》的占卜与我们所接受的科学信条时，会产生很多的问题。对此，荣格说：“我在这些事情上的立场是实用主义的，而教导我这种观点之实际效用的伟大学科，则是精神治疗学与医疗心理学。也许再也没有其他的领域，使我们必须承认有这么多不可预测

---

① 荣格：《〈易经〉序言》，《荣格全集》英文版第 11 卷(CW. 11. § 1014. note 12)。

② 同上。

③ 同上书，§ 1015。

④ 同上。

的事情；同时再也没有其他的地方，可以使我们逐渐采用行之久远，但不知为何运作的方法。”[①]荣格说：“在探讨无意识时，我们难免碰到非常怪异的事情，理性主义者常心怀畏怖，掉头走开，事后再宣称他什么事情都没有看到。非理性，它盈满生命，它告诉我：不要抛弃任何事情，即使它违背了我们所有的理论(理论在最好的情况下，其生命仍甚短暂)，或者不能立即解释，也不要抛弃。”[②]在荣格看来，《易经》这种中国占卜模式，包含了一种深邃的“自我知识”(self-knowledge)，尽管它总是被隐蔽在迷信的用途上。而作为心理学家的荣格，绝对相信自我知识的价值。他说，《易经》中不仅呈现悠远的劝谕传统，而且要人细心明辨自己的个性、态度以及动机。这样的态度吸引了我，促使我去写这篇序言。

荣格说，“感受与进入《易经》所蕴含的深邃且神秘之心境，绝非易事。若有人真的能够欣赏孔子和老子所呈现的思想品质，就不能轻易忽视这样一个事实，如此伟大的心灵，也正是源于《易经》，《易经》正是其灵感的源泉。”[③]荣格也十分坦诚地表示：“我知道，在以前，对于如此不确定的事情，我绝不敢公开表露出来。我现在可以冒这个险，因为我已经八十多岁了，众人善变的意见对我几乎已不再有影响；古代大师的思想比起西方心理的哲学偏见，对我来说价值更大。”[④]

荣格最后表示，大家也不要对其《〈易经〉序言》要求太多。“假如经由这样的展示，我能成功地阐明《易经》心理学的现象，我的目的就达成了。”[⑤]荣格依然略显谨慎地说：“《易经》本身不提供证明与结果，它也不吹嘘自己，当然要接近它也绝非易事。它如同大自然的一部分，仍有待发掘。它既不提供事实，也不提供力量，但对喜好自我知识以及智慧的人士来说，也许是本很好的典籍。”[⑥]但最后荣格十分肯定地说：“为能领悟其意义者的福祉，可让《易经》君临天下!”[⑦]

荣格对于《易经》的主要方法，如撰写序言时所用的变爻与变卦，以及

---

① 荣格：《〈易经〉序言》，《荣格全集》英文版第11卷(CW. 11. §1000. note 12)。
② 同上书，§1000。
③ 同上书，§1001。
④ 同上书，§1018。
⑤ 同上。
⑥ 同上。
⑦ 同上。

有关的错卦和综卦等，都有基本的掌握与运用。这样，对于从事深度心理学或者无意识心理学研究与实践的荣格来说，则可以从不同的角度和不同的水平，来观察可见事物与不可见事物的发展与变化。

1932 年 2 月 17 日，荣格在其《意象研讨》[1]讲座时，使用《易经》“错卦”技术，来分析病人克里斯蒂安娜·摩根(Christiana Morgan)的重生意象，以及有关“对立整合”的原理。荣格说：“中国哲学对此有所表达，比如《易经》的结构与规则。”[2]接着荣格用乾(䷀，乾下乾上，乾为天)和坤(䷁，坤下坤上，坤为地)为例，阐释其中所蕴含的相互包容，以及物极必反、相反相成的道理。荣格接着举例说：“比如，否卦(䷋，坤下乾上，天地否)，其错卦为泰(䷊，乾下坤上，地天泰)。”[3]于是，荣格解释说，阳总是具有升至极而变为阴的倾向。同时，荣格也用《易经》乾卦之“用九”(用九：见群龙无首，吉。)和坤卦之“用六”(用六：利，永贞。)来形容“对立与整合”及其所包含的心理学意义。

1933 年 12 月 13 日，荣格在其《意象研讨》的第五讲中，分析克里斯蒂安娜·摩根的“阿尼姆斯”及其蛇的意象(蛇腹中的“英雄”)等，同时讨论瑜伽中的脐轮和心轮及其运作。荣格感叹说，这有时犹如《易经》中的规律。比如，荣格举例说，若我们遇到大壮卦，荣格写出《易经》大壮卦的卦象：䷡(乾下震上，雷天大壮)，然后解释说：“接下来它变为遁卦：䷠(艮下乾上，天山遁)”。[4]这是荣格在运用《易经》“综卦”的方法，来做其“扩充性分析”，也即分析心理学的“扩充技术”(amplication)。[5]

---

① 荣格：《意象研讨》的系列讲座，是用其病人克里斯蒂安娜·摩根(Christiana Morgan)为例。摩根是美国哈佛大学精神分析师，与默里(Henry Murray)一起，共享“主题统觉”(TAT)的创造。我们参考了有关的两个版本：1. 荣格：《意象：1930—1934 研讨会记录》英文版(C. G. Jung. *Visions: Notes of the Seminar Given in 1930—1934*, Edited by Claire Douglas, Princeton. Princeton University Press, 1997)；2. 荣格：《意象研讨会》英文版(C. G. Jung. The Visions Seminars. From the Complete Notes of Mary Foots. Postscript by Henry A. Murray. Spring Publication. 1976)。

② 荣格：《意象：1930—1934 研讨会记录》(上)英文版第 592 页(C. G. Jung. *Visions: Notes of the Seminar Given in 1930—1934*, Edited by Claire Douglas, Princeton. Princeton University Press, 1997, P. 592)。

③ 同上。

④ 荣格：《意象：1930—1934 研讨会记录》(下)英文版第 1233 页(C. G. Jung. *Visions: Notes of the Seminar Given in 1930—1934*, Edited by Claire Douglas, Princeton. Princeton University Press, 1997, P. 1233)。

⑤ 同上。

我们在《心理分析：理解与体验》[①]一书中，曾将克里斯蒂安娜·摩根作为荣格分析心理学经典个案，如安娜·O之与弗洛伊德和精神分析，对其内在意象的变化，以及治疗和治愈的过程进行了分析与解读。荣格在此《意象研讨》系列讲座中，常常引用《易经》，借用《易经》来分析克里斯蒂安娜·摩根的意象，同时也阐释了《易经》之与心理分析的作用和意义。荣格经常在病人的意象和绘画中，发现集体无意识与原型；而这种集体无意识和原型的发现，尤其是原型意象的表达，在他看来，也总是与《易经》有所关联。比如，1933年5月10日，荣格在分析克里斯蒂安娜·摩根内在意象变化时，用了《易经》大畜卦(☶☰，乾下艮上，山天大畜)。荣格将大畜卦象比喻为来访者的内在发展。尤其是当外在为“山”之际，则更需要激发内在的活力。

荣格说，“这种内在的发展，惟有通过我们内在的发现始能发生。《易经》称之为继往开来。《易经》大畜卦对此情境中人们所应有态度的描述很有意思。”[②]接着，荣格依照译文，根据其来访者的心理状态，逐爻来分析大畜卦的意义。比如，大畜卦初九：“有厉，利已。”荣格说：“你看，此时的危险是由于压力和压抑，因而类似火山的爆发与破坏是可能(发生)的，于是，自制，控制任何贸然行动、任何外在企图是有利的。”[③]对于大畜卦之九二：“舆说輹。”和九三：“良马逐，利艰贞。”荣格分析说，舆脱輹(此处的“说”为“脱”)，这车便不能使用，不能前行。良马逐，已是意识到了危险进而追逐优势，去到属于自己的地方。“《易经》告诉我们，去到属于自己的地方是幸运的。”[④]

对于《易经》大畜卦之六四：“童牛之牿，元吉。”和六五：“豮豕之牙，吉。”荣格进一步阐释到：童牛之牿使其减少危险，既是对其保护也是保护他人。豮豕之牙本来是进攻的武器，但此处也包含驯化和防护的意义。接着，荣格来分析大畜卦之上九：“何天之衢，亨。”对此荣格先解释说：“那么接下来是(大畜卦)的最后一爻，我必须解释一下，在所有的卦中，最后

---

① 申荷永：《心理分析：理解与体验》，北京，生活·读书·新知三联书店，2004年。

② 荣格：《意象：1930—1934研讨会记录》(下)英文版第975页(C. G. Jung. *Visions: Notes of the Seminar Given in 1930—1934*, Edited by Claire Douglas, Princeton. Princeton University Press, 1997. P. 975)

③ 同上书，第976页。

④ 同上书，第977页。

一爻总是明显不同于其它诸爻，因为最后一爻是变化的开始，不管是以积极的方式变化还是消极的方式变化。”[①]而对于大畜卦的上九来说（“何天之衢，亨。”），在荣格看来，“天之路便是道。外在的人类活动，意识活动，有其界限，由大地所覆盖。人们似乎被活埋，似乎是陷在大地的肚子中，而唯有爆发，一种弥散死亡与灾难的广泛爆发才能解放自身。但是，在此情境中，一个人发现天之路，发现道，也是可能的。也即，一个人学会这种伟大艺术，将存留的祖先生命整合在其意识世界的目的和意愿。于是，两者合一；于是你的个人道路在未来也许能与祖先的生命相一致；于是，能够参与和跟随祖先的精神。于是，一个人便获得到达道的最佳时机。”[②]这也正如大畜上九之象的描述：“何天之衢。道大行也。”《易经》大畜之卦辞为“利贞。不家食吉。利涉大川。”其《彖》曰：“大畜，刚健笃实，辉光日新。其德刚上而尚贤，能止健，大正也。‘不家食吉’，养贤也。‘利涉大川’，应乎天也。”而其《象》曰：“天在山中，大畜。君子以多识前言往行，以畜其德。”也应合与体现在荣格与克里斯蒂安娜·摩根的心理分析过程中。借用《易经》的方法，荣格发挥了其分析心理学的积极想象与扩充技术。在《意象研讨》中，荣格与学生论讨有关《易经》占卜的心理学，比如人们总是惊奇于蓍草摆放或抛掷铜钱所产生的不可思议的结果——所得卦象与其求问的情境如此符合。这并非奇迹，而是此刻最自然而然的事情，荣格将其称之为不言自明的真理（self-evident truth），并举例说：正如你们诸位坐在各自的椅子上，或我正在谈论有关的事情，因为这正是这些事情发生的时刻，而它们也必然如此这般来呈现。《易经》的真正奇妙，则在于人类心理能够对其进行解释，对其归类说明；《易经》占卜简直是奇妙无比，如果你希望称之为奇妙的话，犹如求雨者（rainmaker）[③]的壮举。

在为期数年的《意象研讨》结束后不久（2 个月后），1934 年 5 月 2 日，荣格接着开始了其著名的《尼采讲座》；以尼采及其心理分析为主题，进行系列讲座和专业研讨，直到 1939 年 2 月 15 日结束。尼采之与荣格，犹如

---

① 荣格：《意象：1930—1934 研讨会记录》（下）英文版第 978 页（C. G. Jung. *Visions: Notes of the Seminar Given in 1930—1934*, Edited by Claire Douglas, Princeton. Princeton University Press, 1997, P. 978）。

② 同上。

③ 求雨者（rainmaker），卫礼贤告诉荣格的中国故事（见“荣格与道”一章），如天人感应，荣格用作积极想象的启示。

荣格与歌德，依然是震撼心灵的情感与体验；尼采的《查图拉斯特拉如是说》，犹如歌德的《浮士德》，同样是荣格及其分析心理学的思想渊源。

在荣格的《尼采讲座》中，1934 年 11 月 14 日，荣格与其学生，借助尼采的思想，谈到现代新物理学的进展及其心理学的意义；荣格称这些新物理学家，似乎已经进入了集体无意识的底层。

贝恩斯（荣格的学生，卫礼贤《易经》及卫礼贤与荣格合著《金花的秘密》英文译者）提问说："他们是如何进入集体无意识的呢?"

荣格回答："通过这样一个事实，当你观察原子内部现象时，你发现你的观察干扰着你所观察的事物；那么若你继续观察，你观察那干扰的事物，你发现心灵。他们（新物理学家）目前在面对心灵感应现象（telepathic phenomenon），也即，事实上集体无意识——我所称之为集体无意识——并非属于时间和空间的元素。"[①]荣格说："所发生的事情总是已在中国哲学中有所预言：阴盛则阳衰。阳消至极，物极必反。这种转换也在中国的时间计算中。"[②]接着，荣格用《易经》之错卦技术来分析其中的道理："当所有的阳爻聚集，至极之际即有新的图象。这是纯阳之时（乾卦），接着初六即现（也即姤卦，䷫，巽下乾上，天风姤，其英文翻译为"coming to meet"），由此变化而至阴极（坤卦）；周而复始，阳即出现（也即复卦，䷗，震下坤上，地雷复，其英文表达是"return"和"the turning point"）。"[③]荣格将"阴极"称之为"黑洞"，他接着阐释道："……当你望去黑洞（阴极），所视无物，等待片刻便见自己。这即（道家）瑜伽的认知原理：致虚极，获真知，所有真正的理解由此而生。"[④]

1935 年 2 月 6 日，荣格在有关尼采的第三次讲座之前说，我这里有贝恩斯的见解："在上次所讨论的后世人（Backworldsman）一章和卫礼贤对《易经》的评论之间可以做很有意思的比较。尼采说：健康身体更正直与纯

---

① 荣格：《尼采的查拉图斯特拉：1934—1939 讲座记录》英文版，第 244—245 页（*Nietzsche's Zarathustra：notes of the seminar given in 1934—1939.* Princeton，Princeton University Press，1988，PP. 244—245）。

② 同上。

③ 同上。

④ 同上。

洁表达，完美且方正：其述说大地的意义。”[①]。对此，荣格表示赞同，欣赏尼采对身体和心理的寓意表达。若是将心智给予任何一个“对象”，比如书，树木或者石头，那么，这书、木或石也便会表达其意义。

贝恩斯接着说：“卫礼贤的评论是针对坤卦之六二爻，大地之容纳。卫礼贤说：‘天以圆为象征，地以直方。’于是，直方便是大地的原始属性。”[②]

荣格回应说：“坤(䷁，坤下坤上，坤为地)是阴的标记，六爻纯阴之卦，表示容纳；坤即容纳的大地。其初六：‘履霜，坚冰至。’积霜并不坚固，易碎裂，但冰是坚固的。这便是阴的属性：冷而硬，山之北；黑夜、潮湿、大地。接着是继续对大地的描述，其六二爻是：‘直方大，不习无不利。’”对于坤卦之六二，荣格借用卫礼贤与劳乃宣的故事来说明其重要性：“卫礼贤在劳乃宣的帮助下整理对《易经》的评论，劳乃宣是启迪卫礼贤的中国圣人，他们都十分关注坤卦的六二爻，如‘天圆地方’之说，四方则为大地的原始属性。”[③]接着，荣格仍然借用“河图”之方位、数理和五行，来分析与阐释《易经》坤卦六二“直、方、大”的含义。

荣格接着分析坤卦诸爻。坤卦之六三，“含章可贞，或从王事，无成有终。”荣格说：“这表明如果一个人处于隐秘之境，未作表达，那么大地之本性，坤之诸阴爻，将会引导你。或从王事，你无须有目的，因为王有其目的。隐藏的王，大地之王者，是统治者或领导。”[④]

对于坤卦之六四：“括囊，无咎无誉。”荣格的兴趣在于“括囊”之无意识意象及其意义。至于坤卦之六五：“黄裳，元吉。”荣格则发挥说，“黄色是大地的颜色，也是中庸之色。于是，黄裳意味着正确的自我适应的内在态度，如外显的衣裳是为了适应世界。”[⑤]中文之“元吉”，使荣格联想到德文(Heil)语义中的“安然”“安宁”，其所具有的拯救意义。本来，《易经》坤卦之原始意象，地势坤，君子以厚德载物，也即荣格在“安然”(元吉)中所

---

① 荣格：《尼采的查拉图斯特拉：1934—1939 讲座记录》英文版，第 356—358 页。这段英文是：More uprightly and purely speaketh the healthy body，perfect and square built：and it speaketh of the meaning of the earth。出自尼采：《查拉图斯特拉如是说》；接近于《易经》坤卦的意象。

② 同上。

③ 同上

④ 同上。

⑤ 同上。

感受到的拯救。也如坤卦之《象》所表达的寓意分析："至哉坤元，万物资生，乃顺承天。坤厚载物，德合无疆。含弘光大，品物咸亨。"(《易经·坤·象辞》)

荣格也曾在其"鱼象征的冲突"[①]论著中，分析鱼与龙的象征时，引用了《易经》坤卦之上六"龙战于野，其血玄黄。"作为典型的"对立和合"(pair of opposites)。

在《尼采讲座》之后，1936 年至 1940 年，荣格在瑞士苏黎世联邦理工学院(ETH，Swiss Federal Institute of Technology)做有关《儿童之梦》的系列讲座(以及随后有关自性化(Individuation)、梦和分析心理学等主题的讲座)。其间，也曾引用《易经》卦象并与听众讨论《易经》。

比如，1939 年 1 月 24 日的一次讨论，有关儿童梦中父母房间的床，其亲密性及其象征。有听众发言提出："在《易经》中，床也表示亲密情境。其中有一卦说(第 23 卦，剥卦，其英文翻译为"Splitting Apart")：'剥床以足(初六爻)、剥床以辨(六二爻)、剥床以肤(六四爻)'。"[②]对此，荣格回应说："这是很好的比较：床作为一种内在情境的象征。《易经》指出剥离抵达无意识这一事实。(剥卦)诸爻即为意识完全剥离的符号。"[③]剥卦下坤上艮(䷖)，山地剥。意识剥离而至于无意识的境地；也如剥卦之象辞，"……顺而止之，观象也。君子尚消息盈虚，天行也。"同样是对荣格分析心理学的启示。

在同一次讲座中，荣格还进而阐释《易经》中的心理分析寓意，其中所包含的中国自然观与特殊的时空概念。荣格说："如果你对这一(《易经》)方法练习到一定程度，那么，你就会发现《易经》的意义与心理的情境是如何一致。"[④]

以(专题)"研讨方式"(seminar)教学，是荣格分析心理学的特色。早在 1912 年荣格便与其学生进行类似的专题研讨，较为系统的主题研讨会则是

---

① 荣格有关鱼的意象分析，见《荣格全集》第九卷之二，《伊涌：自性现象学研究》；其中荣格用五篇论著，来讨论有关"鱼"的原型意象和象征意义。

② 荣格：《儿童之梦：1936—1940 讲座记录》英文版第 164 页(C. G. Jung. *Children's Dreams: Notes from the Seminars Given in 1936—1940*. Ed. by Lorenz Jung and Maria Meyer-Grass. Princeton, Princeton University Press, 2008, P. 164)。

③ 同上。

④ 同上书，第 205 页。

在 1923 年之后。除了《意象研讨》《尼采讲座》《儿童之梦》，荣格的《分析心理学》(1925)和《梦的分析》(1928)等系列讲座，都十分著名。而《易经》与中国文化，同样也是这些专题研讨中经常出现的重要内容，其中皆表现出《易经》与心理分析的意义。

1925 年，荣格以“分析心理学”为主题进行研讨式系列讲座，在与学生谈到“对立组合”(pairs of opposites)的问题时，荣格说：“对立组合的观念如世界一样古老，但如果我们要适当地对待它，那么我们就必须回到最早的中国哲学源头，也即《易经》(占卜)箴言。”[①]荣格若有所思地表述，“奇怪的是，这种对立组合并未在埃及思想中出现，但却是中国和印度哲学的基础部分。”[②]荣格认为，“在《易经》中，(对立组合)表现为一种持续循环，物极必反，通过这样的过程，一种精神状态必然导致其反面。这是道家的核心观念，老子和孔子的著述都充满这一原则。”[③]

接着，荣格对其学生们讲，“我们的《易经》，中国哲学的源头，由周文王和周公完成，文王拘而演周易，对《易经》进行了直觉性的阐释。你们有些人知道《易经》技术，其安排是在卦象中以象征的形式来表达物极必反。或可将其称为一种矛盾心理学，也即当 a 原则增益时，其对立的 b 原则就减损，但总是会出现拐点，即 b 原理会不知不觉开始增益直至主导。同样的概念也体现在道的象征中，对立的原则表现为一个圆中的黑白旋转机制。他们被认为是男性和女性元素的表达。白色部分，或男性原则，包含了一个黑点，而黑色部分，或女性原则，包含了一个白点。于是，阳之男性原则圆满之际，则促生阴之女性发展，两者相辅相成。”[④]

人类对“对立组合”或“对立和合”，“对立统一”“相反相成”问题的思考由来已久。其实，这也不仅是属于东方的观点，但后来却成为东方哲学的特色。荣格说：“赫拉克利特便是与此有关的重要的哲学家。”[⑤]荣格认为，“在其哲学中，赫拉克利特是特殊的中国人，他是唯一能够真正理解东方

---

① 荣格：《分析心理学：1925 年讲座记录》英文版第 72—73 页(C. G. Jung. *Analytical Psychology*: *Notes of the Seminar Given in* 1925. Ed. by William McGuire. Princeton，Princeton University Press，1989，PP. 72—73)。

② 同上。

③ 同上。

④ 同上。

⑤ 同上书，第 77 页。

的西方人。如果西方世界遵循其领导，就我们的世界观而言，我们全部都会是中国人，而非基督徒。"[①]荣格谈到《易经》，称"我们的《易经》"，以及，其所说的"我们全部都会是中国人"[②]，也是其对中国文化及《易经》的高度认同，一种深切的感同身受，所注入的无限情感。

从1928年11月开始，荣格在苏黎世，以《梦的分析》(*Dream Seminar*)为主题，进行了为期2年的系列讲座。将其分析心理学的理论和方法，运用于梦的工作，同时涉及社会、文化、宗教等内容。

荣格常常借用《易经》来分析梦，梦中的原型意象，以及梦中的无意识。这有力提升其分析心理学的"扩充技术"及其效果。于是，荣格在阐述其梦的工作方法时，常会与《易经》中的原理相比较。比如，在荣格看来，《易经》，《易经》的原理及其方法，比如起卦，本卦和变卦，以及错卦和综卦等，与无意识在梦中呈现的规律是一致的。

1929年2月6日，荣格借用《易经》鼎卦来阐释其心理分析的意义，将其用于对梦中意象的分析和阐释。荣格引用卫礼贤对《易经》鼎卦的解释，认为"鼎之三足"，已是包含和寓意一种瑜伽中"产生新人"技术(the technique for producing the new man)[③]，对此，荣格将《易经》的卦象，与梦中意象进行比较，认为梦者梦中的这一部分，表明"非一自我"(non-ego)中心并非真的自发存在，它必须由病人自己，在极其关注或用心关注的情况下才能产生。接着，在这次讲座中，荣格逐一介绍《易经》鼎卦之六爻寓意……然后总结说："鼎之祭祀礼器的观念被用在道家祖先崇拜的仪式中。鼎象征着精神的子宫，孕育新的事物……各种各样的东西一起被放入(鼎中)，并非普通的混杂，而是在火中整合，提炼金子，产生新人。于是，鼎获金耳(六五，鼎黄耳金铉，利贞)。进而金玉(上九，鼎玉铉，大吉，无不利)，尤其珍贵的石中之石，也即炼金石(或哲人石)。"[④]同样是在《梦

---

① 荣格：《分析心理学：1925年讲座记录》英文版第77页(C. G. Jung. *Analytical Psychology: Notes of the Seminar Given in* 1925. Ed. by William McGuire. Princeton, Princeton University Press, 1989, P. 77)。

② 同上。

③ 荣格：《梦的分析：1928—1930研讨讲座》英文版第107页(C. G. Jung. *Dream Analysis: A Seminar of C.G. Jung, 1928—1930.* Ed. by William McGuire. Princeton, Princeton University Press, 1984, P. 107)；参考《荣格文集》中译本，高岚主编，长春，长春出版社，2014年，第115—116页。

④ 同上，英文版第107—108页。

的分析》系列讲座中，荣格仔细介绍了《易经》起卦的方法和意义。[①]在荣格的心目中，《易经》不仅是中国儒家和道家共同的经典，同时，也包含最为深刻的瑜伽和炼金术。于是，对于致力于无意识心理学探索的荣格来说，《易经》几乎是其得心应手的工具。

荣格不仅热衷于以研讨方式教学，善于演讲，而且，还是出色的"书信作家"，留下与朋友、学者、学生和病人等诸多通信，包括已经出版的《弗洛伊德与荣格书信集》[②]和《荣格书信集》（上下册）[③]，以及最近出版的《荣格与怀特书信集》[④]、《荣格与诺依曼书信集》[⑤]和《荣格与詹姆斯·科茨书信集》[⑥]等。在荣格的书信往来中，我们也能看到《易经》的深远影响及其意义。1952 年 2 月 28 日，荣格写给诺依曼（Erich Neumann）[⑦]，谈到有关著作的写作和影响，以及诺依曼的抑郁情绪；其中，荣格希望《易经》的益卦能给诺依曼以启发。荣格在信中说："我觉得对话已经开始（诺依曼求问《易经》获益卦）。'或益之十朋之龟，弗克违。'（益卦六二爻：或益之十朋之龟，弗克违。永贞吉。王用享于帝，吉。）若一个人怀有内在之需的善良，那么即使不幸的事件，也会转化为吉祥。人真的应该呈现于上帝，这样人们所追求的事情将被确认为真理。我觉得这益卦真的是非常适合（你

① 荣格：《梦的分析：1928—1930 研讨讲座》英文版第 241—242 页（C. G. Jung. *Dream Analysis: A Seminar of C. G. Jung, 1928—1930.* Ed. by William McGuire. Princeton, Princeton University Press, 1984. PP. 241—242）；参考《荣格文集》中译本，高岚主编，长春，长春出版社，2014 年；第 262—263 页）。

② 《弗洛伊德与荣格书信集》（1974）英文版（*The Freud/Jung Letter. The Correspondence between Sigmund Freud and C. G. Jung.* Edited by William McGuire. Bollingen Series, Princeton, Princeton University Press. Princeton, 1974）。

③ 《荣格书信集》（1973）英文版（*C. G. Jung Letters.* Selected and edited by Gerhard Adler and Aniela Jaffe. Bollingen Series, Princeton University Press. Princeton, 1973）。

④ 《荣格与怀特书信集》（2007）英文版（*The Jung-White Letters*, edited by Ann Conrad Lammers and Adrian Cunningham, Routledge, London and New York. 2007）。

⑤ 《流放中的分析心理学：荣格与诺依曼书信集》（2015）英文版（*Analytical Psychology in Exile: The Correspondence of C. G. Jung and Erich Neumann.* Edited and introduced by Martin Liebscher. Princeton University Press. Princeton, 2015）。

⑥ 《荣格与科茨书信集》（2011）英文版（*The Jung-Kirsch Letters. The Correspondence of C. G. Jung and James Kirsch.* Edited by Ann Gonrad Lammers. Routedge, London and New York. 2011）。

⑦ 诺依曼（Erich Neumann，1905 年 1 月 23—1960 年 11 月 5 日），诺依曼是荣格最为出色的学生之一，1949 年出版《意识的历史与起源》（*The Origins and History of Consciousness*），数年后出版《大母神》（*The Great Mother*，1955），都堪称心理学以及哲学经典，被誉为最后一位德国古典哲学家。

的求问与状态)。你只需静静地聆听,若'有孚惠心'(益卦九五爻:有孚惠心,勿问,元吉。有孚,惠我德。),你将听到你所期望的。"[①]

2015 年 4 月,在以色列特拉维夫,举办了"荣格与诺依曼书信"国际研讨会,被称之为象征诺依曼在 21 世纪的复活。我们受邀前往,并在以色列巴兰大学和耶路撒冷荣格研究院做有关《易经》和"中国意象"的报告。荣格和诺依曼书信中的"益卦"也是我们讨论的重点。益卦(䷩),震下巽上,风雷益,其中之意象与内涵,也如荣格所说,如此符合诺依曼当时的需要。正如益卦《彖》曰:"益,损上益下,民说无疆。自上下下,其道大光。利有攸往,中正有庆。利涉大川,木道乃行。益动而巽,日进无疆。天施地生,其益无方。凡益之道,与时偕行。"其中的意象和意义,也几乎是诺依曼一生的写照,及其著作和思想依然具有的深远影响。

1934 年 3 月 26 日,荣格写信给柯恩(B. Cohen),就其论文中引用《易经》,遭到编辑的质疑而表达不满。荣格说:"编辑的意见,当然与你无关,认为我对中国的引用有反犹太之嫌,简直是滑稽可笑。他们又怎么会知道中国呢?他们根本不知道,自 1919 年以来,我一直聚精会神于《易经》。"[②]

1935 年 10 月 25 日,荣格写了一封长信,回复一位 N 先生(Mr. N)。这位 N 先生对《易经》具有极大热情,想建立一个《易经》研究院来传播《易经》的智慧。尽管荣格并不同意他建立《易经》研究院的想法,但在这封信中,荣格与其分享了对《易经》的见地。荣格说:"我们需要一种心理教育,这样我们可以逐渐获得对《易经》的理解。"[③]荣格在信中表示,"我深爱《易经》(我是《易经》的嫉妒情人),希望《易经》不要被专门化,而是能够以其自然的方式繁荣兴旺。"[④]

1938 年 12 月 12 日,荣格在写给齐默尔(Heinrich Zimmer)[⑤]的一封信

---

① 荣格:《荣格书信集·第二册》英文版第 42 页(*C. G. Jung Letters*. Selected and edited by Gerhard Adler and Aniela Jaffe. Bollingen Series, Princeton University Press. Princeton, 1973. P. 42)

② 荣格:《荣格书信集·第一册》英文版第 154—155 页(*C. G. Jung Letters*. Selected and edited by Gerhard Adler and Aniela Jaffe. Bollingen Series, Princeton University Press. Princeton, 1973. PP. 154—155)

③ 同上书,第 200—201 页。

④ 同上。

⑤ 亨瑞许·齐默尔(Heinrich Robert Zimmer, 1890 年 12 月 6 日—1943 年 3 月 29 日),德国著名印度文化学者。

中称："作为一个秘密，我之所知皆来自我所掌握的无知。"[①]荣格接着说，"这是有根据的。我属猪，生于1875年。"[②]荣格在这里所用的是《易经》之中孚卦，其中所表达的"豚鱼之知"，一种深远的无意义灵感。《易经》之中孚(䷼)兑下巽上，风泽中孚，卫礼贤/贝恩斯的英文翻译是"内在真理"(Inner Truth)。荣格了解中国的十二生肖，将其称之为中国的占星术符号。同时，荣格也非常喜欢中孚卦之卦辞："中孚，豚鱼吉。"以及其彖辞："'中孚'，柔在内而刚得中，说而巽，孚乃化邦也。'豚鱼吉'，信及豚鱼也。'利涉大川'，乘木舟虚也。中孚以利贞，乃应乎天也。"(《易经·中孚·彖辞》)

1946年4月20日，在写给威尔弗里德·雷(Wilfrid Lay)[③]的一封信中，荣格说："我非常羡慕你学会并掌握了如此困难的中文。我从未能如愿(学会中文)，这也是继续探究《易经》之错综复杂使我感到心有余而力不足的原因。我曾傲慢和愚蠢地幻想来撰写对《易经》的评论，但很快我便认识到这一工作的艰巨，以及我自身的绝对不足。"[④]接下来，荣格从其分析心理学的角度，与这位雷先生探讨《易经》中的"小人"，以及"小人"与道家"真人"的关系。在荣格看来，"小人"同样包含"真人"的意义。这是从分析心理学之情结和阴影理论出发的评价，同时也是荣格所受庄子思想的影响，如庄子论道"每下愈况"之说。同时，荣格也受卫礼贤的影响，因为，卫礼贤没有将《易经》中的"小人"，像其他《易经》翻译中那样译为"小人"(inferior man)，而是用作"常人"(common man)。

《易经》中本有天、地、人"三才"之说，荣格对此也曾有所引用。他在其《心理类型》(1921)述及道家思想(阴阳)时，特别提示说，若是阴阳代表天地，如《易经》的乾坤，那么，"人是两者的中介。天、人、和地，形成

---

① 荣格：《荣格书信集·第一册》英文版第250页(C. G. Jung Letters. Selected and edited by Gerhard Adler and Aniela Jaffe. Bollingen Series, Princeton University Press. Princeton, 1973. P. 250)荣格心中的英文：keeps it a secret that everything I know comes from my mastery of not-knowing.

② 同上。

③ 威尔弗里德·雷(Wilfrid Lay, 1872—1955)，美国心理学者与作家，为了《易经》学会中文。

④ 荣格：《荣格书信集·第一册》英文版第425页(C. G. Jung Letters. Selected and edited by Gerhard Adler and Aniela Jaffe. Bollingen Series, Princeton University Press. Princeton, 1973. P. 425)

世界的三要素，也即'三才'。"[①]而作为天地人三才的人，也应是完整的人，或人的完整性，对立与整合，以及相对之和合。于是，始能理解《易经·文言》中的形容："夫大人者，与天地合其德，与日月合其明，与四时合其序，与鬼神合其吉凶，先天而天弗违，后天而奉天时。"由此始为荣格心目中自性与自性化的典范。

1952年8月7日，在写给神父怀特(Father Victor White)[②]的一封信中，荣格谈及《易经》之豫卦(䷏，坤下震上，雷地豫)。荣格说，"我忘了告诉你，《易经》第16卦中提到'音乐'……可以将其理解为一种情感问题。如果你不仅从理性而且也从感性来予以关注，那么你将能获得一种更为完整的图像；此时此刻你能非常清晰地感觉到'音符对位'(contrapunctum)。"[③]荣格给怀特写这封信的背景，是神父怀特去波林根拜访荣格，两人探讨有关"善的缺席"命题(privation boni impasse)，其间用《易经》来占卦，获豫。两人就《易经》的豫卦进行了分析交流，荣格随后写信，将其中的"音乐"部分作为补充。这是基于豫卦之象辞："雷出地奋，豫。先王以作乐崇德，殷荐之上帝，以配祖考。"(《易经·豫卦·象辞》)

1957年1月3日，荣格写信给迈克尔·福特汉姆(Michael Fordham)[④]。其中，荣格说他刚读了福特汉姆所写的论"共时性"，认为这是非常出色的文章。接着，荣格说："你对《易经》的经历，当试图引诱其第二次回答时所遇到的告诫，我在1920年开始用《易经》做实验的时候也遇到过。那也是绝对的震撼，但同时，它也为我开启了全新的景观。"[⑤]荣格与福特汉姆在这里所讨论的是《易经》的蒙卦。福特汉姆在撰写其论文时，为了梳理自己的一些想法，曾求问(占卦)《易经》，得到回答后，即刻又起一卦，遇到了"蒙"(䷃，坎下艮上，山水蒙)。蒙卦的英文翻译是"年幼无知"(Youthful

---

① 荣格：《心理类型》(《荣格全集》第6卷英文版；CW. 6. § 366)。

② 神父怀特(Victor Francis White，1902—1960)，荣格挚友，深受荣格深度心理学吸引，著有《灵魂与心灵，上帝与无意识》(*Soul and Psyche and God and the Unconscious*)。

③ 荣格：《荣格书信集·第二册》英文版第79页(C. G. Jung Letters. Selected and edited by Gerhard Adler and Aniela Jaffe. Bollingen Series，Princeton University Press. Princeton，1973. P. 79)

④ 迈克尔·福特汉姆(Michael Scott Montague Fordham，1905年8月4日—1995年4月14日)，英国心理分析师，荣格"发展学派"代表人物。

⑤ 荣格：《荣格书信集·第二册》英文版第343页(C. G. Jung Letters. Selected and edited by Gerhard Adler and Aniela Jaffe. Bollingen Series，Princeton University Press. Princeton，1973. P. 343)

Folly)，其卦辞曰："蒙，亨。匪我求童蒙，童蒙求我。初筮告，再三渎，渎则不告。利贞。"荣格与福特汉姆均将其作为"告诫"，以及有关"共时性"例证。

荣格分析心理学的核心概念之一是"原型"(archetype)。如弗洛伊德(个体)潜意识的主要构成是"情结"(complex)，那么，可以说，原型便是荣格所阐释集体无意识的基石。尽管荣格也借用老子之道，来表达原型的奥秘，如"道可道，非常道；名可名，非常名……"之说，告诉人们原型本身不可直接认知，我们需要通过原型的表达，通过原型意象或象征，来接触原型本身的意义。但是，遇到《易经》之后，荣格豁然有悟，认为在《易经》中，在《易经》的象、数、理，以及《易经》的意义中，已使得原型成为可读的内容。也就是说，《易经》对于荣格，便是"可读的原型"(Readable Archetype)。

在荣格晚期的重要著作《神秘参与》(*Mysterium Coniunctionis*)中，荣格说"(《易经》)是一种强大的心理系统，致力于去组织原型的运作……将其纳入一种确定形态，使其'阅读'成为可能。"[①]

1960年8月24日，荣格写信给维德卡特(Rev. W. P. Witcutt)，讨论有关《易经》以及梦的心理学。荣格说："很抱歉未能回复你7月18日的来信。于是，这次我要即刻回你的信。如你能想象，我对你的信很感兴趣。从1924年以来，我花很多时间来研究《易经》，并与我的好朋友卫礼贤一起讨论。卫礼贤对于《易经》的应用有着第一手的知识。如你自己已经发现的，《易经》由可读的原型所构成，其不仅常呈现真实情境的图像，而且也能呈现未来图景，简直如梦一般。人们甚至可以将《易经》神谕定义为一种实验性的梦，就像可以将梦定义为一种自然的四维实验……"[②]荣格接着说："我从未尝试去描述梦的这一层面，也未如此介绍《易经》卦象，因为我发现我们今日公众对此无力理解。于是，我将评说与写作那些能够理解的方面作为我的第一责任，由此为以后解释更为复杂的事情打下基础。我

---

① 荣格：《神秘参与》，《荣格全集》第14卷英文版第401页(CW. 14. § 401)。

② 荣格：《荣格书信集·第二册》英文版第584—585页(*C. G. Jung Letters*. Selected and edited by Gerhard Adler and Aniela Jaffe. Bollingen Series, Princeton University Press. Princeton, 1973. PP. 584—585)。

非常同意《易经》之象征体系可以如梦一般来解释。”①

《易经》中所包含的这种把握整体情景的方法，对于荣格来说可谓梦寐以求久矣。荣格将其与传统的因果论心理学实验比较之后说，在对整体进行直觉或预言的实验中，不需要给自然过程施加任何限制条件。在这种情况下，自然有种种机会来表现自己。接着，荣格以其自己使用《易经》占卜的经验，不管是50根蓍草还是3枚铜钱，看似偶然或随即获得的六个爻，具有其自身的必然性或共时性，包含一种整体性的回应，尽管对于理性来说很难理解。为了增加世人对《易经》的了解，荣格说：“两位中国哲人，文王和武王，在公元前12世纪，以自然统一为假设，试图用‘等价意义’(an equivalence of meaning)来阐释心灵状态与物质过程的同时发生。换句话说，他们设想同样的生命现实如在物质界一样，也能在心灵状态表现自身。”②荣格接着说“……于是，这两位哲人发明了一种可以将内在与外在世界互为表现的方法。这自然预设一种有关卦象意义的直觉知识。于是，《易经》由64卦构成，在这64卦的解释中包含阴阳(两爻)所有可能的组合及其意义。这些解释形成与当下意识状态相一致的无意识知识，而且，这种心理状态又和通过硬币起落或蓍草楪分形成的奇数和偶数的相呼应。”③

将《易经》中的卦象，视为可读的原型，于是，荣格已是领悟老子的教诲(对此我们在接下来“荣格与道家”一章将有详细阐释)：“(道可道，非常道；名可名，非常名。无名，天地之始；有名，万物之母。)故常无，欲以观其妙；常有，欲以观其徼。(此两者同出而异名，同谓之玄，玄之又玄，众妙之门。)”将《易经》融入其无意识心理学的方法论。

在这种意义上，对于荣格来说，《易经》便是探索无意识的有效工具。在《荣格全集》第八卷：《心理结构与心理动力学》中，荣格表示，他自己长期以来关注心理学研究，尤其是面对无意识心理学时的“直觉技术”(intuitive technique)或“预知方法”(mantic method)，也即“领悟整体情景的技术”(technique for grasping the total situation)。在他看来，他所关注与寻

---

① 荣格：《荣格书信集·第二册》英文版第584—585页(C. G. Jung Letters. Selected and edited by Gerhard Adler and Aniela Jaffe. Bollingen Series, Princeton University Press. Princeton, 1973. PP. 584—585)。

② 荣格：《共时性：一种非因果的联结原则》，《荣格全集》第8卷英文版(C. G. Jung. Synchronicity: An Acausal Connecting Principle; CW. 8. §864—865)。

③ 同上。

找的这种方法和技术，就在《易经》之中。荣格认为："《易经》是最古老的把握整体情景的方法，其将细节置于宇宙背景，以阴阳互动作为分析。因此我们可以将其视为中国经典哲学的实验基础。"[①]当然，荣格所期望的这种"领悟整体情景的技术"，尽管可以体现在其积极想象和扩充技术中，但并未最后完成，仍然有待后继者的充实与发展。

第三节 共时性与《易经》之时中

荣格之与《易经》，或《易经》之与荣格，始终与《易经》之要义，中（正），时（几），以及"时中"有关。如荣格所分析与阐释的"河图"（"洛书"），以及荣格从《易经》中所发展出来的无意识心理学的原理与方法；如《易》之中与执中，也体现在分析心理学实践中所主张的"对立统一"，以及"执中"与"用中"的超越性功能。于是，"执其两端而用其中"也几乎是荣格及其分析心理学方法中的方法。《易》之探赜索隐、钩深致远、极深研几、感而遂通，皆体现于荣格深度心理学的专业实践。

与《易经》中正，执中、用中之核心思想有关的另一要义，便是"时"，或称之为"时中"。易之三义：变易、不易、易简，均关乎"时"；惟时而中，由中觉悟自性。卫礼贤将孔子称为"时之圣者。"清代易经学者惠栋说："易道深矣，一言以蔽之，曰'时中'。"此乃《易经》的核心精神。也如王弼在其《周易略例》中所示："夫卦者时也，爻者适时之变也。"正是，卦者惟时，爻为适时之变；"时中"之体现，即随时变易以从道。荣格则通过其分析心理学，将其表达为"共时性"（synchronicity）。在荣格看来，"共时性"即是《易经》之方法与意义的集中体现。

荣格认为，若要真想理解《易经》的本义，就必须抛弃一些西方的偏见。对此，荣格曾做一系列的反思，比较东方和西方思维的差异，以及《易经》中所包含的特殊意义。荣格说："事实上，我们的科学是建立在以往被视为公理的因果法则上，这种观点目前正处在巨变之中，康德《纯粹理性批评》无法完成的任务，当代的物理学正求完成。因果律公理已从根本处动摇。我们现在了解我们所说的自然律，只是统计的真理而已，因此

① 荣格：《共时性：一种非因果的联结原则》，《荣格全集》第 8 卷英文版（C. G. Jung. *Synchronicity: An Acausal Connecting Principle*; CW. 8. §863）。

必然会有例外发生。我们还没有充分体认到：我们在实验室里，需要极严格的限制其状况后，才能得到不变而可靠的自然律。假如我们让事物顺其本性发展，我们可以见到截然不同的图像……”①有关的反思，以及面对探索心理和心灵，意识和无意识之本质的需要，促使荣格关注中国文化中，尤其是《易经》中所包含的“共时性”思想。

1930年，在“纪念卫礼贤”的祭奠仪式演讲中，荣格说：“几年以前，当时的不列颠人类学会的会长问我，为什么像中国这样一个如此聪慧的民族却没有能发展出科学。我说，这肯定是一个错觉。因为中国的确有一种‘科学’，其‘标准著作’就是《易经》，只不过这种科学的原理就如许许多多中国其他的东西一样，与我们的科学原理完全不同。”②在荣格看来，《易经》中的科学，并不是以因果律为基础的，而是以一种西方人从未遇到过，因而迄今尚未命名的原理为基础的。荣格说：“我姑且称之为‘共时性原理’。由于职业的关系，长期以来，我在对无意识过程的心理研究中发现，某些重要的无意识现象仅以因果律是无法彻底解释的。于是我觉得有必要去寻找一种新的解释方法。我发现，存在着某些心灵对应，它们之间不可能有任何因果联系，但是它们之间必定存在着别的某种联系。我认为这种联系主要在于事件间的相对的同时或同步，因而我称之为‘共时性’。这样看来，仿佛时间远远不是一个抽象的概念，而是一种实实在在地连绵不断地流逝着的东西。它具有一些自己的特点和基本条件，这些特点和基本条件能够以一种因果对应所无法解释的方式在许多不同的地方同时表现出来，比如同时出现某些巧合的思想、符号或者心理状态。卫礼贤就曾指出，在中国和欧洲有某些时期同时出现了许多相合的东西，它们之间不可能有任何因果联系。”③在荣格看来：“(《易经》)的方法，如同所有的预测或直觉技术，是建立在非因果或共时性连接基础上的。”④为此，荣格解释说(脚注)：“我第一次使用这个术语是在纪念卫礼贤的演讲中(1930年5月10

---

① 荣格：《〈易经〉序言》，《荣格全集》英文版第11卷第967段落(CW. 11. §967)；参考荣格：《东洋冥想的心理学》，杨儒宾译，北京，社会科学文献出版社，2000年。

② 荣格：《纪念卫礼贤》，《荣格全集》第15卷英文版第80段落(C. G. Jung. *Richard Wilhelm: In Memoriam*. CW 15. §80)；参见《金花的秘密》，邓小松译，合肥，黄山书社，2011年，第90—91页。

③ 同上书，§81。

④ 荣格：《共时性：一种非因果的联结原则》，《荣格全集》第8卷英文版(C. G. Jung. *Synchronicity: An Acausal Connecting Principle*; CW. 8. §866)。

日于慕尼黑)。这个演讲后来以附录的形式收录在《金花的秘密》一书中。我在其中说，‘《易经》不是建立在因果原则之上，而是建立在我尝试称为共时性原则之上。’”①

有关“共时性”，荣格有两篇重要的文献，其一是1951年在爱诺思东西方文化圆桌会议上的报告：《论共时性》②，这是荣格在爱诺思的最后一次演讲；其二是荣格1952年撰写的《共时性：一种非因果的联结原则》(*Synchronicity: An Acausal Connecting Principle*)，后收入《荣格全集》第八卷：《心理的结构与动力》。荣格系统论述“共时性”的这篇论文，最初刊登在荣格学院《研究期刊》第四期(苏黎世，1952)，主题是《自然与心灵解析》(*The Interpretation of Nature and the Psyche*)，同期还有泡利的论文：“原型意象对开普勒自然科学理论形成的影响”(*Der Einfluss archetypischer Vorstellungen auf die Dildung naturwissenschaftlicher Theorien bei Kepler*)③。

荣格在此篇论文开始的“前言”中表白，尽管自己对有关“共时性”的思考由来已久，但一直缺乏足够的勇气将其公之于众。荣格坦言，认真面对“共时性”现象十分困难，这与其长期的科学训练有着很大的冲突。荣格说：“共时性问题困惑我很长时间了，大约从20世纪20年代中期就开始了。④当时我在研究集体无意识现象，经常碰到不能解释为偶然事件或系列的联系。我看到的只是‘巧合’，但是这些巧合如此具有意义，而它们共同出现的概率几乎是天文数字，也就是说它们几乎不可能同时出现。”⑤

接着，荣格举出其临床个案中的著名例子：“我举一个亲自经历的例

---

① 荣格：《共时性：一种非因果的联结原则》，《荣格全集》第8卷英文版(C. G. Jung. *Synchronicity: An Acausal Connecting Principle*; CW. 8. §866)。

② 荣格1951年在爱诺思圆桌会议上的演讲，最初发表在1951的《爱诺思年鉴》(苏黎世，1952年)。

③ 荣格与泡利合著《自然解释与灵魂》(Naturerklärung und Psyche)德文版最初在1952年由荣格学会出版，后翻译为The Interpretation of Nature and the Psyche，1955年在伦敦和纽约出版。

④ 荣格在这里加了这样一个注释：“甚至在这个时期之前，我就对因果原则在心理学领域的无限制应用产生了怀疑。在《分析心理学论文集》第一版的“前言”中，我曾经提到，‘因果只是一种原则，并不能够穷尽一切心理现象。因为心灵(心理)是有目的的。’心灵最终依赖于‘先在的’意义，只有在是无意识的时候，才成为问题。在这种情况下，我们需要假设在所有意识产生之前，存在一种“知识”。汉斯·德里希得出了同样的结论(《作为自然要素的灵魂》，第80页及其以下)。”

⑤ 荣格：《共时性：一种非因果的联结原则》，《荣格全集》第8卷英文版(C. G. Jung. Synchronicity: An Acausal Connecting Principle; CW. 8. §843—844)。

子。我治疗过一个年轻女孩，在治疗的关键期，她做了一个梦，梦到有人给她一只金甲虫。她告诉我这个梦的时候，我坐在那里，背后是关着的窗户。突然我听到身后有些声响，像是轻轻的敲击声。我转过身去，发现一只小虫正在外面敲打窗玻璃。我打开窗户，在小虫飞进来的那一刻把它抓住了，原来是一只金龟子，这是在我们这个地理位置上最像金甲虫的小昆虫了。此时，就在这一刻，它却一反常态，急着要飞进这黑暗的房间里来。我必须承认这类事情在这之前和之后从未发生在我身上，病人的那个梦在我的经历中仍然是如此独特。”①

在荣格看来，类似事件的背后，具有原型的基础与背景。荣格的这位病人具有较强的理性与客观精神，也即强化的“阿尼姆斯”。本来，获得有关金龟子的梦，已经意味着病人“实在论”态度的动摇，而当其与荣格讲述她的梦，在讲述梦中金龟子的那一刻，真的有金龟子从窗外飞进来的时候，病人的内在心性也瞬间融入，恰如一种共鸣或感应。而病人对于分析性治疗的态度也由此转变。荣格说：“态度的任何根本转变都意味着心灵的新生，这种重生常伴随着病人睡梦和梦幻中象征的再生。金龟子就是再生的象征的典型代表。”②这种象征重合，可以用集体无意识进行解释。荣格强调，他从《易经》中发现的“共时性”，从本质上说，是要表达两个有意义事件同时发生而又没有任何因果关系。

随着荣格在无意识领域探索的深入，在其集体无意识的框架中对原型和象征的研究，尤其是研习了《易经》，接受了中国文化的滋养和启迪之后，他始获得表达“共时性”的勇气和智慧。

“共时性”(synchronicity)是荣格对于《易经》，尤其是对于《易经》方法论的认识和理解，也是荣格将《易经》运用于心理分析的重要连接。在为卫礼贤《易经》的英文版撰写序言时，荣格说：“《易经》对待现实的态度，似乎与我们的因果程序大相径庭。”③在《易经》中，荣格认为，有关“时”的意象，涵容超越，缘起瞬间，汇聚而成一种特殊的整体情景。

同样是在《〈易经〉序言》中，荣格说，“古代中国人沉思宇宙之心灵，

---

① 荣格：《共时性：一种非因果的联结原则》，《荣格全集》第8卷英文版(C. G. Jung. Synchronicity: An Acausal Connecting Principle; CW. 8. §843—844)。

② 同上。

③ 荣格：《〈易经〉序言》，《荣格全集》英文版第11卷第969段落(CW. 11. §969)。

堪比现代物理学家，人们不能否认其世界模型是一种确实的心理—物理结构。粒子物理学的事件包含了观察者，如《易经》中由主观性构成的现实，比如'时境'(the momentary situation)整体中的心灵状态。正如因果性描述了事件的序列，对于中国心灵来说，共时性则关乎事件的同时发生。因果观告诉我们D是如何出现的这样一个戏剧性故事：它来自于在D之前的C，而C则来自其父B，如此等等。相形之下，共时性的观点则尝试产生一种同时发生均含有意义的图景。ABCD等如何同时同处共同出现呢？首先，因为物理事件A和B与心理事件C和D具备同样的性质；其次，它们都是同一情境中的指数。此情境表现为一种适当合理的图景。"[①]荣格进一步阐释，正如其在《易经》里看到的，中国人的心灵似乎完全被事件的概率层面吸引住了，对于西方人所认为巧合的，却似乎成了这种特别心灵的主要关怀。于是，荣格认为，对中国人来说，繁富的自然律所构成的经验实体，比起对事件作因果的解释，更要来的重要。

为了说明共时性现象的存在，荣格梳理了历史上有关非因果探索的哲学与历史，整理了许多有关共时性的现象和研究，尤其是莱因(Joseph Banks Rhine)[②]的实验研究，以及他本人的经历与观察。

荣格认为，叔本华有关"个人命运的先天决定性"(On the Apparent Design in the Fate of the Individual)的观点，与其对"共时性"现象的反思有所关联。叔本华用了"我们称之为'偶然'的非因果同时性"这样的句子。而歌德，也曾从"魔力"的角度来看待类似共时性的事件。比如，荣格引用了歌德与艾克尔的对话："我们都有一些惊人的和有吸引力的魔力，在遇到相似或者不似的事物时，我们会运用相吸或者相斥的力量。"[③]根据提奥弗拉斯特(Theophrastus，公元前371—前288年)的观点，超感觉和感觉是统一在一起的。这种统一不是数学的统一，所以必须是上帝进行的统一。同样，在普罗提诺(Plotinus)那里，个体灵魂来自世界灵魂，它们不论相距多远，都通过同感或反感联系在一起。荣格说："阿格里帕赫炼金术所说的世界精神(spiritus mundi)、心灵和身体的联系(the ligamentum ani-

① 荣格《〈易经〉序言》，《荣格全集》英文版第11卷第973段落(CW. 11. §973)

② 莱因(Joseph Banks Rhine，1895年9月29日—1980年2月20日)，美国心理学家，致力于心灵感应的研究，心灵学或超心理学(parapsychology)的代表人物。

③ 荣格：《共时性：一种非因果的联结原则》，《荣格全集》第8卷英文版(C. G. Jung. *Synchronicity: An Acausal Connecting Principle*; CW. 8. §860)

mae et corporis）、第五精华（*the quinta essentia*），可能就是我所说的无意识。”[①]在荣格看来，遍布于所有事物和决定所有事物的精神是世界灵魂："这种灵魂是一个唯一之物，它遍布所有事物，安置所有事物，把所有事物联结在一起，并构成整个世界的构架……”[②]那些具有这种精神，并且这种精神又是特别有力的事物倾向于“产生与自己相似的东西”，换言之，产生对应或有意义的巧合。于是，中世纪自然哲学家所提出的一致论（correspondentia），尤其是传统的所有事物具有同感观念的来源，也是一种近似于共时性的表达。而希波克拉底的观点：“存在着共同的流、共同的呼吸，所有事物都有同感。整个机体和集体的每一部分为了共同的目的而共同协作。本原伸延至最尽头的部分，并又从最尽头的部分回到本原，回到既存在又不存在的自然。”[③]也被荣格用来作为有关“共时性”的历史与文化传统。

荣格自己，则是在其集体无意识和原型理论的基础上，将有意义的巧合与无意义的偶然事件做出区分，而作为有意义巧合的“共时性”，与一般两个事件的同时发生或“同步”现象也有所不同。荣格所关注的是“有意义的巧合”，类似的现象总是具有某种程度集体无意识和原型的基础。

荣格曾介绍这样一个他所经历的共时性事件。1949 年 4 月 11 日，荣格说，我记下了如下的事情：“今天是周五。我们今天中午吃了鱼。正好有人提及那种把某人捉弄成‘四月鱼’（指愚人节被捉弄的人）的风俗。就在同一天早晨，我还记下了一段题词：‘人类总的说是来自尘埃的鱼’（Est homo totus medius piscis ab imo）。那天下午，我原来的一个病人，已经几个月没有见面了，给我看了他所画的几幅让人印象深刻的画，画面上有一些鱼。晚上，有人给我看了一个刺绣的图案，上面刺的是像鱼一样的海怪。4 月 2 日的早晨，我的另一个几年没有见面的病人，告诉我她做了一个梦，梦里她站在湖边，看到了一条大鱼朝她游了过来，而且停在她的脚下。这时我正在对历史上的鱼象征进行研究。”[④]生活中的类似现象，促使荣格一再反思，“这不可能仅仅是巧合。”荣格说，和鱼有关的主题竟然在 24 小时内连续出现 6 次，尽管鱼经常表现为无意识内容的象征，仍然不同

---

① 荣格：《共时性：一种非因果的联结原则》，《荣格全集》第 8 卷英文版（C. G. Jung. *Synchronicity: An Acausal Connecting Principle*; CW. 8. §931）。

② 同上。

③ 同上书，§924。

④ 同上书，§826。

寻常。这时荣格加了一个注释："我想补充一点，我是在湖边写下这些文字的。我写完这个句子后就去湖岸上走走，我发现那里有一条死鱼。这条鱼大约有一英尺长，而且明显没有受伤(可能是一只捕食的小鸟或者小猫把它托出水面的)。前一天晚上一条鱼也没有。这是这第七次碰到有鱼的情况了。"①当巧合的事情像这样积累起来的时候，我们无法不感到惊异。荣格深有感触地讲述了他的诸多经历。

对此，荣格认为类似"共时性"现象可归纳三类：1. 观察者的心理状态和外在的客观时间即时相合(比如那只金龟子的例子)。而没有任何证据表明外在事件和内在的心理状态有因果关系，而且由于时空的心理相对性，这种联系甚至是不可设想的。2. 心理状态和发生在观察者的知觉领域之外(空间距离)的外在事件相对应，外在事件只是在随后才得到证实。3. 心理状态和还不存在的未来事件相对应，未来事件由于时间距离，只能在随后才能得到证实。荣格认为，在第 2 组和第 3 组中，巧合的事件不处在观察者的知觉领域之内，而是被预期的，因而只能在后来被证实。正是由于这个原因，我把这类事件叫作有共时性的时间，而不是同时发生的时间。这是荣格在 1951 年爱诺思东西方文化圆桌会议上，以"论共时性"为主题发言时所做的主要论证。②

卫礼贤的儿子卫德明也参加了 1951 年的爱诺思东西方文化圆桌会议，并在荣格的报告之前做了《〈易经〉中的时间概念》演讲。在卫德明看来，《易经》的基本假设是，发问者的心理状态和卦象之间存在共时性的对应。卦象是由随意分配 49 根蓍草或者随意抛起 3 个硬币形成的。对此，荣格深表赞同，并在其报告加以引用与阐释。荣格说："(对于共时性现象)《易经》的预言方法就是这样一个例子，卫德明博士对其做了详细的描述。"③荣格认为，"共时性现象证明了，在异质的、没有因果联系的过程之间存在着同时发生的有意义巧合；换句话说，它们证明了一个观察者感知到的内容同时可以被外在事件所表达，而且它们之间没有任何因果联系。从此我

---

① 荣格：《共时性：一种非因果的联结原则》，《荣格全集》第 8 卷英文版(C. G. Jung. *Synchronicity: An Acausal Connecting Principle*; CW. 8. §827)。

② 荣格：《论共时性》，1951 年爱诺思演讲，最初刊登在《爱诺思年鉴》1951；后收入《荣格全集》第八卷。

③ 荣格：《论共时性》，《荣格全集》第 8 卷英文版(C. G. Jung. *On Synchronicity*; CW. 8. §986)。

们可以推断出，心理不能处在空间中，相反空间是相关于心理而存在的。同样，心理也不能处在时间中，而时间则相关于心理而存在。”[①]

在其爱诺思《论共时性》报告结束之前，荣格说：“由于讲座的时间有限，我只能粗略地谈论一下范围很广的共时性问题。如果有人想进一步研究这个问题，我想告诉大家我在‘共时性：非因果关系原则’中对其做了详尽的讨论，与泡利教授的作品一起收入了《对自然和心灵的解释》中，并将很快出版。”[②]荣格在其《共时性：一种非因果的联结原则》中说：“因此，共时性指的是某种心理状态与一种或多种外在事件同时发生，这些外在事件显现为当时的主观状态有意义的巧合，或者主观状态是外在事件的有意义的巧合。”[③]在荣格看来，共时性包括两个要素：1. 一个无意识意象以梦、观念，或者预感的形式直接或间接(象征或暗示)进入意识之中；2. 有一个客观事件和这个内容相吻合。但是，对于这样的见解，荣格最初只是描述现象，很难给出有力的解释，直到其获得《易经》与中国文化的支持。

由共时性现象，促使荣格关注“直觉方法”(intuitive method)，即领悟整体情景的方法。荣格说：“这种方法非常具有中国特色，非常像《易经》的方法。”[④]荣格认为，“不像受希腊思想影响的西方人，中国人不是要看细节，而是将细节看作整体的一个部分……”[⑤]接着，便是我们前面提到的荣格论述：“《易经》是最古老的把握整体情景的方法，其将细节置于宇宙背景，以阴阳互动作为分析。因此，我们可以将其视为中国古典哲学的实验基础。”[⑥]

有关对整体进行直觉性研究，荣格希望不给自然过程施加任何限制条件，而尽量让自然有充分的机会来表现自己。于是，荣格引用《易经》的方法，比如用铜钱来占卜，铜钱在最适合自己的位置掉落下来。从观察者的角度而言，这就相当于对一个未知的问题给出了一个理性上不可理解的答案。因此有可能得到总体的答案。尽管这种研究不如科学实验清晰明朗。

---

① 荣格：《论共时性》，《荣格全集》第 8 卷英文版(C. G. Jung. On Synchronicity；CW. 8. §996)。

② 同上书，§997。

③ 荣格：《共时性：一种非因果的联结原则》，《荣格全集》第 8 卷英文版第 850 段落(C. G. Jung. *Synchronicity：An Acausal Connecting Principle*；CW. 8. §850)。

④ 同上书，§863。

⑤ 同上。

⑥ 同上。

不同于西方的因果分析，在《易经》中，凸显中国人的整体情境领悟。在荣格看来，《易经》的作者确信，卦爻在某情境运作时，其与情境不仅在时间上，而且在性质上都十分契合。荣格认为，在这种特殊的情境中，卦爻是成卦时情境的代表——其作用甚至超过了钟表的时辰，或者历表上季节月份等划分所能作的，同时卦爻也被视为它成卦时主要情境的指引者。在荣格看来，《易经》六十四卦皆为象征性运作，卦象中包含特殊的时空观念，决定六十四种不同而各有代表性的情境。正如王弼所言："夫卦者时也，爻者适时之变也。夫时有否泰，故用有行藏；卦有小大，故辞有险易。一时之制，可反而用也；一时之吉，可反而凶也。故卦以反对而爻亦皆变。是故用无常道，事无轨度，动静屈伸，唯变所适。故名其卦，则吉凶从其类，存其时，则动静应其用。寻名以观其吉凶，举时以观其动静，则一体之变，由斯见矣。"（王弼：《周易略例》）

荣格说："任何没有偏见的人都会承认，在实际的实验中存在很多共时性现象，它们可被理性地或随意地解释为仅仅是投射。但是如果人们认为这些共时性现象就是它们所呈现出来那样的存在，那么它们就只能是有意义的巧合，我们不可能对之做因果的解释。"[①]在荣格看来，在《易经》中已经包含了一种直觉与"预知"(mantic)的方法，这些方法均建立在非因果或"共时性"的原则上。荣格熟悉《易经》的取卦方法，不管是蓍草还是铜钱，而《易经》的操作过程，也是荣格用来表达"共时性"的最佳例证："(《易经》的操作)将 49 根蓍草随机分成两堆，然后按 3 和 5 从中取出，或用 3 个铜钱，共扔 6 次来获得 6 爻(头 3 尾 2)。"[②]接着，荣格说："(《易经》的)实验是基于三合一的原则(八卦)，而且可以变化出 64 种形状，每种形状都和一种心理状态相对应。这些在《易经》以及对《易经》的释注中都有很多讨论。其实在西方，也有一种很古老的类似方法，它建立在其上的原则与《易经》的原则基本一样，唯一的差异是西方的原则不是三合一的，而是四合一的，结果也不是由阴爻和阳爻组成的六边形，而是由奇数和偶数组成的 16 个数字。"[③]然而，依循古老的传统，在荣格看来，(《易经》)属于

---

① 荣格：《共时性：一种非因果的联结原则》，《荣格全集》第 8 卷英文版第 866 段落(C. G. Jung. *Synchronicity: An Acausal Connecting Principle*; CW. 8. § 866)。

② 吴怡先生指出，这里所用蓍草，应是 3 和 4。

③ 荣格：《共时性：一种非因果的联结原则》，《荣格全集》第 8 卷英文版第 866 段落(CW. 8. § 866)。

"灵媒"(spiritual agencies)，以某种神秘方式行事，使得蓍草给出有意义的回应。于是，"这些力量凝聚形成《易经》生动的灵魂。"[①]对此，荣格加了一个注释："它们是'神'，也即'精神—神灵'。'天生神物'(理雅各，第41页)"。[②] "天生神物"见《易传·系辞上》："是故天生神物，圣人则之；天地变化，圣人效之；天垂象，见吉凶，圣人象之；河出图，洛出书，圣人则之。"

荣格认为，这种建立在共时性原则上的思想传统，在《易经》那里达到了顶峰。"可以说，《易经》是地道的中国思维方式的代表与体现。而在西方的哲学史上，这类思想从赫拉克利特时代就已经销声匿迹了，直到莱布尼茨才再次显现一点微弱的回响。但是，在此期间，它并没有彻底消亡，它仍然在日薄西山的占星术玄论中一息尚存，并一直保留到今天。"[③]荣格是在"纪念卫礼贤"时说的这番话。在《共时性：一种非因果的联结原则》中，荣格说，"我们一定要记住，西方的理性态度不是唯一可能的态度，并不能包含一切。它在许多方面都是一个需要修正的偏见。中国古老文明在这个方面总与我们不同，我们要在自己的文明中找到与此类似的东西，就要回到赫拉克利特的时代，至少在哲学上是如此。只有在占星术、炼金术、占卜方面，我们才发现我们的观念和中国的观念本质上是相同的。这就是为什么炼金术在东西方是平行发展的，为什么东西方两个半球具有一定程度上是同一的观念，并朝向同一个目标。"[④]对此，荣格加注释说："参考我的《心理学与炼金术》，第343页，以及《墨丘利精灵》(*The Spirit Mercurius*，瑞士版，第115页。)也见魏伯阳《周易参同契》及《庄子》中的真人思想。"[⑤]荣格在这里引用魏伯阳的《周易参同契》，以及《庄子》中的"真人"，也足以表明荣格在《易经》和中国文化，及其分析心理学的应用中所下的功夫。

有关对"共时性"的理解，以及对"共时性"的论述，荣格不仅借助《易

---

① 荣格：《〈易经〉序言》，《荣格全集》第11卷英文版(CW. 11. §975)。

② 同上书，§975；注释5。

③ 荣格：《纪念卫礼贤》，《荣格全集》第15卷英文版(C. G. Jung. *Richard Wilhelm*：*In Memoriam*. CW 15. §85)。

④ 荣格：《共时性：一种非因果的联结原则》，《荣格全集》第8卷英文版第866段落(CW. 8. §866)。

⑤ 同上书，§916；注释1。

经》，而且，也用中国之道。在《共时性：一种非因果的联结原则》中，荣格依次引用了《老子》25 章、24 章、11 章、14 章、21 章、37 章、73 章等。比如，荣格说："'无形'显然是'意义'或者'目的'。因为它不出现在感觉世界，却又是感觉世界的组织者，所以人们只能将之称作'无形'。老子说(14 章)：'视之不见，名曰夷；听之不闻，名曰希；搏之不得，名曰微。……是谓无状之状，无物之象，是谓惚恍。'"[①] 荣格说，"中国哲学则从'道'的魔幻意义发展出了有意义的巧合的观念，而不是以因果律为基础的科学。"[②]有关荣格与"道"以及中国道家思想，我们将在下章专门论述。

为了阐释"共时性"的意义，荣格结合经典物理学的三个维度：时间、空间和因果关系，提出了一个新的结合了共时性的模型，如图所示：[③]

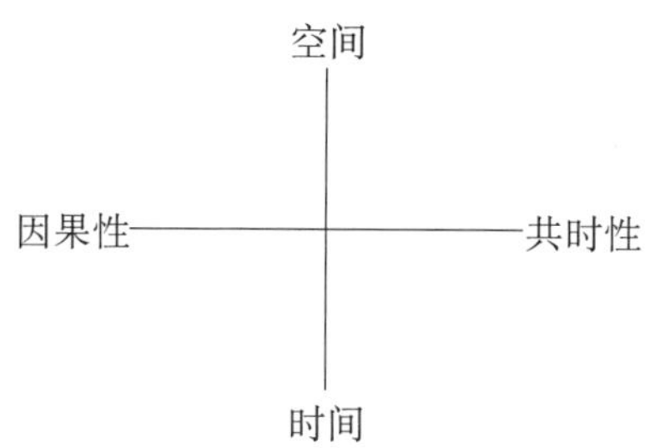

有关这个图示，荣格说："这里共时性和其他三个原则的关系就像时间的一维性对空间的三维性那样，或者像柏拉图在《蒂迈欧篇》中所说的只能够'强行'加到其他三个上面去的第四个东西。就像现代物理学把时间当作第四维引进来就设定了一个不可表象的时空连续统(space-timecontinuum)那样，共时性观念及其内在意义也产生了一个如此不可表象的世界图象，以至于非常让人困惑。然而，增加这个概念的好处在于，它使得我们对自然的描述和关于自然的知识中能够包含类心理的成分，即先验的意义或'同义'"。[④]

荣格在阐述其"共时性"思想的时候，多次对泡利表示感谢。荣格说："感谢泡利教授对我的工作表现出的兴趣，使我能与一位专业的物理学家讨论这些原则问题，同时他又能理解我的一些心理学论证。这样我提出一

① 荣格：《共时性：一种非因果的联结原则》，《荣格全集》第 8 卷英文版第 866 段落(CW. 8. § 920)

② 同上书，§ 941。

③ 同上书，§ 961。

④ 同上书，§ 962。

个建议，即将物理学也考虑进来。泡利教授建议用能量的守恒和时空连续统(spacetime continuum)来代替经典图式中的时空对立。这个建议使我期望在两种异质的概念——因果关系和共时性——之间建立某种关联时，进一步确定了这一对立的定义，最后我们建立了下面这四个元图："[①]

不会消失的能量

通过效应而存在的恒定关联(因果性) —— 偶然的非恒定关联、对应或"意义"(共时性)

时空连续统

在荣格勾画其共时性原理的时候，不仅有泡利的参与，而且，也有爱因斯坦的帮助。1953年2月25日，在写给卡尔·谢利(Carl Seelig)[②]的一封信中，荣格说："爱因斯坦教授有几次来我家做客，一起晚餐……这是爱因斯坦发展其相对论的早期。他试图将其相对论思想灌输给我们，多少还是成功的。作为非数理的精神科医生，我们也很难跟得上他的辩论。尽管如此，其作为思想家单纯与率真的天才，给我留下深刻印象，并对我的工作产生深远影响。正是他最初启发我思考时间和空间相对性，及其心理的制约性。30多年以后，有关思考使我与物理学家泡利教授一起来论证心理的共时性。"[③]由于爱因斯坦和泡利，荣格相信共时性与相对论和量子理论具有某种程度的相似性。泡利，以及泡利的良师益友玻尔(Niels Bohr)，也都从中国与东方文化，尤其是《易经》中获益。[④]

---

① 荣格：《共时性：一种非因果的联结原则》，《荣格全集》第8卷英文版第963段落(CW. 8. §963)

② 卡尔·谢利(Carl Seelig，1894年5月11日—1962年2月15日)，瑞士作家，记者，《爱因斯坦》传记作者。

③ 荣格：《荣格书信集·第二册》英文版第108—109页(*C. G. Jung Letters*/II. Selected and edited by Gerhard Adler and Aniela Jaffe. Bollingen Series, Princeton, Princeton University Press, 1973. PP. 108—109)荣格这封信是对卡尔·谢利邀请他回忆爱因斯坦的回复，1971年曾刊登在《春泉》(*Spring*)期刊。

④ 玻尔自己设计的荣誉勋章中的族徽采用了太极图，族徽上方用拉丁文标注箴言 CONTRARIA SUNT COMPLEMENTA("对立统一"或"对立者是相互补充的")，反映其有关"对应原理"与"并协原理"的贡献。在卡普拉(Fritjof Capra)之《物理学之道》(*The Tao of Physics*)中，曾列举诸多西方新物理学家所在中国和东方文化中所受到的启示。在2013年哥本哈根第19届世界分析心理学大会上，有专门讨论荣格、泡利与玻尔的报告，引用诸多玻尔与泡利通信中讨论中国哲学和《易经》的内容。

荣格在《共时性：一种非因果的联结原则》中，借用庄子《齐物论》阐释"共时性"原理之后说："这种道家观点是中国典型的思维方式。这是一种注重整体的思维方式。著名的中国心理学权威葛兰言(Marcel Granet)[①]也提出过这一看法。从和中国人的日常谈话中也可以看出这一点来：如果我们问中国人一个直接的、细节的问题，中国人会给出一个非常复杂的、整体的回答。这种情况常常使我们感到出乎意料，就像我们只是问他要一片叶子，他却给你了一片草原。对我们来说，细节的重要性只存在于自身，但是对东方人而言，它们总是整体的一个部分。"[②]于是，其中也就包含了荣格所思考的"共时性"的背景。荣格说："这种整体性包含似乎只是'偶然'地，只是巧合地关联着的事物，而这种巧合的意义是任意的。这就是中世纪自然哲学家所提出的一致论(correspondentia)，尤其是传统的所有事物具有同感观念的来源。"[③]为此，荣格说：泡利教授友善提醒我关注玻尔曾使用过的"相符性"(correspondence)，作为表达(粒子)不连续体(discontinuum)和连续(波)(continuum wave)之间的中介词。最初(1913—1918)，他称其为"相符性原理"(principle of correspondence，或"对应原理")。

荣格认为，共时性并不比物理学的非连续性更神秘或更令人困惑。只是人们根深蒂固地认为因果律是绝对的，所以才觉得共时性现象是不可理解的，才不相信没有原因的事件会存在，或者会发生。但是如果这种事件确实出现了，我们就要把它们视为创造性行为，视为是一种亘古以来就存在的范型的连续创造。对于这种与共时性相关的"连续创造"，荣格特别加了注释：连续的创造不仅仅是一系列相续的创造行为，也是一个创造行为的永恒存在。荣格认为这也正是奥古斯丁所说的"心灵的永久创造者"意义上的创造。上帝蕴含在自己的创造中。在荣格看来，"共时性原则假设有种意义是先于人的意识而存在的，而且是独立于人而存在。"[④]于是，在荣

---

① 葛兰言(Marcel Granet)著有《中国人的思想》(*La Pensee Chinoise*)。荣格注解说：里利·亚白格(Lily Agegg)所著《东亚人的心灵》(*The Mind of East Asia*)，也详细描述了中国人的共时性思想。

② 荣格：《共时性：一种非因果的联结原则》，《荣格全集》第 8 卷英文版第 924 段落(CW. 8. §924)

③ 同上。

④ 同上书，§942。

格看来，共时性原则具有能够阐明身心问题的性质。尤其重要的是，无原因的秩序，或者更恰当地说，有意义的秩序性，也许能够帮助我们理解身心平行论。荣格甚至认为，共时性现象的一个重要特点是其“绝对知识”，这种知识不经由感官的中介。于是，由“绝对知识”而支持意义是自身存在的假设，而且甚至会表达意义的存在。于是，荣格说：“这种形式的存在只能是先验的，因为它包含在从心理上看是相对的时间和空间中，也就是说，包含在不可表象的时空连续统(space-time continuum)中，就像关于未来的事件或空间上遥远的事件的知识所表明的那样。”①

尽管有历史的反思和爱因斯坦与泡利的支持，在因果决定论盛行的时代，荣格所提出的“共时性”，可谓标新立异，惊世骇俗。然而，作为心理学家的荣格，总是能从其临床心理分析实践中获得理论的验证，正如其集体无意识和原型的思想，也总是能在其与病人的工作中，即使是所谓“精神分裂症”的病人，当然也包括像泡利和黑塞这样的病人，获得富有启示的灵感。

荣格的《论共时性》是其最后一次在爱诺思东西方文化圆桌会议上公开演讲。而在1933年，荣格在爱诺思的首次演讲，是其关于《自性化过程研究》(A Study in the Process of Individuation)②。“自性”(Self)和“自性化过程”(Individuation Process)，如同集体无意识和原型，同样是荣格分析心理学的核心内容。

自性，在荣格心理学的体系中，意味着“整体性原型”(The archetype of Wholeness)，以及心灵的运作核心，包含对立与整合的作用，具有转化自我的超越性。荣格一向认为，自性不仅仅是中心，而且也是包含意识和无意识的圆满，它是心灵整体性的核心，如同自我(ego)是意识心理的中心。关于自我与自性，荣格一再强调：“我想说的是，越多、越重要的无意识内容被同化进自我，则自我与自性越接近。”③对于荣格来说，自性不

---

① 荣格：《共时性：一种非因果的联结原则》，《荣格全集》第8卷英文版第924段落(CW. 8. §948)。

② 荣格在“爱诺思”的首次演讲(1933)，《自性化过程研究》(“A Study in the Process of Individuation”)，最初刊登于《爱诺思年鉴1933》(1934)，后经荣格的修改充实，作为《人格整合》在美国(1939)和英国(1940)出版，后收入《荣格全集》第九卷之一。

③ 荣格：“自性”，《伊涌：自性现象学研究》，见《荣格全集》第9—2卷英文版第44段落(CW. 9—ii. §44)。

仅是理论概念，而且是分析心理学的实践。在生活中，在每一个人的生命中，本来，自性需要被认识，被融入，被领悟，被实现；但是，由于人类意识的局限，人类意识自我的狭隘，很难获得如此圆满的整合。于是，在荣格分析心理学的体系中，以及相应的临床实践中，自我与自性的关系便是需要面对和处理的长期过程。当自我触及自性的时候，除非其有足够的自知和界限，不然便会膨胀自大。自我与自性的相互作用，或"自我—自性轴心"(ego-self axis)，也是一个人心理发展，以及自性化过程的关键问题。

那么，对于荣格来说，《易经》与心理分析，《易经》之"中"，之"时"，以及"时中"，之"三义"(变易、不易、易简)与"三才"(天、地、人)①，也包含了对自性的认识和理解，以及自性化过程的奥秘。

"自性化过程研究"中的主角是荣格称其为"X小姐"的美国来访者，当时55岁(1928)，来自美国的富有家庭。她与荣格的心理分析，采用的是"积极想象"，荣格所发展的一种包含意象对话的深度心理学技术，通过意象和绘画来做主要的表达。

"X小姐"的第一幅积极想象的"画作"，完成于1928年10月10日，几乎也是她当时状态，被卡在了(无意识)石头中。但随着其与荣格心理分析的进展，这石头逐渐变化为具有生命象征意义的"蛋"。荣格说："我已从X小姐以前的经历中，看到了无意识如何利用患者缺乏绘画能力来传递自己的暗示。我并非忽视礁石已经悄无声息地变成了蛋这一事实。蛋是生命的起源，拥有崇高的象征意义。它不仅是关于宇宙起源的象征，而且也是'哲学的'象征。作为前者，它是'俄耳甫斯蛋'(Orphic egg)，世界的开始；作为后者，它是中世纪自然哲学家的'哲学蛋'(pholosophical egg，又称Hermetic egg)，即在炼金术过程的最后阶段，雏形人(homunculus)从中出现的容器，换言之，它是人(Anthropos)，精神的、内在的、完整的人，在中国炼丹术里被称作'真人'(chen-yen，或称perfect man，至人)。"②有关"真人"或"至人"，荣格引用的是魏伯阳：《周易参同契》。

---

① 荣格在其《心理类型》(1921)的著述中，引用道家思想(阴阳)的同时，特别提到，若是阴阳代表天地，如《易经》的乾坤，那么，"人是两者的中介。天、人和地，形成世界的三要素，也即'三才'。"

② 荣格：《自性化过程研究》，《荣格全集》第9卷之一英文版(第529段落)(*A Study in the Process of Individuation*；CW. 9—I. §529)。

接着，随着意象与画中“闪电”的出现，“X小姐”将其内心的感受，接触无意识的体验，梦中的内容和变化，用不可思议的“曼荼罗”呈现了出来。这是“X小姐”最初的三幅画作。

X小姐的第1幅画

X小姐的第2幅画

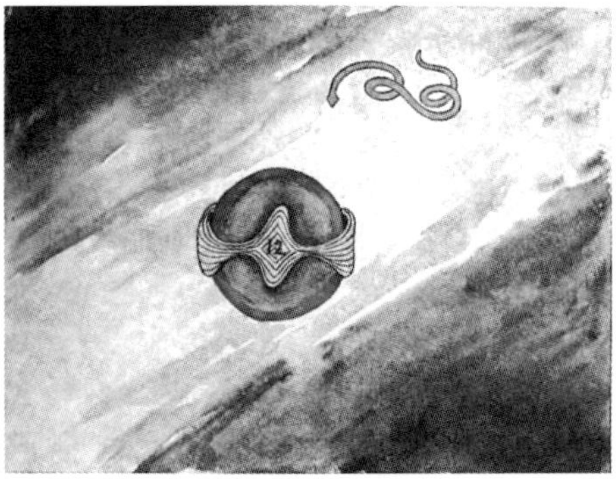

X小姐的第3幅画

荣格在其《自性化过程研究》中一共呈现了“X小姐”的24幅绘画(曼荼罗)。荣格说，面对X小姐最初的困境，他可以从X小姐的意象和画作中，看出无意识所想到的解决之道，也即“自性化”。惟有自性化过程，才能使得病人摆脱无意识的控制与束缚，在最终成为自己的过程中获得治愈和转化。

其中，在“X小姐”第9幅绘画中，完成于1928年11月26日，首次出现“灵魂之花”(soul flower)，以及伴随的四个《易经》卦象。这是其决定性的疗愈与转化时刻。

荣格介绍说：“在这第9幅绘画中，我们首次看到，在红色的背景中的蓝色‘灵魂之花’，X小姐也是这样描述的。”①

有关这“灵魂之花”曼荼罗的细节，荣格曾有这样的介绍：X小姐说画的中心处是一盏灯形式的金光。光由冉冉上升的太阳的缤纷彩虹所组成，

---

① 荣格：《自性化过程研究》，《荣格全集》第9卷之一英文版(*A Study in the Process of Individuation*；CW. 9—I. §596)；对于这蓝色的“灵魂之花”，荣格加了一个脚注：当时《金花的秘密》尚未出版(这幅画被收入《金花的秘密》附录)。

X 小姐的第 9 幅画

犹如孔雀开屏。对于这“灵魂之花”，荣格也借用佛家的语言，表达特殊的感受“其心中充满了慈悲……同情……快乐……泰然……”[①]

对我们来说，每次面对这“灵魂之花”，我们仿佛看到，或感觉到，荣格 1927 年“利物浦”(Liverpool)之梦中的“玉兰”，以及荣格与卫礼贤合著的《金花的秘密》；于是，这“灵魂之花”，犹如“华严世界”之“真如”，犹如《易经》之“时中”；当然，总是与“宇宙灵魂”(Anima Mundi)有关，也是“道心惟微”之生动体现。

这幅“灵魂之花”曼荼罗，由多种元素构成。比如，画中上方盘旋的三只白鸟(荣格认为可能表示三位一体的灵魂)，下面有一只山羊，两只乌鸦，和相互缠绕的蛇；围绕“灵魂之花”，X 小姐使用了《易经》的四个卦象：(左上)豫(䷏)、(右上)损(䷨)、(右下)升(䷭)、(左下)鼎(䷱)。对诸多细节进行分析之后，荣格说：“画中潜在的思想是很清楚，没有黑就没有白，没有魔鬼就没有神圣。对立物是孪生兄弟，东方智者设法通过‘惟精惟一’‘允执厥中’，或如道家的某些神秘方式，将自己从其中解放出来……”[②]荣格对于画中的卦象是极其重视的。他认为，“通过把《易经》里的卦象绘入曼荼罗中，与东方的联系受到患者有意识的强调。”[③]于是，荣格接下来着重分析了“灵魂之花”曼荼罗中的《易经》卦象及其意义。

荣格介绍说：“左上部的符号是‘豫卦，热情’(第 16 卦)。它表示‘雷出地奋’，换言之，一种源自无意识的运动，通过音乐与舞蹈得到表达。孔子对此评论如下：‘(《易》曰：介于石，不终日，贞吉。)介如石焉，宁用终日？断可识矣。君子知微知彰，知柔知刚，万夫之望。’”(《易经·系辞下》)[④]但在荣格的引文之前，孔子还有这样一番话：“(子曰)知几其神乎！

---

① 荣格：《自性化过程研究》(*A Study in the Process of Individuation*)，《荣格全集》第 9 卷之一英文版(CW. 9—I. §596；对于这蓝色的“灵魂之花”，荣格加了一个脚注：当时《金花的秘密》尚未出版(这幅画被收入《金花的秘密》附录)。

② 同上书，§597。

③ 同上。

④ 同上书，§598。

……几者，动之微，吉之先见者也。君子见几而作，不俟终日。”(《易经·系辞下》)其中，正是《易经》之“时”与“时中”，《易经》之“感应”和“极深研几”的体现。

《易经》豫卦(䷏，雷地豫)，上震下坤，与复卦同体而异位，皆以阳爻为主，具有阳上升之意象。对于荣格与“X小姐”的工作来说，具有疗愈的意义。豫与谦卦(䷎，艮下坤上，地山谦)为来往卦，故豫中亦有谦让；豫之对卦为小畜卦(䷈，乾下巽上，风天小畜)，故豫中也有畜养；豫因谦以承大有(䷍，干下离上，火天大有)，《易经》序卦曰：“有大而能谦。必豫。故受之以豫。”故豫之和乐，豫之豫逸，以及豫之谦，之小畜，之大有，皆为“X小姐”内心的变化，以及无意识运作，荣格所用“共时性”的生动写照。故豫卦之彖曰：“豫之时义大矣哉。”强调了其中的“时”以及“时中”。

对于右上的卦象，荣格解释说：“右上第二个卦象是‘损卦，减省’(第41卦)，上面三爻为山，下面三爻为泽。山在泽上以‘制约’。这是被解释为自制和自约的‘意象’，也即似乎为自损。这在豫之光中别具一番意义。”[①]荣格同时注意到损卦的上九，其爻辞有“得臣无家”之说，荣格将其联想到“佛教僧人的出家思想”(《易经》损卦上九：弗损益之，无咎，贞吉，利有攸往，得臣无家。其象曰：“弗损，益之”，大得志也)。然而，荣格说：“这在心理学水平上，这并非是指某种宣告放弃和独立的激烈示范；而是意指病人对所有关系的条件性、所有价值的相对性以及万事万物变易的必然洞察。”[②]

《易经》之损卦(䷨，山泽损，兑下艮上)，包含及其深刻的心理分析寓意，知损而善用之，则其所损正其所益。故损中有益，益中有损，故两卦互综，相辅相成；即损卦中藏益卦，益卦中藏损卦。在《孔子家语·六本》、《淮南子·人间训》、《说苑·敬慎》和帛书《要》篇中，皆有关于孔子“论损益”的记载。如：孔子读《易》，至于损益，喟然而叹。子夏避席问曰：“夫子何叹焉?”孔子曰：“夫自损者必有益之，自益者必有决之，(《易》损卦次得益，益次夬，夬，决也。损而不已必益，故受之以益，益

① 荣格：《自性化过程研究》(*A Study in the Process of Individuation*)，《荣格全集》第9卷之一英文版(CW. 9-I. §599；对于这蓝色的“灵魂之花”，荣格加了一个脚注：当时《金花的秘密》尚未出版(这幅画被收入《金花的秘密》附录)。

② 同上。

而不已必决，故受之以夬）吾是以叹也。”[①]也如帛书《要》篇：“《损》《益》之道，足以观天地之变而君者之事已。是以察于损益之变者，不可动以忧意。故明君不时不宿，不日不月，不卜不筮，而知吉与凶，顺于天地之心也，此胃（谓）《易》道。”故损益着重人道，如泰否所传达的天地消息。于是，无泰否，不知天道之盈虚；无损益，不解人道之消息。损益之卦用与豫卦和谦卦可相互印证，谦孚于损，豫孚于益；谦者志在自卑，损则情贵自约，约情以明性。这也是荣格在《易经》卦象中所感受到的“共时性”和“自性化”意义。

损中互复，益中互剥；一剥一复，乃阴阳消长之机。故《易经》杂卦传曰：“损益。盛衰之始也。”损卦以艮合兑，与咸卦同体，故损中亦有咸之相感相和，也如老子所说之“为道日损”；损卦中互地雷复（䷗），因此而有来复之象。如其彖辞所云：“损。损下益上。其道上行。损而有孚。元吉……损刚益柔。有时损益盈虚。与时偕行。”于是，荣格所阐释的“共时性”，集体无意识的运作，也反映在这损卦的“时中”之意象。损益以时，非时为过，及时为中，乃孚于道。

“X 小姐”所画“灵魂之花”曼荼罗的右下是《易经》升卦。对此，荣格做如下介绍：右下的符号是“升，往上用力”（第 46 卦）。“地中生木，升之意象”。（升卦象辞：地中生木。升。君子以顺德。积小以高大。）其中有“升虚邑”（（升卦之九三爻：“升虚邑。”其《象》曰：“升虚邑”，无所疑也），以及“王用亨于岐山。”（《易经》升卦之六四爻：“王用亨于岐山，吉，无咎。”）因此，荣格说：“于是，升卦意味着人格的生长与发展，犹如植物破土而出——已由先前曼荼罗的植物主题所预示。这表明 X 小姐已从其经验中吸取了重要教训：接受阴影，始能有发展。”[②]

《易经》之升卦（䷭），巽下坤上，地风升。升卦之彖曰：“柔以时升。巽而顺。刚中而应。是以大亨。”其象曰：“地中生木。升。君子以顺德。积小以高大。”皆蕴含“共时性”与“时中”的道理，也反映“X 小姐”自性化过程的内心变化。荣格在其文中侧重分析了升卦之九三爻与六四爻，也是其分析心理学重《易经》之“人事”象征的表现。本来，易之初爻二爻为地之象

① 《孔子家语·六本》。

② 荣格：《自性化过程研究》，《荣格全集》第 9 卷之一英文版（*A Study in the Process of Individuation*；CW. 9－I. § 600）。

征，三爻与四爻为人，五爻上爻为天，故有天地人三才之说。然而，升卦之初六："允升。大吉。"其象曰："允升大吉。上合志也"；其九二爻："孚。乃利用禴。无咎。"其象曰："九二之孚。有善也"；以及六五爻："贞吉。升阶。"其象曰："贞吉升阶。大得志也"；和上六爻："冥升。利于不息之贞。"其象曰："冥升在上。消不富也。"皆有荣格所分析的"地中升木"，接受阴影，始有发展的寓意。尤其是上六爻之"冥升。利于不息之贞。"亦如豫卦之上六爻曰冥豫，至极阴之位，冥升之道，呈现至诚无息之意境。

最后，荣格来分析与解读左边的鼎卦。荣格介绍说：左边的卦象是"鼎卦"(第 50 卦)。鼎是一种献祭用的青铜器，有耳有足，用于盛装宴会用的烹饪食物。下卦是风与木，上卦为火。荣格解释说："于是，鼎卦'以木巽火'(《易经》鼎卦之《彖》："鼎，象也。以木巽火，亨饪也。圣人亨以享上帝，而大亨以养圣贤。巽而耳目聪明，柔进而上行，得中而应乎刚，是以元亨。")，正如由火或水组成的炼金术容器。其中有'珍肴'("雉膏"；鼎之九三爻："鼎耳革。其行塞。雉膏不食。方雨亏悔。终吉。")，但它没有被吃(雉膏不食)，因为'鼎耳革''鼎足折'，使其不能食用。但是，作为'不断自我放弃'的结果，人格被区隔("鼎黄耳金铉"，甚至"鼎玉铉")和净化，直到它获得宝玉的'刚柔节也'。"①

荣格似乎与鼎卦有缘，如前面所述，1949 年当他十分谨慎地来为卫礼贤《易经》英文版撰写序言的时候，求问《易经》应如何表达，获得鼎卦。鼎卦意象与象征，包括卦辞与爻辞，荣格详细分析，逐一领会，并通过其分析心理学来阐释其中的意义。

荣格对于 X 小姐的个案，自性化过程研究中出现的"灵魂之花"曼荼罗做了总结：我们患者内心发展过程的阶段及面向，可以很容易通过《易经》的语言得到解释，因为其基础同样是构成道教和禅学的主要兴趣的自性化过程的心理学。②荣格在讨论个案时曾这样分析："我们可以认为 X 小姐的曼荼罗包括和含有对立物，作为中国阴阳学说——阴阳的合作使世界运行的两个形而上学原则——所提供的支持的结果。有着其刚(阳)与柔(阴)爻的卦象证明了这一过程的某些阶段。因此正确的是，它们占据了上下之间

① 荣格：《自性化过程研究》，《荣格全集》第 9 卷之一英文版(*A Study in the Process of Individuation*；CW. 9—I. § 601)。

② 同上书，§ 602。

的一个中间位置。老子指出：‘高以下为基。’这一无可辩驳的真理秘密地在曼荼罗中得到了暗示：三只白鸟在黑色的田野里盘旋，但是灰黑的山羊却有着明亮的橙色背景。因此，东方的真理秘密地证明了自己，使得对立双方有可能统一在《易经》所陈述的非理性生命过程之中——只要是通过象征性的期待。”①

我们将荣格所描述的共时性称之为“感应”，这本是基于《易经》咸卦和中孚卦的启示，或者说，易之感应，如《易经·系辞》所说：“易无思也，无为也，寂然不动，感而遂通天下之故。非天下之至神，其孰能与于此。”正是共时性背后的心理学机制。于是，在《自性化过程研究》中，荣格对《易经》卦象的分析，以及豫、损、升、鼎四卦中所包含的心理学意义，皆体现《易经》之“中”、“时”，以及“时中”的意象与启迪。其中要义：非时为过，及时为中。损益以时，豫升亦然。鼎之元亨，得中而应。此“感应”或“感应心法”也即“核心心理学”的核心原则。当然，其中的原型意义，也是“道心惟微”之“执中”的原理，与孔子的“忠恕”和孟子的“尽心”有关，与老子的“虚其心”、管子的“心术”和庄子的“心斋”有关，与佛家“心宗”和慧能的“自性”有关。中国之易道，在荣格看来，是所有中国文化之精华的集中体现。

为了荣格的“自性化过程研究”，其中的“X 小姐”，其内心的表达与呈现，尤其是其中的《易经》符号与中国文化元素，我们曾专程前往瑞士苏黎世库斯纳赫特荣格学院，仔细查阅荣格留下的有关“X 小姐”的档案，以及其全部画作。“X 小姐”真名为克里斯蒂娜·曼恩（Kristine Mann，1873—1945），毕业于美国哥伦比亚大学，对教育、哲学和心理学均有深入研究，尤其关注“女性健康”及其维护，对于荣格分析心理学在美国的发展也颇具影响和贡献。克里斯蒂娜·曼恩在 1931 年 6 月 11 日有一幅画作，似乎要表达中国文化中的“阴阳五行”，四个太极图围绕中间散发光芒的一个圆，荣格在其《自性化过程研究》中并未使用。而克里斯蒂娜·曼恩在 1943 年 4 月 22 日开始创作，完成于 5 月 23 日的一幅曼荼罗中，则用了八个太极图围绕中间的能量圈，从中表达生命、智慧、生长与灵魂，依然充满东方的象征。

① 荣格：《自性化过程研究》，《荣格全集》第 9 卷之一英文版（*A Study in the Process of Individuation*；CW. 9—I. § 603）。

自从遇到卫礼贤，荣格便深深钟爱于《易经》。卫礼贤的《易经》德文版于1924年问世，荣格如获至宝。虽不能如孔子读易之“韦编三绝”，但荣格亦然是爱不释手，“居则在席，行则在橐。”[①]从此《易经》不离左右。于是，《易经》已在荣格心中，其中已是包容荣格的中国文化情怀。

实际上，我们一直很好奇，作为中国文化众经之首，大道之源的《易经》，到底对荣格说了什么？当然，也可以说，荣格从《易经》中，所受到的启迪究竟为何。荣格之与《易经》，荣格从《易经》中所受的启示及其发挥，不仅充实了其分析心理学，而且影响广泛深远。比如黑塞，将《易经》及中国文化融入其文学创造，比如泡利，将《易经》及中国文化，整合于其物理学研究体系。

荣格在其《回忆·梦·思考》中说，“如何把握对立之整合，将我引向中国之道……惟有在我所思与研究到达关键之点，也即触及自性时，我才找到重返世界的归路。”[②]在荣格看来，通过中国的《易经》，“卫礼贤已为我们接种中国精神的生命胚基，这将使我们的世界观产生根本变化。我们将不再沦落为临渊羡鱼或品头论足的旁观者，我们已成为东方精神的参与者，并能够体验到《易经》的生命活力。”[③]

---

① 长沙马王堆汉墓出土的帛书《要》记载：“夫子老而好易，居则在席，行则在橐。”

② 荣格：《回忆·梦·思考》英文版第206页(C. G. Jung. *Memories*, *Dreams*, *Reflections*. New York, Vintage Books, 1989, P. 206)。

③ 荣格：《纪念卫礼贤》，《荣格全集》第15卷英文版第78段落(CW 15. § 78)。

第四章　荣格与道家

荣格将“道”作为中国文化的至高原则，乃至东方智慧的完美象征；认为道家是其所接触的有关终极真理最完美的体系之一。他自称道家的追随者，“庄子哲学的忠实仰慕者”[①]；道中奥秘，正是他努力要探寻的集体无意识与原型；道的意义，也正如其分析心理学心灵真实性与心灵自主性的体现。

在其重要著作中，如《心理类型》《自性化过程研究》《心理学与炼金术》《炼金术研究》《神秘参与》等，荣格常常引用老子章句和道家观点，阐释物极必反、“相反相成”、阴阳整合的原理；发展内丹的方法论，探寻金花的秘密；在其传记《回忆·梦·思考》，在其诸多系列讲座，如《分析心理学》《分析心理学的理论与实践》《意象研讨》《梦的研讨》《尼采讲座》，以及《荣格书信集》等著述中，随处可见道家思想的影响。

于是，荣格与道，也是命运使然，其整个分析心理学也充满道家的意象和象征，大有道法自然，以道为宗的风范。如同《易经》，道家哲学也为荣格思想的重要源泉。

---

① 荣格说：“I'm a great admirer of Ch'uang-tzu's philosophy”见《荣格书信集·第一册》英文版（*C. G. Jung Letters*. Selected and edited by Gerhard Adler and Aniela Jaffe. Bollingen Series, Princeton University Press. Princeton，1973），第559—560页，1950年6月26日写给张钟元的信。

第一节　荣格论道，方法与意义

在荣格看来，“道”是中国哲学的最高范畴，涵盖儒学、道家和佛教，也是东方对于西方心理学最为重要的启迪与贡献。如同《易经》，中国之“道”，也是荣格分析心理学的“阿基米德点”，与其集体无意识和原型理论，自性体验与自性化过程，以及分析心理学的核心技术积极想象及其临床实践息息相关。

然而，对于道的理解与表达，是荣格乃至西方所遇到的困难与问题。荣格认为，西方人很难理解中国道的观念，因而对“道”的翻译也显得十分困难。荣格多次表明：“在中国哲学中，道是最古老与最核心的观念；耶稣会会士将其翻译为‘上帝’(God)。但这只是为了迎合西方的思维方式。其他的翻译，如‘天意’(Providence)之类也只是权宜之便。”然而，荣格遇到了卫礼贤，如同《易经》，通过卫礼贤，荣格有了悟道的机缘。荣格十分感叹地说：“卫礼贤则杰出地将其阐释为‘意义’(Meaning/ Sinn)。‘道’之概念遍及所有中国哲学思想。”[①]于是，道作为一种“意义”，以及道路和方法(The Way)[②]，伴随生活与生命，进入荣格及其分析心理学。

卫礼贤在其《道德经》的翻译中(Richard Wilhelm：Tao-te-king：Das Buch vom Sinn und Leben)，对“道”与“德”的理解与传达皆有独到见解，如同其所翻译的《易经》，也努力呈现其中的意象。卫礼贤用“意义”(Sinn)翻译“道”，用“生活与生命”(Leben)翻译“德”，将其解读为老子道家思想的最高原则。德文词“Sinn”的本义不仅含有“意义”，同样具有“道路”和“方向”的内涵，进而可表示多种寓意：(1)“专注于某事的某人内心”；(2)“作为意识、感觉、思维、考虑的所在场所的某人内心，譬如“内在意识”；(3)“身体性的感官生命”，这里多用作复数形式；(4)“意见，想象，词、图像、行动的意义”……对于荣格来说，这翻译是生动而具象的。对于“德”(Leben)，其生命和生活的内涵，卫礼贤努力表达“道法自然”的本义

---

① 荣格：《共时性：一种非因果的联结原则》，《荣格全集》第8卷(CW 8 § 917)。荣格在《金花的秘密》中，也采用 The Way 来表示“道”，见《荣格全集》第13卷 (CW 13. § 28)。

② 荣格著述中引用道家思想最多的本版是亚瑟·伟利(Arthur Waley)翻译的《道德经》：《道路及其力量》(*The Way and Its Power*). 这里的 Way/Weg，含有：“道路”“途径”“方法”和“经历”等意义。

以及“天人合一”的本性。他认为人的自然与自发，包含道与德（生活）的奥秘。

汉学家威廉·许勒（Wilhelm Schueler）十分欣赏卫礼贤对道家经典，《老子》和《庄子》等著作的翻译。他比较了诸多有关《道德经》的译本，比如“世界法则及其作用”（福兰阁），“最高本质与至善”（格瑞尔），“天意与仁慈”（帕克），“道路与道德”（儒莲），以及“原则与行动”（维吉）等，认为卫礼贤的翻译十分具有原创性。许勒引用格鲁伯《文学史》的评论，认为要想翻译《道德经》，单靠精湛的语言知识还是不够的，它还需要一种气质相似的思想方式，这种思想方式可以使译者本能地感知作者的思想历程并自觉地追随他。而卫礼贤则属于具有天赋气质的道家思想的翻译和阐释者。他说：“在此应当始终注意这样一个事实：卫礼贤进行翻译并不是要向职业汉学家小圈子证明自己的汉语知识，而是要为德国知识界开发隐藏于东方世界的精神财富和人生理想财富。”①

1921 年，荣格在其《心理类型》中，以“中国哲学中的协调象征”为标题，对“道”的内涵有这样的分析与阐释：

道的含义有如下几种：（1）道路；（2）方法；（3）原则；（4）自然力或生命力；（5）自然的调节过程；（6）宇宙观；（7）所有现象的主要原因；（8）正义；（9）善；（10）永恒的道德律。②

对道的关注，或者说道的吸引，与荣格所遇到的心理学问题，尤其是临床心理学中的“二元对立”以及“对立整合”问题有关。作为深度心理治疗的奠基者，荣格要面对与解决“意识”和“无意识”之间的对立与冲突。在当时的理解中，这种对立与冲突导致各种心理疾患；而化解冲突整合对立，便包含治愈的努力。然而，在西方的文化与哲学中，似乎很难找到有效解决这种对立与冲突的理论与方法。于是，荣格求助东方，求助中国之道。荣格说：“对立物之间存在着一条中间道路，这个观念在中国也发现了，它是以道（Tao）的形式表现出来的。道这个观念通常与生于公元前 604 年的哲学家老子这个名字有关。但是，这个概念却比老子的哲学更为古老，

① 威廉·许勒（Wilhelm Schueler）：《卫礼贤的科学著作》（*Richard Wilhelm's Scientific Work*）；蒋锐翻译，法兰克福中国学社《中国》1930 年第 5 卷，第 2 期，第 57—71 页。

② 荣格：《心理类型》（《荣格全集》第 6 卷英文版；CW. 6. § 632—634）。

因为它与属于古老自然宗教的道、天'路'的某些观念有关。"[1] 如我们在"荣格与《易经》"中所阐述的"河图洛书"，《易经》之"趋中"与"执中"，当然也包括儒家的"中"和"中庸"，对于荣格来说，都具有"道"的深意和内涵。于是，如同荣格从《易经》中获得"共时性原理"，荣格也从一阴一阳之道的意象中获得"相反相成"(enantiodromia)的启示，并将其作为无意识的基本运作法则。1947 年 7 月 12 日，荣格在写给冈瑟·达斯(Gunther Dass)的信中说："对于'中'来说，你是对的：对立整合(pairs of opposites)在德国心理学中已经无踪无影，因为'中'已失去……惟此精神之中始有拯救。这中与中心概念，在中国被称之道。耶稣会会士将其翻译为'上帝'。这中与中心无处不在，与每个人都息息相关；当一个人失去这中的时候，他便以其疾患而影响所有他人，使他人也会失中。"[2]

接着，在其《心理类型》中，荣格引用《老子》章句，来呈现其所感受的"道"的意象，及其深度心理学的意义："吾不知谁之子，象帝之先。"这是《老子》第四章的章句，接第三章之"圣人之治虚其心……为无为则无不治"而来，其原文(王弼注本)："道冲而用之或不盈，渊兮似万物之宗……吾不知谁之子，象帝之先。"犹如老子在述说道的本源，不知其所从生，或知其先天地而生，神灵之缘起，深远的原型意象。河上公注本称之为"无源第四"，或许，这"无源"也自有荣格所感受到的集体无意识。随后，荣格引用《老子》第 25 章章句："有物混成，先天地生，寂兮寥兮，独立而不改，周行而不殆。可以为天下母。吾不知其名，强字之曰道。"[3]寂兮寥兮，静而无声，动而无形；独立无双，周行圆融……在道的意象中，包含了荣格所思考的原型与自性，以及其分析心理学的核心：自性化过程。

荣格通过《心理类型》，为其分析心理学的理论与方法，做了系统的构建与呈现。若是说"荣格思想"的最初表达是《无意识心理学》(*Psychology of the Unconscious*，1912)，由此导致与弗洛伊德的分裂，那么这部《心理类型》，既是宣告分析心理学体系的确立。其最初的英文翻译(贝恩斯)，

① 同上书，§ 358。

② 荣格：《荣格书信集·第一册》英文版第 470—471 页(*C. G. Jung Letters*. Selected and edited by Gerhard Adler and Aniela Jaffe. Bollingen Series, Princeton University Press. Princeton, 1973. PP. 470—471)。

③ 《老子》第 25 章的后半段："……强为之名曰：大。大曰逝，逝曰远，远曰反。故道大，天大，地大，人亦大。域中有四大，而人居其一焉。人法地，地法天，天法道，道法自然。"

将《心理类型》称为“荣格的至高作品”(Jung's crowning work)，其完整的标题为《心理类型，或者自性化心理学》(*Psychological Types or the Psychology of Individuation*)。而作为分析心理学体系之核心内容的“自性化”，则是要面对“自我”(ego)与“自性”(self)的特殊关系，让自性得以涌现。荣格说：“由于自我只是我的意识领域的核心，因此它并非等同于我的全部心理，而只不过是其他情结中的一个情结而已。因此，我在自我和自性之间做了区分，因为自我只是我的意识的主体，而自性则是我的整体性的主体：因而它也包括无意识心理。在这种意义上说，自性就是一个(理想的)因素，它蕴含并且包括自我。”①荣格在其《心理类型》德文版中，专门阐释“自性”的内涵：“当(自性)代表‘相对和合’(complexio oppositorum)，对立整合(a union of opposites)的时候，其同样表现为一种‘统一的二元性’(a united duality)，举例来说，便是阴阳相辅相成的道的形式……于是，自性表现为光明与阴影的相互作用，尽管其秉持对立统一的整体与整合。”②中国道家哲学，道之原型意象，老子与庄子的启发，正是荣格获得其自性与自性化的源泉。

1935 年，荣格受邀在英国伦敦医学心理学研究院(塔维斯托克诊所)做有关分析心理学的五次讲座，后取名为《分析心理学的理论与实践》，收录在《荣格全集》第 18 卷；其中荣格谈到，在梦的最底层，无意识的深处，存有一种对立的完全统一。荣格说：“这是事物的原始状态，同时也是一种最完美的成就，因为这是本来对立元素的整合。冲突不再发生，万物入静，重新进入那种美妙和谐的原态。在中国古代哲学里，我们可以看到同样的理想，这种理想的状态被称作道，其中包含了天地之间的完美和谐。”③在这里，荣格用太极图，作为道之对立与整合的意象：

(Fig. 13. Tao)
荣格《分析心理学的理论与实践》中的插图

荣格解释说：“图 13 表示道的原理。一边是白底带一黑点，另一边是黑底带一白点。白底一边是热、干、亮，为南极；黑底一边是冷、湿、

① 荣格：《心理类型》(《荣格全集》第 6 卷英文版；CW. 6. § 706)。

② 同上书，§ 789—790。

③ 荣格：《分析心理学的理论与实践》(《荣格全集》第 18 卷英文版；CW. 18. § 262)。

暗，是北极。道的状态就是世界之初，事物还无所谓始，唯有超然的智慧始能把握。阴和阳两极对立统一的原则，正是一种原型意象。”①在《荣格全集》第14卷《神秘参与》中，荣格也曾引用《老子》第25章章句，借以说明对立统一的基本原理。为此荣格加上如此注解：“道由男性之阳和女性之阴组成，阳为热、明、干，如太阳；阴为冷、暗、湿，如月亮。《道德经》第25章描述了其原始存在。”②纯粹无意识的原始状态，也被荣格表达为一种完全静寂的空无状态。荣格甚至引用中国“盘古”的传说，来说明无意识与原型的存在。

1925年，荣格在其《分析心理学》的系列讲座中，也以太极图为背景来呈现道的意象及其意义：“同样的概念也体现在道的象征中，对立的原则表现为一个圆中的黑白旋转机制。他们被认为是男性和女性元素的表达。白色部分，或男性原则，包含了一个黑点，而黑色部分，或女性原则，包含了一个白点。于是，阳之男性原则圆满之际，则促生阴之女性发展，两者相辅相成。”③相辅相成，或相反相成，而非对立冲突，正是荣格在其分析心理学临床实践中所致力寻找的关键点。尽管荣格使用的是“太极图”，并将其作为《易经》的背景，但在荣格的心目中，始终是道。荣格接着说：“《道德经》也是以此相对原则为基础的，尽管是以不同方式予以表达……在老子的思想中，对立是这样表达的：高下相倾，大善与大恶，也就是说，相对平衡是所有存在的本质。亦如尼采所说，树长则根深。”④荣格在这里所阐述的是《老子》第二章的思想：“天下皆知美之为美，斯恶已。皆知善之为善，斯不善已。故有无相生，难易相成，长短相形，高下相倾，音声相和，前后相随。是以圣人处无为之事，行不言之教；万物作焉而不辞，生而不有，为而不恃，功成而弗居。夫唯弗居，是以不去。”⑤受东方哲学与道家思想的影响，荣格将其分析心理学的自性，也作为相对之中，一种核心。荣格说：“如我们所见，老子一方面强调了相对，但他知道两

① 荣格：《分析心理学的理论与实践》(《荣格全集》第18卷英文版；CW. 18. §262)。

② 荣格：“神秘参与”(《荣格全集》第14卷；CW. 14. §164，注229)。

③ 荣格：《分析心理学》(1925)，美国普林斯顿，普林斯顿大学出版1989(英文版)，第72—73页。

④ 同上书，第73—74页。

⑤ 《道德经》第二章。

者之间的方法(the way)，也即道，并将道视为生命的本质。”[①]荣格很喜欢老子出关的故事，在《分析心理学》的讲座中他这样告诉学生：“据说老子离家经终南山西行，至函谷关被关尹子认出，即刻要求他写下其智慧，不然就不放行。老子写下五千字的书，《道德经》。”[②]于是，荣格认为，老子的书，这《道德经》，正是要留给后人，留给我们的。

在《共时性：一种非因果的联结原则》中(《荣格全集》第 8 卷)，如我们在“荣格与《易经》”一章已经介绍的，荣格多次引用老子《道德经》，借以阐释其中“共时性原理”，以及相反相成的对立与统一原则。

老子《道德经》中所用之“无”，对于荣格深具启发。荣格曾引用《道德经》第 11 章：“三十辐共一毂，当其无，有车之用。埏埴以为器，当其无，有器之用。凿户牖以为室，当其无，有室之用。故有之以为利，无之以为用。”并加注解说：“《老子》将道描述为‘无形’，卫礼贤认为这说明道是和‘实在世界对立的’。”[③]然而，道即有与无的统一。有无相生，有之以为利，无之以为用。故老子之“无”，寓意有容乃大。这也是荣格将“容器”作为其分析心理学临床治疗要义的支持。接着，荣格借用《老子》，并参考卫礼贤之《中国的生活智慧》进一步阐释说：“‘无形’显然是‘意义’或者‘目的’。因为它不出现在感觉世界，却又是感觉世界的组织者，所以人们只能将之称作‘无形’。”[④]为此，荣格也曾引用过《老子》第 40 章：“天下万物生于有，有生于无。”以及第 41 章“道隐无名。”卫礼贤曾在其《中国的生活智慧》中说，意义和实在的关系不能在原因和结果的范畴下理解。为此，荣格引用了《老子》第 14 章：“视之不见，名曰夷；听之不闻，名曰希；搏之不得，名曰微。此三者，不可致诘，故混而为一。其上不皦，其下不昧，绳绳兮不可名，复归于无物。是谓无状之状，无象之象，是谓恍惚。迎之不见其首，随之不见其后。”[⑤]

---

① 荣格：《分析心理学》(1925)，美国普林斯顿，普林斯顿大学出版 1989(英文版)，第 73—74 页。

② 荣格：《分析心理学》(1925)，美国普林斯顿，普林斯顿大学出版 1989(英文版)，第 73—74 页。

③ 荣格：《共时性：一种非因果的联结原则》(*Synchronicity: An Acausal Connecting Principle*)(《荣格全集》第 8 卷英文版；CW. 8. § 919—920)。

④ 同上。

⑤ 《老子》第 14 章最后的一段话：“执古之道，以御今之有。能知古始，是谓道纪。”不在荣格的引用中。

这里的“夷”“希”“微”，以及“恍惚”，老子用来对道的描述，对于荣格来说，类似特殊的无意识语言，几近于对原型意象之不可描述的描述。荣格说，“卫礼贤将其描述为‘处在显象世界最边缘处的边缘概念’。在这个概念中，对立‘消失’在了‘无分别’中，但仍然潜在地存在者。他（卫礼贤）继续说，‘这些无形的种子意指这样一些东西：它们首先对应于可见的东西，即本质上是形象的东西；其次对应于可听到的东西，即本质上是言语的东西；再次对应于有空间广延的东西，即有形的东西。但这三种东西并没有明显的区分，而且也不能对之进行定义。’它们是非空间和非时间的统一体，没有上下前后。就像《道德经》中所说：‘惚兮恍兮，其中有象；恍兮惚兮，其中有物；窈兮冥兮……’”①

这最后一段荣格是引用《道德经》第21章，其完整内容为：“孔德之容，惟道是从。道之为物，惟恍惟惚。惚兮恍兮，其中有象；恍兮惚兮，其中有物；窈兮冥兮，其中有精，其精甚真，其中有信，自今及古，其名不去，以阅众甫。吾何以知众甫之状哉？以此。”对此《老子》章句，荣格多次引用阐释，也曾将其作为《自性化过程研究》的开始（但没有前面8个字）。记得当年我们在瑞士苏黎世荣格学院做分析心理学研习时（1999），主讲“荣格原型理论”的老师，以及参与研讨的同学，皆认为这《老子》的第21章，包含对“原型”的生动形容。当然，老子之道，包括这第21章，依然有不可思议的“恍惚至道”，不管是“方法”（The Way），还是“意义”（The Meaning）。

在《心理类型》中，荣格接着引用《老子》第8章：“上善若水，水善利万物而不争，处众人之所恶，故几于道。”并认为在这水的意象中，正是道的本性与特征。荣格也曾引用《老子》第56章：“知者不言，言者不知。塞其兑，闭其门；挫其锐，解其纷；和其光，同其尘，是谓玄同。”玄同，与物大同而又无迹可见，如陈鼓应《老子注释及评介》所说，玄妙齐同，即道的境界。

---

① 荣格：《共时性：一种非因果的联结原则》（*Synchronicity: An Acausal Connecting Principle*）（《荣格全集》第8卷英文版；CW. 8. § 921）

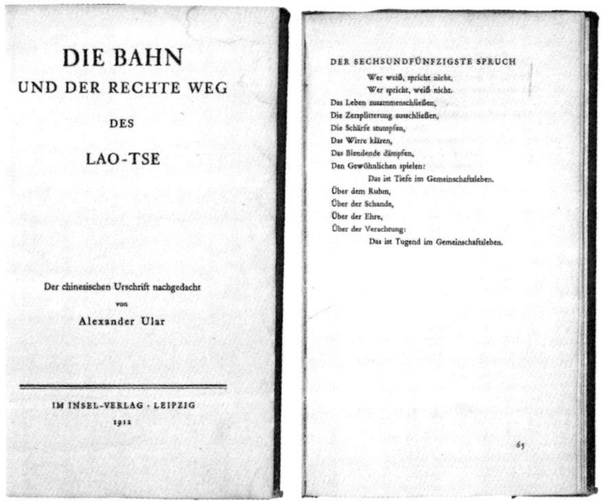

DIE BAHN
UND DER RECHTE WEG
DES
LAO-TSE

Der chinesischen Urschrift nachgedacht
von
Alexander Ular

IM INSEL-VERLAG · LEIPZIG
1912

DER SECHSUNDFÜNFZIGSTE SPRUCH
Wer weiß, spricht nicht,
Wer spricht, weiß nicht.
Das Leben zusammenschließen,
Die Zersplitterung ausschließen,
Die Schärfe stumpfen,
Das Wirre klären,
Das Blendende dämpfen,
Den Gewöhnlichen spielen:
Das ist Tiefe im Gemeinschaftsleben.
Über dem Ruhm,
Über der Schande,
Über der Ehre,
Über der Verachtung:
Das ist Tugend im Gemeinschaftsleben.

65

这是荣格的《老子》藏书，Alexander Ular 翻译的 1912 年德文版，《老子之道》；在其中第 65 页“知者不言，言者不知”(《老子》第 56 章①)的旁边，荣格画下阅读标记。(苏努，《荣格：书中传记》)

在荣格的书房，藏有多种版本的《老子》，如儒利安(Stanislas Julien) 1842 年法文本，卡鲁斯(Paul Carus)1898 年的中英对照本，卫礼贤 1911 年的德文本，亚历山大·乌拉(Alexander Ular)1912 年德文本，伊莎贝拉·米尔斯(Isabella Mears)1922 年的英文本，亚瑟·奥利(Arthur Aaley) 1934 年的英文本等，以及卫礼贤 1912 年翻译的《列子》和《庄子》，《东方智慧宝典》中的道家经典等。

1932 年 5 月 11 日，荣格在其《意象研讨》的春季讲座第二讲中，用“道”的观念分析解读病人梦中的意象。荣格说“我还想让你们看一下道的中国符号”，于是便留下荣格所写的“道”字②：

① 《老子》第 56 章：知者不言，言者不知。塞其兑，闭其门，挫其锐，解其纷，和其光，同其尘，是谓玄同。故不可得而亲，不可得而疏，不可得而利，不可得而害，不可得而贵，不可得而贱。故为天下贵。

② 荣格：《意象研讨》(讲座手稿)的插图，或许荣格是这样写的，或是印刷时的错误(C. G. Jung: Visions: Notes of the Seminar Given in 1930—1934, Edited by Claire Douglas, Princeton. Princeton University Press, 1997. P. 676)。

荣格接着解释说："头/首的表示是这一符号的基本内容，与其相连的是行走的符号，本来是脚。但是，我们发现这行走的符号，由我们病人意象中的航行象征，头的导航，所替代了。"①

荣格提到的病人叫克里斯蒂安娜·摩根(Christiana Morgan)，是美国哈佛大学精神分析师。在这次讲座中，荣格是从摩根的有关"中国意象"中开始分析的。有关细节我们将在本章第三节"道、炼金术与积极想象"中再做介绍与阐述。

1928年，荣格与卫礼贤合作，在为《金花的秘密》撰写评论时，也对"道"做了重点阐释及心理分析。荣格说："在西方人的头脑中，根本就没有道这个概念，'道'这个汉字是由'首'和'走'组成的，卫礼贤译为Sinn(意义)，也有人译为Way(道路)，Providence(天道、天命)，甚至有人译为God(上帝)，如耶稣会会士就是这样译的，由此可见翻译的难度。'首'可以引申为意识(荣格为此加注说：'头也是"天光之居所"')，'走'可以视为沿着某条道路行道，这样，道的含义就应该是：有意识地行进，或者是自觉的道路。'天光'(the light of heaven)也常用作道的同义词。'天光'与'天心'(heart of heaven)一样，'居于两目之间'，性命就包含于'天光'之中，根据柳华阳的说法，性命是道之精微所在。这里'光'象征着慧(意识)，所以慧的性质就表达成与光类似的东西。"②

当然，卫礼贤对于道之中文意象，则有更为深刻的感触。同样是在《金花的秘密》中，卫礼贤说："道怎样支配可见与不可见的自然(天和地)，也就怎样支配着人。道这个字的最初写法包括一个意为'头'的首字，在此似乎一定要做'开始'讲，一个'走'字的转写，也是'轨迹''行走'的意思，下面还有一个意为'静立'的字，在后来的写法中被省略了。因而这个字的本意就是：其自身固定，而由开端直达终点的轨迹。道其自身虽然不动，但它是所有运动的根本，并使之有法可依。这是最基本的概念，天道是星辰运行所要遵循的，人道则是人生之旅所必须遵循的。老子在形而上学的意义上使用了这个词，把它作为世界的终极本原。这个终极本原在太始之

---

① 荣格：《意象研讨》(讲座手稿)的插图，或许荣格是这样写的，或是印刷时的错误(C. G. Jung: Visions: Notes of the Seminar Given in 1930—1934, Edited by Claire Douglas, Princeton. Princeton University Press, 1997. P. 676)。

② 荣格：《〈金花的秘密〉评论》(Commentary on "The Secret of the Golden Flower")，见《荣格全集》第13卷(CW. 13. § 28)。

初就已存在了，它混沌一片，并且不会因为对立因素的对立而分化，也就不能于实在中现形。在本书中(《金花的秘密》)，这个术语的意义是不言自明的。”①

我们十分感叹卫礼贤的敏感与直觉，尽管不知卫礼贤所见到的“在后来的写法中被省略”的“道”字如何，但西周晚期散氏盘上的“道”字，却近于卫礼贤的描述：

道之“金文”汉字(散氏盘，西周晚期)

我们曾在《道心惟微：〈易经〉与荣格心理分析，方法与意义》②和《东方智慧中的太极及其意义》③中，对这金文之道做过阐释，借用《老子》第25章，尤其是荣格未曾引用的后一半：(有物混成，先天地生，寂兮寥兮，独立而不改，周行而不殆。可以为天下母。吾不知其名，强字之曰道。)“强为之名曰：大。大曰逝，逝曰远，远曰反。故道大，天大，地大，人亦大。域中有四大，而人居其一焉。人法地，地法天，天法道，道法自然。”来阐释其中的意象和意义。于此，老子以“大”为道命名，一个大字，若用分析心理学的语言，那么，道之大，如自性，惟其能容，故“有容乃大”；也如老子之意，“惟大能化”(转化)。这对于理解自性化具有深刻启示。汉字之“大”，其甲骨文，取象于“人”，站立而伸展之人，或称之为“大人”。如图所示：

---

① 卫礼贤：《〈金花的秘密〉序言》，见荣格/卫礼贤：《金花的秘密》，美国纽约1975年英文版(The Secret of the Golden Flower: A Chinese Book of Life. New York. Causeway Books. 1975. PP. 11—12)。

② 申荷永：《道心惟微：〈易经〉与荣格心理分析，方法与意义》(The Dao of Anima Mundi: I Ching and Jungian Analysis, the Way and the Meaning)，第20届国际分析心理学会(IAAP)大会主题报告(2016年9月，日本京都)。

③ 申荷永：《东方智慧中的太极及其意义》(The Stillpoint in Eastern Wisdom: It's Significance for Sandplay Therapy Today)，第23届国际沙盘游戏治疗学会(ISST)大会报告(2015年8月，加拿大渥太华)。

“大”之意象，看似简单，寓意非凡。在此意象中，包含了老子用“大”来形容道的“大象无形”“大音希声”[①]……由大及“无”（无为与无我），乃至超越与转化。从《易经》中，我们可以获得“大”的另一种意义，特别是“大人”，卫礼贤与荣格对此十分赞许。如《易》所言：“夫大人者，与天地合其德，与日月合其明，与四时合其序，与鬼神合其吉凶。”[②]我们一向将其作为中国哲学中的自性化描述。卫礼贤在“道”中所看到的“静立”，近于“止”的字符。亦如老子对道之大的阐释：“大曰逝，逝曰远，远曰反。”反亦如“返”，含有知止而返，返璞归真的寓意。实际上，卫礼贤在对“德”之汉字解释的时候，也有类似的敏感。卫礼贤说，“德”由“直”和“心”两部组成，最初的意思是，径直由心所出之物，生命的原初力量。在中国注疏中德定义为“生生之谓德”。在卫礼贤看来，老子之德，就是沐于原初的、出自道的力量的生活。但是相对于道的宇宙原则，它又意味着某种限制。它是每一个体所分有的道的部分。荣格也曾学习汉字，实际接触与感受过其中的心灵魅力，并留下“汉字为可读的原型”的感叹与赞美。

荣格常用卫礼贤的翻译，卫礼贤的理解，作为自己对中国文化，对于《易经》和道家思想研究与应用的基础。荣格说：“卫礼贤认为，实在之所以是可知的，是因为根据中国人的观点，在所有事物中都存有潜在的‘理性’。这正是有意义巧合的基础所在。之所以巧合的可能，是因为双方都有同样的意义。”[③]这已是点明荣格所致力于寻找的无意识中的规律所在，不仅是“共时性原理”，而且也是对立与整合，以及积极想象，治愈与转化的关键。荣格十分感慨地说：“有意义就用秩序。”他接着连续引用《老子》32、37 和 73 章章句：“道常无名，朴虽小，天下莫能臣。侯王若能守之，万物将自宾。天地相合，以降甘露，民莫之令而自均。”（《道德经》第 32 章），“道常无为而无不为。”（《道德经》第 37 章），以及，“天网恢恢，疏而不失。”（《道德经》第 73 章）突出其中“无名”“无为”以及“无不为”的道理。如王弼所注：“抱朴无为，不以物累其真，不以欲害其神，则物自宾而道自

---

① 老子《道德经》（第 41 章）：……明道若昧。进道若退。夷道若颣。上德若谷。大白若辱。广德若不足。建德若偷。质真若渝。大方无隅。大器晚成。大音希声。大象无形。道隐无名……

② 《易经·文言》。瑞策玛（Ruldolf Ritsema）在其《易经》译著中，将“大人”注解为“为大之人”，或用荣格心理学的语言来表达：自我服从自性，一种无我的境界。

③ 荣格：《共时性：一种非因果的联结原则》（Synchronicity: An Acausal Connecting Principle）（《荣格全集》第 8 卷；CW. 8. § 922）

得也。”而《老子》第32章后面还有这样一段文字：“始制有名，名亦既有，夫亦将知止，知止可以不殆。譬道之在天下，犹川谷之于江海。”川谷之以求江与海，不求而自得；这亦如荣格之对于无意识的态度。《道德经》第73章中亦有“天之道，不争而善胜，不言而善应，不召而自来，繟然而善谋。”之说，也是同样的道理：“道常无为而无不为”。《道德经》第37章接下来的语句是：“（道常无为而无不为。）侯王若能守之，万物将自化。化而欲作，吾将镇之以无名之朴。镇之以无名之朴，夫将不欲。不欲以静，天下将自正。”

如同荣格在“河图”“洛书”，以及《易经》中所感受到的“能量”，他也十分关注道的生命力。荣格引用《道德经》第1章的章句：“故常无欲，以观其妙。常有欲，以观其徼。”并加评论说：“对于能量过程这个观念，肯定没有比这更好的表述了。”①荣格接着说：“老子是一位完全原创性的思想家，在梨陀一大梵一自性和道这些概念中隐含着的原始意象，就像人一样普遍存在，在每一个时代和所有的民族中都出现过，可以认为它是一种原始的能量概念，是‘灵魂力量’，或者是任何其他什么东西。”②接着，荣格引用《道德经》第16章：“知常容，容乃公，公乃全，全乃天。天乃道，道乃久，没身不殆。”认为道包含对人心智的拯救与提升，尤其是道法自然与天人合一的思想。实际上，《道德经》第16章的前半部分：“致虚极，守静笃；万物并作，吾以观复。夫物芸芸，各复归其根。归根曰静，静曰复命。复命曰常，知常曰明。不知常，妄作凶。”同样是荣格想表达的道之能量内涵以及其“自性”的内涵和寓意；其中的“观复”，“复命”，如“道”之金文中的“静立”或“止”，如道之大中的“反/返”，返璞归真，复归本性。释德清将复命之“命”理解为“人之自性”，并称“人能返观内照，知此真常妙性，才谓之明。”③也能由此帮助我们来理解荣格分析心理学中的自性与自性化过程。荣格也曾引用过《道德经》第40章：“反者道之动，弱者道之用。天下万物生于有，有生于无。”可见已是领会其中的妙意。

在《神秘参与》中，荣格将《易经》与道，均作为相对和合，以及整合与

---

① 荣格：《心理类型》(《荣格全集》第6卷英文版；CW. 6. §. 361)。

② 同上。

③ 憨山：《老子道德经解》，第16章注：“故曰归根曰静，静曰复命。命，乃当人之自性，赖而有生者。”

完整的标志。荣格引用《道德经》第25章，来阐释"原型"的整合意义："有物混成，先天地生。寂兮寥兮，独立而不改，周行不殆，可以为天下母。"[①]，然后，借用《易经》卦象组合说："作为4的倍数，64同样代表最高的完整。《易经》的64卦也应这样来理解。它们表达了'谷神'的途径，如龙如水之道。"[②]荣格在其《伊涌：自性现象学研究》(《荣格全集》第九卷之二)中，阐释其分析心理学的"自性"概念时，常常使用道的意象及其象征意义。荣格以其临床经验为基础总结说，意识和无意识的对立，以及人格的分离，是一切神经症的根源。于是，"总会需要某种超越性的'第三者'，在其中可使(对立)双方结合。由于象征既来自意识也源于无意识，于是能够整合两者，以其形式调和(对立双方)概念的极端，以其圣秘(numinosity)调和情感的极端。"[③]。然后，荣格接着说："因此，古人常用水来作比喻，一个恰当的例子就是'道'，阴阳在'道'中合一。'道'是'谷神'，道之在天下，犹川谷之于江海。"[④]在其《人格发展》的著作中，荣格说，"我们内在未发现的血管是心灵的生命线。经典中国哲学将这内心途径命名为'道'，将其比喻为注定入海之河流。止于道意味着圆满、完整，达到目的，完成使命；自始至终，完美实现天赋价值和意义。人格即道。"[⑤]

荣格与道，其方法及意义，也有庄子的启迪。如我们在前面所阐释的"庄周梦蝶"对荣格及其分析心理学的影响。荣格在其《心灵的结构与动力》(《荣格全集》第8卷)中，便集中讨论了包含"庄周梦蝶"的《庄子·齐物论》："在庄子(大约是柏拉图的同代人)看来，道的心理前提是'物我两忘，天人合一。'他说过'道隐于小成'。或者'夫道未始有封，言未始有常，为是而有畛也'。这似乎是对我们从科学的角度来看待世界的一种批评。"[⑥]荣格接着评述道："庄子还说，'古之人，其知有所至矣。恶乎至？有以为未始有

---

① 荣格：《神秘参与》，《荣格全集》第14卷(CW. 14. para. 164)；《道德经》第25章：有物混成，先天地生。寂兮寥兮！独立而不改，周行不殆，可以为天下母，吾不知其名，强字之曰道，强为之名曰大。大曰逝，逝曰远，远曰反。故道大，天大，地大，人亦大。域中有四大，而人居其一焉。人法地，地法天，天法道，道法自然。

② 荣格：《神秘参与》，《荣格全集》第14卷(CW. 14. § 636；note. 312)。

③ 荣格：《伊涌：自性现象学研究》，《荣格全集》第9卷之二(CW. 9—ii. § 280)。

④ 同上页，§ 281。

⑤ 荣格：《人格发展》，《荣格全集》第17卷(CW. 17. § 23)。

⑥ 荣格：《心灵的结构与动力》，《荣格全集》第8卷(CW. 8. § 923)。荣格用的是卫礼贤翻译的《庄子：南华真经》(*Das wahre Buch vom südlichen Blütenland*, trans. by R. Wilhelm, II, 3.)。

物者，至矣，尽矣，不可以加矣。其次以为有物矣，而未始有封也。其次以为有封焉，而未始有是非也。是非之彰也，道之所以亏也。道之所以亏，爱之所以成。'"[①]接着，荣格进一步引用庄子"心斋"，来强调其中的无意识原型意义："'无听之以耳而听之以心，无听之以心而听之以气。耳止于听，心止于符'。这明显指无意识的绝对知识，意指宏观事件在微观世界中存在。"[②]

荣格在其《转化的象征》(荣格《力比多的象征与变化》1912年扩充版，《荣格全集》第五卷)中，荣格引用庄子《达生篇》中有关"灶有髻"的描述，以及司马彪的注释："髻，灶神，着赤衣，状如美女。"同时引用《礼记·礼器》："燔柴于奥，夫奥者，老妇之祭也(盛于盆，尊于瓶)。"[③]用以说明在中国传说中，灶神与火神的女性意象。

荣格在写给张钟元的信中，充满激情地说："我是庄子哲学的极度崇拜者。接到你信的时候，我正重新沉浸于研究庄子的著作中。"[④]荣格在信中明确表示，"说服人们对潜在的真理睁开眼睛，获得其真实的心理体验是很困难的。真理是惟一的，亘古不变。我必须要说的是，道家是我所曾遇到的对这种惟一真理的最完美的表达。"[⑤]张钟元先生当时刚完成一部对庄子研究的专著，写信给荣格请他作序。

1935年，60岁的荣格，在英国伦敦塔维斯托克诊所[⑥]，为200多位临床医生，做有关分析心理学的讲座。其第一讲从"心理类型"开始，第二讲的主要内容为"心理结构"，包括意识和无意识，个体潜意识与集体无意识等。在回答问题的时候，荣格再次提到西方心理学的"肤浅"和"短视"，而他自己为了"集体无意识"的探索，不惜进入看似神秘的东方文化。荣格说："我们欧洲人并不是地球上唯一的居民。我们欧洲只是亚洲的一个半

---

① 荣格：《心灵的结构与动力》，《荣格全集》第8卷(CW. 8. §923)。荣格用的是卫礼贤翻译的《庄子：南华真经》(*Dos wahre Buch vom südlichen Blütenland*, trans. by R. Wilhelm, II, 3.)。

② 同上。

③ 荣格：《转化的象征》，《荣格全集》第5卷(CW. 5. §663)。

④ 荣格：《荣格书信集·第一册》英文版(C. G. Jung Letters. Selected and edited by Gerhard Adler and Aniela Jaffe. Bollingen Series, Princeton University Press. Princeton, 1973. PP. 559—560)。

⑤ 同上。

⑥ 塔维斯托克诊所(The Tavistock Clinic)前身为塔维斯托克诊所广场诊所，创办于1920年，1931年曾用作"医学心理学研究所"，后来改为塔维斯托克诊所。

岛，亚洲大陆有着古老的文明，那里的居民按照内省心理学的原则训练他们的心灵已有好几千年的历史了，可我们的心理学呢？甚至不是昨天而只是从今天早晨才开始的。亚洲的那些居民具有一种神奇的洞察力。为了理解无意识的某些事实，我不得不来研究东方。我不得不追溯东方的象征主义。”①接着，荣格提到他与卫礼贤合作的《金花的秘密》，其中的智慧及其对心理学的启迪；提到他对英国人类学学会主席质疑中国没有科学的回答：中国的科学建立在非因果性原则之上，以《易经》为基础，我们尚不能理解。这时，荣格说：“东方人的思维与他们对事实的评价是建立在另一种原则之上的。对于这种原则，我们甚至和没有相应的称谓。东方人当然有表示它的词，可我们并不懂得这个词。东方的这个词就是‘道’”。②

接着，荣格借用麦独孤③，给大家讲述了这样一个故事：

我的朋友麦独孤有一名中国留学生，他曾问这个学生：“‘道’这个字的确切意思是什么?”这种提问真是典型的西方思维方式！

这位中国留学生向他解释了“道”的含义，他回答说：“我还是不懂。”

于是这位留学生走到阳台并问道：“从这里你看到什么?”

“我看到街道和房屋，还看到过路的行人和来往的车辆。”

“还有呢?”

“还有一座山。”

“还有呢?”

“还有吹拂的风。”

这位中国留学生挥动手臂说：“那就是‘道’。”④

荣格接着说：“我终于明白，‘道’可以是任何东西。我用另外一个词去指称它，但仍嫌这个词不够味。我把‘道’叫做‘共时性’(synchronicity)。当东方人察看由很多事实组成的集合体时，他们是将其作为一个整体来接受的，而西方人的思维却将其分解为很多实体与微小的部分。”⑤

---

① 荣格：《分析心理学的理论与实践》，成穷译，北京，生活·读书·新知三联书店，1991年，第71页。

② 同上书，第72—73页。

③ 麦独孤(William McDougall，1871—1938)，英国心理学家。

④ 荣格：《分析心理学的理论与实践》，成穷译，北京，生活·读书·新知三联书店，1991年，第72—73页。

⑤ 同上。

由于高觉敷老师的缘故，我们也熟悉麦独孤，很喜欢荣格所讲的这个故事，可称之为“麦独孤问道”，加上荣格的介绍与点评颇为精彩。荣格自己也曾多次讲述这个故事（比如在《意象研讨》的讲座中），其中寓意与其分析心理学强调的体验，尤其是自性体验十分相近。荣格在这次讲座中接着表达他对于中国之道的意义，以及东方心灵运作的理解，现场举例说：“比如看到此刻聚集的人群，你会问：‘他们从何处来？他们何以要聚拢来？’东方人的心灵对这些根本不感兴趣。他问的是：‘这些人聚到一起意味着什么？’西方人的心灵是不会提这个问题的。西方人感兴趣的是人们来这儿干什么以及人们在此正在做什么。这不是东方人的心灵所要提的问题；他只对人们在一起这个事实感兴趣。”[①]荣格接着举例说：“事情就是这样：你站在岸边，海浪把一顶破帽、一个旧箱、一只鞋，一条死鱼冲上了海岸，你会说：‘偶然！荒唐！’而中国人的心灵却会问：‘这些东西凑到一起意味着什么？’中国人的心灵探究的是在一起和在恰当时刻一起出现，其有一种西方所不知道的实验方法，这方法在东方哲学中起着重要的作用。”[②]荣格所强调的这种方法，也即《易经》与共时性，如我们在前面一章所介绍的，荣格一直试图将其作为一种“直觉性方法”用于心理分析的实践，包括道之阴阳中所包含的物极必反、相辅相成的原理。对于荣格来说，中国之“道”，是正途，是法则，是对立的统一，是“自性”也是自性化过程，是他毕其一生所追求的“意义”。

第二节　金花的秘密，自性与自性化

中国之道，可为荣格分析心理学的重要基石和方向指引，《道德经》以及《易经》，对于荣格来说，均具有方法论的启迪。荣格分析心理学中的“共时性”与“相反相成”原理，以及“直觉沟通”和“积极想象”的方法与技术，包括其自性体验与自性化过程，均与中国之道息息相关。

荣格对中国文化的整合理解，中国文化对于西方心理学的启示，尤其是对分析心理学的影响，也体现于其与卫礼贤合作的《金花的秘密》。《金

---

① 荣格：《分析心理学的理论与实践》，成穷译，北京，生活·读书·新知三联书店，1991年，第73—74页。

② 同上。

花的秘密》由荣格和卫礼贤共同署名，其内容由荣格的评论，卫礼贤对“太乙金华宗旨”和“慧命经”的翻译及介绍组成，出版时加上了这样一个副标题：“中国生命之书”(The Secret of the Golden Flower：a Chinese Book of Life)。

在这之前，同样是在1929年，荣格与卫礼贤就有关合作研究的中国文献，《太乙金华宗旨》及《慧命经》，在德国的《欧洲评论》[①]上共同发表了有关“长生术，绵延生命的艺术”的论文。

荣格书房中收藏的

《金花的秘密》德文版

《金花的秘密》中的《太乙金华宗旨》至少有5个版本，分别收藏于北京首都图书馆(《道藏辑要》)、北京大学图书馆、中国人民大学图书馆(《道藏续编》)和台湾自由出版社等处。卫礼贤翻译所用的原本收藏在美国华盛顿大学图书馆，被确认为是目前北大图书馆所收藏的同样版本。这5个版本的《太乙金华宗旨》，涉及道教两大体系(净明派系统和龙门派系统)，但全书思想基本一致，其文本差异主要在第一章，其余12章内容则基本相同。卫礼贤与荣格合著《金花的秘密》，在翻译《太乙金华宗旨》文本的基础上，收录了《慧命经》的部分内容，并且使用了《性命圭旨》中的一些插图。卫礼贤当时只是选择性地翻译了《太乙金华宗旨》全书13章中的前8章，同时撰写了长篇的导论，呈现他自己对于这文本以及中国文化的认识与理解。

卫礼贤在其《金花的秘密》前言中介绍说，这部道家文本属于金丹教文献，借吕岩(吕洞宾)之口传达。“那么，吕祖又是从哪里得到他玄而又玄的道法呢？他自己把其根一直上溯到关尹子，即守关(函谷关)的那位叫尹子的首领。传说中老子就是应他之请写下了《道德经》。”[②]卫礼贤接着说，汉代之后道教逐步衰落，道观中的术士都在研究炼丹术，提炼金丹(点金

① 《欧洲评论》，柏林，1929，V：2/8，PP. 530—42。

② 卫礼贤：《文本与解释》，见《金花的秘密》前言；The Secret of the Golden Flower：A Chinese Book of Life. New York. Causeway Books. 1975. PP. 3—15.

石)，人们认为可以用普通的金属造出金子，也可以使人的肉体不朽。“吕岩的活动标志着一种改革：使炼金术符号变成了心理过程的象征。这种改革与老子的本意更为接近。而老子的本意则完全是自由的精神。”①

《金花的秘密》的英文版在1931年出版。在德文版中，荣格的《评述》排在最前面，然后是卫礼贤对正文的介绍，最后才是正文本身。应荣格的要求，英文版的次序作了调整，荣格的《评述》放在了最后。《太乙金华宗旨》正文翻译部分有52页(印刷页面)，荣格的评论为82页(加上附录“纪念卫礼贤”的14页，为96页)。1938年德文第二版时，荣格撰写了序言，并将其对卫礼贤的纪念文章作为附录。在其序言中，荣格说：“我已故的朋友，本书的著者之一卫礼贤把这部《太乙金华宗旨》邮寄给我时，我的工作正处于一个艰难时刻。1913年以来，我一直埋头于研究集体无意识的过程，也得到了一些结论，但其中很多地方让我感到不能确定。它不仅远远超出了‘学院式’心理学所了解的一切，而且也逾越了医学心理学——准确地说是与个人人身有关的心理学——的界限。”②荣格接着表达，金花的秘密，为其呈现了一片新的天地。“我根本不知道还有一个人类(心灵)体验的王国，凭借它，我多多少少可以自信地坚持自己的发现。”③

本来，荣格对诺斯替传统中的心灵观念抱有很大的期望，然而，当接触《太乙金华宗旨》和道家思想之后，始发现直接沟通心灵体验的宝库。于是，可谓雪中送炭，因缘和合。荣格说“就在此时，卫礼贤给我寄来这部著作，使我从困境中摆脱出来，它正好包含了我在诺斯替教中费尽心机也找不到的东西。”④

荣格在《金花的秘密》中的评论可谓倾心力作，堪为经典。他从“欧洲人在理解东方时所遇到的困难”，以及“现代心理学使(东西方)沟通成为可能”作为引入和导论，然后阐释“道”和“周行与中”，接着论述“道的现象”，以及“意识从客体分离”，最后是“圆满”和总结，并以“欧洲曼荼罗”作为附录。

---

① 卫礼贤：《文本与解释》，见《金花的秘密》前言；The Secret of the Golden Flower：A Chinese Book of Life. New York. Causeway Books. 1975. PP. 3—15.

② 荣格：“《金花的秘密》(德文)第2版序言”；见《荣格全集》第13卷(CW. 13；Commentary on “The Secret of the Golden Flower”)。

③ 同上。

④ 同上。

荣格评论的第一句话，几乎是情不自禁地说："作为一名地地道道的西方人，我别无选择地被这部中国著作的奇思异想深深迷住了。"[①]接着，荣格表示，西方的所谓科学或客观标准，难以欣赏这部书中所包含的深邃思想和智慧。于是，荣格说："但是，卫礼贤如此深刻地洞察到中国智慧中神秘的生命，不能使这种直觉悟性的价值消失在专家的条条框框中。我十分荣幸，他将其所选择的心理学评论交由我来完成。"[②]

作为心理学家的荣格，是以科学的态度来面对东方思想的。然而，作为无意识领域的开拓者，已有的科学方法和理论知识，不足以提供深度心理学的指引，于是他投入于《易经》和道家哲学。荣格说："东方教给我们另一种更宽广、更深远、更高明的理解——通过生活来理解。"[③]荣格认定："这本书是以高度发展的中国精神行之有效的洞察力为基础的。对于中国精神，我们丝毫没有轻视的理由。"[④]荣格说："中国的这些洞察力植根于一种在最大限度上全面的、实实在在的生活方式。这些洞察力源自中国的远古文明，而这种文明则是从其最深层的本能中连绵不绝地滋生出来的。对于我们来说，它永远是远不可及无法模仿的。"[⑤]荣格接着说："任何一个人，只要他了解中国文化的历史，并且认真研究过《易经》，这部影响所有中国思想千年之久的智慧之作，都不会轻易地放过这些问题。他会知道，本书所陈述的观点对中国人来说普通自然，全然属于心理学的结论。"[⑥]在荣格看来，《太乙金华宗旨》阐述的是东方的"道行"或自我完善的途径，而这"道"中的深意，这种自我完善的历程，也正是他与其学生和来访者，苦苦求索，必然要触及的自性体验与自性化过程。

荣格认为，"中国哲学史表明，中国人从未远离趋中的心灵因素，因此没有陷入单一的心理机能，没有因为单一的过度发展和过分自大而失去自己。中国人对于生命的极性与悖论一向有其自知。对立双方总是彼此平衡——这是高等文明的象征。"[⑦]荣格一再表示，是其心理分析的临床实践，

---

① 荣格：《〈金花的秘密〉评论》；见《荣格全集》第 13 卷(CW. 13. § 1)。
② 荣格：《〈金花的秘密〉评论》；见《荣格全集》第 13 卷(CW. 13. § 1)。
③ 同上书，§ 2。
④ 同上。
⑤ 同上书，§5。
⑥ 同上书，§6。
⑦ 同上书，§7。

冥冥之中将其引向东方。“我在临床工作中的观察，为我开启一种接近东方智慧意想不到的新途径。”[①]荣格说：“我的职业经验告诉我，我在技术方法上已被无意识地引向了一条神秘的道路，这条道路，东方贤哲早已捷足先登达几个世纪之久了。这样说可能会被人当作是一个主观的幻想——这也是从前我不愿发表此类文章的一个理由——但是，卫礼贤，这位中国精神的伟大阐述者，充分地为我证实了这种相似性。这使我鼓起勇气，评述这样一部处处散发着东方精神神秘气息的中国著作。同时，这实在是非同寻常，从内容上看，它与在我的病人的心理发展过程中所发生的事情有着惊人的相似，而这些病人，没有一个是中国人。”[②]于是，让荣格兴奋而激动，在这部道家文献中，不仅提供诸多的启示，而且也包括对其集体无意识和原型理论的验证和支持。

作为临床心理治疗师，荣格认为其病人的心理疾患，大都是因为无法解决意识与无意识的对立与冲突，由此导致诸如本能的丧失、神经衰弱、自我迷失、无法理解的现实和困惑等不一而足。当面对诸多临床的需要，面对病人的实际需要的时候，荣格说：“毫无疑问，只有两种选择，一是实现隐藏在无意识中的对立，这也就是《金花的秘密》中所说的‘回光’，返璞归真于我们内在的无意识法则。而这种返璞归真的目的，是要获得自觉的生命，或者，用《金花的秘密》中所表现的中文术语，实现道或道的实现。”[③]荣格同时还说：“如果我们把‘道’放到方法或意识层面来看，那么，其中也就包含着去整合那些分裂的存在，这样我们就很接近于道的心理学意义。”[④]于是，中国哲学，中国道家的太极与阴阳，可提供绝妙的“相反相成”作为治愈之道。荣格说：“对此，智慧的中国人可能会借《易经》中的话说：阳发展到极点就生出阴来，黑夜是在午时开始的，此时阳盛至极而转阴。”[⑤]这便是经典的“相反相成”原理的内涵，其中也就包含了荣格一直在寻找的解决对立冲突，寻求整合与完整的方法与途径。在荣格看来：中国人之所以发现了这条道路，是因为他们从来就没有迫使人性中的对立因素分离得太远，从未丧失各因素间所有自觉的联系，保持了心灵的整合性。

---

① 荣格：《〈金花的秘密〉评论》；见《荣格全集》第13卷(CW. 13. § 10)。

② 荣格：《〈金花的秘密〉评论》；见《荣格全集》第13卷(CW. 13. §10)。

③ 同上书，§30。

④ 同上书，§30。

⑤ 同上书，§13。

这种整合与完整，对于荣格来说，也就是自性体验与自性化过程，内在的觉醒与内在生命的成长。

在荣格分析心理学的体系中，尽管“自我”(ego)是人的意识中心，但有其局限，不能理解无意识的消息，难以融会心灵的意义。于是，荣格引入“自性”(Self)，常将其大写以示其意义非凡。惟有自性，才能作为人格的核心。于是，在分析心理学中，自性被定义为一个人全部潜能与完整人格的原型意象。在《分析心理学的善恶》一文中，载荣格《转化中的文明》一书，荣格说：“我们用‘自性’(来表达道之整合与超越)，来与狭隘的自我作比较。如我所说，很清楚的一点是，自性并非更有意识或者强化的自我，如人们可能会由此推想到的‘自我意识’(self-conscious)或‘自我满足’(self-satisfied)等；自性的意思，不仅在于我，而是普及万物，如阿特曼，如道。自性是心灵整体。”[①]国内有学者将荣格的“自性”译为“自我”、“本我”、“原我”……始终未能脱离“我”的思维，不知荣格想表达的“识自本心”的自性内涵。

荣格在“自性化过程研究”中，通过对其来访者心路历程的分析，包括其中源于东方元素的启迪，如我们在“荣格与《易经》”一章的介绍，多次用“相反相成”“成为整体”“获得超越”来注解“自性化”(individuation)。荣格一再表示，其用自性化这一概念，所要表达的是这样一种过程：一个人最终成为他自己，成为一种整合性的，不可分割的，但又不同于他人的发展过程。于是，就其本义而言，自性化过程是围绕以自性为人格核心的一种整合过程。或者用荣格的话来说，自性化也即自性的实现，“自性化过程的目标也即自性的整合。”[②]

国内有学者将自性化译为“个体化”或“个性化”，常有人望文生义将荣格的自性化理解为“个体主义”，其中也正有荣格最初的担心，担心其“自性化”便误解为“个体主义”(individualism)或“自我中心”(egotism)。荣格在其《分析心理学两论》阐释“自性化”的理念与意义时说：“自性化意味着一种‘不一分离’或‘非一个体’(in-dividual)……自性化寓意成为自己，获得自性。”[③]荣格反复强调：“自我主义者被称为‘自私的’或‘自我中心’，当

① 荣格：《分析心理学的善恶》，载《转化中的文明》，《荣格全集》第10卷(CW. 10. §873)。

② 荣格：“儿童原型的心理学”；见《荣格全集》第9卷之一；(CW. 9—i. §278)。

③ 荣格：“自性化”，见《分析心理学两论》(《荣格全集》第7卷，CW. 7. §266)。

然，这与我在这里所用的‘自性’毫无关系。”[①]荣格说：“自性化是一个人真正成为其自己的过程。在此过程中，他并非变得所谓的‘自私’或‘自我中心’，而仅仅是完成其特定的本性；于是，如我们已经说明的，其与自我中心(egotism)和个人主义(individualism)截然不同。”[②]

荣格在《分析心理学两论》阐释其“自性化”理论时，也专门讨论“区别自我与无意识形象的技术”，并引用道家思想来做注解和支持。比如，荣格在分析“人格的中点”(mid-point of the personality)时，反思意识与无意识的关系，借助“中庸”与“中道”，道之整合，描述自我需要让位于自性，让自性“作为新的中庸之点，完整人格的新的核心，君临意识和无意识之关键位置，确保为人格提供新的更为实在的基础。”[③]

荣格曾有关于“自性”的专著，也即《伊涌，自性化现象学研究》(*Aion: Researches into the phenomenology of the Self*)，《荣格全集》第9卷之二。在这部专著中，荣格首先分析“自我”，接着阐释其“阴影”(shadow)概念，继而论述“阿尼玛”(Anima)和“阿尼姆斯”(Animus)，或两者的“会合”(syzygy)，然后推出其“自性”的概念和理论，及其原型意象和意义。于是，就分析心理学的专业实践而言，反思自我，以及自我的发展；面对阴影，所有的症状背后都可能与阴影有关；以及接触“阿尼玛”和“阿尼姆斯”，始能获得与自性的沟通或自性体验；以及最终成为自己的自性化过程，由此形成了分析心理学的基本治愈模式。

对于荣格来说，其与卫礼贤所合作的《金花的秘密》，中国道家的内丹秘籍，也包含着他所思考的“自性”与“自性化”的奥秘。荣格说：“这部著作就是关于这条(自性化)道路的，如同我的病人所面临的问题……中道与整合。”[④]荣格接着说：“为了获得自身的解放，这些人究竟都做了些什么？就我所知，他们什么也没有做(无为)，而只是让事情任其自然地发生，正如吕祖在本书中所传授的那样，如果一个人不放弃自己的俗务常事，光就依其自然的规律运转。让一切顺其自然，无为而为，随心所欲，这与艾克

① 同上书，§267。

② 荣格：“自性化”，见《分析心理学两论》(《荣格全集》第7卷，CW. 7. §267)。

③ 荣格：《分析心理学两论》(《荣格全集》第7卷，CW. 7. §365)。

④ 荣格：《〈金花的秘密〉评论》；见《荣格全集》第13卷(CW. 13. §15)。

哈特(M. Eckhart)[①]的学说也有异曲同工之妙。这些成了我打开这扇大门的钥匙。在心灵方面，也一定要顺其自然。对我们来说，这的确是一种鲜为人知的技艺。"[②]道家的这种鲜为人知的技艺，也就是荣格所发展的"积极想象"。对此我们在下一节重点讨论。如同《易经》，在荣格看来，道家内丹中所触及的心灵状态，也都是以象征的形式表达出来的，而这些象征也验证与应和了荣格自己多年的临床心理治疗实践。以自己的临床经验为基础，荣格进入对《太乙金华宗旨》文本的分析与阐释，首先便是对"道"的理解，荣格说："此书的开篇即'自然曰道'。《慧命经》的第一句便是'道之精微，在于性命。'"[③]此时，如同我们在前面提到的，荣格在这里也侧重分析了道的内涵及其西方人的理解困难。荣格说："在西方人的头脑中，根本就没有道这个概念，'道'这个汉字是由'首'和'走'组成的，卫礼贤译为Sinn（意义），也有人译为Way（道路），Providence（天道、天命），甚至有人译为God（上帝），如耶稣会会士就是这样译的，由此可见翻译的难度。'首'可以引申为意识[头也是'天光之居所'——荣格]，'走'可以视为沿着某条道路行道，这样，道的含义就应该是：有意识地行进，或者是自觉的道路。'天光'(the light of heaven)也常用作道的同义词。'天光'与'天心'(heart of heaven)一样，'居于两目之间'，性命就包含于'天光'之中，根据柳华阳的说法，性命是道之精微所在。这里'光'象征着慧(意识)，所以慧的性质就表达成与光类似的东西。《慧命经》的引子是一首诗：欲成漏尽金刚体，勤造烹蒸慧命根。定照莫离欢喜地，时将真我隐藏居。"[④]

荣格说："这首诗包含了一些炼丹的要点，就是炼就'金刚体'(diamond body)的方法或途径。"[⑤]而"金刚体"，以及诗中的"真我"，在荣格看来，也即其分析心理学的自性。于是，炼丹与修道的过程，也便与自性体验和自性化过程有关。

荣格写道："如果我们将道作为整合分离的方法或途径，那么或许我

---

① 艾克哈特(M. Eckhart，？—1327)，中世纪德意志神秘主义哲学家和神学家。认为上帝即万物，万物即上帝，人的灵性与神性相通，是神性的微弱"闪光"，甚至说人高于天使。通过自己的灵性，人即可与上帝合而为一，与万物混成一体，获得真正的自由。

② 荣格：《〈金花的秘密〉评论》；见《荣格全集》第13卷(CW. 13. §20)。

③ 同上书，§27。

④ 同上书，§28。

⑤ 同上书，§28。

们就接近于道的心理学意义……毫无疑问，隐藏在无意识中的对立面便实现其‘逆转’过程，意味着我们存在中无意识法则的重组，其目的在于获得‘自觉的生命’(慧命)，或用中文的表达，悟道。”①

在道家的修炼中，荣格发现“周行”与“中道”，并将其作为解决对立冲突的方法与途径。荣格也将其从道家文献中发现的这种方法，称之为道家瑜伽，东方曼荼罗。荣格说：“但是最美的曼荼罗无疑是出自东方，藏传佛教的曼荼罗尤其精美。此书的象征符号也是以这些曼荼罗表达出来的。我还在精神病人的画中发现了曼荼罗图样，这些病人当然没有想到他们的图画与我们所谈的这些竟然有些联系。”②荣格表示：“我们这部著作的宗旨就是‘揭示太乙金华之秘’，金华即光，天光即道。金华也是一种曼荼罗象征，这种曼荼罗也常在我病人带给我的资料中出现。”③

荣格在其对《金花的秘密》的评论中这样描述“曼荼罗”，认为其有两个根源，其一是无意识，自发生出的意象；“其二是生命，全身心地投入生命，生命中就会产生对自性(self)的直觉，也就是对个体生命存在的感知。”④荣格认为，“当无意识专注于生命时，个体的自性就跃然画上了。”⑤这里也是对其分析心理学临床方法的提炼，积极想象技术的关键。荣格从道家内丹修炼中，感受到这样一种特殊现象：“曼荼罗符号不仅仅是一种表达的手段，它还产生着某种作用，它会反过来对画它的人施加影响。因为这些符号是从‘闭坏’亦即‘魔环’中延伸出来的，它依然保存着它远古时的魔力，它的奇迹在不可胜数的神话传说中屡屡出现。这种图像的作者显然是想要画出原始心灵特征的轨迹(sulcus primigenius)，即一种环绕着某个中心的奇异条纹，还有最深层人格的 templum 或 temenos(圣境)，以防止‘外泄’，也就是说，想要以一种驱邪的手段防止外界的影响以免人格误入歧途，走火入魔。”⑥荣格接着说：“这种神奇的功夫实际上就是心灵事件的投射，它又反过来作用于心灵，就像一种属于特定人格的密码。也就是说，通过这些具体的步骤可以使人的注意力或兴致回到内在的神圣领域，

---

① 荣格：《〈金花的秘密〉评论》；见《荣格全集》第 13 卷(CW. 13. § 30)。

② 荣格：《〈金花的秘密〉评论》；见《荣格全集》第 13 卷(CW. 13. § 33)。

③ 同上书，§ 33。

④ 同上书，§ 36。

⑤ 同上书，§ 36。

⑥ 同上书，§ 36。

返回灵魂的根源和目的，慧命的结合便在其中。这种一度使我们着魔的结合已经被我们失去很久了，现在我们必须把它找回来。”[①]接着，荣格引用并阐释了《金花的秘密》中的插图及其意象。

Stage 1: Gathering the light

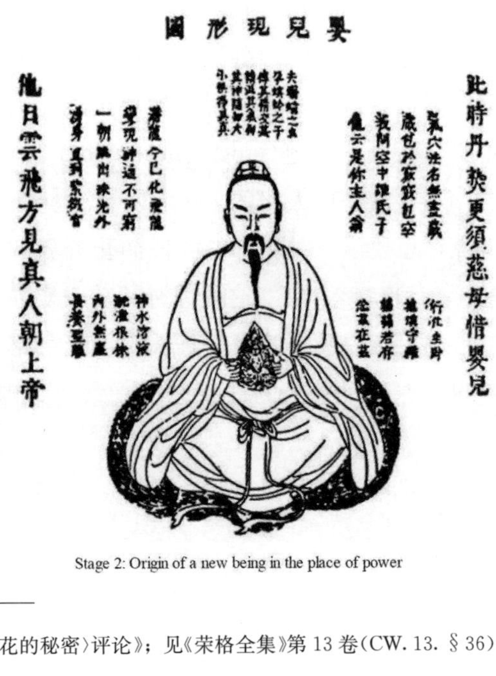

Stage 2: Origin of a new being in the place of power

① 荣格：《〈金花的秘密〉评论》；见《荣格全集》第13卷(CW. 13. §36)。

Stage 3: Separation of the spirit-body for independent existence

Stage 4: The centre in the midst of conditions

如前所述，荣格视“道”为中国哲学的最高范畴，涵盖儒学、道家和佛教，或许也有这《金花的秘密》中“性命圭旨”的影响。《性命圭旨》中的所有插图，皆为儒、道、释三家共融；如其开篇第一章本为“三圣图”，并附文曰：“具大总持门，若儒道释之度我度他，皆从这里；能知真实际，而天地人之自造自化，只在此中。金台玉局绕彤云，上有真人称老君；八十一化长生诀，五千余言不朽文。”①

被译为“聚光”(gathering the light)的《坐禅图》，原本出自《性命圭旨》第42图；其图中有这样的题词：“帝尧之安安，文王之雍雍；孔子之申申，庄周之止止。”并附有诗文：

坐久忘所知，忽觉月在地；
冷冷天风来，蓦然到肝肺。
俯视一泓水，澄湛无物蔽。
中有纤鳞游，默然自相契。

其中“庄周之止止”，也有“瞻彼阕者，虚室生白，吉祥止止”(《庄子·人间世》)之意蕴，而“坐久忘所知，忽觉月在地；”便有庄子“坐忘”的意境：“堕肢体，黜聪明，离形去知，同于大通，此谓坐忘。”(《庄子·大宗师》)庄子的思想是道家内丹以及吕祖丹法的重要来源。在卫礼贤和荣格所选用的这幅“坐禅图”中，所衬托的也正是庄子的“吾丧我”的意境。而这种“吾丧我”的意境，也便是绝美的“积极想象”状态。而惟有进入这种真实的心性状态，才能感受那“天籁之音”，参悟“金花的秘密”，到达自性化的境界。

《庄子·齐物论》的开篇，俨然一幅生动具象的“坐禅图”：

南郭子綦隐机而坐，仰天而嘘，苔焉似丧其耦。颜成子游立侍乎前，曰：“何居乎？形固可使如槁木，而心固可使如死灰乎？今之隐机者，非昔之隐机者也？”子綦曰：“偃，不亦善乎，而问之也！今者吾丧我，汝知之乎？汝闻人籁而未闻地籁，汝闻地籁而未闻天籁夫！”

若是从心理分析的角度来看庄子的“吾丧我”，那么，其中的“人籁”，是可以从意识来把握的；“地籁”，则可以通过身心的体验来获得；但“天籁”，则必须由自性(The Self)(夫天籁者，吹万不同，而使其自己也，咸

① 《性命圭旨》，北京，中央编译出版社，2013年；第一章“三圣图”。

其自取，怒者其谁也）；需要明心见性；需要开启天心！这便是《金花的秘密》中的秘密。

《金花的秘密》中所使用的这些插图，也被荣格称之为道家瑜伽，其中包含荣格所感悟的“积极想象”与心灵感应。荣格认为，“将人的灵魂分为神、魂、鬼、魄，具有极大的心理真实性。”[①]荣格从其所理解的中国文化，道家内丹的修炼过程中，不断反思其分析心理学的临床实践，构思与整理其分析心理学的理论与方法体系，磨炼其心理治疗的临床技术。如荣格所说：“若忽视心灵中隐晦的力量，那么我们的全部意识便要面临注定要到来的灾难。并非我们将其人格化，它们从一开始就具有人格性质。惟有彻底的承认，才能削弱其人格影响，这就是我们这部书所说的‘制魄’。”[②]

所谓“制魄”(subjugating the anima)，基于荣格分析心理学体系中的“阿尼玛”和“阿尼姆斯”原型意象。荣格认为，他自己所使用的“阿尼玛”和“阿尼姆斯”，和中国的魂魄观念极为相似。荣格说，“仔细的观察表明，在男性的情感特性中有女性的痕迹，这一心理学事实产生了关于‘魄’这种灵魂的中国教义，以及我用的阿尼玛(anima)这个概念。深刻的内省以及忘我的体验也显示了无意识中存在着女性的形象或其它阴性称谓，如阿尼玛，阴性的心灵，阴性的灵魂。阿尼玛也可以定义为意象或者原型，或者定义为男人与女人全部体验的组合。因为这个缘故，阿尼玛通常总是投射成女人，我们知道阿尼玛常常是诗人描写和赞美的对象。”[③]

对于荣格来说，诸多临床个案，诸多心理疾患，其致病的因素之一，是被“无意识”所控制。即使在弗洛伊德时代，也试图将“用意识整合无意识”，而非让无意识淹没意识，作为治愈的努力。同样，在面对中国道家思想的时候，荣格也在考虑类似的问题，于是，他用了“意识从客体中的分离”这样一个题目来阐释其中的道理。荣格认为，“通过对无意识的理解，使我们将自身从其控制中解脱，同样是我们这部著作教义的真正目的。”[④]当然，这也是分析心理学临床治疗的真实需要。这时，荣格引用了《慧命经》的《虚空粉碎图》的诗文：

---

① 荣格：《心理类型》，《荣格全集》第6卷(CW. 6. §368)。

② 荣格：《〈金花的秘密〉评论》，《荣格全集》第13卷(CW. 13. §62)。

③ 同上书，§58。

④ 同上书，§64。

《慧命经》"虚空粉碎图"

一片光辉周法界，双忘寂净最灵虚。
虚空朗彻天心耀，海水澄清潭月溶。
不生不灭，云散碧空山色净。
无去无来，慧归禅定月轮孤。

荣格评论说："这首描述功德圆满的诗句勾勒出一种心灵状态，这种状态若以一种恰当的方式来描述，可称之为：意识从世界中的分离，或者说，意识从现世中的隐退，以至超越。这时，意识既是空，又是非空，它不再对种种物的影像忧心忡忡，而只是映射着它们。迄今为止一直压在意识头上的大千世界并没有因此而失去丰富和绚丽，只是它不再能主宰意识了。由于意识与世界的原初结合已经寿终正寝，世上万物对意识的奇特要求也就无以为继了。无意识不再显现出来，它与事物原初的神秘互渗也便消散一空。于是意识不再为种种难以抑制的心机殚精竭虑，而转向到冥思内视之中。对此，这部中国著作讲得恰到好处。"①

于是，这里也正是荣格所苦苦寻找的心理治疗的方法。意识不到无意识的作用，便可能被无意识所支配，成为病人；意识到了无意识的作用，

① 荣格：《〈金花的秘密〉评论》，《荣格全集》第 13 卷(CW. 13. §65)。

仍然会遇到新的问题，也即如何处理意识自我与无意识的关系。对此，通过道家的启发，荣格说："但是，如果我们承认无意识和意识相互起着决定作用，如果我们能以这样一种方式来生活，也即使意识和无意识的需求都尽可能得到承认，那么，全部人格的重心就会转移。这样核心便不在意识自我(ego)，自我只是意识的中心，而是在所设想的介于意识和无意识之间的一个点。或可以将这新的核心称之为自性(self)。"①

当然，有关自性和自性化，逐渐成为荣格分析心理学的核心。荣格认为，"这种高级人格的创造和诞生就是本书所说的'圣胎''金刚体'以及'不坏之躯'。这些表达都是一些心理学象征，它象征着一种心态，这种心态摆脱了纷杂剧烈的感情纠纷，因而能够从崩溃的威胁中解脱出来。这些表达象征了一个与世界分离的意识。我有理由相信，它将在生命的中期之后来临，它无疑是对死亡的一种自然准备。对于心灵而言，死与生具有同等重要的意义，都是生命中不可缺少的组成部分。"②

"金刚体"是从金华或者"丹田"中发展起来的不能毁灭的气息之体。为此荣格加了如下的注释："……为了获得对生命的理解，把生命分为肉体和精神两部分，这是西方人的典型做法。但是这些对立的因素同时存在于心灵之中，这是心理学必须承认的一个现实。'心灵'意味着肉体和精神，在本书中的概念都涉及这种'中道'世界。对于这个'中道'世界，我们并不十分清楚，因为心灵实在的观念在我们之中还不是普遍的，当然，它也界定了我们生命的范畴。"③

将"自性"比喻为"金刚体"，则已不仅仅是一种比喻，因为，道家的修炼，包含了获得这种"金刚体"的内丹方法和途径。这对于荣格分析心理学的理论及其临床实践，具有十分重要的启发意义。荣格在《转变中的文明》(《荣格全集》第10卷)中，借对凯瑟林《欧洲光谱》的评论，分析西方文明的冲突，提到"精神之子"与"大地之子"；荣格介绍中国道家的"阴阳"，彼此相反相成，互为依存。荣格说："我相信道成肉身，惟有金刚体，阴阳和合为富有生命的形式。"④

---

① 荣格：《〈金花的秘密〉评论》；《荣格全集》第13卷(CW. 13. §67)。

② 同上书，§76。

③ 同上书，§76/注释2。

④ 荣格：《欧洲光谱》(*The Spectrum of Europe*)，《荣格全集》第10卷英文版(CW. 10. §917)。

荣格在《金花的秘密》中所获得的自性体验，也正如卫礼贤对“金华”或“金花”的理解。卫礼贤说，“唯有金华——它摆脱了万事万缘，超然而生，是永恒的。达到这种境界的人，使其自我脱胎换骨，它不再被单子所限制，而是跳出圈外，超越所有现象的两极即两元性，返回到不可分的“一”——道。这里，佛教和道教有所不同。在佛教中，涅槃要求自我的彻底消灭。因为自我和世界一样也是虚幻的。即使涅槃不能理解为死亡、终止，它仍然是绝对超验的。在道教中，其最终目标仍然在一种变形中保存着人的思想，或者说是经验留下的痕迹。这个目标就是带着命返回自身的阳。在本书中，这个目标以金华作为象征。”①

荣格在其《金花的秘密》评论中，以“功德圆满”作为其最后论述的主题。荣格引用了《慧命经》：“功德圆满的人，他的目光将返回自然之美。”②对于荣格来说，这“圆满”也即道的象征，也即自性的体验，以及自性化的完成。对此，荣格深得感悟，他知道，对于东方人来说，拯救依赖于个体对自己所下的“功夫”。道从个体内心生长出来。这里的“生长”，如新的生命，如道法自然。于是，荣格说：“这样，每个人就都有可能以他自己的方式来实现自己了。”③荣格接着表白：“（西方，或对于西方人来说）基督（荣格将其作为自性的象征）这个存在于外的历史王国中的人物，会成为身内的一种高级人格。那么，我们也有可能以欧洲的方式获得与东方的‘开悟’对应的心理状态。”④由此，荣格感受到了“心灵的真实性”，以及这种真实与实在的意义。“凭借这种实在性，某些事情就可以实现，这种实在性中包含着各种可能性，因而它充满着生机。”⑤正是在这种意义上，荣格十分自信地表示：“我们已经开始建构一种心理学，一种科学，其中包含开启东方发现（宝藏）的钥匙，惟有通过其反面，始能进入的发现。”⑥

卫礼贤的夫人莎乐美·威廉在《金花的秘密》第五版撰写序言时，介绍了慧真子编辑的《金华宗旨》，包括其中辑入的《慧命经》：“这部著作结合

---

① 卫礼贤：《文本与解释》，《金花的秘密》前言；*The Secret of the Golden Flower*：A Chinese Book of Life. New York. Causeway Books. 1975. PP. 3—15.

② 荣格：《〈金花的秘密〉评论》；《荣格全集》第13卷（CW. 13. §78）。

③ 同上书，§81。

④ 同上书，§81。

⑤ 同上书，§82。

⑥ 同上书，§63。

了佛道两教的禅定功法。其基本观点是：人出生时，心灵的两个领域，意识和无意识开始分离。意识这个元素指的是分离出的那一部分，对一个具体的人而言，它有鲜明的特性。无意识是使他与宇宙相结合的元素。通过禅定，能使两种元素达到统一是这部著作所依据的根本法则。意识沉浸在无意识之中，并一定由它在无意识中播下种子，无意识被激活，并与丰富了的意识一起达到一种超个人的心理层次，这种心理层次以一种精神再生的形式表现出来，接着，这个再生首先使得意识状态内部逐渐演化而进入自主的思想结构。禅定的最终结果必定如此：在最终整合的生命中，所有的差别都消失了，超越了对立。"①

荣格在其评论的最后说："我所评述的目的是想要在东西方之间架起一座心理沟通的桥梁。人是一切真正沟通的基础，所以我要述及人类。"②《金花的秘密》评论中也有荣格的顾虑，面对当时西方的学术界，传达来自东方，貌似玄学的东西，是否能被接受，是否会遇到批评。荣格表示："在我看来，东西方心灵状态及象征体系之间的一致性尤为重要。有关类比可开启通向东方心理深处的一种途径，踏入这途径无须牺牲我们自己的本性，也不会让我们遭遇刨根的威胁。"③荣格接着说："这是对于所有文明人类都相同的苦难、寻求、与努力之途；其如自然置于人类成为自觉的巨大实验，在此共同任务中将多元文化予以整合。"④荣格最后说："欧洲对东方的入侵是一种大规模的暴行，遗留给我们一种责任——高贵要求（noblesse oblige）——理解东方之心。这或许比我们目前所认识到的更为重要。"⑤

荣格与卫礼贤合著的《金花的秘密》由其学生贝恩斯翻译成英文。贝恩斯也是卫礼贤《易经》的英文翻译。同样是在《金花的秘密》（译者）序言中（1931），贝恩斯说："由于卫礼贤和荣格的共同努力，我们第一次对于这种能承启我们思想各个侧面的东方智慧有了一个理解和欣赏的途径。它的

---

① 莎乐美：《金花的秘密》第五版序言（The Secret of the Golden Flower：A Chinese Book of Life. New York. Causeway Books. 1975）。

② 荣格：《〈金花的秘密〉评论》，《荣格全集》第13卷（CW. 13. §83）。

③ 同上书，§83。

④ 同上书，§83。

⑤ 同上书，§84。

玄学色彩已经剔除，且被安置于心理学的体验范围之中。"[①]在贝恩斯看来，"剥开其古老的外衣，'金华宗旨'就是隐存于心灵之中的各种生长力的秘密，这些力也成为荣格《评述》的主题，因为它们同样存在于西方的精神之中。在《评述》中，荣格阐述了由心灵中各种力的正确关系而引发的深刻的心理学进展。"[②]同时，贝恩斯认为，"我们发现尽管东西方之间还存在着巨大鸿沟，当我们注视内心世界的时候，却正是走着与其相似的道路，这时，它对于我们的意义也就尤其重要。"[③]

很多年前，1993 年，作者在美国南伊利诺伊大学做高级访问学者，从事团体动力学(Group Dynamics)的研究。一个偶然的机会，或是命运的安排，就在南伊利诺伊的森林里，独处数月，进行自我分析；不经意中随身带有一本书，相伴于独处的自我分析体验，而这本书恰好正是荣格与卫礼贤合著的《金花的秘密》。

当时的我们不是因为荣格或卫礼贤两位作者的名字而选择的这本书，也不是因为作为封面的"金花的秘密"，而是其副标题："中国生命之书"。数月后，完成了不可思议的自我分析，每日出入寓意自性的森林；获得"头与心对话"[④]的梦，仿佛是梦中领会庄子心斋的教诲，犹如荣格遇到山湖[⑤]；颇有心满意足的感觉。于是，作者在日记中写下当时的心情："……读完此书，已是发现荣格心理学的秘密，那就是其与中国文化的内在联系。恍惚之间，已是获得打开荣格心理学之门的一把钥匙；同时，荣格及其分析心理学，也如开启中国文化之心理学意义的一把心钥。钥(鑰)者龠也，龠者乐也乐也；天地之间，其犹橐籥乎？坚玉钥于命门，结北极于黄庭；刻雕众形，橐籥万物……于是，自有形至于无形，自有心至于无心，心中之龠悠然自得。"从古埃及的《亡灵书》，到《西藏度亡经》，再到这《中国生命书》之"金花的秘密"，确已是包含荣格分析心理学的秘密，也即自性体验，以及自性化过程。其中的关键，也在于中国文化：正心诚意，明

---

① 贝恩斯：《金花的秘密》序言(*The Secret of the Golden Flower*: *A Chinese Book of Life*. New York. Causeway Books. 1975)。

② 同上。

③ 同上。

④ 申荷永：《洗心岛之梦》第二章"心斋体验：梦中头遇心"；广州，广东科技出版社，2011 年。

⑤ 荣格与山湖的对话，见荣格《回忆·梦·思考》第九章"旅行"(未发表手稿片断)；其中荣格对"心"及其意义的感悟。

心见性，以及天人合一。于是，这《金花的秘密》，已是包含一种属于我们每个人的“自性知识”（Self-knowledge），包括我们每个人都需要自己来面对的经历和体验，正如荣格所描述的自性体验与自性化过程。

卫礼贤与荣格用“金花的秘密”（The Secret of the Golden Flower）来翻译《太乙金华宗旨》，似乎只是翻译了其中的“金华宗旨”或“金华秘旨”，然而其中的“太乙”，则有意或无意之间隐去了，隐为《金花的秘密》中的某种隐秘。那么，《太乙》何谓也？在第三届心理分析与中国文化国际论坛（2006），我以《荣格与中国，对话的继续》为主题，阐释了《太乙金华宗旨》之“太乙”的意象及意义。

名正而言顺，在所有的中国经典中，标题总是具有非同寻常的意义。我们可以通过“太乙”的汉字意象，以及《太乙金华宗旨》文本本身，从这样5个层面来解析这“太乙”中的内涵和思想：

1. “太乙”，两个既简单又特殊的汉字。“太”字含“大”，音同“泰”，意为“极大”，凡言大而以为形容未尽则作太，如“太极”之太是也。“乙”含植物屈曲生长之意象，为天干的第二位，古代纪年的元素。

2. 于是，太乙意为天机。“太”为大，为泰，为天；“乙”含“几”，音同“一”，为种子抽芽，为最初的生气勃发。《易经》的精妙也在于“研几”；或用吕祖的话来说（《钟吕传道集》），那是“天地之机”，是最初的原创力。

3. 太乙，为大道的比喻和象征。《太乙金华宗旨·天心第一》以吕祖之“自然曰道”开始，称“太乙者，无上之谓也。”太乙也为太一，而“一”也为道，为大，为原始，为先天；故太一为“先天大道”。

4. 太乙，蕴含了“先天之真气”，或称“元炁”，或为天地未分之前的混沌之气，具有重要的治疗意义。《太乙金华宗旨》之“天心第一”中说，“金华即光也……是先天太乙之真炁。”慧真子在注释中说，“夫天一生水，即太乙之真炁。”同时援引《太极图》说，“太乙含真炁，精神魂魄意，静极见天心，自然神明至。”金丹大道以气为药。真气聚而得安，真气弱而成病。

5. 为道术，道的体现，如庄子在其《天下》中的描述：以本为精，以物为粗，以有积为不足，淡然独与神明居。古之道术有在于是者，关尹、老聃闻其风而悦之。建之以常无有，主之以太一。

6. 太乙，为“天心”、为“祖窍”，为“北斗”，亦包含原型的意象与象征。《太乙金华宗旨》中有这样的形容：观天上之北斗……吾心亦犹是也，心即北斗，气即群星。其中妙诀，在于“心静”……“心静则神全，神全则性现”。《太乙金华宗旨》有言：“然天心一窍，不在身中，不在身外，不可摸索而开，只可默存以俟……而功法在于存诚两字。”

“存诚”尤为重要，且法力无限，被《太乙金华宗旨》称之为“存诚妙用”。这千古不传的道家内丹功法，性命双修的养生秘籍，其要诀归之于“存诚”。亦如《易经·文言》之“闲邪存其诚”(庸言之信，庸行之谨，闲邪存其诚，善世而不伐，德博而化。)也如孔子教诲：“诗三百首，一言以蔽之，‘思无邪’”(《论语·为政》)，以及《中庸》之“诚”，诚者天之道也，至诚若神。由此，始可看到，荣格的《金花的秘密》中所包含的自性与自性化，以及其积极想象的核心内容。

于是，这“金花的秘密”，其中所包含的中国文化精蕴，其中道的体验与道家思想，对于荣格及其分析心理学来说，也即自性与自性化的秘密；其中的原型意象与积极想象，对立整合与相对和合，其中的完整与圆满，由此构成荣格分析心理学体系的核心。荣格自身，其人格及心路历程，是其理论与方法的最好注释。在其传记《回忆·梦·思考》中，荣格详尽介绍了通过《金花的秘密》，中国道家为其内心转化其所带来的深远影响。荣格写道：

“从1918年至1920年间，我开始明白，精神发展的目标就是自性。没有直线性的演变，有的只是自性的弯弯曲曲的发展。均匀性的发展充其量来说只有在开始时才会存在。尔后，一切便向着这个中心点发展。这一顿悟使我安定下来，慢慢地，我的内心平静而复归。我知道，在找到曼荼罗可作表现自性的工具之后，我便获得了在我看来是终极性的东西。也许某个别的人会知道得更多，但这不会是我。几年之后(1927)，我由于做了一个梦而使我对有关这个中心及自性的想法得到了证实。我可以用我称之为‘永恒之窗’的一幅曼荼罗的画来表示其本质。这幅画后来印在了《金花的秘密》一书里。一年以后，我又画了一幅同样是曼荼罗的画，在此画的中央处则是一个金色的城堡。这画画完后，我问自己道：‘这画怎么中国味这样重？’我对其形式和色彩的选用印象很深，而且尽管外观上没有什么中国画的东西，我却觉得很有中国画的味儿。而这却是便是它所给我的感受。无独有偶，此后不久，我便收到了卫礼贤寄来的一封信，信中附有一篇论述道教炼丹术的文章草稿，标题也是‘金花的秘密’，他还要求我就此写一篇评论文章。我立刻如饥似渴地一口气把这草稿读完，因为文中所述对我关于曼荼罗及这中心圆绕的想法给予我做梦也不曾想到过的证实，这便是打破了我孤独的第一件事。我慢慢地意识到了一种共鸣，我终于可以与某种事和某个人建立起联系了。”①

对于荣格来说，这是其一生具有决定性的一刻，他所意识到的共鸣，犹如感应，也是一种内在的觉悟，以及由此而来的生活的转化，生命的创造及其力量的凝聚。这便是荣格当时所画的“金色城堡”。

荣格所画的“曼荼罗”：“黄金城堡”(1928)②

荣格说：“在回想起这种巧合，这种‘共时性’时，我不禁在这幅使我获得了如此深刻印象的具有中国意味的画下面写下了这样文字：‘1928 年，这是戒备森严的金色城堡，在我画好这幅画的时候，卫礼贤从法兰克福给

① 荣格：《回忆·梦·思考》英文版(第六章，“正视无意识”)；(C. G. Jung. *Memories, Dreams, Reflections*. New York, Vintage Books. 1989. P. 196)；见《回忆·梦·思考》，刘国彬、杨德友译，沈阳，辽宁人民出版社，1988 年，第 333 页。

② 荣格所画的这幅曼荼罗，第一次出现在《金花的秘密》附录中，荣格将其作为《红书》第 159 页的插图，后来也曾在“曼荼罗的象征”等文献中多次使用。

我寄来一部中国有千年历史的金色城堡文本，这是不朽肉体的胚胎。’”[①] 1952年，荣格在其《曼荼罗的象征》著作中，再次使用这幅曼荼罗，并加上这样的评论：“画的是一座中世纪的城市，有城墙和护城河，街道和教堂，按照方形结构排列。内城也被城墙和护城河围绕着，像北京的紫禁城一样。所有建筑的门都向内开，朝向中心，带有金顶的城堡象征中心。城堡也被护城河包围着，城堡的地面上铺的是黑色和白色的瓷砖，象征对立结合……我们在《金花的秘密》中可以看到：‘《黄庭经》云：“寸田尺宅可治生。”尺宅，面也。面上寸田，非天心而何？方寸中具有郁罗箫台之胜，玉京丹阙之奇，乃至虚至灵之神所在。’道家将此中心称为‘祖土或黄庭’。”[②]

冥冥之中，荣格在绘制这“金色城堡”的时候，已是命中注定要接触来自道家的“金花的秘密”，而这金花的秘密，也即道的体现，也即自性与自性化。为此，荣格已是做好充分的准备。其所提到的1927年的梦，以及1927年所绘制的“永恒之窗”，已是这金花的萌芽。

荣格所提到的1927年的梦，也被称之为“利物浦之梦”，我们将其视为荣格自性化过程的重要体现。荣格在其《回忆·梦·思考》中，讲述了其“金色城堡”的绘画之后，接着叙述了他1927年的梦：

> 这就是我在前头就已提到过的那个梦：我忽然发现自己身处一个煤灰满地的脏城市。时间恰值黑暗的冬夜，兼又冷雨萧萧。这个城市就是英国的利物浦。与几个——比如说六七个——瑞士人一起，我走过了好几条黑洞洞的街道。我有这样的感觉，觉得我们正从港口往外走，而那真正的城市实际上却在上方，位于悬崖之上。我们爬上了那儿。这个地方使我想起了巴塞尔，巴塞尔的市场是在下方，然后您便经过托滕嘉申（“死者之巷”）而往上走；这条巷一直通到上方的一片高地，然后在通到彼得广场和彼得大教堂。我们到达这片高地后，发现有一个由昏暗的街灯照着的大广场，许多街道就向这里汇聚。这个城市的各个街区成辐射

① 荣格：《回忆·梦·思考》英文版（第六章，“正视无意识”）；（C. G. Jung. *Memories, Dreams, Reflections*. *New York*, *Vintage Books*. 1989. P. 197）；见《回忆·梦·思考》，刘国彬、杨德友译，沈阳，辽宁人民出版社，1988年，第334—335页。

② 荣格：《关于曼荼罗象征》，见《荣格全集》第九卷之一英文版（CW. 9—i. § 691）。

> 状绕着广场而布列。广场的中央是一个圆形的水池，水池中央则是一个小岛。由于雨、雾、烟和昏暗地灯光所无法照透的黑暗，周围一切全都无法看清，但是这个小岛却被阳光照耀得光辉灿烂。岛上只长着一棵树，一棵木兰，树上开满了千百朵红花。这棵树仿佛就立在阳光之中，但同时又是那光源。我的友人们对这恶劣的天气说三道四，但显然却没有看见这棵树。他们谈起了住在利物浦的另一个瑞士人，对他竟在此定居感到吃惊。我对千花怒放的这棵树的美及阳光灿烂地照耀着的这个小岛感到心旷神怡，心里想道："他为什么定居在这里，我可是清楚的很啊。"然后我便醒来过来。①

荣格接着做了一些细节的补充，荣格说："对梦中的一个细节，我还得添上点补充性的说明：这个城市各个单独的街区的布局绕一个中心点呈辐射状布列。这个点形如一个开放性的小方块，有一盏更大的街灯照耀着并构成了这个岛的一件小小的复制品。我心里知道，那'另一个瑞士人'就住在这些次级的中心点之一的附近。"②接着，在《回忆·梦·思考》中，荣格自己对其"利物浦"之梦，做了如下的分析与解读："这个梦代表着我此时的心境。时至今日我对黄灰色的雨衣及其上闪烁着的水光依然历历在目。一切均令人极为不快，不是黑的就是灰蒙蒙的——一如我当时所感到的那样。但是我却有过一次具有非尘世之美的幻觉，而这便是我到底生活过来了的原因。利物浦就是'生命之池'。'利物'(Liver，肝)一字据古人的看法，就是'生命之根'的意思——而这便'创造出了生命'。"③

这便是荣格著名的"利物浦"之梦，对其一生影响深远。荣格似乎感受到一种天意或命运的安排，便是被引向中国，其分析心理学与中国文化的关系。利物浦，是中国人在英国的最早居住地，那里建有全欧洲最古老的中国城。这也如荣格在评价卫礼贤时所说的那样，或许，上天是在安排我们两人为东西方文化的沟通做桥墩。

---

① 荣格：《回忆·梦·思考》英文版第六章，"正视无意识"，(C. G. Jung. *Memories, Dreams, Reflections.* New York，Vintage Books. 1989. P. 198)；《回忆·梦·思考》，刘国彬、杨德友译，沈阳，辽宁人民出版社，1988 年，第 335—336 页。

② 同上。

③ 同上。

若是从荣格1927年“利物浦”之梦来看荣格的自性概念，那么，如其分析，其中是包含生命以及生命力的。荣格说：“随这个梦而来的还有一种命中注定感。我看出来，在这个梦里，目的是什么已做出了启示。一个人是无法走到这个中心之外的。这个中心就是那个目的而一切都是引向这个中心的。通过这个梦，我明白了，自性就是方向与含义的原则和原型，其治疗性作用就存在于其中。对我来说，这种顿悟暗示了通向这个中心——因而也就是到达这一目标的方法。有关我本人的神话的第一点细微迹象也从中产生出来了。做过这个梦之后，我便不再画曼荼罗的画了。这个梦描绘了无意识发展全过程的最高阶段。它使我感到了完全的满足，因为它描绘出了有关我心境的一整幅图景。可以肯定的说，我已经知道，我正忙着的是某种重要的事，不过我仍然对其不甚了解，而我的同事中也没有一个能了解得了。由这个梦所给予我的头脑清晰，使我得以客观地看待存在于我的存在里的各种事物。”①荣格接着说：“如果没有这一视象，我便可能失掉了方向并被迫放弃我那命定的事业了。但是在梦里，其含义里已作了清楚的揭示。在我与弗洛伊德分道扬镳之时，我便知道自己正一头扎进了那未知世界之中了。弗洛伊德学说以外的世界，我毕竟是一无所知，但是我还是向着黑暗迈出了决定性的一步。而这种情况一旦发生，然后又做了这样一个梦，一个人便难免觉得这是一种天意。”②

实际上，做完这“利物浦”之梦，并非如荣格所说他“不再画曼荼罗的画了”，而是接着画了“利物浦”之梦的草图，以及“永恒之窗”，以及“金色的城堡”。或许，“金色的城堡”，是其最后一幅曼荼罗。由此，获得了真实的自性体验，以及，其自性化的感受；犹如道家之入道的感觉。

梦中的玉兰花，犹如梦中“曼荼罗”的核心，也如荣格与其来访者工作时遇到的“灵花”(Soul Flower)③，也如其与卫礼贤合著《金花的秘密》中的“金花”(Golden Flower)，正是荣格分析心理学核心概念“自性”的彰显，以及自性化过程的写照。

荣格曾尝试用绘画，来呈现其“利物浦之梦”，尽管只留下这草图(见

---

① 荣格：《回忆·梦·思考》英文版(第六章，“正视无意识”)；(C. G. Jung. Memories, Dreams, Reflections. New York, Vintage Books. 1989. P. 199)；见《回忆·梦·思考》，刘国彬、杨德友译，沈阳，辽宁人民出版社，1988年，第336—337页。

② 同上。

③ 见荣格：“自性化过程研究”，前面“荣格与《易经》”一章的介绍。

荣格《红书》中的附录，原载于《黑书一7》，第124页），但亦然有“曼荼罗”的轮廓。

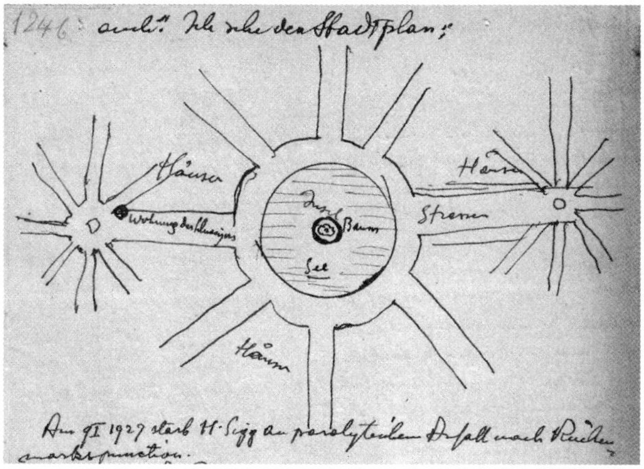

荣格所绘的草图

荣格对这草图的标注：从左：苏黎世的住所；上方，“房屋”；下方，“房屋”，“岛”；下面，“湖”，“树”，“街道”，“房屋”……于是，梦本身，源于无意识或心灵深处的消息，本来具有曼荼罗的特性。

在如今英国的利物浦街头，人们为了荣格的梦，做了一个荣格的雕塑。不仅是纪念荣格，也是对荣格之梦的纪念。

英国利物浦街头的荣格雕像，为荣格“利物浦之梦”所做

荣格的利物浦之梦是在1927年1月2日做的。尽管他并未能将其完整画出来，只留下一个草图。然而，1927年1月9日，荣格却画出了一幅被

称之为“永恒之窗”的曼荼罗。

“永恒之窗”曼荼罗的背景，正是1927年1月2日所做的梦，也即利物浦之梦。荣格曾试着用绘画来呈现梦中的意义，在这绘制的过程中，梦中意象与和画的关系变得清晰，其意义也渐渐涌现。1930年，荣格在《金花的秘密》中以匿名的形式使用这幅曼荼罗，并附有如下描述：“中间是一朵发光的花，星星在它周围旋转。花的周围是有八道门的墙。整体构成一扇透明的窗户。”①

荣格所画“永恒之窗”曼荼罗，

《红书》第159页插图

1932年10月7日，荣格在一次讲座中展示这幅曼荼罗，并在第二天重新评论说：“你们应该记得我昨晚向你们展示的那幅画，中央的石头和周围的小珠宝。如果我将与它相连的梦告诉你们，将会十分有趣。在我还没对什么是曼荼罗有清晰的认识之前，我就是画那幅曼荼罗的人，恕我直言，我就是中心的珠宝，那些细光线是那些认为他们自己是珠宝的好人，但都是小人物……我想我能够很好地将自己像那样表达出来：我美好的中心在这里，我正在自己的中心。”②他补充说自己最初没有意识到这个花园和他所画的曼荼罗是一样的，并评论说，“现在利物浦是生命的中心，肝脏是生命的中心，我并不是中心，我是一个生活在某处黑暗地方的蠢人，我是周围的细光线。那么，我认为自己是中心的西式偏见(即我是一切，全部的表现，国王和神)得到了纠正。”③

1952年，荣格在“关于曼荼罗象征”中，再次使用这幅曼荼罗，并做了

① “永恒之窗”绘画下面记有这样一行文字：“1927年1月9日，我的好友赫尔曼·希格去世，享年52岁。赫尔曼·希格(Hermann Sigg)是荣格早期的追随者，与艾玛·荣格、托妮·沃尔夫等人一起，发起创立了(苏黎世)“心理学俱乐部”。

② 荣格：《昆达利尼瑜伽的心理学》英文版(C. G. Jung. *The Psychology of Kundalini Yoga: Notes of the Seminar Given in* 1932, Princeton University Press. 1996. P. 100)。

③ 同上。

这样的评论："中间的玫瑰画得像红宝石，它的外圈是一个轮或有门的墙（因此没有什么能从里面出去或从外面进来），这种曼荼罗是一位男性病人在分析时自发完成的作品。"[①]在叙述有关梦境后，荣格补充道："梦者继续说：'我尝试把这个梦画出来，但和往常一样，画的完全不同。木兰花变成一种红宝石颜色玻璃样的玫瑰，像四角星一样闪闪发光，四周象征公园的墙，同时四周有一条街道环绕公园。从中心辐射出八条主街，每条街道又辐射出八道小街，它们在闪着红光的中点交汇在一起，像是巴黎的星形广场。梦中提到的熟人住在其中一颗星星的角落中的房子里。'因此这幅曼荼罗将经典的花、星星、圆和院落(神庙区)的主题结合在一起，把城市的平面等分成带有城堡的四个区域。'整体就像一扇永恒之窗'，梦者写道。"[②]在1955年、1956年，荣格用相同的内容描述自性的图案与象征。[③]

正如我们在前面所引用荣格《回忆·梦·思考》中记述，其"利物浦之梦"，由此所感受到的"自性"，随后所画的"永恒之窗"，以及看似相近的"金色城堡"，以及，"金色城堡"中所带来的"中国气氛"，在这"中国气氛"的意象中所获得的"金花的秘密"，自性与自性化过程的传奇。

2014年，时任国际分析心理学会主席乔·凯布雷(Joe Cambray)，约我就荣格1927年的利物浦之梦进行对话。为此我认真准备，并邀请道家学者曹础基和青城山的一位道长，以及佛教学者陈兵和定空法师，几位中医师等一起参加。六场对话持续一周，大家最深的感触，仍然是荣格利物浦梦中的"玉兰"，以及由此梦所联结或引来的"金花的秘密"，中国文化及其魅力，以及荣格体验自性或自性体验中的中国元素及其意义。

正如荣格自己所述："我追溯我那些内心意象的年头是我一生中最为重要的岁月——一切根本性的东西都在其中确定了。一切都是从那时开始的，后来的细节详情不过是这一材料的补充和详述而已；这材料是从无意识中爆发出来的并在开头时把我完全淹没了。这，便那可供终生进行研究的'原始素材'。"[④]

---

① 荣格："关于曼荼罗象征"，见《荣格全集》第九卷之一(CW. 9－i. §654—655)。

② 同上。

③ 见荣格：《神秘参与》，《荣格全集》第14卷英文版(CW. 14. §763)。

④ 荣格：《回忆·梦·思考》英文版，第六章，"正视无意识"，(C. G. Jung. *Memories, Dreams, Reflections*. New York, Vintage Books. 1989. P. 199)；《回忆·梦·思考》，刘国彬、杨德友译，沈阳，辽宁人民出版社，1988年，第338页。

在荣格《红书》的最后，有一段未完成的“后记”，写于1959年：“我为这部作品倾注16载的光阴，而1930年与炼金术的邂逅使我离开了它。最终的结束在1928年到来，那时我的好友卫礼贤将《金花的秘密》文稿寄了给我，这是一部炼金术的经典。书中的内容找到它们自己进入现实的道路，所以我不再继续创作(《红书》)了。对于肤浅的人而言，它像疯狂之作。如果我没能够吸收原始经验的强大力量，它也可能已经成为一部完整的著作。在炼金术的帮助下，我最终得以把它们整合成一个整体。我一向明白这些体验包含某种珍贵的东西，于是，最好是将其做‘珍贵’的记录，也就是说，将其记录在珍贵的书中，尽我所能通过重新体验或使其复活，来描绘那些涌现的意象。我知道即使如此仍然难以穷尽，尽管困难重重，我亦然对其真诚，尽管另有可能，从未……”①

每每读到这里，我们都会怦然心动。1959年，荣格用其与卫礼贤合作《金花的秘密》的线索，作为其《红书》的“后记”，继烛见跋，语犹未尽。然而，通过《金花的秘密》，卫礼贤已是将中国文化之奥秘传达于欧洲，而荣格则将其融入其分析心理学，彰显道的意义。或许，《金花的秘密》，其中的自性体验与自性化过程，也正是荣格在其《红书》中，通过“积极想象”所要寻找的“哲人石”。于是，所谓自性，对于荣格来说，亦可表述为炼金术之“哲人石”。然而，如何称呼是一个问题，比如，自性，或哲人石，或阿特曼；而如何体验，何种体验，则是另外一个问题。于是，当荣格面对自性的时候，获得自性体验而努力要去表达的时候，老子之“道”，便是绝妙的启迪：“道可道，非常道。名可名，非常名。无，名天地之始；有，名万物之母。故常无，欲以观其妙；常有，欲以观其徼。此两者同出而异名，同谓之玄，玄之又玄，众妙之门。”(《道德经》第1章)

第三节　道，炼金术，积极想象

荣格与卫礼贤合作完成的《金花的秘密》，开启了分析心理学中的炼金术研究。于是，荣格结束其《红书》的撰写，进入炼金术和道家内丹的世界。在此过程中，分析心理学的原型和原型意象，自性与自性化过程，以

① 荣格：《红书》，苏努·沙姆达萨尼英文编译(C. G. Jung. *The Red Book*. Ed. Sonu Shamdasani. New York. W. W. Norton & Company. 2009. P. 360)。

及与此有关的原型意象和积极想象等核心内容，都获得滋养、充实与发展。

道家“内丹”是中国文化对于荣格的另一重要启发，由此形成分析心理学的另一重要特色，也即其“炼金术心理学”。如荣格自己多次表明，其对于“炼金术”的兴趣，正是由卫礼贤所引发，正是源自中国文化和道家哲学的启示。荣格关于《炼金术研究》的专著(《荣格全集》第13卷)，也正是以其《金花的秘密》中的评论作为开始。荣格在《回忆·梦·思考》(第七章)中说：“只有在我拜读了《太乙金华宗旨》这本书之后，我才开始对炼金术的本质有所了解，这本书是卫礼贤于1928年送给我的关于中国炼金术的那本样书。我为我想要更真切地了解炼金术文本的这种欲望而感到激动不已。”[①]

1935年和1936年，荣格连续在爱诺思东西方文化圆桌会议做有关“心理学与炼金术”的大会报告，分别用《自性化过程的创伤象征》(“Traumsymbole des Individuationsprozesses”，1935)和《炼金术中的拯救概念》(“Die Erlosungsvorstellungen in der Alchemie”，1936)为题目发表在《爱诺思年鉴》(Eranos-Jahrbuch)1935年和1936年。以此为基础，荣格完成了其《心理学与炼金术》的著作(《荣格全集》第12卷)。随后，1937年以及1942年，荣格又在爱诺思东西方文化圆桌会议做《关于佐西莫斯幻想的一些评论》(Einige Bemerkungen zu den Visionen des Zosimos，1937)和《在神话、诺斯替教和炼金术中的炼金术原则》(1942年后以“精灵墨丘利乌斯”/Der Geist Mercurius发表)等有关“炼金术与心理学”的报告，均载于《爱诺思年鉴》，加上《金花的秘密》评论等内容，则组成《炼金术研究》(《荣格全集》第13卷)的主要内容，由此加强了分析心理学的理论与方法论基础。荣格的《移情心理学》、《伊涌：自性现象学研究》，以及《神秘参与》等，也都是在此基础上的发展，形成荣格分析心理学中最具特色的部分。

《心理学与炼金术》共分三大部分。第一部分为“炼金术的宗教与心理学问题导论”；第二部分“与炼金术有关的个体梦象征”，也即泡利的400个梦，侧重讨论了梦中的曼荼罗象征，以及其中所包含的“自性”与“自性体

---

① 荣格：《回忆·梦·思考》英文版(C. G. Jung. *Memories*，*Dreams*，*Reflections*. New York，Vintage Books. 1989. P. 204；《回忆·梦·思考》，刘国彬、杨德友译，沈阳，辽宁人民出版社，1988年，第345—346页。

验”；第三部分是“炼金术中的宗教理念”，通过“哲人石”来获得自性体验。在讨论炼金术在宗教史中的象征作用时，荣格特别分析了“中国的麒麟”，其与孔子的关系，其雌雄同体的性质，以及其炼金术的寓意。

在《心理学与炼金术》的导论中，荣格开宗明义，提出“炼金术和自性化过程”(individuation process)的主题。同时，荣格反思心理治疗所遇到的困难，旨在通过其《心理学与炼金术》，寻找更为有效的治愈方法与途径。

“艺术的人应当是完整的人!”(Ars totum requirit hominem)一位古老的炼金术士这样大声疾呼。我们所寻求的正是这种完整的人(homo totus)。医生的努力和病人的探索指向的都是那些隐藏的、迄今尚未表现出来的“完整的人”，他同时也是更伟大的人和未来的人。在荣格看来，尤其是从心理治疗的实际出发，“由阴影所引起的对立物问题在炼金术中起着巨大的——的确也是决定性的作用，因为在这项工作的最后阶段，对立的双方常常以神圣婚姻(hieros gamos)或‘化学婚姻’(chymical marriage)的原型形式而导致对立物统一起来。在这里最主要的对立物，男性和女性(就像中国人的阴和阳一样)，融合为一个消除了一切对立的统一体，因而能够成为不朽。当然，它的先决条件是，这个工艺师(artifex)不应该把自己与炼金术工作中的人物相认同，而应该使他们处于客观的、与个人无关的状态。只要炼金术士在他的实验室里工作，那么，从心理学上讲，他就是处在一个适当的位置上，这是因为，由于所出现的原型都要直接被投射到化学物质中去，所以他就没有机会使自己与这些出现的原型相认同。”①

荣格的《心理学与炼金术》曾以《人格整合》(*The Integration of Personality*. New York，1939；London，1940)为书名出版，内容标题用的是“自性化过程的梦象征”和“炼金术中的拯救观念”，仍然是其在爱诺思东西方文化圆桌会议上所做的主题报告。以《人格整合》(*The Integration of Personality*)作为书名，凸显其炼金术的心理学意义；炼金术作为分析心理学的方法论，堪称《易经》和《道德经》的整合与发挥。《荣格全集》的编辑按语说：“现在呈献给公众的这个译本在很多方面都是人们一直急切期待的，因为它是荣格教授的主要著作之一，其重要性堪与《潜意识心理学》(*The*

① 荣格：《心理学与炼金术》，《荣格全集》第12卷英文版(CW. 12. §43)。

Psychology of the Unconscious）及《心理类型学》（*Psychological Types*）相比。或许可以说，他的后期著作的主要部分就是围绕本卷所包含的材料而撰写的。”[①]而荣格自己在《心理学与炼金术》的前言中说：“其中很多插图都证明了下述事实的正确性：即象征意象是炼金术士心理活动的根本实质……书面文字只能不完全地，或者根本就不能表达炼金术士压缩到其意象中去的东西……对专家来说，在这些意象和接受心理治疗的病人自发产生的意象之间，无论在形式上还是在内容上都具有惊人的相似性，虽然我在阐述过程中尚未对此进行非常深入的探讨。”[②]在其“炼金术的宗教与心理学问题导论”中，荣格说，“为此我发现自己有责任给这个相应的原型起一个心理学的名字‘自性’（Self）——这个术语一方面可以非常明确地表达人类整体性的实质，另一方面又很不明确地表现了这个整体无法描述和无法确定的性质。这个术语的矛盾性是下述事实的反映：整体性部分地由有意识的人组成，部分地由潜意识的人组成。但是，我们无法确定潜意识的人或者指出他的局限性。因此，就其科学用途而言，‘自性’一词指的既不是耶稣基督，也不是佛，而是与其相等同的那些人物的整体性，这些人物的每一个都是自性的一种象征。”[③]荣格进一步阐释说：“自性是出类拔萃（par excellence）的对立物的一个统一体，而且这就是它与基督教象征的根本不同之所在。耶稣基督的雌雄两性是教会对这种对立物问题所做的最大让步。一方面是光明与友善，另一方面是黑暗与邪恶，两者之间的对立形成了一种公开的冲突状态，因为耶稣基督只是代表善，而它的对立面则代表魔鬼、邪恶。这种对立是目前尚未解决的真实的世界问题。然而，自性却绝对超然，它在所有的方面都代表着论点及其对立面，同时也代表着综合。”[④]于是，道，太极，相反相成，对立整合，对于荣格来说，都是自性的要素；道家内丹，阴阳五行，以及《易经》及其卦象，充满分析心理学治愈与转化的启迪。

在其《心理学与炼金术》中，荣格用泡利的个案，来呈现其炼金术心理学的意义，梦中的曼荼罗象征，以及寓意自性和自性化过程的金花的

---

① 荣格：《心理学与炼金术》，《荣格全集》第 12 卷英文版（CW. 12. 编辑按语）。

② 荣格：《心理学与炼金术》“前言”，《荣格全集》第 12 卷英文版（CW. 12）。

③ 同上书，§ 22。

④ 荣格：《心理学与炼金术》，《荣格全集》第 12 卷英文版（CW. 12. § 22）。

秘密。

如前所述，泡利曾是荣格的病人。沃尔夫冈·泡利(Wolfgang Pauli)1900年出生，1958年去世，1945年以其著名的"泡利不相容原理"获得诺贝尔物理学奖。尽管泡利在其物理学的世界中不断追求完美，但是他的现实生活却遭受着压力和分裂的痛苦，婚姻的瓦解和母亲的不幸去世，都加重了其心理危机。1930年他向荣格寻求帮助，开始了他的心理分析经历，如《美丽的心灵》[①]，堪称传奇。

荣格曾在其1935年英国伦敦塔维斯托克的演讲中，匿名使用了泡利的个案。荣格当时这样介绍泡利："我有这样一位病人。他在大学工作，异常偏重智力。于是他的无意识成了问题，这些问题不断被激活。他把自己的阴影投射到了他人身上，把许多人都看成是自己的敌人，而他自己也变得异常孤独，因为在他看来，几乎所有的人都在与他作对。于是，他开始酗酒，想着能借酒消愁。但实际上是使问题更糟，他开始到处与人争吵……有一次，他在争吵中被人从餐馆扔了出来，遭受了毒打。"[②]荣格介绍说，这种事情随后不断发生，最后泡利来寻求心理帮助，做心理分析，带来其1300多个梦。

荣格对泡利有着特殊兴趣。为了确保避免其主观影响，他让自己的学生罗森堡姆（Erna Rosenbaum）对泡利进行观察性分析工作，而他自己则集中于对泡利梦的分析。荣格曾这样写道："耐心地看着灵魂中默默发生的变化，对我是一种奖赏，而其中最大最好的变化是来自于上面的，而非外部的调整。我得承认，我如此尊重人类灵魂中发生的事情，以至于我不敢笨拙地介入其中，以免干扰或歪曲了这一默默发生的自然过程。所以我忍住不去自己观察这一特殊的案例，并委托对我的理论尚不熟知的初学者来完成这个工作。"[③]

在《心理学与炼金术》中，荣格说，他用了差不多一年的时间，仔细研究了泡利1300个梦中前面的400个，以及附带的一些原型意象。泡利使用分析心理学的积极想象，常把自己的意象用绘画呈现出来。泡利是具有天

① 好莱坞获奖影片《美丽的心灵》所讲述的诺贝尔奖获得者约翰·纳什的故事。

② 荣格：《分析心理学的理论与实践》，成穷等译，北京，生活·读书·新知三联书店，1991年，第188—191页。

③ 荣格：《心理学与炼金术》，《荣格全集》第12卷英文版(CW. 12. §45)。

才人格的学者，他也把自己的才华用到其心理分析的过程，包括他对心理分析的独到见解。进行心理分析数月后，荣格说，（泡利）不仅记录与自发地表达了数百个梦，“而且甚至是自发地把积极想象应用于自己的分析……他具有哲学家的自然素养，以象征性的方式解决了自己所面临的许多问题。”[①]在荣格及其学生的帮助下，泡利逐渐恢复，同时对心理分析也产生兴趣，变得热情与主动。数月之后，荣格认为泡利已经获得基本的疗愈，荣格描述说：“他已经成为完美的正常与理性的人。他不再酗酒，完全适应他的环境与工作，完全恢复了正常……他也有了新的兴趣与热情。”[②]

而泡利则发现自己的梦都指向某种意味深长的事物，这甚至更激发他的直觉和研究兴趣。泡利说：“我傍晚把这些分析工作做完后，就去书房，我就能明白发生了些什么。我要研究我的梦，还会发现奇特的东西。”[③]事实上，泡利是一位不同凡响的病人，通过心理分析他不仅解决了自己的问题，还把自己的科学天赋也尽心用于心理分析，获得对心理分析的独到见解。泡利与荣格的通信与交往显示，泡利被梦中神圣和丰富的意义所感动，与荣格一起致力于对梦与灵魂的探索。

泡利与荣格一样，都喜欢抽烟斗

在荣格《心理学与炼金术》中，记录与分析了泡利一系列的梦，其中展现了无意识根据自己的秩序逐步自发展开的过程，在这一过程中，自性逐渐显现，围绕着曼荼罗的象征，以及与道有关的概念，如同道家内丹与炼金术所象征的自性化过程。

初始梦：泡利梦到自己在一个社交场合“……要离开的时候，他拿错了帽子，把一个不认识的人的帽子戴在了自己头上。”[④]荣格认为，戴在头上的帽子具有十分重要的象征意义。帽子所盖住的，不仅

① 见安德鲁·塞缪尔(Andrew Samuels)：A Critical Dictionary of Jungian Analysis. London and New York：Routledge，1997. PP. 76—79.

② 同上。

③ 同上。

④ 荣格：《心理学与炼金术》，《荣格全集》第12卷英文版(CW. 12. §52)。

仅是头，也是“首脑”，是人格的顶端。梦者拿别人的帽子戴在自己头上，或许意味着梦者将要进行一种“陌生”的人格体验，体验自己的另外一种存在。同时，由于帽子的圆形，荣格认为是曼荼罗的最初暗示。

第二个梦：泡利梦到自己乘火车旅行……“他站在窗口，挡住了其他乘客观赏窗外风景的视线，自己不得已要躲开。”[①]荣格曾这样来分析：梦者梦到旅行，意味着某种行程的开始，或“启动”了某个过程。在梦中，梦者挡住了他后面乘客的视线，而“后面”是我们所看不到的，可称之为“无意识”的方向。梦者躲开了挡住的“窗口”，也就意味着为无意识的呈现让开了道路。

第三次分析，一个意象：这是泡利临睡前的意象，“他觉得自己仿佛是站在海滩上。海水冲上了陆地，到处蔓延。随后，泡利感到自己身处一个孤岛上。”[②]荣格的分析：海是集体无意识的象征……而海水的蔓延，意味着来自无意识的人格阴影部分开始侵入。而面对阴影，也是治愈与转化的必然路径。

随着心理分析过程的进展，到了泡利第35个梦的时候，他梦到“一个演员把帽子梦扔到墙上”，并试着将其画出来，“墙上的帽子看起来是这个样子的”[③]：

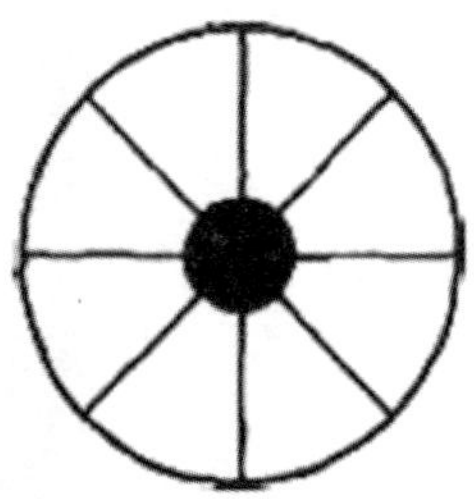

荣格分析说，“……他必须放弃这位演员，因为这是在他心中那个拒绝了自性的演员。帽子指其最初的梦，在这个梦中他戴上了一个陌生人的帽子。这位演员把帽子扔到墙上，这顶帽子证明是一个曼荼罗意象。”[④]

其间，在分析的过程中，泡利曾描绘自己这样一个意象，“一个陌生

① 荣格：《心理学与炼金术》，《荣格全集》第12卷英文版(CW. 12. §54)。
② 同上书，§ 56—57。
③ 同上书，§ 254。
④ 同上书，§ 255。

的女人，站在牧羊的山腰，为他指引着方向。”[①]荣格认为，出现在泡利意象中的这陌生女人，正是其内在女性，也即阿尼玛的象征。而事实证明，在随后几年，这位陌生的女性意象一直引领泡利走向其自性化目标。同时，阿尼玛意象也为其物理学和心理学探索引发智慧和灵感。泡利的梦与意象呈现了无意识自然发展显现的过程，犹如道家内丹和炼金术，其中指向人格的核心，趋中，中道，也即自性的象征，生动的曼荼罗意象逐步形成，并指引泡利走出迷宫，伴随深邃的自性体验，彻底转变了他对生活的态度。

泡利个人的心理分析结束后，他与荣格仍然保持着这种心理学与物理学的对话，二人继续在心理分析、《易经》、道家哲学、炼金术与原子物理学等领域交换观点，彼此启发。通过泡利，炼金术和原型思想进入物理学的讨论；通过荣格，微观物理学和量子理论融入心理学的语言和范畴。他们相互比较各自的专业见解，共同探讨人类心灵深处与自然现象的奥秘。泡利深受荣格提出的“共时性”理论的吸引，而荣格则十分赞赏泡利对于原型与集体无意识理论的独到见解。两人曾于 1952 年合作出版了《自然与心灵的阐释》(*The Interpretation of Nature and the Psyche*)一书，对于心理学和物理学都富有启迪。2001 年，普林斯顿大学出版社出版《原子与原型》，作者署名为泡利和荣格。该书收集泡利与荣格在 26 年中(1932—1958)的 80 封往来信件，其中详细记述了泡利与荣格的心理分析特殊经历，以及两人对共同感兴趣的自然、心理和哲学等领域的探索和交流。

泡利曾被玻尔称作“物理学的良知”。2013 年哥本哈根第 19 届国际分析心理学大会上有关于“玻尔、泡利与荣格”的主题报告；报告者引用他们之间的书信，给人们留下深刻印象，其书信中常常涉及《易经》，阴阳观念和道家哲学。如同玻尔，泡利也认为自己是东方智慧的受益者，老子道家的继承人。玻尔认为泡利具有杰出的敏锐和审慎，所谓的“泡利效应”，也表现了他对于真理与实验的执着与追求。若是能够听到泡利说“哦，这竟然没什么错”的时候，那么就是极高的赞许了。有一则笑话说，泡利死后去见上帝，上帝把自己对世界的设计方案给他看，泡利看完后耸耸肩，说道：“你本来可以做得更好些……”对于心理分析师来说，上帝在人们的心

① 荣格：《心理学与炼金术》，《荣格全集》第 12 卷英文版(CW. 12. §73)。

中，我们本来都是可以把生活安排得更好一些，本来都是可以做更好的心理分析，完成我们治愈与发展的实践。

《荣格全集》第13卷为《炼金术研究》，排在第一篇的正是荣格对《太乙金华宗旨》的评论。编辑者为该卷加按语说："'评《太乙金华宗旨》'引起世人极大的社会兴趣。"同时，编辑者认为："当我们把《炼金术研究》中的这些论文与荣格不朽的著作《神秘参与》《心理学和炼金术》以及在某种程度上与《伊涌》(*Aion*)进行比较时，我们才认识到，这些论文作为对其炼金术研究的一个导引所具有的独特价值。"①

在《炼金术研究》中，荣格专门介绍与阐述魏伯阳及其《周易参同契》，被称之为"万古丹经王"的道家丹法专著。荣格十分欣赏书中道法自然的炼丹比喻，阴阳五行作用下的炼丹过程，"太阳流珠"之无限金花的修炼意象，以及其中易道与丹道的贯通交融。荣格说："魏伯阳，我们所知的最古老的炼金术士(公元2世纪)，曾对炼金过程中犯错误而导致的危险后果作过有益的论述。在对后者作了简要概述之后，他描述了chen-yen(真人)，真实而完善的人，真人是这项工作的开端和结束：'他是而又不是。真人潜深渊，浮游守规中。'他以物质实体的形式出现……再次表达了我们在西方炼金术中发现的那种极其神秘的印象。"②接着，荣格继续引述："魏伯阳接着又讲述了一个区域，'这个区域的四周全都封闭着，其内部由一些互相连通的迷宫组成。保护措施如此完善，以至把那些讨厌而又可怕的东西全都驱除在外。……思想的停止是令人满意的，而焦急则是极其荒谬的。到处都充满了神圣的ch'i(气、精气、像空气一样的本质)，而且谁也阻挡不住。无论是谁，只要把它留在心中，都将兴旺发达，而凡是失去它的人，都将遭到毁灭。'因为后者将使用'错误的方法'：他将通过太阳和星辰的进程而在所有的事情上对他自己加以指导，换句话说，将根据中国的行为准则过一种理性有序的生活。但是，这却不是为了取悦于女性原则(阴)之道，或者如我们应该认为的那样，意识的秩序原则与潜意识并不和谐一致(在男性身上潜意识具有女性特征)。如果炼丹者在这个节骨眼上根据传统上认为理性的规则来安排其生活的秩序，那么他将使自己陷入危险之中。'灾难将变成漆黑一团的黑弥撒。'黑弥撒就是混沌一团(massa con-

① 荣格：《炼金术研究》，《荣格全集》第13卷英文版(CW. 13. 编辑按语)。

② 荣格：《炼金术研究》，《荣格全集》第13卷英文版(CW. 13. §432)。

fusa)，西方炼金术中的混沌或变黑(nigredo)，即原初物质，它外面是黑色的里面是白色的，就像铅一样。它是隐藏在黑暗中的真人(chen-yen)，完人，它受到生活中的理性而正确的行为的威胁，这样自性化就受到阻碍并且偏离到错误的道路上。这个气，这种精华(quintessence)(西方炼金术中玫瑰色的血)是不可‘阻挡’的：自性竭力要使自己表现出来并可能就要战胜意识。”①荣格将魏伯阳的丹法思想结合其所面对的临床现实来做分析："正如这位中国炼丹大师正确地观察到的那样，当人们考虑的问题是社会生活之外的其他事情时，当传统的、道德的、理性的行为准则开始生效时，就是说，当潜意识与自性化过程开始整合时，这种危险就会出现。”②

荣格进一步阐释说："魏伯阳对这个错误所导致的生理和心理后果作了生动的描述：‘从消化的食物中产生的气体会在肠胃内部制造麻烦。元精(气)就会呼出，而邪恶之气就会吸入。白天和黑夜如梭度过，使人无法入眠，日复一日。此时身体就会疲劳不堪，看起来就像患了精神病似的。上百次的脉搏跳动将会发生，使人产生如此强烈的愤怒之气，以致搅乱了心灵和身体的平静。’(遵循意识的道德)建一座祠庙，每天早晚都勤勉地守候着并且把礼物送到祭坛上，也将无济于事。‘鬼一样的东西将会现身，即便在睡觉时也会使他感到惊奇。此时会使他大喜过望，认为他肯定能长生不老。但是他却突然被不合时宜的死亡所摄。’这位作者又补充了一个寓意：‘因此一个微小的错误也会导致大的灾难。’西方炼金术的洞见并未渗透到如此深度。不过，炼金术士们却也觉知到这项工作的微妙的危险，而且他们知道，不仅对内行的智慧提出了很高的要求，而且对其道德品质也提出了很高的要求。”③

中国道家思想，阴阳观念与内丹技术，是荣格进行其《心理学与炼金术》、《炼金术研究》，以及《神秘参与》意象分析与阐释的重要内容。在中国，一阴一阳谓之道；于是，国王是阳的象征，王后则为阴的代表。为此，荣格引述魏伯阳《周易参同契》之“乾坤门户章第一”：乾坤者，易之门户，众卦之父母。坎离匡廓，运毂正轴，牝牡四卦，以为橐籥。覆冒阴阳

---

① 荣格：《炼金术研究》，《荣格全集》第 13 卷英文版(CW. 13. §433)。

② 同上书，§433。

③ 荣格：《炼金术研究》，《荣格全集》第 13 卷英文版(CW. 13. § 434)；魏伯阳，“一本中国古代关于炼金术的论著”，也即魏伯阳的《周易参同契》，第 237 页及以下。

之道，犹御者之执衔辔，有准绳墨，正规矩，随轨辙，处中以制外……[①]

荣格曾使用白云观的《内经图》，作为道家瑜伽的呈现，比如在1925年的《分析心理学讲座》中[②]。在荣格看来，其中所包含的象征和意象，足以启示分析心理学的实践。荣格所用白云观的《内经图》，源自鲁雅文(Erwin Rousselle)1933年在爱诺思东西方文化圆桌会议上的报告："当代道家的精神指引"。而鲁雅文所用的《内经图》，则是卫礼贤的收藏。

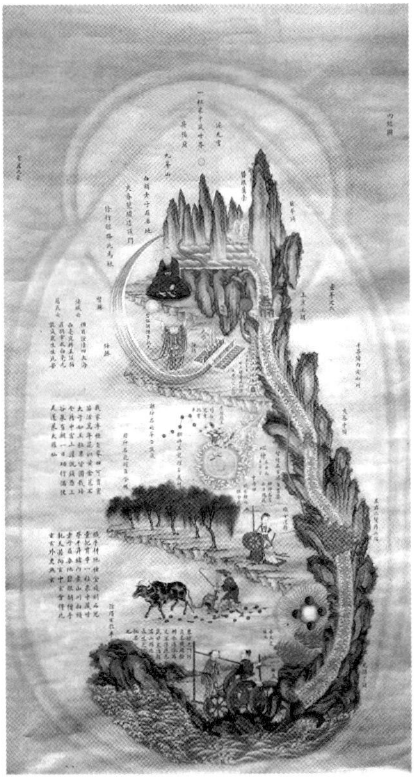

道家内丹《内景图》

尽管道家《内经图》或《内景图》所传版本不尽相同，但均附有一首"七律"，颇有象征寓意：

铁牛耕地种金钱，刻石儿童把贯穿。
一粒粟中藏世界，半升铛内煮山川。
白头老子眉垂地，碧眼胡僧手托天。
若问此玄玄会得，此玄玄外更无玄。

从《金花的秘密》，获得自性体验，道的启迪，荣格充满信心地阐述其分析心理学最重要的方法和技术——"积极想象"(Active Imagination)。积极想象也可称之为"主动想象"，积极或主动，均具有特殊背景与临床意义。在荣格看来，其"词语联想"以及梦的分析，包括早期的催眠术或弗洛伊德的自由联想，都还是"间接沟通"无意识的方法。而积极想象则是直接获取无意识的技术。在正式使用"积极想象"之前，荣格也曾用诸多相关表述，如："视画方法"(picture method)、"超然官能"(transcendent func-

① 荣格：《神秘参与》，《荣格全集》第14卷英文版(CW. 14. para. 14. Note. 142)。

② 荣格：《分析心理学：1925年讲座记录》英文版第118—119页(C.G. Jung. *Analytical Psychology*: *Notes of the Seminar Given in* 1925. Ed. by William McGuire. Princeton, Princeton University Press, 1989, PP. 118—119)。

tion)、“积极幻想”(active fantasy)、“积极妙想”(active phantasying)、“辩证方法”(dialectical method)、“分化技术”(technique of differentiation)、“内省技术”(technique of introversion)等。荣格分析心理学中许多重要思想，都与其积极想象的体验有关，比如阴影(Shadow)、阿尼玛(Anima)、阿尼姆斯(Animus)、人格面具(Persona)、自我(Ego)、自性(Self)等等。在其重要著作《神秘参与》中，荣格阐述了积极想象如何作为自我认识的途径，以及积极想象如何反映在自性化过程中。在这种意义上，积极想象就不单单是一种心理分析的方法与技术，而是一种内在的心性修养，或老子《道德经》意义上的道德修养，一种自觉与觉悟，道法自然与天人合一的境界。

荣格的积极想象中既包含了其探索无意识的自身体验与实践，也包含了来自东方文化的启示，尤其是道家内丹的影响，如《金花的秘密》之体现。如《庄子·齐物论》所描述的天籁之音：天籁者，“夫吹万不同，而使其自已也，咸其自取，怒者其谁邪?”唯有自性，获得自性体验，始能发挥积极想象的作用。而通过积极想象，荣格获得面对无意识的态度与方法，以此为基础，也形成独具一格的荣格分析心理学的核心技术。

荣格与弗洛伊德分裂之后，曾经一度陷入生活与事业的低谷，经历了一段漫长的抑郁状态；正如其在《回忆·梦·思考》中的描述，因此也开始了他独自面对无意识的阶段。于是，荣格也在寻找一种自我治愈的方法与途径，来克服自己内在的焦虑与不安。1913 年下半年开始，荣格进行一些自身的实验，刻意在清醒时激发幻觉和意象，然后进入其中，犹如进入一场戏剧，参与其中的演出。随后在其《黑书》中，荣格详细记录这一实验的细节，所遇到的困难，所感受到的启发。

荣格的博士论文，涉及对灵媒及恍惚状态的研究，已为其“积极想象”的发展打下了基础。他 1916 年所撰写的《超越功能》，已是对“积极想象”理论体系的准备，后通过 1928 年完成的《自我和无意识之间的关系》(《荣格全集》第 7 卷中的内容)，《〈金花的秘密〉评论》，以及 1935 年的塔维斯托克讲座等，逐渐完成了积极想象的构建。

荣格的《超越功能》，是要阐述如何面对“无意识”的问题，或者，如何解决“相反相成”“相对和合”。自然、东方文化、道，以及道之阴阳，《易经》之用中执中，也正是其中的关键。《自我和无意识之间的关系》，同样是要把握这“中”或“中庸”的道理，如何介于意识和无意识之间，并获得协调与和谐。荣格说：“通过中道获得相对和合，那种最为根本的内在体验，正可与中国道的概念相比拟。”[①]同时，荣格还说，“我可以祈求老子援引其道的观念，中道和创生万物。”[②]荣格1935年的塔维斯托克讲座，如我们前面所做的介绍与分析，论述有关问题的时候，所寻求的支持，也正是道与太极。而《金花的秘密》，更是荣格系统反思与阐释其“积极想象”的重要文献。通过对道家内丹的研究，荣格获得重要启发：道家的无为，是获得自身解放的关键。也如荣格所说：“让事物自发地表现的艺术，道家为无为的教诲……成为我打开无意识大门的钥匙。”[③]这钥匙也即荣格积极想象的关键。

荣格为其“积极想象”确定了基本工作程序：首先，尽量客观地观察一个意象的任何细节的发展与变化，尽量避免意识的干扰与抵触；其次，赋予内在的意象以某种适当的表现形式；最后，以道家的无为让事物自发地出现与表达。荣格把积极想象所获得的这种态度与转变，称之为意识的升华，人格的扩展与完整，或心理发展的高境界。荣格说，“一个人必须完全投入这条全新的道路，因为只有其完整的人格才能使他思深行远，也只有其人格完整才能保障他的所作所为不是荒谬可笑的冒险。”[④]尽管我们一向将“积极想象”，视为从早期催眠术，经由弗洛伊德自由联想，所形成的心理分析最重要的方法和技术，但是，对于荣格本人以及荣格心理分析师来说，积极想象不仅仅是技术，更为重要的便是相对和合，获得完整，获得自性觉悟，通往自性化之道。

对于荣格来说，积极想象也正是道的体现。他常用源自中国的“求雨者”的故事，作为对积极想象及其意义的概括与代言。荣格多次申明，不讲这“求雨者”的故事，他是不会讲“积极想象”(方法与技术)的。

荣格所喜爱的“求雨者的故事”，源自卫礼贤的中国体验。故事发生在卫礼贤所处的胶州，那里发生了严重的干旱，人们面临生存的危机和考验……无奈之下，村民们找来了“求雨者”，一位貌不惊人的老头。这位求

---

① 荣格：《分析心理学两论》，《荣格全集》第7卷英文版(CW. 7. § 327)。

② 同上书，§ 365。

③ 荣格与卫礼贤：《金花的秘密》，美国纽约1975年英文版，第90页(*The Secret of the Golden Flower: A Chinese Book of Life*. New York. Causeway Books. 1975. P. 90)。

④ 同上书，第93页。

雨者来到村子后，要求给他准备一个安静的茅屋，给他三天的时间，任何人不要打扰他。第四天的早晨，乌云密布，竟然下起了大雪……卫礼贤听说之后，专程赶去见这位非同寻常的求雨者，询问他如何能够求雨和使天下雪。这位求雨的老人说，“我本来已习惯于风调雨顺自然和谐的生活，而这里的状况是违背了天理，远离了自然之道。我刚来到这里也受其影响，失去了本来的和谐。于是我要独处三天来调整自身，重新恢复与道的联系。一旦我与道建立了联系，需要的雨自然也就会有了。”①就是这样简单。求雨者使得自己与自然和谐。

在其最后的重要著作《神秘参与》中，荣格分析类似于天地不交，《易经》否卦之意象，作为疾患；而天地相交之泰的意象作为疗愈。然后给出论断：“惟有智者，通过入道，在其自身来将道重建。这样，他便能将其自身的天地融入和谐。”②

这时，荣格给出进一步的解释说：“举一个‘入道’及其共时性效应的例子，我将引用卫礼贤告诉我的胶州求雨者的故事：‘卫礼贤生活的地区发生了严重的干旱，数月没有下一滴雨，情况近于灾难。天主教徒做了游行，新教徒做了祈祷，当地中国人焚烧祭拜，并用枪炮想吓跑旱鬼，但都没有效果。最后，有位中国人说，‘我们要去请求雨者了。’于是，从外省来了一位干瘪的老头。他只要求一处安静的茅屋，将自己锁在里面三天的时间。到了第四天，乌云密布，下起暴雪。那里没人想到这时节会下雪。事情非同寻常，有关求雨者的消息不胫而走，卫礼贤赶去询问这人他如何能做到。以典型的欧洲风格，他问道：‘他们称你为求雨者，你能告诉我你如何造雪的吗?’这位中国老头说：‘我没有造雪，下雪不关我事。’卫礼贤接着说：‘那你这三天都做什么了呢?’‘噢，这我可以解释，’这老头说，‘我来自有序之乡。这里杂乱无章，触犯天条。于是，国已失道。由于我在失道之国，我也有失本然。所以我只有等待三天，直到我回归于道，这样雨自然就下了。’”③荣格多次告诫其学生说：若是懂了这故事的道理，也就自然理解了积极想象的奥秘。

芭芭拉·汉娜曾在其《灵性接触：荣格发展的积极想象》(*Encounters*

① 荣格：《神秘参与》，《荣格全集》第 14 卷英文版(CW. 14. § 603—604)。
② 同上。
③ 同上书，§ 640。

with the Soul：*Active Imagination as Developed by C.G. Jung*）中这样来描述她对“求雨者故事”的感受和理解：“荣格曾对我说：‘不讲述求雨者的故事，就不要办积极想象的讲座。’在荣格去世前的那个圣诞节，他参加了心理学俱乐部的晚宴，他重新对我们这样说。当时屋子里所有的人都早已熟知这求雨者的故事，但是，当荣格再次强调之后，整个晚宴的气氛即刻发生了变化。我感受到，以前从未有这样的感觉，荣格为什么总是要我重复着求雨者的故事。”①芭芭拉·汉娜接着说：“如果积极想象似乎是一种你能够使用的方法，如果你能相当肯定，你从事积极想象的真正动机是为了获得对自己的更多认识，以及认识人类的未知部分，那么，首先要做的，便是要充分认识，使用荣格的积极想象要遵从于中国求雨者的原则。”②芭芭拉·汉娜说：“积极想象的最高发挥，就像这求雨者，使我们自己与道保持和谐。”③

于是，在这求雨者的故事中，就不仅仅是“无为”，而且是“为无为”，更是“无为而无不为”；这也正是《金花的秘密》中“存诚”的秘诀，先存诸己，后存诸人；既是伦理也是智慧，更是力量，包含着至诚如神，精诚所至金石为开的道理。同时，在这求雨者的故事中，所包含的正是“感应心法”，不仅是“天人感应”；而且是“天人合一”。“天人合一”是一种境界，是我们对积极想象与自性化过程的理解。正如冯·弗兰兹所说：“荣格将积极想象视为自性化的王者之道。”④

1930—1934 年，荣格在瑞士苏黎世心理学俱乐部用英文做了题为《解析意象》的讲座。该讲座的内容直到 1997 年才被克莱尔·道格拉斯（Claire Douglas）编辑整理以《意象：1930—1934 年研讨会记录》为书名正式出版。在这之前，有关的讲座内容只是作为不外借的内部参考文献，存放在少数几个荣格心理分析研究院的图书馆。这是荣格继《梦的研讨》（1928—1930）

---

① 芭芭拉·汉娜：《灵魂接触：荣格发展的积极想象》英文版第 13—14 页（Barbara Hannah. *Encounters with the Soul*：*Active Imagination as Developed by C.G. Jung*. Chiron Publication，Wilmette，Illinois 1981. PP. 13—14）。

② 同上。

③ 同上。

④ 冯·弗兰兹（Marie-Luise von Franz）：“《灵魂接触：荣格发展的积极想象》序言”；芭芭拉·汉娜：《灵魂接触：荣格发展的积极想象》英文版（Barbara Hannah. *Encounters with the Soul*：*Active Imagination as Developed by C.G. Jung*. Chiron Publication，Wilmette，Illinois 1981；Jung saw active imagination as the via regia to individuation）。

之后，系统表达与阐述其思想和理论体系的重要系列讲座。

讲座持续 5 年，出版的“研讨记录”多达 1400 多页，这都是围绕一个“病人”及其个案展开的。该病人是克里斯蒂安娜·摩根(Christiana Morgan)，哈佛大学精神分析师，后来以其与默里(Henry A. Murray)合作的“主题统觉测验”(TAT)而著名。正如安娜·O 帮助弗洛伊德完成了他的潜意识发现，克里斯蒂安娜则帮助荣格实现了他集体无意识以及原型意象的考察与探索，以及积极想象方法和技术的实践。

克里斯蒂安娜·摩根
(Christiana Morgan)

荣格在开始其系列讲座之前，曾这样介绍他的“病人”(克里斯蒂安娜)：“我们的病人是一位 30 岁左右的女性。有着很高的教育素养，非常聪明，典型的高智力，具有天才般的数学头脑。她所学的专业是自然科学，极富理性。她有着很多直觉，本应该有所发挥，但由于其非理性的成分或与她理性自我的不协调而受到压抑。”[①]荣格接着说：“这位病人在其 30 岁左右的时候陷入危机。这也是命运关照她，让她有机会来关注内心，来整合与发展自我。尽管表面上看起来，病人的婚姻和工作都没有什么问题，生活的各个方面都显得很不错……但是，她正处于严重的孤独状态，正经历着严重的心理危机。”[②]

克里斯蒂安娜是在 1926 年前后，与荣格开始进行心理分析的，当时 28 岁。她不但经历着自己的生活危机，而且患上了抑郁症。

分析开始后不久，克里斯蒂安娜做了这样一个梦：

(病人陈述的第一个梦)：“我正想弹琴，家里所有其他的人都来干扰。

① 荣格：《意象：1930—1934 研讨会记录》英文版第 6 页(C. G. Jung. *Visions: Notes of the Seminar Given in* 1930—1934, Edited by Claire Douglas, Princeton. Princeton University Press, 1997. P. 6)。

② 同上。

我站在阳台上，遥望着大海，旁边桌上的一位富有的犹太人也开始演奏音乐。他的演奏是如此美妙，我让自己停下来，听他的音乐。”①

一般来说，病人带给心理分析师的第一个梦总是特别重要的。荣格与参加讲座的学生，对该梦进行了这样的分析与讨论：

音乐意味着情感……在现实的生活中，病人的智力与思维性强，于是，在梦中，其现实中呈弱势的情感就自然而然地出现。梦也带出了病人的问题，情感及其表达受到了压抑与阻挠。

于是，病人在演奏音乐，实际上是要演奏或表达其情感。梦中这样的表现，也是无意识的补偿作用。但是，当她要演奏与表达自己情感的时候，家里的人都进行干扰与反对。在现实生活中，病人尽管有婚姻，但只有形式上的结婚而没有感情的结合。她与自己心目中所爱恋的男人有着亲密的感情，却不能公开表达。

梦中富有的犹太人，是病人内在的无意识"男人意象"——阿尼姆斯。病人阿尼姆斯的富有，表明其所具有很大的能量，掌控着病人很多内在的领地。同时，这阿尼姆斯也拥有着她的情感与感受。于是，在心理分析的意义上，对此阿尼姆斯的接触，认识与沟通，可以释放出被他所控制的情感，也正是病人现实生活中所缺乏的情感。

在分析的过程中，荣格对病人说："嗯，你的阿尼姆斯在梦中表现了。可以这样说，很长一段时间你对此并没有怎么留意，你没有关注自己的财富，你没有关注自己内在的感情。你自己的某些部分丢在了无意识中，被阿尼姆斯抓住了，被阿尼姆斯摄取了。他因而又强壮起来，开始争斗了。"②

过了一段时间，病人又带来了这样一个梦(病人的第二个梦)："我正要去看住在海边上的一个医生。我迷路了，绝望地要人们领我到正确的路上，使我能够找到医生。"③

荣格分析说：这梦中的"医生"，仍然是病人阿尼姆斯的新的表现。这次他不再是位音乐演奏者，而是一位治愈者。实际上，随着心理分析过程的发

---

① 荣格：《意象：1930—1934研讨会记录》英文版第9页(C. G. Jung. *Visions: Notes of the Seminar Given in* 1930—1934, Edited by Claire Douglas, Princeton. Princeton University Press, 1997. P. 9)。

② 同上书，第12页。

③ 同上书，第13页。

展与深入，这种作为原型意象的阿尼姆斯，会有许多不同形式的变化。

在分析了第二个梦之后，克里斯蒂安娜开始进入一种类似“自我催眠”的状态。在这种状态中，她的脑海中自动出现了一些画面：一只美丽的孔雀栖息在一个男人的背上，孔雀的嘴正指向那男人的脖子。当这幅画面消失的时候，接着出现了另一幅画面：她观望着自己，看着自己鞋子上一个很大的洞，心想这鞋子太旧了不能再穿了。

荣格当时是这样给病人做分析的。在克里斯蒂安娜自发出现这些“意象”之后，荣格告诉她，这些意象是她的意识与其弱势人格交流的特别途径。荣格说：“那么这些出现的意象，是你的弱势人格功能，情感与感受，在向你说话的途径。它是以某种预言似的方式在和你说话，你也必须把它作为预言一样来听……而这些意象表明，现在你的情感与感受功能参与这些意象，并且能够帮助你……我能感觉到你如此的沉静，你是很特殊的。这样做你也是在滋养心灵，你付诸了一些力比多在其中。因此，你再也不能被摧毁了……现在你正创造自己，而不是毁灭自己……”[①]

接着，随着分析的进展，克里斯蒂安娜遇到了更多的意象：射向月亮的弓箭，带有八角车轮光环的人头，正在从双筒酒杯饮酒的阴影，印第安人的帐篷等……荣格帮助克里斯蒂安娜在一种心理与文化的层面来分析与理解这些意象。在荣格看来，这些意象传达着某种原始魔术起源的信息，表明克里斯蒂安娜现在开始接触其真正的自我了，也即转向审视自己的内心。荣格认为，种种意象的寓意表明，克里斯蒂安娜已开始用其内在的眼睛，于是也就能够获悉生命的全部，生命背后的生命。荣格认为“双筒酒杯”的意象也有此寓意，而“带有车轮光环的人”则意味着自性化过程的开始。“八角的车轮”可能表示（心理类型的）八种功能，“车轮”则属于表示灵魂的古老象征……“月亮”与”弓箭矢”是通过性欲所表达的灵气。印第安人的“帐篷”则是一种原始的房屋，也即无意识的象征。

1932 年 3 月，荣格在其《意象》的讲座中，用道家哲学来解读病人的意象及其发展：“智慧老人与指环”。

（病人）“我遇到一个古代的老人，他是瞎子，拦在道路。他穿的长袍

---

① 荣格：《意象：1930—1934 研讨会记录》英文版第 17—18 页（C. G. Jung. *Visions: Notes of the Seminar Given in* 1930—1934, Edited by Claire Douglas, Princeton. Princeton University Press, 1997. PP. 17—18）。

有一些中国龙。他将一个指环套在我右手的手指。我看着这指环，看到这样一些文字：‘这是知者之路。你若冒犯，便知死亡。’这位老人站在一旁等我走过。”[①]

荣格的分析：这位老人，穿的长袍上有中国龙，显然是智慧老人的原型。盲人先知是神秘的，尽管他看似瞎子，但却具有内在洞察力……作为荣格的病人，在其生活危机及其治愈的关头，此时最需要的，便是这无意识的智慧老人原型及其内在洞察力。

荣格将老人送给病人的指环，作为彼此的联结，获取智慧的信物。同时，荣格用汉字之“道”，解读意象中老人所说的“知者之路”。荣格用老子章句来解读其后面话语：“智慧老人后面所说‘你若冒犯，便知死亡’的意义，老子在其《道德经》中有精彩的阐释。我将为你们读出索耶（Sawyer）女士翻译的《道德经》第20章的章句……

> 唯之与阿，相去几何？
> 美之与恶，相去若何？
> 人之所畏，不可不畏。
> 荒兮，其未央哉！
> 众人熙熙，如享太牢，如春登台。
> 我独泊兮，其未兆；
> 沌沌兮，如婴儿之未孩；
> 儡儡兮，若无所归。
> 众人皆有余，而我独若遗。
> 我愚人之心也哉！
> 俗人昭昭，我独昏昏。
> 俗人察察，我独闷闷。
> 澹兮，其若海，
> 飂兮，若无止。
> 众人皆有以，而我独顽且鄙。

① 荣格：《意象研讨会》第二册英文版，第249页（C. G. Jung. *The Visions Seminars*. From the Complete Notes of Mary Foots. Postscript by Henry A. Murray. Spring Publication. 1976. P. 249/Book Two）。

我独异于人，而贵食母。①

荣格认为，《道德经》这第20章已是描述了病人指环上的信息，尤其是最后一句。其中之“母”，也即为道。荣格接着做如下分析：“老子说：‘我独异于人，而贵食母。’对道的重视使其独异于人。众人皆有其自己的目标，受役于自身目的，但他的目标是道，不能冒犯之道。”②在荣格看来，这里的道也是无意识之道，自然之道。若是冒犯或者违反，那么必遭厄运，身心健康俱受影响。为此，荣格以安格鲁斯·西勒修斯(Angelus Silesius)为例，阐释对道的违背所必然要付出的代价。然后荣格接着说：“这便解释了指环上的文字：‘你若冒犯，便知死亡。’明白了其中的道理，这位女士继续前行，那位穿着中国长袍的老人，或许就是老子一样的圣者，站在一旁。”③

接着，是病人意象的自然发展：“我进到一个房子，房子的中央升起了大火，大火冲天熔化了许多星星，星星落入火中。我穿越大火撞入一个花园。我沿路走去直到一处水池。”④荣格将来访者此时的意象，解读为“曼荼罗”，一种近于自性的表达。荣格说：“中国人会称之为道的表达。因为道是与天序相合的状态，天地之规律的完美呈现。”⑤

来访者的意象继续发展，后来遇到一个中国雕塑，她将其项链挂在这雕塑上，并躺下睡觉……后来又遇到白色的庙宇，遇到一条盘起的蛇，刻字的石板，一些戴着锁链的原始人；那位老人在读书，后来遇到河流，黑白相映，水火相济，并穿越森林……在持续的意象中，病人与那老人有这样的对话：“我问那老人，‘你为什么不为这些奴隶解开锁链?’然而他回答说：‘我在读启蒙书，其中有方法。’我问：‘你为什么读这样一本腐朽的古卷呢?’他回答：‘这是启蒙书。’”⑥

对于来访者连续的意象变化，荣格仍然是以道家哲学来进行解读。比

① 荣格：《意象研讨会》第二册英文版，第250—251页(C. G. Jung. The Visions Seminars. From the Complete Notes of Mary Foots. Postscript by Henry A. Murray. Spring Publication. 1976. PP. 250—251/Book Two)。

② 同上书，第251—252页。

③ 同上。

④ 同上。

⑤ 同上。

⑥ 同上书，第271页。

如：来访者意象中出现的中国雕塑，荣格认为是中国哲学的象征，她为其戴上项链，并躺下来睡觉，或许是接受了《道德经》的庇护。同时，荣格也认为，在来访者的意象中，融入了中国哲学的水火相济，“对立组合”；来访者意象中的“黑白相映”，也如道家的“太极图”。荣格在讲座中借用“太极图”，认为“太极，中国的双鱼符号，给我们提供了理解我们内在结构的线索……”①尽管来访者处于“阴地”，但亦然出现阳的意象，来访者所要做的，便是这对立的整合。

在荣格看来，来访者意象中的蛇，也是阴阳和合，或阴中之阳；阴中获阳，也便具有治愈的迹象。在这种意义上，蛇的意象发挥了分析心理学中的“超越功能”，近于中国之道的意义，一种相对而协调的象征。只有道，能将对立双方协调整合。荣格说：“老子，生活于公元前6世纪，常说道的阴性，视其为母。他也称道为谷神；就其本性而言，老子说，道如水，上善若水。水善利万物而不争，处众人之所恶，故几于道。”②

而意象中出现的“刻字的石板”，荣格也认为与道或《道德经》有关，并通过“道”之汉字意象来进行解读，如我们前面已引用的，汉字道之“行走”与“首”的符号来诠释道之引领的意义。在来访者的意象中，有一位读启蒙书的老人，来访者与其有一番对话。荣格分析说：“这是她遇到能为她讲道的人。‘老子’意味着老人，这并非个人之名，而是一种标志。于是，她由《道德经》，见到老子。”③在荣格看来，来访者意象中，老人所读的启蒙书，便是《道德经》。荣格说：“这部五千字的书包含古老中国智慧的本质。它象征了公理智慧、创造智慧，以及可传达智慧……在东方以及在西方都是伟大象征的著作；圣者总是要写出包含所有生命秘密的大作。”④

几年之后，克里斯蒂安娜在完成与荣格一起的心理分析之后回到美国哈佛大学，依然在其生涯中发挥着创造与才华，为哈佛大学的心理学发展做出了重要的贡献，尤其是对于亨利·默里的人格心理学体系及其主题统觉测验，提供了十分重要的帮助。克里斯蒂安娜也在其创造性的工作中获

① 荣格：《意象研讨会》第二册英文版，第259页(C. G. Jung. The Visions Seminars. From the Complete Notes of Mary Foots. Postscript by Henry A. Murray. Spring Publication. 1976. P. 259/Book Two)。

② 同上书，第264页。

③ 同上书，第268页。

④ 同上书，第269页。

得了浪漫的感情生活。

克里斯蒂安娜的个案是荣格积极想象方法和技术的发挥和运用。克里斯蒂安娜充分运用其天赋，不仅绘出自己的各种意象，而且详尽记录了荣格对她的分析与指导。荣格的集体无意识，原型意象等理论的有效性，在这种治愈与心性发展的过程中获得了见证。编辑出版《意象：1930—1934年研讨会记录》的克莱尔·道格拉斯博士认为，荣格通过其"解析意象"的讲座，通过被分析者克里斯蒂安娜·摩根的临床资料，依靠积极想象的技术，完成了他的原型心理学。

荣格用中国之道，作为克里斯蒂安娜·摩根之意象分析讲座的总结。荣格说："自性化是生命法则的实现。于是，所谓自性化也即和宇宙法则的自然整合。对于人类个体而言，这意味着要在意识水平完成，这种意识性与整体本性自然协调，这也是道之观念的表达。"[①]作为荣格的病人，克里斯蒂安娜·摩根也如黑塞与泡利，在心理分析的意义上，其治疗与治愈的过程，也即自性化的过程。这也是荣格在其"自性化过程研究"中，通过克莉斯汀·曼(Kristine Mann)的个案所阐释的要义，金花的秘密，入道的感觉，以及心灵之花的开放。

戴维·罗森在其《荣格之道》中，称斐乐蒙是"荣格内在的道家师傅"，并且就自己的理解求教于玛莉·路易·冯·弗兰兹(Marie Louis von Franz)和梅尔(C. A. Meier)，分别问他们两人一个十分特别的问题"荣格是道家吗?"

冯·弗兰兹肯定地回答："是的，荣格崇尚道家，并且身体力行于道家哲学的生活方式。"对此梅尔也表示赞同，他说，"是的，荣格是一位道家。现在，人们并没有认识到荣格的对立统一性心理学从其本质上说与道家思想是一致的。人们想把荣格变成他本来并不是那样的存在。他扎根于自然及其对立与统一之中。然而，对于道家，他是如此的虔诚，如此的神往，荣格作为道家是再清楚不过了。"[②]

---

① 荣格：《意象研讨会》第二册英文版，第298页(C. G. Jung. The Visions Seminars. From the Complete Notes of Mary Foots. Postscript by Henry A. Murray. Spring Publication. 1976. P. 298/Book Two)。

② 戴维·罗森(David Rosen)：《荣格之道》，申荷永、范国平译，北京，中国社会科学出版社(点金石丛书)，2003年，第10页(David Rosen. *The Dao of Jung*. Penguin Putnam, New York 1996. Preface)。

汉德森老师曾告诉我们说：荣格分析心理学最大的秘密，便是中国之道。他十分认真地说：我们分析心理学，其核心所在，便是道。作为心理分析师，像荣格那样，我们要入道。同时，作为心理分析师，在我们的临床治疗中，我们要和我们的来访者，同在于道。

戴维·罗森《荣格之道》封面

如我们在前面所引用荣格在其自传"回顾"中最后的一段话语："当老子说'众人皆明，唯吾独懵'的时候，他所表达的就是我在此老年时的实际感受。老子是有着卓越洞察力的代表，他看到并体验到了价值与无价值，而且在其生命行将结束之际希望复归其本来的存在，复归到那永恒的、不可知的意义……事实上，那些使我对此世界的疏远感，仿佛已经转移进了我的内心世界，呈现出了一种'吾丧我'的感觉。"①回归于道，返璞归真，也便是荣格与道，荣格与道家的渊源。

① 荣格：《回忆·梦·思考》之"回顾"；刘国彬、杨德友译，沈阳，辽宁人民出版社，1988年，第579页（C.G. Jung. *Memories*, *Dreams*, *Reflections*. New York, Vintage Books, 1989, P.359）

第五章 荣格与佛教

在荣格的思想与著述中，佛教也具有重要的影响，尤其是“曼荼罗”“瑜伽”和“禅”。荣格早期的“曼荼罗”体验(1916)，已是与佛教有实际的接触与关联。荣格有关《昆达利尼瑜伽心理学》的系列讲座(1932)，其为《西藏度亡经》和《西藏大解脱书》所撰写的评论(1935/1939)[①]，为铃木大拙《禅学导论》所撰写的序言(1939)，以及《瑜伽与西方》(1936)和《东方冥想的心理学》(1943)等，都反映出其与佛教及禅宗的深刻渊源。

通过卫礼贤，荣格也曾接触太虚法师和梁启超等中国学者及其佛教著述。荣格去世前所读的最后一本书，是有关中国禅宗的《禅法》。书中详细介绍了虚云法师，以及中国禅宗的经典，如《六祖坛经》、《景德传灯录》和《永嘉证道歌》等。如同《易经》和道家，佛教的影响也体现在荣格及其分析心理学的体系与实践中。

在荣格的书房，其书桌对面的墙上有一幅“水月观音”，其书房侧面有一幅藏传佛教的“唐卡”，美轮美奂的“曼荼罗”；其密室的书桌上有一尊卢舍那佛，那是荣格每天沉思与写作所要面对的深远意象。荣格与佛教，亦然是其思想的氛围。

① 荣格“《西藏度亡经》的心理学评论”(1935)，《荣格全集》第 11 卷：《心理学与宗教：西方与东方》(CW. 11)；中译本见荣格：《东洋冥想的心理学》，杨儒宾译，北京，社会科学文献出版社，2000 年。

第一节　苦集灭道，解脱与超越

有哲人说，所有的哲学，所有好的哲学，都是对生死的参悟，都是对死亡的准备，都是对拯救与解脱的求索。这也是我最初接触心理学时的深刻感受：所有的心理学，所有好的心理学，所有深度心理学，本来也应该如此；必然涉及生死的主题，必然要面对苦难，面对自我救赎；触及心灵始能解脱，始能获得转化或超越。

作为心理学缘起的德尔菲神殿箴言："人认识你自己"，本来有一个重要条件，便是要面对苦难，也即"苦难与自知"(the suffering，the knowledge)的主题，也即荣格自称"受伤的治愈者"(the wounded healer)的实践。

于是，荣格分析心理学的要义，也正是面对苦难，自我救赎，与灵魂对话，从而获得疗愈与转化；如其《红书》中的详尽记录，这种心灵对话具象而生动且富有意义。在此过程中，荣格触及生死，寻找解脱，追寻医治灵魂的传统，感悟其中的意义和启迪。当然，凡生死解脱，业力轮回；凡心灵拯救，究竟涅槃；也已是荣格与佛教之缘。如佛所言，此是苦，汝应知；此是集，汝应断；此是道，汝应修；此是灭，汝应证。凡四圣谛、八正道以及十二因缘，佛教的根本教义，也在分析心理学中有所体现。荣格多次表达他对佛陀与佛教精神的崇高敬意。他把佛陀的救赎之路称为"观察世界与神圣行为的伟大结合"。[①]在佛教精神的感召下，作为整个世界的开拓者，人们以各自独特的方式从心灵上整合那些流传已久的众神。这也是荣格曾经的表达。

在荣格的早期著作中，如《转化的象征》(1912)、《向死者七次布道》(2016)、《超验功能》(*The Transcendent Function*，1916)以及随后的《心理类型》(1921)等，都时隐时现佛教思想的影响，包含荣格与佛教、瑜伽，以及荣格与中国禅宗的联系与线索。

比如，其1916年的《超验功能》是讨论如何面对无意识的，其中已包含了荣格分析心理学之"积极想象"方法的酝酿。荣格在1958年7月和1959

---

① 罗伯特·欣肖(Robert Hinshaw)：《荣格访谈》(Hinshaw R. / Fischl l.：*C.G. Jung im Gespräch*，Einsiedeln：Daimon 2003，§191)。

年 9 月，为这篇被重新发现的论文撰写了“前言”[①]，其中专门提到，他在这篇早期论文中所提出的问题（应如何与无意识相协调），“是由印度哲学提出的，尤其是由佛教及禅宗所提出。间接地说，尤其是在实践中，这也是所有宗教和哲学的基本问题。无意识不是这个东西或那个东西，它是时刻影响着我们的一种未知。”[②]

在荣格看来，佛家的无我，并非没有自我，而是自我与自性关系的调整。尽管荣格的“积极想象”，如我们在前面“荣格与道家”的阐述，同时也深受道家哲学、太极与阴阳，以及道家内丹思想的影响。

为此，荣格认为，《超越功能》以及所包含的分析心理学“积极想象”，从根本上来说，是一种与无意识相互协调的方法；与无意识相协调，或者说与无意识打交道，首先是一种态度，需要意识自我的调整，犹如佛家之“破我执”的开始。因为，在进行积极想象的时候，意识总是会来干扰，不管是来帮助还是来否认……这样也就不能让心灵过程在自然与安静中获得发展。于是，荣格说：“做法很简单，但简单却也是所有事情中最困难的。开始的时候，我们只须客观地关注某种意象将如何发展。这看起来很简单，但也正是困难所在。比如说，找不到任何意象，或者说有那么一个意象，但又觉得太荒谬。于是就有很多反对继续做的理由。”[③]对此，荣格称其为“意识的狭隘和局限”。[④]

同时，荣格也特别提到“积极想象”的危险。荣格说：“这种方法不是没有危险的，若没有专家督导最好不要采用。其较轻的危险之一，是其过程可能不会带来任何积极的结果，因为它很容易变成弗洛伊德的‘自由联想’，从而使病人陷入其自身情结怪圈而难以自拔。进一步的危险，尽管其本身没有危害，是通过一些可能产生的可信内容，病人对其表示特别美感兴趣，因此陷入包罗万象的幻觉，以致还是一无所获。这些幻想和想象（fantasies）唯有通过与人格融为整体，始能展现其意义和价值。也就是说，

---

① 荣格在前言中说明，“这篇文章（《超越功能》）写于 1916 年。最近被苏黎世荣格学院的学生发现，并临时出版了非公开的英文翻译。

② 荣格：《超越功能》（*The Transcendent Function*）前言，《荣格全集》第 8 卷（《心灵的结构与功能》）英文版（CW. 8. Prefatory Note）。

③ 荣格与卫礼贤合著：《金花的秘密》，美国纽约 1975 年版，第 139 页（*The Secret of the Golden Flower*：*A Chinese Book of Life*. New York. Causeway Books. 1975. PP. 90—91）

④ 同上。

此刻人们所要面对的，不仅是其寓意，而且还有其道德要求。最后，第三个危险，这在某种情况下会是一个严重的问题，即当潜意识内容已拥有较高蓄能时，由积极想象将其引发，则其可能压过意识心理并占有人格。这就会产生一种不易与精神分裂症相区分的情况，至少暂时如此，甚至还会引起一种真实的'间歇性精神病'。于是，积极想象的方法并非儿戏。对无意识的普遍低估给这种方法增加诸多危险。然而另一方面，毫无疑问它将能为心理治疗师带来无价的助益。”[①] 似乎要有对禅的领悟，始能获此深度心理分析的理解。

对于荣格来说，心理的“超越功能”，源自意识内容和无意识内容的联合，所体现的不仅是道家之阴阳的平衡，而且也是佛教与禅宗的“中道”。当然，也包含了中国儒家的中庸之道。

刘耀中与李以洪合著的《荣格心理学与佛教》[②]，将荣格1916年所撰写的《向死者七次布道》，作为分析荣格与佛教的重要线索，尤其是其中《心经》思想的体现，以及《大乘起信论》的影响。

荣格的《向死者七次布道》，最初以巴西里德斯(Basilides)之名来发表，给人的印象是巴西里德斯在借荣格之口来做“布道”。巴西里德斯是公元2世纪人物，埃及亚历山大的诺斯替教[③]领袖，自称受教于传道者马太。由此学界多将荣格的这篇论著，视为其与诺斯替教的渊源。然而，在刘耀中看来，“《向死者七次布道》的意义十分明确，在其神秘气氛的背后，所反映的是一种中国佛教的境界。”[④]接着，刘耀中引用《向死者七次布道》，“(荣格说)我从一开始就觉得世界是虚无的，而虚无就是充满。”荣格接着说：“人是一扇门，通过这门你可以从诸神、恶魔和灵魂的外部世界进入

① 荣格：《超越功能》(*The Transcendent Function*)前言，《荣格全集》第8卷(《心灵的结构与功能》)英文版(CW. 8. Prefatory Note)。

② 刘耀中、李以洪：《荣格心理学与佛教》，北京，东方出版社，2004年。

③ 诺斯替教或诺斯替主义(Gnosticism)，也称为唯灵主义、灵智派。诺斯替教主张寻求“诺斯”(Gnosis)。“诺斯”即真知，诺斯替教徒即是已经找到或正在寻找“诺斯”的人。“诺斯”是神秘的知识。诺斯替教认为存在着两个世界：物质世界(Phusis)和精神世界。精神世界充满着神的流出物“移涌”(Aeon)，这种“充满”即是“普累若麻”，其中最大的“移涌”是“范型人”(Proto Anthropos)，它是人的灵魂的来源。

④ 刘耀中：《佛教影响下的荣格：从〈起信论〉到〈向死者七次布道〉》；见申荷永主编：《灵性：分析与体验》，第一届心理分析与中国文化国际论坛论文集。

到内部世界，可以从一个大宇宙进入自己的小天地。"[①]在刘耀中看来，荣格在这向死者的七次布道中，似乎已经体悟到了"空无一物又万物皆有的道或佛性"；对此，荣格也列举生与死、光明与黑暗等对立的统一，试图阐述在把握佛性上获得两极的和谐。而这种佛性，既是一种原始的心理模型，也是荣格所描述的集体无意识的本质属性。于是，刘耀中认为，"显然，荣格在这里所表达的，是一种典型的佛教思想。"[②]更进一步，刘耀中则认为荣格在《向死者七次布道》中所表达的思想，主要是受《大乘起信论》的影响。

而在莫阿卡宁(Radmila Moacanin)看来，莫阿卡宁著有《荣格心理学与藏传佛教》一书，荣格的向死者七次布道，则充满了《心经》的气氛和《入楞伽经》的风格，尽管并不能说这种联系是直接的。莫阿卡宁说，荣格的《向死者七次布道》"充满悖论，简明而非凡，显然使人联想起佛教思想。实际上，它重复使用了《心经》的警句：'色即是空，空即是色'。或者说它重复了《入楞伽经》的陈述：'空即是色……空遍满色故，色即是空。'"[③]为了让读者接受其观点，莫阿卡宁随即引用了荣格的《向死者七次布道》："空与实相同，在无限充实中的正是虚空。空即是虚空的，又是充实的……无限和永恒的事物没有属性，因为它具有所有的属性。"[④]

当然，荣格所受的影响是广泛的。《向死者七次布道》也被作为诺斯替传统进行分析，尤其是荣格所用"普累若麻"(Pleroma)的概念。但其中直面灵魂的主题，却是永恒的，总是带有来自东方智慧的身影和意象。

《荣格与东方思想》的作者克拉克(J. J. Clarke)则认为，荣格与佛教的渊源则更早，从其大学的论文中已有端倪[⑤]。实际上，荣格在其传记《回忆·梦·思考》的"童年"一章中，特别提到在他童年的阅读中，有许多外国宗教的故事，特别是一些东方宗教的插图，有印度教、婆罗门教、毗湿

---

① 刘耀中："佛教影响下的荣格——从《起信论》到《向死者七次布道》"；见申荷永主编：《灵性，分析与体验》(第一届心理分析与中国文化国际论坛论文集)，广州，广东高等教育出版社，2006年，第125—128页。

② 同上。

③ 拉·莫阿卡宁：《荣格心理学与西藏佛教》，江亦丽、罗照辉译，北京，商务印书馆，1994年。

④ 同上。

⑤ 克拉克：《荣格与东方思想》(J. J. Clarke. *C.G. Jung and Eastern Thought*, published by Routledge. 1994)。

奴、湿婆等，使其印象深刻。荣格说："每当我看这些插图时，总有一种朦胧的感觉，觉得它们和我那'原始的启示'有某种亲和性，我从未对人讲起过它，也永远不准备道破这秘密。"[①]

1938 年，逢印度加尔各答大学(University of Calcutta)25 周年纪念活动，荣格应英国政府的邀请前往参加，在印度各地旅行三个月，相继接受了加尔各答、阿拉哈巴德(University of Allahabad)和贝拿勒斯(University of Benares)大学所颁发的荣誉博士学位。荣格说，"在那以前，我已经阅读大量关于印度哲学和宗教历史的书籍，对东方智慧的价值深信不疑。"同时，荣格补充道，"当时我正忙于精细研究炼丹术哲学，这次旅行算的上是其中一个插曲。"[②]

荣格特别描述了他在桑奇佛塔的特殊感受。荣格说："我参观佛讲经的桑奇佛塔时候，感受到一种强烈的情绪波动；每当遇到我还意识不到其意义的一件事，一个人或者一个思想的时候，这种波动就会涌现。这些佛塔建筑在一座小石山上；走过一条铺在绿色草地中间的、令人喜爱的大石阶的小路，就可以到达山的顶峰。佛塔都是陵墓或者圣器储存所，半圆形，像两个大碗倒扣叠落在一起，就像释迦牟尼在《大般涅槃经》中的描述那样。"[③]荣格接着说，"这片圣地的孤寂宁静令我神迷。我让自己沉浸在那种气氛中。"[④]后来，荣格在其《如梦似幻的印度世界》文章中说，"从古以来，圆形就是圆满的象征，对大雄如来来说，它既适合他，也是可以表现其精神的圆形陵墓。此建筑物极端简单、肃穆，但又清晰明朗，与佛陀的训示之简单、肃穆、清晰明朗，完全符合。"[⑤]

在这种感受中，荣格写道："我强烈的激动心情表明，对我来说，桑奇山是某种中心。佛教的一个新的侧面在那里向我展现出来。我捕捉到了作为自性现实的佛的生命，自性展现出来，希求有人格的生命。对于佛来说，自性是高于一切的神，自性是一个统一的世界，代表了人类经验的整

---

① 荣格：《回忆·梦·思考》之"回顾"；刘国彬、杨德友译，沈阳，辽宁人民出版社，1988 年，第 36—37 页(C. G. Jung. *Memories*, *Dreams*, *Reflections*. New York, Vintage Books. 1989)。

② 同上书，第 455 页。

③ 同上书，第 461 页。

④ 同上。

⑤ 荣格："如梦似幻的印度世界"，见荣格：《东洋冥想的心理学》，杨儒宾译，北京，社会科学文献出版社，2000 年，第 57 页。

体和世界的本质。自性包含了固有存在方面及其可知性方面这二者，舍此世界就不存在。佛见到并且把握了人类意识的宇宙开辟性尊严；因此，他清楚地看到，如果人熄灭了这种光明，世界就沉沦于无。”①

哈洛德·考沃德(Harold Coward)也曾著有《荣格与东方思想》(*Jung and Eastern Thought*)②一书，汉德森先生为其撰写序言。在这部著作中，哈洛德·考沃德主要是以“荣格和瑜伽”为主线，来阐释印度佛教对荣格思想的影响。1936年，荣格也曾发表有关《瑜伽与西方》(*Yoga and the West*)的著述，后收入《荣格全集》第11卷。其中，荣格明确表示，他将瑜伽视为一种东方的身心与心性练习。在荣格看来，瑜伽练习中的“生命之气”(Prana)，“既是呼吸，也是弥漫宇宙的动能。当个人的所作所为变成也是宇宙性的生成变化时，躯体的提升即与精神的提升会合为一，这种合一的状态——不管再利用怎样科学的技巧，都是无法制造出来的。”③于是，荣格说，“瑜伽修炼不可思议，不可强求，它也不建立在概念的基础上面。它以超凡卓绝、圆融完美的方式，将躯体与精神熔铸为一。”④

荣格接着说，“这些理念与修行方式源自东方，其传统绵延不绝，超过四千多年，这造成了一种不可或缺的精神氛围。我深信在融合身心成为一体方面，瑜伽方法极为完美，恰如其分，这是无可置疑的。这些方法创造了某种精神性质，使得某种超越意识以上的直觉得以呈现。”⑤

1932年10月3日至8日的一周，荣格邀请德国印度学者威廉·豪尔(Wilhelm Hauer)在苏黎世心理学俱乐部，以“瑜伽，其脉轮的意义”⑥为主题，用英文和德文先后做了六次讲座。随后，荣格就昆达利尼瑜伽进行心理学的解读，阐释其中的东方疗愈系统，以及其对于西方心理治疗的意义。1996年，苏努·沙姆达萨尼编辑整理了荣格以及威廉·豪尔的讲座，

---

① 荣格：《回忆·梦·思考》之“回顾”；刘国彬、杨德友译，沈阳，辽宁人民出版社，1988年，第463—462页(C. G. Jung. Memories, Dreams, Reflections. New York, Vintage Books, 1989)。

② 哈洛德·考沃德(Harold Coward)：《荣格与东方思想》(Jung and Estern Throught), State University of New York Press, 1985.

③ 荣格：《瑜伽与西方》(*Yoga and the West*)，《荣格全集》第11卷(CW. 11.)；见荣格：《东方冥想的心理学》，杨儒宾译，北京，社会科学文献出版社，2000年，第37页。

④ 同上。

⑤ 同上书，第37—38。

⑥ 荣格有关“瑜伽，其脉轮的意义”系列讲座的英文和德文：Yoga, especially the meaning of the cakras/ Der Yoga, im besondern die Bedeutung des Cakras.

研讨问答，并以《昆达利尼瑜伽心理学》为书名在美国普林斯顿大学出版社出版。荣格在其《力比多的转化与象征》(1912)中，已有对《奥义书》和《梨俱吠陀》章句的心理学阐释。在苏努看来，其中也包含了荣格与瑜伽的缘起。

昆达利尼(Kundalini)一词含义为“蟠龙”，故昆达利尼瑜伽也有译作蟠龙瑜伽，或蛇王瑜伽，以其气脉学说或脉轮系统著称。瑜珈师通过身密语密意密三密，而获得身心圆满富有神性。

荣格《昆达利尼瑜伽心理学》的讲座，也曾由琳达·(Linda Fierz)和托妮·沃尔夫(Toni Wolff)编辑整理用德文出版，并在其书脊上用了“谭崔瑜伽”(Tantra Yoga)，其内容与苏努编辑的英文版有所不同，比如，其中收录了托妮·沃尔夫有关“歌德中的谭崔象征主义”的讲座，以及荣格有关“谭崔象征的西方比较”专题。①

“谭崔瑜伽”也被成为“密宗瑜伽”，梵文“Tantra”一词由两个音素组成：其一为“tannoti”，意为“延展”，其二为“trayati”，意思是“解脱”。谭崔瑜伽的修炼融合了脉轮、调息、唱诵、身印以及冥想和曼荼罗等，通过谭崔或密宗瑜伽的修行，人们不仅可以寻求自我的解脱，而且，就其所包含的神性而言，可以寻求整个社会以及整个世界的解脱。

荣格曾这样来描述他对谭崔瑜伽的认识和理解：印度哲学对于“无我”(non-ego)状态的解释，影响了我们的个体心理学。看起来，人类发展的目标，似乎是要在特别的无我本性和意识自我之间提供某种途径或联结。“于是，谭崔瑜伽提供了这种无我状态及其发展阶段的表现，如其自身以其自己的方式产生更高的非个人意识之光。”②

在《瑜伽与西方》一文中，荣格说，“我无意奢谈瑜伽对于印度意味着什么，因为我不能用我的个人经验去冒昧判断那些我不知道的事。但是我可以谈谈瑜伽对于西方意味着什么。因为我们找不到方向，已近乎精神错

① 托妮·沃尔夫有关“歌德中的谭崔象征主义”(“Tantrische Symbolik bei Goethe”/“Tantric symbolism in Goethe”)的讲座，是1932年3月19日所做，荣格有关“谭崔象征的西方比较”(“Westliche Parallelen zu den Tantrischen Symbolen”/“Western parallels to tantric symbols”)是其1932年10月7日的讲座。

② 荣格：《昆达利尼瑜伽心理学》英文版(C. G. Jung. *The Psychology of Kundalini Yoga*. Notes of the Seminar, Given in 1932. Ed. by Sonu Shamdasani. Princeton. Princeton university Press. 1996. P. xxiii)。

乱。所以，任何宗教的或者哲学的实践都近乎一种心理训练；换言之，此类实践都是一种精神保健。瑜伽大量的纯身体动作亦为一种生理保健，但这种生理保健远胜于普通的体操或者呼吸运动，因为瑜伽不仅是机械的、科学的，而且同时还是哲学的。瑜伽训练了身体的各部分，在此过程中，瑜伽把心灵、精神和身体的各部分联合在一起。举例来说，这一点在普拉那雅玛(prānayāma)①练习中表现得尤为明显。在此练习中，普拉那(prona)既是呼吸，又是宇宙的普遍动力。当个体练习和宇宙行为同步时，身体上的愉快(神经支配的)也将与精神上的愉快(普遍理念的)合一，并由此生出一个充满活力的整体，这个整体是任何技术都无法创造出来的——不管是多么科学的技术。瑜伽实践是不可思议的，可是如果瑜伽实践没有理论依据的话，它也是无效的。瑜伽实践使用一种非常圆满的方法，使精神和物质互相作用。"②于是，荣格认为，"显而易见，瑜伽是一种完美、恰当的方法，它能使身心合一，形成一个确定无疑的整体。由此，修炼者可以获得一种心理气质，这种气质能产生超越意识的直觉。"③瑜伽所追求宇宙万物合一的努力，正是西方人的盲点。然而，在具体的医学方面，在荣格看来，"最接近瑜伽的，就是现代的心理治疗方法。(其中之一就是)弗洛伊德的精神分析，它一方面把病人的意识诱导回童年往事之中；另一方面，则将其引导到那些从意识层面压抑下去的，各种各样的愿望和心理驱力之上。"④

荣格十分坦诚地说，"和弗洛伊德一样，我的方法也是从忏悔实践发展而来的。和他一样，我也很关注梦。但是论及无意识，我们就有了分歧。弗洛伊德认为，就其本质而言，无意识是意识的附属，是个体的所有冲突的累积之所。我则认为，无意识是集体性的心理特质，而且它具有创造性。"⑤尽管弗洛伊德是无意识心理学的开创者，但其涉及的无意识，基本上可归之为"个体潜意识"(Personal Unconscnious)；而荣格则在此基础上有所发展，发现并阐释了"集体无意识"(Collective Unconscious)。

于是，由于对于"无意识"的理解不同，其所使用的工作方法也就有所

① 普拉那雅玛：prānayāma，意为"呼吸一控制"。

② 荣格：《瑜伽与西方》(*Yoga and the West*)，《荣格全集》第11卷英文版(CW. 11. §866)。

③ 同上书，§867。

④ 同上书，§873。

⑤ 同上书，§875。

差异，因而也就有了弗洛伊德的自由联想，以及荣格的积极想象。荣格说，“由于我们存在着这样根本的分歧，所以在‘如何评价象征’，‘如何评价解读象征的方法’等问题上，我们的回答自然就迥然相异了。总的来说，弗洛伊德的方法是分析的、还原的；我则另外加入了综合的方法。综合方法强调的是：就人格发展而言，无意识具有一定的目的性倾向。”[①]于是，不同的理解与不同的方法，则会有不同的发现。荣格说，“用这样的研究方法，我们发现无意识与瑜伽有很多重要的可比之处，尤其是对于这几种瑜伽：昆达利尼(kundalini)瑜伽、较为典型的坦陀罗瑜伽(喇嘛教)、中国的道教瑜伽(内丹)。这些瑜伽的形式及其丰富的象征，为我诠释集体无意识提供了很多珍贵的对比性材料。”[②]

不过，荣格曾多次申明：“在原则上，我不使用瑜伽的方法，因为在西方，任何东西也不应该强加给无意识。”[③]在《瑜伽与西方》一文的最后，荣格说：“假如我对瑜伽的批评有些严苛，不够友善的话，这并不表示我不承认瑜伽——此东方的精神事业是人类心灵曾创造出的一种最伟大事物，我的批评只是针对运用瑜伽到西方人身上这点出发，我希望我的说明没有含糊之处，西方精神的发展与东方的轨道截然不同，因此造成的情境也大不相同，我们如想运用瑜伽时，应当考虑到此一土壤是极端的不利。”[④]

在这里，正如我们在“荣格与道家”中所论述的那样，也即如荣格借用吕祖的教诲，认为我们应当尽其所能，帮助无意识中的心灵，使其浮现至意识层，促使心灵从压抑中解脱。由此，荣格阐发与强调了其“积极想象”的意义。认为这种方法包含一种转换意识的特殊作用，使得无意识内容得以显现或涌现，以及由此而发生的意识内容的转化。

荣格曾在其《佛陀法语》[⑤]的短文中明确表示：“首度将我牵引到佛教教义世界的，既不是宗教史，也不是缘于哲学的研究，而是我身为医生此专业的兴趣所致。我的职责在于医疗精神的苦痛，由于这个原因，我不得不

---

① 荣格：《瑜伽与西方》(*Yoga and the West*)，《荣格全集》第 11 卷英文版(CW. 11. §875)

② 同上。

③ 同上。

④ 荣格：《瑜伽与西方》(*Yoga and the West*)，《荣格全集》第 11 卷(CW. 11. §876)；见荣格：《东方冥想的心理学》，杨儒宾译，北京，社会科学文献出版社，2000 年，第 45 页。

⑤ 取名为《佛陀法语》这篇短文，是荣格为卡尔·纽曼(Karl Eugen Neumann，1865—1915)从巴利文翻译的三卷佛教典籍所做的介绍。

熟悉人类伟大导师的论点与法门，他提出了有关‘苦、老、病、死之锁链’的理论。医生因为治疗病患，所以自然而然地会极为关怀有关治疗的种种情况。”①

荣格说，“佛陀的法语除了意义深远意外，它们肃穆到几近仪式的文体也闪烁着幽邃的光芒，令人读后激昂回荡，奋然起兴，情感深受撞击。”荣格也表明：“身为医生，我承认我从佛陀的玉旨纶音中深得启发，获益良多。”②

《如梦似幻的印度世界》是荣格从印度返回瑞士之后撰写的文章，发表在《亚洲》期刊（1939 年第 1 期）。同时，荣格还写了《印度能教导我们什么?》（1939 年第 2 期）。在《印度能教导我们什么?》一文中，荣格是从“佛教从印度消失”为主题开始的。

荣格认为，佛陀的救赎正道是哲学与神迹的一体化，其结合寓意非凡。然而，“为什么印度后来反而丧失了这种最伟大的荣光呢?”对此荣格做了反思。在他看来，佛陀认为“悟道者甚至可成为他的神之导师及救赎者（不像西方“受启蒙”者所宣称的，人只是其愚蠢的弃儿），已是明显的过分，印度人的心灵在整合神祇方面，还没有达到可以‘使它们依赖人类心灵才能成立’这样的程度。”③荣格不无赞美地说：“在奇迹中（任何的天才都可说是种奇迹），人类的心灵可以扩充至极。佛陀本人如何能够获得这样的慧见，而又没有丧失自我，这真是奇迹。”④

1935 年，荣格写下影响深远的《〈西藏度亡经〉的心理学评论》⑤荣格认为，这是由于“《西藏度亡经》的教诲切合人性，对灵魂之奥秘更有深刻洞察。”⑥荣格说：“自从其问世以来，《中阴得度》便一直是我的随身伴侣。”⑦荣格坦言，“我不仅从其中获得诸多启示和灵感，而且许多根本性的洞见也受益此书。”⑧其中的启发，依然是生死解脱，对话灵魂。

---

① 荣格：《东方冥想的心理学》，杨儒宾译，北京，社会科学文献出版社，2000 年，第 140 页。

② 同上书，第 143 页。

③ 荣格：《印度能教导我们什么?》见荣格：《东方冥想的心理学》，杨儒宾译，北京，社会科学文献出版社，2000 年，第 68 页。

④ 同上。

⑤ 荣格：《〈西藏度亡经〉的心理学评论》（1935），后收入《荣格全集》第 11 卷：《心理学与宗教：西方与东方》（CW. 11）。

⑥ 同上书，§813。

⑦ 同上书，§833。

⑧ 同上。

在此文开始，荣格这样来介绍《西藏度亡经》：

> 《西藏度亡经》(《中阴得度》，Dardo ThÖdol)是为死者或濒临死亡的人而写的书①。它与《埃及死亡书》相似，都是用以指引死者处在中阴身(Bardo)状态时——亦即在介于死亡与再生的49天期间——如何自处的典籍。文章由三部分组成："临终中阴"(Chikhail Bardo)是第一部，描述死亡的瞬间，灵魂所经验之事物。其次是"实相中阴"(ChÖnyid Bardo)，指的是死亡期间一种梦幻状态，这种状态是因业力而生起的一种幻觉。第三部说的是"投生中阴"(Sidpa Bardo)，描述想要再度转世的本能冲动，以及诞生前的诸多事务。
>
> 荣格说，此处特别值得注意的是：当乍入死亡之途时，常伴随着高之景象及光明，而且可获得最彻底的解放。其后，"幻觉"开始，最后遂不免再入肉体重生。此时，光辉次第减弱，而各种各样的幻影却日渐恐怖。由灵魂这种下降状态，可脱离自由自得的真理之际。这本经典的作用，乃是教诲死者行经种种虚妄混乱的阶段时，能特别注意随时都还残留有获得自由的可能性，而且也向他说明诸种幻影的性质。这本《中阴得度》的经典常置放在遗体旁边，并由喇嘛僧人朗诵其经文。②

同时，荣格想借此心理学评论，作为对这部宏伟深邃之作的两位翻译者，喇嘛卡契·达瓦·桑杜格西(Lama Kazi Dawa-Samdup)③及伊文斯·温兹博士(Dr. Evans-Wentz)，表达由衷感谢。荣格介绍说："我相信人们只要睁开眼睛阅读此书，不带偏见沉浸其中，自然会有丰富的收获。"④

---

① "中阴得度"，意为"死后闻道得度"。

② 荣格《〈西藏度亡经〉的心理学评论》(1935)，《荣格全集》第11卷英文版：《心理学与宗教：西方与东方》(CW 11. § 831)；荣格：《东方冥想的心理学》，杨儒宾译，北京，社会科学文献出版社，2000年，第1—2页。

③ 卡契·达瓦·桑杜格西(Lama Kazi Dawa-Samdup，1868—1922)，精通英文和藏文，曾将多种藏文经典译成英文，包括《西藏度亡经》。

④ 荣格"《西藏度亡经》的心理学评论"(1935)，《荣格全集》第11卷英文版：《心理学与宗教：西方与东方》(CW 11. § 832)；荣格：《东方冥想的心理学》，杨儒宾译，北京，社会科学文献出版社，2000年，第1—2页。

在荣格看来，“《中阴得度》与《埃及死亡书》有所不同。《埃及死亡书》的内容有时过于繁琐，有时又过于简单。而《中阴得度》则不同，它提供了一种大家都可以理解的哲学，它是在向人说话，而不是向神而言，或向初民立论。这种哲学包含了批判性的佛教心理学之精华，我们可以说：此书之雄伟岸然，是无从比拟的。”[①]荣格也曾从其分析心理学的角度做如下解读：根据此书的理论，不但“愤怒之神”，连“和平之神”都是人轮回时，其灵魂投射出来的产物而已。

于是，这便触及荣格一直所思考的“心灵的真实性”的问题。荣格说，“尽管欧洲人可以将诸神的意象视为单纯的投影，但如有人说这样的意象同时也是一种实在时，他们就再也不能接受了。但在《中阴得度》看来，‘实在’却是可能的。”[②]这也是荣格将其作为忠贞伴侣的理由，他在其中找到了知音。

在荣格看来，《中阴得度》认为所有形而上学的主张必然具有二律背反的性格；而不同阶段的意识，具有不同的性质，而受此意识制约的形而上实在也就有所不同。因而，不同于狭隘的西方“非此即彼”(either-or)态度，《中阴得度》提供了宽宏的“既是且是，同时成立”观(both-and)。于是，这里也是荣格分析心理学的关键点，这样的理解，已是从(狭隘)自我(ego)观，转向尽可能接近的“无意识”的视野。《东洋冥想的心理学》一书的译者杨儒宾认为，《中阴得度》中的类似观点受龙树中观论以及世亲唯识学的影响。

接着，荣格引用了这样一段文字：“知汝自身知性空虚，即为佛性。此佛性即为汝自身之意识，汝当常住此佛陀之神圣心灵状态中。”[③]荣格接着说，尽管这样“陈述”难以被西方人所接受，但是，《中阴得度》已是呈现出最高水平的心理学。相对而言，西方哲学与神学则仍然处于中世纪，一种前心理学的阶段。在荣格看来，纯粹的哲学本来就是心灵的陈述。因而

---

① 荣格：《〈西藏度亡经〉的心理学评论》(1935)，《荣格全集》第11卷英文版：《心理学与宗教：西方与东方》(CW 11. § 833)；荣格：《东方冥想的心理学》，杨儒宾译，北京，社会科学文献出版社，2000年，第4页。

② 同上。

③ 荣格《〈西藏度亡经〉的心理学评论》(1935)，《荣格全集》第11卷英文版：《心理学与宗教：西方与东方》(CW 11. § 833)；荣格：《东方冥想的心理学》，杨儒宾译，北京，社会科学文献出版社，2000年，第5页。

也应是心理学的命题。可在西方，每每谈及“心理学”，则仅仅是“心理的”而已，几乎排斥了“灵魂”(soul)的存在与意义。只是不得已时用“精神”(mind)来做某种替代。在这里，在面对灵魂时，荣格不仅表现出与弗洛伊德的差异，而且与西方心理学大相径庭。借助《中阴得度》的思想，荣格说：“正是心灵(Psyche)，拥有与生俱来的神圣创造力，形成存粹哲学的论断，做出哲学实在的区别。心灵不仅是所有形而上学实在的条件，而且是实在本身。”①

于是，荣格认定，以“心灵对话”(灵魂)为主题的《中阴得度》，呈现出“伟大的心理学真理。”其中并不仅是为葬礼而作，而是用以引导死者的亡灵，实际上，更是为了生者与往生。也如编译者伊文斯·温兹在其序言中所说：“《中阴得度》之‘死亡的艺术’，不仅与‘生活艺术’或‘出生艺术’同样重要，而且为‘活的艺术’或‘生活的艺术’的补充和圆成。”②

荣格引用《中阴得度》经文：“哦！尊贵的……谛听！谛听！你正在体验清净实相的光辉。你应加以体认。尊贵的……你现前的智性，其性本空，无色无相，本来空寂，此即是真空实相，普贤法界体性。你自己的这个智性，就是净识本身，就是普贤王佛。而所谓本空，并非空无之空，而是无忧障碍，光明焕发，随缘赴感，喜乐充满的智性本身。”③对此，荣格评论说，“这里体现的，乃是彻悟佛陀法身的状态。如果借用我们的语言表达，可以说，所有形而上学论述的创造根基，乃是灵魂无形表达，并非可见的意识。而‘空性’乃是超越一切论断言说的状态。尽管如此，完美充分的呈现依然潜藏于灵魂之中。”④

接着，荣格又引用《中阴得度》经文：“你自己这个纯净意识光明晃耀、其性本空、与光明大身不可分离。它既没有生，也没有死，此即是无量

---

① 荣格《〈西藏度亡经〉的心理学评论》(1935)，《荣格全集》第11卷英文版：《心理学与宗教：西方与东方》(CW 11. §836)；荣格：《东方冥想的心理学》，杨儒宾译，社会科学文献出版社出版2000年，第6页。

② 伊文斯·温兹，《西藏度亡经》第二版“序言”；见莲花生：《西藏度亡经》，徐劲夫译，北京：宗教文化出版社，1995年，第4页。

③ 荣格：《〈西藏度亡经〉的心理学评论》(1935)，《荣格全集》第11卷英文版：《心理学与宗教：西方与东方》(CW 11. §837)；荣格：《东方冥想的心理学》，杨儒宾译，北京，社会科学文献出版社，2000年，第7页。

④ 同上书，§838。

光——阿弥陀佛。”[①]在荣格看来，西方人对此很难理解，其中多是由于世俗的唯物导向。但若放下功利心，即便不能即刻学到其中智慧，也能够欣赏《中阴得度》之宏伟。于是，灵魂固有其大，且自具神性光辉。荣格说，“在东方人看来，灵魂即是神性之光，神性即是灵魂的本质。”[②]于是，《中阴得度》在向人们传达灵魂的意义与价值，因此始有机会获得最终的解脱与自由。或如“救赎”的实现，从早期黑暗与无明中解脱，获得理解与觉悟，获得自由与超越。

于是，在荣格看来，《中阴得度》所传达的秘意，便是要恢复人已失落的“灵魂”，灵魂中的神性以及所需要的通过仪礼。而这种“通过仪式”中所叙述的方法，对于西方的精神分析或无意识心理学具有重要的参考意义。如荣格自己在其《红书》中的描述，与“灵魂对话”，以及“重获灵魂”，本来正是其分析心理学的方法与目的；其《寻求灵魂的现代人》也曾引起世人的高度关注。

有意思的是，荣格在这里，借助对《中阴得度》的评论，对弗洛伊德的“精神分析”进行了特殊的分析。荣格说，“弗洛伊德的精神分析，如依《中阴得度》所述，乃是中阴身最后的阶段，也是最低的本能领域，这样的中阴身名之为‘投生中阴’。此时的死者无法接受最高的‘临终中阴’与中间的‘实相中阴’的指引，受困于性之幻象，被男女交合的影像深深吸引，因此，到头来遂不免吸入子宫，再度转生尘世。此后，正如大家可以预料得到得，俄狄浦斯情结开始发挥作用。”[③]对此，荣格表示某种同情和惋惜，因为，在荣格看来，“弗洛伊德的精神分析应该可以超越‘投生中阴’（本能）的领域，由此出发，再深入到‘实相中阴’（心灵）之根本性主题。”[④]由于西方主导的思维，认为凡与心理有关的都是主观的和个人的，因此难以深

---

① 荣格：《〈西藏度亡经〉的心理学评论》(1935)，《荣格全集》第11卷英文版：《心理学与宗教：西方与东方》(CW 11. §840)；荣格：《东方冥想的心理学》，杨儒宾译，北京，社会科学文献出版社，2000年，第7—8页。

② 荣格：《〈西藏度亡经〉的心理学评论》(1935)，《荣格全集》第11卷英文版：《心理学与宗教：西方与东方》(CW 11. §840)；荣格：《东方冥想的心理学》，杨儒宾译，北京，社会科学文献出版社，2000年，第7—8页。

③ 荣格：《〈西藏度亡经〉的心理学评论》(1935)，《荣格全集》第11卷英文版：《心理学与宗教：西方与东方》(CW 11. §842)；荣格：《东方冥想的心理学》，杨儒宾译，北京，社会科学文献出版社，2000年，第12—13页。

④ 同上。

入。而这也正是《中阴得度》所具有的潜在意义及其对西方深度心理学的帮助。

荣格认为，佛教中的“业力”(karma)，接近于一种心灵遗传说，灵魂之时空超越性以及于此有关的生死轮回(reincarnation)。尽管对于崇尚理性的西方人来说几近天方夜谭，但在荣格看来，若是认真审视业力观念，那么对于其中所包含的心灵遗传性是可以接受的。以心理学理论和临床心理学观察为基础，荣格说，“心灵遗传的现象确实存在。比如说，疾病倾向、性格特征、特殊禀赋等心灵性质的遗传确实是有的。”①从灵魂遗传的要素中，荣格借用柏拉图的“形式”(forms/eidola)，在奥古斯汀的启发下，使用了“原型”(archetypes)并赋予其分析心理学的意义。荣格在这《中阴得度》的评论中说：“所谓原型，即前理性的心灵器官。它们是永恒而遗传的形式与理念，最初并无特定内容。其具体内容惟有在个体生命历程中显现，个体经验总是被精准带入这些形式。”②通过原型理论，荣格认为，我们便可以来理解《中阴得度》的灵魂运作，以及心灵对话。在这种理解中，荣格也便从《中阴得度》，从藏传佛教的法理中，获得对其分析心理学理论的支持。荣格说，“作为心灵的器官，原型同样具有在很大程度上可决定心灵生活的动力性和本能合成。因此我将其称为无意识的‘优势配置’(dominants)。由这些普遍动力形式(原型)组成的无意识心灵层面，我称之为‘集体无意识’(colective unconscious)。”③

伊文斯·温兹对于荣格“《西藏度亡经》评论”十分感激并给予高度评价。如其在《西藏度亡经》第三版序言中说：“我带着至诚感激的心，来写这篇序言。对于这部论述死生之学(The Science of Death and Rebirth)的藏文论说，西方世界所表示的伟大殊荣，莫过于最杰出的西方心理学家荣格博士为瑞士版的德文《西藏度亡经》(*Das Tibetanische Totenbuch*，1938)所写的心理学评论，而此评论已经首先译为英文。同时，对于本书教理所作

① 荣格：《〈西藏度亡经〉的心理学评论》(1935)，《荣格全集》第11卷英文版：《心理学与宗教：西方与东方》(CW 11. §845)；荣格：《东方冥想的心理学》，杨儒宾译，北京，社会科学文献出版社，2000年，第12—13页。

② 同上。

③ 荣格：《〈西藏度亡经〉的心理学评论》(1935)，《荣格全集》第11卷英文版：《心理学与宗教：西方与东方》(CW 11. §845)；荣格：《东方冥想的心理学》，杨儒宾译，社会科学文献出版社出版2000年，第17页。

的密意阐述，做得最为明白的文字，便是博学的喇嘛高文达(Lama Anagarika Govinda)所写的'导言'，也以英文的形式附丽于此。"①

伊文斯·温兹十分欣赏荣格在此评论中所做的心理学解读，包括对弗洛伊德精神分析学说的分析。伊文斯·温兹同意荣格的看法，即弗洛伊德的精神分析，虽然是西方开拓性的无意识领域探索，然而似乎是从下层，亦即从动物的本能方面，探究相当于密宗喇嘛教中的"投生中阴"(The Sidpa Bardo)或转生状态的精神境域。伊文斯·温兹说："弗洛伊德是位典型的非东方人，以致被他自己所设的限制拘系住了……实在说来，荣格本人确已远远超越弗洛伊德所设的这些限制。"②伊文斯·温兹接着说："正如荣格所主张的一样，这个潜意识里面贮存着人类以往的全部记录，一点也不少。高文达喇嘛以东方科学方法所得出的一个结论，与西方科学所得的这个结论，颇为相同。"③ 1927 年，伊文斯·温兹在《西藏度亡经》的第一版序言中，十分恳切地表明："这本书就在这样的最佳支持下与世人见面，希望它对整个'正知正见'有所贡献，并在善意与和平的关系之间担任起精神的桥梁，以互相尊重和了解，以超越于信仰、阶级、种族限制的爱心，使得东方和西方结合起来。"④

诸多中外学者都曾有对精神分析的无意识和佛家唯识学进行比较研究。如尹立的博士论文(四川大学)《精神分析与佛学的比较研究》，王信宜的硕士论文《荣格心理学与佛教相应观念之研究》(台湾中山大学)，以及莫阿卡宁《荣格心理学与西藏佛教》等。

在莫阿卡宁看来，无意识是一个无边无际的精神领域，荣格将其视为"一切潜能的发源地"⑤，一种具有自我生命力的流动状态，它的活动是自发独立的；对荣格来说，无意识的领悟和有意识的心灵一样，具有意向、直观、感觉和思想。因而，莫阿卡宁确信，荣格的无意识概念与佛教唯识

---

① 伊文斯·温兹，《西藏度亡经》第三版序言；见莲花生：《西藏度亡经》，徐劲夫译，北京：宗教文化出版社，1995 年，第 9 页。

② 伊文斯·温兹，《西藏度亡经》第三版序言；见莲花生：《西藏度亡经》，徐劲夫译，北京：宗教文化出版社，1995 年，第 10—11 页。

③ 同上。

④ 同上书，第 3 页。伊文斯·温兹《西藏度亡经》第一版序言的标记："识于牛津大学耶稣学院，时在 1927 年复活节"。

⑤ 拉·莫阿卡宁：《荣格心理学与西藏佛教：东西方精神的对话》，江亦丽、罗照辉译，北京，商务印书馆，1996 年，第 111 页。

学的阿赖耶识十分相应。“作为意识基础的阿赖耶识，是一切意识的源泉，是普遍心(Universal Mind)，它贮藏了自太初以来的各种原始形式和经验，当它被相应的环境和联想唤醒时，潜在的内容就会出现在其他意识中。”①莫阿卡宁继而引用格文喇嘛对阿赖耶识的阐释：“……既包含了神性，也具有魔性；既有仁慈怜悯，也有残酷无情；既无私，又自私；既有知识，又有妄见；既深切地渴望光明和解脱，又有盲目的激情和最蒙昧黑暗的冲动。”②以及荣格对无意识的述说：“无意识是自然现象，而且也如同自然界本身一样，是中性的。它包含了人性的所有层面：光明与黑暗、美丽与丑陋、善良与邪恶、深刻与肤浅。”③以此来比较阿赖耶识与荣格无意识概念的相似。

尹立将阿赖耶识作为佛教唯识学心灵结构的基础，进而分析第七识“末那识”和第六识“意识”及前五识的心理学寓意，并将其与弗洛伊德的潜意识和荣格的集体无意识相比较，并引出“转识成智”的要义，佛家无漏八识和智慧的启迪。转识成智，意味着以智慧之光照破无明，断除烦恼，永脱生死轮回，而得任运自在的涅槃境界，这也是佛教修行的最终目的。在尹立看来，荣格的集体无意识，尤其是在临床实践的水平，是可与佛家唯识学之阿赖耶识相比较。王信宜在其硕士论文中通过比较研究后认为，荣格的集体无意识是心灵的深层结构，具有心灵遗传的性质，这与“阿赖耶识”十分相似，并引用法舫法师《唯识史观及其哲学》说：“阿赖耶识，以心理学说，是一种潜意识，或曰无意识。所谓潜意识者，这是说明它的功能作用，是一种潜伏不显现的、不活动的心力。无意识者，是说它没有意识活动作用的心。”④荣格的集体无意识和“原型”理论，与唯识学的“种子说”，也常被提及并用来比较。“种子”是对梵文“Bija”的翻译，在唯识学看来，整个宇宙都是阿赖耶识的变现，都是其所含藏的种子作用。如《成唯识论》所述，阿赖耶识中所含藏的种子，产生色、心诸法现行的功能。

确实，与弗洛伊德的个体潜意识有所不同，荣格不认同潜意识里所储

① 拉・莫阿卡宁：《荣格心理学与西藏佛教：东西方精神的对话》，江亦丽、罗照辉译，北京，商务印书馆，1996年，第112—113页。

② 拉・莫阿卡宁：《荣格心理学与西藏佛教：东西方精神的对话》，江亦丽、罗照辉译，北京，商务印书馆，1996年，第112—113页。

③ 同上。

④ 王信宜：《荣格心理学与佛教相应观念之研究》，台湾省中山大学硕士论文2001年。

存的都是诸如压抑、挫折和创伤。在荣格看来，无意识里总有些卑劣的角落，也总可发现到布满污秽秘密的储藏室，但这恐怕还不能称作无意识，它们仅能算是潜藏在下，反被忘掉一半的东西罢了。无意识是所有形而上学问题、所有神话、所有哲学，以及所有奠基在心理学前提上之生命形式的胚胎。荣格的集体无意识，有关的原型学说，以及自性与自我的轴向分析，更接近佛家的唯识学。

1939 年，64 岁的荣格撰写了关于《西藏大解脱书》(*The Tibetan Book of the Great Liberation*)的评论，在《西藏度亡经》评论的基础上，进一步阐释了佛教的心理学意义，以及他从藏传佛教所受的启示。

《西藏大解脱书》，顾名思义，乃涉及生死轮回之终极解脱。荣格将其称之为“自性解脱”(self liberation)，尽管其中也有“自我解脱”的内涵。如我们将荣格的“自性”(Self)，赋予其汉字本来所具有的，以及为中国文化所注入的基本内涵，其中已有“心之本性”在。而心与心性，也正是荣格梳理《西藏大解脱书》要义的关键线索。荣格说，“我们有把握假定东方所说的‘心’更多与我们所讲的‘无意识’有关，而与我们所理解的心则没有多少关系(我们所讲的心几乎与意识等同)。对我们来说，没有自我(ego)的意识是无法想象的；意识被等同于意识内容与自我的关系。如果没有自我，就没有任何人意识到任何东西了。自我因此对于意识过程必不可少。然而，东方之心很容易在无我中形成意识。在其看来，意识是能够超越自我的局限；真的，在‘高层次’，自我整个消失了。”①荣格接着说，“高层次的瑜伽(当修行人经过努力达到三摩地时，samādhi,)可以实现自我的消融，这一点是毋庸置疑的。我们语言意义上的意识被视为是一种低级状态，无明(*avidyā*)状态。我们所讲的那种‘意识的黑暗背景’却被他们认为是‘高层次’的意识状态。因此，我们欧洲文化背景下的‘集体无意识’概念可能与‘菩提’(*buddhi*，觉悟)表达了相同的意趣。”②

荣格说，其分析心理学的方法，如超越性功能和积极想象，“也许会让我们找到通向《西藏大解脱书》所指的‘心’的捷径。这是一颗创造意象的心，是让统觉独具特色的所有那些模式的母体。这些模式在无意识的‘心’

---

① 荣格：《〈西藏大解脱书〉的心理学阐释》，《荣格全集》第 11 卷英文版(CW. 11. § 774)；引文参考朱彩方博士翻译，申荷永主编《荣格全集》(20 卷)，南京，译林出版社，2017 年。

② 同上书，§ 775。

里与生俱来，其结构性成分模式本身就可以解释为什么某些神话的主题更普遍或不那么普遍，甚至能解释那些传播性的迁徙尤其不可能，梦、幻想和精神病所表现出的意象与神话的主题是一致的，而当事人却对这些主题的知识一无所知，甚至也从未通过公众人物演讲，抑或是圣经中的象征性描述来间接性地获得任何相关知识。”①

在荣格看来，因为无意识就是本初之心(matrix mind)，创造力的品质也就与此有关。它是诸如《西藏大解脱书》所讲的宇宙心那样的思想形态的诞生之地。荣格说，“通过对超越性功用的了解，我们不仅获得了对‘一心’(One Mind)的认识，也开始懂得为什么东方人相信自我解脱的可能性。如果通过内省和无意识补偿的意识化过程，进而通过心灵转化消融痛苦和冲突是可能实现的，这时就可以说‘自我解脱’了。”②

荣格认为，《西藏大解脱书》中的三身(法身、报身和化身，Trikāya)，即是彻悟之心(All-Enlightened Mind)自身。于是，荣格说，“‘见到实相’显然是指心，是最高的实在。然而在西方，无意识被认为是痴人说梦。‘见性’是指自性解脱。用心理学的语言来表述，这意味着：我们与无意识过程的关系越密切，我们自身就会从欲望及其对立面中出离，我们就会与无意识更近，无意识的特性是一体、无限和永恒。这真的是远离冲突和痛苦束缚的自我解脱。‘由此，心的本质才会被了知。’在这里，心显然是指个体的心，也就是其心灵。只要对无意识的认识是本文最重要的任务之一，心理学就能认可。”③

于是，在《西藏大解脱书》的评论中，荣格发挥书中的思想，“向心的本性致敬(*Salutation to the One Mind*)”，认为出离意识状态的心便是“真心”，并引用《慧命经》予以验证：

> 一片光辉周法界，双忘寂净最灵虚。
> 虚空朗照天心耀，海水澄清潭月溶。
> 不生不灭，云散碧空山色净。

---

① 荣格：《〈西藏大解脱书〉的心理学阐释》，《荣格全集》第11卷英文版(CW. 11. §781)；引文参考朱彩方博士翻译，申荷永主编《荣格全集》(20卷)，南京，译林出版社，2017年。

② 同上书，§782。

③ 同上书，§792。

无去无来，慧归禅定月轮孤。[①]

这也正是《慧命经》之《虚空图》的图文，一种特殊的曼荼罗。

卫礼贤曾介绍《慧命经》为柳华阳于1794年撰写，作者出生在江西，后在安徽双莲寺出家。卫礼贤交给荣格有关《金花的秘密》翻译手稿中，已是包含了《慧命经》的内容，其中文底稿名为《长生术·续命方》，其中《长生术》部分即《太乙金华宗旨》，而《续命方》部分即《慧命经》。于是，卫礼贤与荣格将其合作的《金花的秘密》选取的副标题为"中国生命之书"(A Chiense Book of Life)。

于是，荣格与卫礼贤合作的《金花的秘密》，兼有佛道两家的修行秘籍。卫礼贤介绍说，"其基本观点是：在出生时，心灵的两个半球——意识和无意识——就分离了。意识是标志着所分离的被个体化了的元素，而潜意识是他与宇宙相通的元素。通过修行使这两者合为一体，是这本书要表达的基本原理。意识必须进入无意识播种，然后无意识被激活并携手被加强了的意识以精神再生的形式进入一个超个人的(即全人类共同的)心智层次。这种再生首先会引起以分别心为基础的意识境界转变为自主思维结构，修炼的最终结果是消除一切分别，达到最终的生命整合，即超越二元对立的大自在。"[②]在荣格与卫礼贤看来，中国人通过修炼古老的秘密功法，使自己在精神上脱离生活的苦难；这些古老的功法，也包括中国的瑜伽与禅定。由禅定获得解脱，以证悟涅槃。卫礼贤解释说："他们通过整合人心灵中对立的力量来为死后的世界做准备。这样死后的灵魂就不仅仅是必定要化为乌有的鬼魂，而是一个有着清醒意识的精神体。"[③]

尽管《太乙金华宗旨》为道家内丹功法，托名吕岩，但卫礼贤介绍说："当时在中国占据统治地位的大乘佛教对吕岩的思想影响却不容低估，佛经被一次又一次引用。事实上，人们或许难以设想，本书中表现出的佛教影响总体而言比早期金丹教的影响还要大。书中第三章和第二部分明确参

---

① 荣格：《〈西藏大解脱书〉的心理学评论》，《荣格全集》第11卷英文版第816段落(CW. 11. §816)

② 卫礼贤：《〈金花的秘密〉序言》，见荣格/卫礼贤：《金花的秘密》，美国纽约1975年英文版(*The Secret of the Golden Flower: A Chinese Book of Life*. New York. Causeway Books. 1975)；《金花的秘密》，邓小松译，合肥，黄山书社，2011年，第3—4页。

③ 同上。

考了被称为‘止观’的方法，后者是被智顗(538—597)的天台宗采用的纯碎的佛教方法。”①

荣格的曼荼罗体验与研究，也正是在其与卫礼贤合作的《金花的秘密》中首次呈现，然而，通过曼荼罗，通过曼荼罗的意象与意义，荣格分析心理学中的自性与自性化，也获得了充分的表达。

第二节　曼荼罗体验与自性表达

曼荼罗(Mandala)一语最早出现于《梨俱吠陀》，其梵文本义为“圆绕”。一般来说，荣格在其著作中大多是这样来介绍“曼荼罗”：“梵文的曼荼罗意思是‘圆绕’，这是其最基本的字面意思。就其宗教实践和心理学方面而言，曼荼罗表示绘画、雕塑或舞蹈中的圆融意象。”②如同瑜伽，荣格也将“曼荼罗”扩展为涵盖佛教和道家的东方意象及中国文化元素，《易经》中的缘起意象，比如河图洛书；以及道家的类似图案，比如太极图，道家内丹修炼图等，也都被荣格视为曼荼罗，其中皆有自性的表达与体现。

就荣格与佛教的关系而言，“曼荼罗”体验与自性表达，同样为其中重要内容。在荣格看来，以及在佛教的意义上，曼荼罗已为接近“宇宙之心”的象征。荣格在论述《无意识作为多重意识》时说：曼荼罗往往表示“自性”意象，具有整合的特点。同时，荣格认为，曼荼罗具有“趋中”性，也即趋向完整。完整性的心灵意象往往由无意识自发产生，比如曼荼罗中的自性象征，同时有其数学结构。在荣格看来，这些结构不仅表达秩序，而且创造秩序。这也是为什么曼荼罗通常在心灵迷失之际出现，其目的是为了对混乱无序的补偿，或者是为了圣秘体验的形成。荣格认为，曼荼罗的仪式性作用，最先出现于大乘佛教。荣格总是说，“最好最有意义的曼荼罗是藏传佛教的坛城，我将其作为西藏曼荼罗的代表，由于卫礼贤我始对其特别关注。”③

---

① 卫礼贤：《〈金花的秘密〉序言》，见荣格/卫礼贤：《金花的秘密》，美国纽约 1975 年英文版(*The Secret of the Golden Flower*: *A Chinese Book of Life*. New York. Causeway Books. 1975)；《金花的秘密》，邓小松译，合肥，黄山书社，2011 年，第 6 页。

② 见荣格《关于曼荼罗》，《荣格全集》第 9 卷之一英文版(CW. 9—i. §629)；荣格：“曼荼罗”(CW. 9—i. §713)。

③ 荣格《关于曼荼罗象征》，《荣格全集》第九卷之一英文版(CW. 9—i. §629)。

这是荣格在其《关于曼荼罗象征》(《荣格全集》第9卷之一)中所分析的第一幅曼荼罗。荣格说:“在藏传佛教中,曼荼罗具有宗教仪式之坛城的意义,其目的是帮助沉思与专注……”[①]在荣格看来,“曼荼罗中所描述的冥想过程的目标,在于让瑜伽修行者渐渐在内心意识到神灵的存在。”[②]对于这幅藏传佛教曼荼罗,荣格说:“曼荼罗通常有三个被绘成黑色或者深蓝色的圆圈。它们旨在遮蔽外部,统一内里。几乎很有规律的是,外面的轮缘由火组成,即‘欲望’(concupiscentia)之火,地狱之苦便出于此……在里面是一个由莲花叶编织而成的花环,把整个曼荼陀罗装扮为一朵‘莲花’(padma)。然后是一种有四道门的寺庙庭院。它代表神圣的隔离与集中。在这个庭院里,通常有四种基本的颜色,红色、绿色、白色及黄色;一如《西藏度亡经》所指出的,这些颜色代表四个方向以及心理功能。然后是作为冥想基本对象或者目标中心,通常为另一个魔圈所分隔。”[③]在这种以“圆”以及“圆中见方”为基调的曼荼罗中,荣格认为,“其基本主题是预感人格的中心,心灵中的一种核心点,万物与之关联,由其安排,其本身即为一种能量源泉。这种核心点的能量显现于几乎无法抵御的冲动,迫切要求成为其本来的自己。亦如所有有机体皆努力趋于获得其本性的形式,无论环境如何。该核心并非是人们所感知或认为的自我(the ego),而是自性(the self),若能够如此表达的话。”[④]

荣格所使用的藏传佛教曼荼罗

荣格已经形成的分析心理学理论,与曼荼罗的蕴含与呈现,相辅相成。当然,也可以说荣格的理论,比如关于自性,在曼荼罗中获得印证。荣格在评论这幅藏传佛教曼荼罗时说:“虽然这一核心被表征为内心深处

① 荣格《关于曼荼罗象征》,《荣格全集》第九卷之一英文版(CW. 9—i. §630)。
② 同上书,§633。
③ 同上书,§634。
④ 同上。

的秘点，但是它为一个属于自性，包含万物的边缘所围绕——构成整体人格的组合对立物。这整体性首先含有意识，其次是个体潜意识，最后为无限巨大的集体无意识，其原型为人类所共有。然而，其中某些部分被永久或暂时包含在人格范畴之内，而且通过这一联结，获得一种个人印记，比如阴影、阿尼玛、阿尼姆斯等，仅举几个最为著名的例子。”①

荣格在《关于曼荼罗象征》中所分析的第二幅曼荼罗，便是中国的“河图”。对此我们已经在“荣格与《易经》”一章中述及。

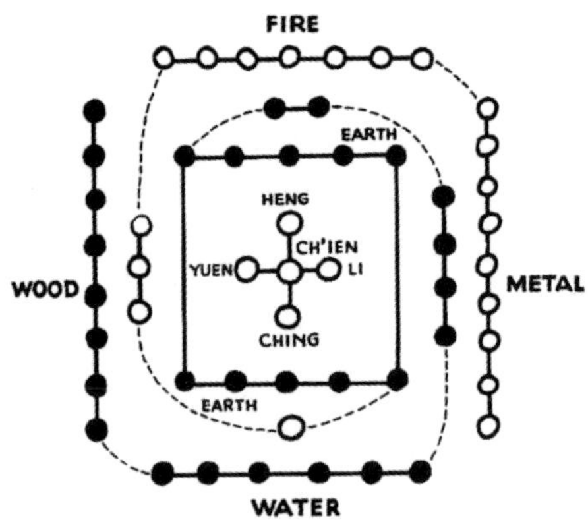

在荣格《关于曼荼罗象征》中，被作为曼荼罗使用的“河图”

将《易经》缘起的“河图”作为“曼荼罗”意象，荣格说：“围绕这一阳性核心力量，是大地与其成形元素。它是昆达利尼瑜伽中整合的湿婆—沙克蒂(Shiva-Shakti)概念，但此处表现为大地，将天之创造力融入自身。”②荣格接着说，“遗憾的是，我并不知道这一原始概念(有关河图)是否影响了较为年轻的密宗曼荼罗的形成。但两者如此相似，以至欧洲研究者不得不自问：是哪一种观点影响了另一方？究竟是中国的概念源自印度，还是相反？为此我曾问一个印度人，他回答说：‘自然是中国人从印度发展的。’但是，他并不明白中国人的概念有多么古老。《易经》的基础一直追溯至公元前三千年。我的已故好友卫礼贤，著名中国古典哲学专家，则认为两者之间并无直接联系。尽管存在象征观念的基本相似性，但无须任何直接影

① 荣格《关于曼荼罗象征》，《荣格全集》第九卷之一英文版(CW. 9－i. §634)。

② 荣格《关于曼荼罗象征》，《荣格全集》第九卷之一英文版(CW. 9－i. §641)……荣格接着说(我们前面已经引用)：“天与坤的结合，也即与女性和容纳的结合，产生四元体(tetraktys)，在毕达哥拉斯学说中，其为一切存在之基础。”

响，因为如经验所示，也如我已表明的，观念是从似乎无所不在的心灵基体自主生发，周而复始，相互独立。”①当然，不管是荣格所说还是其语气，他自己更倾向于认同《易经》及道家思想所包含的意义与启示。

接着，荣格在《关于曼荼罗象征》中所分析的第三幅曼荼罗，是藏传佛教的“世界之轮”(World Wheel)。

对此荣格做出如下阐释：世界之轮代表世界，其中心是三种要素：公鸡、蛇和猪，分别代表欲望、嫉妒和无意义。“车轮在中心附近有 6 根辐条，在边缘有 12 根辐条。它的基础是三合一系统。车轮由死神阎罗王(Yama)掌握。于是可以理解老迈、疾病和死亡的悲惨世界由死神掌控。尤其突出的是，存在的未完成状态由三元系统(triadic system)表示，而完成(精神的)状态则由四元系统表达。”②

藏传佛教曼荼罗：世界之轮

荣格借此“世界之轮”，就曼荼罗绘画与心理分析临床实践进行了分析。荣格认为，曼荼罗的绘画常与来访者所经历的困惑有关。因而，通过曼荼罗绘制的过程，在无意识的水平将杂乱无章梳理为秩序井然，已是某种程度上的人格调整与整合。“面对这些(曼荼罗)绘画，很多病人首次顿悟作为自主实体的集体无意识现实。”③荣格十分确认地说。

荣格在对这三幅曼荼罗阐释之后，做了对曼荼罗特征的如下总结：

1. 圆形、球形或者蛋圆形的结构。

2. 圆圈被精心装饰为一朵花(玫瑰、莲花)或者一个车轮。

3. 中心由太阳、星星或者十字表示，通常带有四道、八道或者十二道光芒。

4. 圆圈、球体及十字形象经常以旋转为表征(十字记号)。

5. 圆圈被表征为一条蛇，它盘绕着中心，要么成环形(咬尾蛇)，要么

① 荣格：《关于曼荼罗象征》，《荣格全集》第九卷之一英文版(CW. 9—i. §643)。

② 荣格：《关于曼荼罗象征》，《荣格全集》第九卷之一英文版(CW. 9—i. §644)。

③ 同上书，§645。

成螺旋形(神秘蛋)(orphic egg)。

6. 圆圈变方，采取正方形中的圆圈形式，反之亦然。

7. 城堡、城市及庭院(圣秘之地)主题，或方，或圆。

8. 眼睛(瞳孔及虹膜)。

9. 除四合一形象(以及四的几何级数)之外，也有三合一及五合一形象，尽管这些形象远为罕见。一如我们将在下面看到的，它们应当被视为"受干扰的"整体图画。

尽管在心理分析的意义上，曼荼罗具有更多的灵活性与个体品质，但以上荣格有关曼荼罗基本特征的描述，仍然具有重要的象征意义和意象内涵。

荣格自己一生绘制了无数的曼荼罗，荣格的曼荼罗体验，不管是在其梦中，还是绘画，应和了其自性体验以及自性化过程。在《回忆·梦·思考》中，荣格曾这样来回顾其"曼荼罗"体验及其意义：在1918—1919年间，其作为英军战区战俘监管上校驻扎在夏托达堡，每天早上都会在笔记本上画一幅小小的圆形的图，即一个曼荼罗，似乎正对应于当时的内在心态。在这些图画的帮助下，荣格得以观察自己的内心状态与精神变化。于是，荣格的"曼荼罗"体验，是其内在心理发展的重要见证。如其在《面对无意识》中所述："只是快到接近第一次世界大战结束之时，我才逐渐开始从黑暗中走出来。有两件事造成了这种情况。第一件事是我与那个决心要使我相信我的幻觉具有艺术价值的女人断绝了关系；第二件而且是最主要的事件是我开始理解曼荼罗的绘画了。这发生在1918年至1919年。在我写就了'七次布道词'之后，我画出了第一张曼荼罗的画。自然了，当时我并不理解它。"[①]

实际上，荣格第一幅曼荼罗的创作草图，完成于1916年1月16日。后来荣格在其《黑书》中反复创作，并将其命名为"普天大系"(Systema Munditotius)。荣格在其《黑书》记录梦的同时，也画了许多有关意象的插图。这些插图大多是有关曼荼罗的图画。当然，我们也知道，这些插图后来大部分都被荣格重新绘制在其《红书》中。

荣格的这第一幅曼荼罗"普天大系"目前由罗伯特·欣肖(Robert Hin-

① 荣格：《回忆·梦·思考》，刘国彬、杨德友译，沈阳，辽宁人民出版社，1988年，第330页。

shaw)收藏，我们是很好的朋友，他曾几次给我们展示荣格的这幅绘画并阐释其中寓意。荣格曾用英文在这幅画的背面写道："这是我在 1916 年画的第一幅曼荼罗，它代表了整个无意识世界。"1955 年，荣格的这幅绘画曾在杂志《你》有关爱诺思圆桌会议论文的特刊中匿名发表。

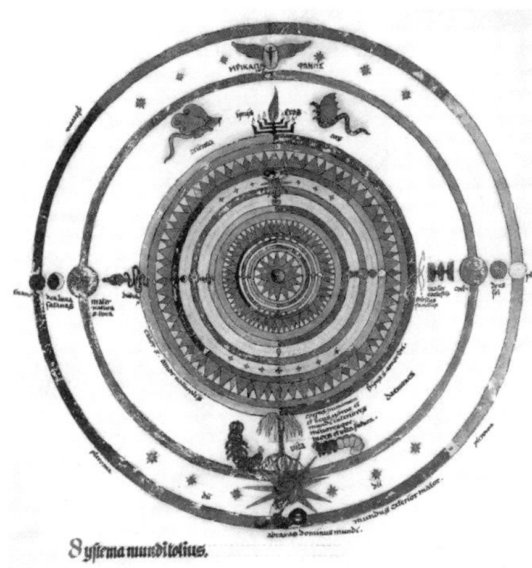

荣格的第一幅曼荼罗："普天大系"(1916)

荣格《红书》编辑者苏努·沙姆达萨尼根据荣格 1955 年 2 月 11 日写给瓦尔特·科尔蒂(Walter Corti)的一封信，对这幅曼荼罗做了这样的介绍：它描绘蕴藏于大宇宙之内小宇宙的二律背反，以及其自身的二律背反。最上方：羽翼蛋中的男孩，艾瑞卡派奥斯(Erikapaios)或法涅斯(Phanes)；具有三重火——象征及其属性的精神原则；使人联想到俄狄甫斯的精灵形象。在底部与之相对应的黑色部分是阿布拉克萨斯(Abraxas)，代表世界的主宰(dominus mundi)，现实世界之主，矛盾本质的创世者。我们看到生命之树在这里发芽，标有 vita(生命)，而上端相对应的部分是一棵发光的树，这棵树像一个有七条分叉的烛台，写有 ignis(火)和 eros(爱)。烛光指向圣童的精神世界，艺术和科学也属于这个精神领域，长着翅膀的蛇象征代表第一个，长着翅膀的老鼠代表第二个(像挖洞活动)。烛台是基于神圣数字三的原则(小火焰是三的两倍和中间的大火焰)，而底部的阿布拉克萨斯的世界的特征是五，这与自然人的数字(他的星星的光线是五的两倍)。与自然世界一起的动物是邪恶的怪物和一条幼虫，代表死亡和重生。曼荼罗另一种是水平对应。在左侧，我们看到一个环，代表身体或血液，有一条盘在菲勒斯上的蛇，这是繁殖原则。蛇是黑暗和光明，代表地球、月亮和宇宙空间的黑暗世界(由此被称为撒旦/Satanas)。富饶充满光明的世界在右侧，这里来自明亮的环 frigus sive amor dei(冰冷，或神的爱)，圣灵的鸽子张开翅膀，智慧(Sophia)从双重杯中向左右两侧洒开，这个阴性的环是天，有锯齿线或射线的大环象征内在的太阳，其内部是宏观世界的重复，但在较高和较低的区域像在镜子中一样被反转。这些重复应该被视为无尽的数字，变得越来越小直到最核心处，抵达真正的微观。[①]

然而，在荣格的《黑书一5》中，我们可以看到荣格为创造其“普天大系”的草图，以及其所要表达的最初思路与意象雏形。

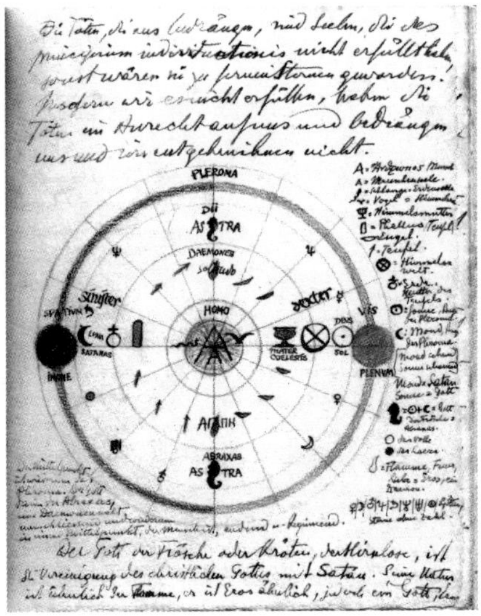

荣格于1916年绘制的曼荼罗草图，《黑书一5》，169页(见《红书》附录)[②]

在这“普天大系”的草图中，荣格对其使用的“符号”，赋予特定的内涵和意义：

＝人类，人(Anthropos. Man)

＝人的灵魂(Human Soul)

＝蛇(Serpent)＝大地灵魂(Earthly soul)

＝鸟(Bird)＝天国灵魂(Heavenly soul)

＝天国母亲(Heavenly mother)

① 荣格：《红书》，苏努·沙姆达萨尼英文编译，周党伟翻译，北京，机械工业出版社，2017年，第564页(C. G. Jung. *The Red Book*. New York. W. W. Norton & Company. 2009. P. 364)。

② 荣格：《红书》，苏努·沙姆达萨尼英文编译，周党伟翻译，北京，机械工业出版社，2017年，第564页(C. G. Jung. *The Red Book*. New York. W. W. Norton & Company. 2009. P. 364)。

 =菲勒斯/魔鬼(Phallus/Devil)

 =天使(Angel)

 =魔鬼(Devil)

 =天界(Heavenly world)

 =大地，魔鬼之母(Earth，Mother of the Devil)

 =太阳，普累若玛之眼(Sun，Eye of the pleroma)

 =月亮，普累若玛之眼(Moon，Eye of the pleroma)

【可见的月亮】

【张望的太阳】

月亮=撒旦

太阳=上帝

 =蛙神=阿布拉克萨斯(God of the Frogs=abraxas)

 =充满(The Fullness)

 =空虚(The Emptiness)

 =火焰，火(Flame，Fire)

爱=欲望，鬼神(Love=Eros，a daimon)

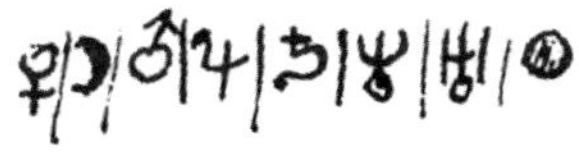 =神，群星(Gods，stars without numbers)

荣格在其《黑书一5》的第163—178页，记录了其“普天大系”曼荼罗，以及有关《向死者七次布道》宇宙论的内容。此时，荣格依然保持着其自我与灵魂的对话与交流。荣格说，或荣格的灵魂如此表白：“我用下界绑住上界，我把神与动物联结在一起。我内在的某些东西是部分动物、部分神、部分人。你之下是蛇，你之内是人，你之上是神。蛇的更远处是阳

具，然后是地球，然后是月亮，最后是外太空的寒冷与空无。”[①]接着，荣格十分确认地说：“你自己就是世界的创造者，也是一个被创造的存在。”[②]此时的荣格，将人视为诸神之心。“惟借活着的生命，你才能让自己从中获得自由。所以，将其活出直到融入自身。”[③]《红书》的编辑者苏努认为，荣格的这幅“普天大系”曼荼罗，是以绘画的方式呈现《向死者的七次布道》的宇宙学。对于外倾直觉性的荣格来说，通过视觉意象，以及图像表达，不仅是语言阐释的补充，而且也是其思想和灵感的源泉。

1917年8月至9月的一段时间(荣格作为英军战区战俘监管上校，驻扎在夏托达堡/Chateau d'Oex)，荣格用铅笔在部队发的笔记本上画了27幅曼荼罗。尽管荣格自己当时并无法理解这些曼荼罗绘画的意义，但感觉其十分重要，感觉自己非常需要这样的表达，并试图去观察这些连续绘制的曼荼罗中所发生的变化。这是荣格1917年8月2日绘制的曼荼罗草图。上方的文字是“法涅斯”，下方文字写着“个体的新陈代谢”(Stoffwechsel in Indivduum)。

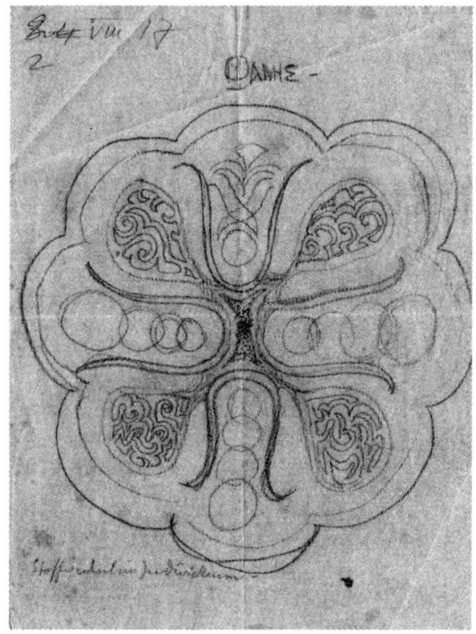

曼荼罗草图，1917年8月2日(也即荣格《红书》中的第80幅曼荼罗)

曼荼罗的创作是一个过程，荣格在这过程中沉思，汲取来自心灵的启示。在这期间，莫尔泽(Moltzer)曾写信给荣格[④]，认为他的曼荼罗绘画堪称艺术创作。然而这却使得荣格有所

① 荣格：《红书》，苏努·沙姆达萨尼英文编译，周党伟翻译，机械工业出版社2017年，第576页(C. G. Jung. *The Red Book*. New York. W. W. Norton & Company. 2009. PP. 370—371)。

② 同上，中文版第579页；英文版第370—371页。

③ 荣格：《红书》，苏努·沙姆达萨尼英文编译，周党伟翻译，机械工业出版社2017年，第580页(C. G. Jung. *The Red Book*. New York. W. W. Norton & Company. 2009. PP. 370—371)。

④ 莫尔泽(Maria Moltzer)是与荣格的病人与学生。其与荣格的通信藏于荣格家族档案馆，大多没有公开发表。在这期间，莫尔泽对于荣格有着十分特殊的意义，如荣格在《回忆·梦·思考》中的叙述：“‘这时，我心里的一个声音说：它就是艺术。’我对此大吃一惊。我从来没有想过，我正在写的东西会与艺术有什么联系。于是我便想到：‘也许我的无意识正在形成一个并非是我的人格，但它又坚持要通过表达来显现出来。’我确实知道，这声音是一个女人发出的。我认得它是一个病人的声音，是一个很有才华并曾热烈地移情于我的心理病患者。她已变成我心灵中的一个有生命的形象了。”(荣格《回忆·梦·思考》之“面对无意识”)

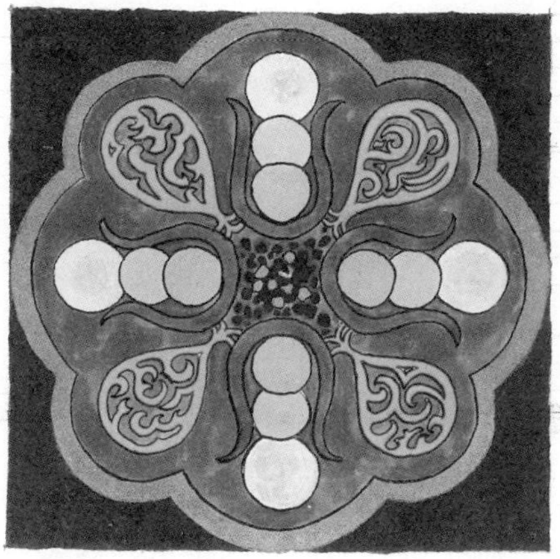

荣格《红书》插图 80

不安，甚至开始怀疑，其曼荼罗是如画家那样要从无意识获去艺术灵感呢，还是属于自发和自然的涌现？就在这个时候，荣格画了一幅曼荼罗，其中出现一些断裂，不像以前的曼荼罗那样匀称。

或许，这正是荣格感悟曼荼罗与自性的触发点。如其后来在《回忆·梦·思考》中的表达：“惟那一刻，我才逐渐感悟真正的曼荼罗：‘成形、变形、永恒心灵的永恒创造。’[①]而这便是自性，也即人格的完整性；若一切顺利，自性便是和谐；但自性却无法容忍自我欺骗。我的曼荼罗意象也即有关自性状态的密码，每天更新呈现于我。”[②]

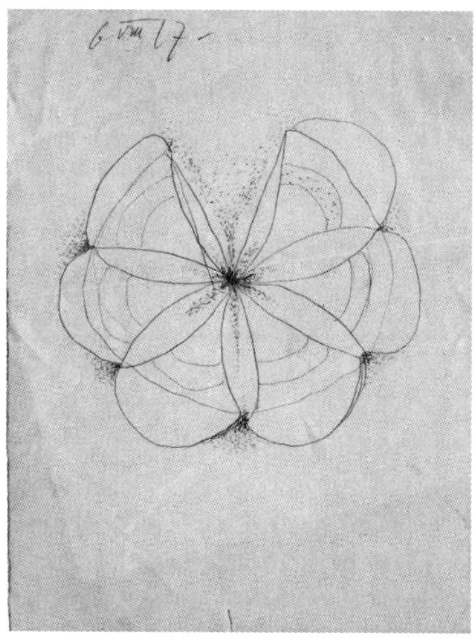

荣格的曼荼罗草图，1917 年 8 月 6 日(荣格《红书》附录 A)

在《回忆·梦·思考》中，荣格接着说，“在这些密码中，我看到了自性——也即我的整个存在——在主动工作。当然，最初对此我只能有些模糊理解；但它们对我来说却显得意义深远，于是我如珍珠一样将其保存。我明确感觉到，它们是如此至关重要，后来通过它们我获得了有关自性的生动概念。在我看来，自性就像我在的单子(monad)，也即我的世界。曼荼罗所代表的就是这单

① 这是荣格引用的《浮士德》(第 2 幕第 1 场)，原文内容是梅菲斯特在告诉浮士德通往母神世界的道路。

② 荣格：《回忆·梦·思考》英文版(C. G. Jung. *Memories*, *Dreams*, *Reflections*. New York, Vintage Books. 1989. PP. 195—196)，参考《回忆·梦·思考》，刘国彬、杨德友译，沈阳，辽宁人民出版社，1988 年，第 331—332 页。

子，并对应于心灵的微观宇宙本性。”[①]

荣格借歌德《浮士德》所表达的“the self”(自性)之“成形、变形、永恒心灵的永恒创造”，以及其中“单子”作为世界万物之基础，心物一体，内具创造力(在莱布尼茨的哲学中，上帝正是最高级的单子)的特性，那么，在这种意义上，我们认为，荣格也会喜欢我们所选择的中文“自性”，其中不仅有汉字“自性”之特殊意象，也包含慧能法师所表达的自性寓意[②]。实际上，荣格认为自己所用的“自性”，与印度教中的梵天/阿特曼(Brahman/Atman)观念具有等同的意义。梵天自生自创，不仅是智慧之神，也为一切法的创造者；阿特曼不仅包含“自我”也包含“神我”，由梵入心，梵我一如。荣格在汲取东方智慧的同时，也一直想将其心理学的价值，融入中国古典哲学，以及印度和密宗瑜伽等东方文化。[③]

在《荣格全集》中，如第9卷之一和之二，以及第12卷和第13卷，都有关于曼荼罗的专门论述。荣格有关《炼金术研究》的著述，也曾用曼荼罗意象作为分析要点，尤其是关于《金花的秘密》评论部分，专门分析了“欧洲的曼荼罗”。荣格1955年在爱诺思东西方文化圆桌会议上，曾做有关“曼荼罗”的主题报告，后作为附录收入《荣格全集》第9卷之一。同样是在《荣格全集》第9卷之一，荣格关于《自性化过程研究》，也是通过“曼荼罗”的形式完成的。

在《自性化过程研究》中，荣格将其曼荼罗体验，与积极想象的方法相提并论。他说，“我从1916年开始使用这一方法(积极想象)，并在《自我与无意识的关系》中首次对其阐释。我第一次提到曼荼罗是在1929年的《金花的秘密》中。差不多10多年中我对这些方法的结果始终保持沉默以避免任何暗示。我希望使自己确信，这些方法——特别是曼荼罗——真的是自发产生的，而非是我自己的幻象对病人暗示或建议所致。通过我自己的研究，对世界各地与不同时代各种曼荼罗绘画，在石头中的雕刻以及曼荼罗建筑的调查，这些都远在病人发现它们之前，我获得了确信。同时我也欣

---

① 荣格：《回忆·梦·思考》英文版(C. G. Jung. *Memories*, *Dreams*, *Reflections*. New York, Vintage Books. 1989. PP. 195—196)，参考《回忆·梦·思考》，刘国彬、杨德友译，沈阳，辽宁人民出版社，1988年，第331—332页。

② 慧能：《六祖坛经》之“行由第一”：祖以袈裟遮围，不令人见，为说《金刚经》，至应无所住而生其心，慧能言下大悟一切万法，不离自性。遂启祖言：“何期自性本自清净，何期自性本不生灭，何期自性本自具足，何期自性本无动摇，何期自性能生万法。”

③ 荣格在“斯托克麦尔讣文”中说，斯托克麦尔与他(荣格)一起，将“我们心理学的价值融入”中国古典哲学、印度和密宗瑜伽的神秘思辨中(见苏努·沙姆达萨尼《红书》序言)。

慰地看到一些病人，并非经我训练的心理医生所诊治的病人，在其梦中出现和绘制的曼荼罗。鉴于这些曼荼罗象征的重要意义，特别的谨慎似乎是必须的，可以看出这一主题是原型普遍运作的最好例证。”①

《荣格全集》第九卷之一，在《自性化过程研究》之后，收录了《关于曼荼罗象征》一文。此文最初于以德文发表于 1950 年，图文并茂，以 54 幅“曼荼罗”绘画为主要线索。在这 54 幅“曼荼罗”绘画中，第 6、28、29 以及第 36，是荣格自己所画的曼荼罗（其前面 3 幅曼荼罗我们已经呈现与分析）。1929 年，荣格与卫礼贤合作《金花的秘密》一书时，将其中的 9 幅曼荼罗（包括荣格自己所画的）作为附录。荣格也曾于 1930 年，使用这些曼荼罗绘画在柏林做过讲座与研讨。

荣格在《关于曼荼罗象征》中所呈现的来自其病人绘制的曼荼罗，大部分是通过积极想象而获得，包括他自己的几幅。在呈现与分析了 50 余幅曼荼罗之后，荣格总结说：“对于曼荼罗的作用和意义，我只须简单说明，因为之前我已经多次讨论过这一主题。此外，如果我们稍微感受一下我们的指尖，我们可以对这些图画做某种猜测，这些由充满激情但并无绘画技能的双手所绘制的图画，病人试图所赋予其中和通过它们所表达的深度意义是什么。就其印度意味而言被称之为坛城，某种沉思、集中、自我专注的工具，以便领悟内在体验，如我在《金花的秘密》评论中所解释的那样。同时，它们用来产生一种内在秩序，也即为什么，当其在一个系列中呈现时，通常是在带有冲突和焦虑特征的混乱和失调状态之后出现。于是，它们表达了安全庇护，以及内在完整与和解的意念。”②

通过对曼荼罗的研究，包括其自身的曼荼罗体验，使得荣格确信其集体无意识和原型的分析心理学理论；其所收集诸多曼荼罗，来自世界各地及不同时代，不管是病人还是正常人，梦中或现实，其形状、结构和寓意则大致相同。荣格说：“关于这些无意识预先形成象征的缘起知识，已经完全失传。为了重新获得，我们就要阅读古代文献，研究古文化，以便对今天病人带给我们说明其心理发展的意象和绘画的理解。当我们透过心灵表面，稍微往其深处看一下，我们将会触及历史层面，那里并非死灰一片，而是充满生机，持续活在人们内心，或许，以我们目前的知识尚无法

① 荣格：《关于曼荼罗象征》，《荣格全集》第 9 卷之一英文版（CW. 9—I. § 623）。
② 同上书，§ 710。

对其想象。”[1]

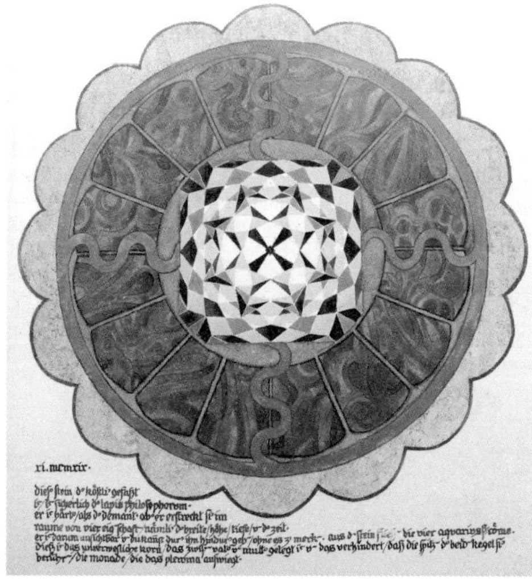

荣格绘制的曼荼罗(1919 年 9 月)，《红书》插图 121

1944 年，荣格在《心理学与炼金术》中讨论曼荼罗的象征时，引用了他所画的这幅曼荼罗并做出说明和解读：这张图是四条“河”环绕而成的圆。[2]这四条河也被称之为伊甸园之河，荣格在很多地方都评论了伊甸园的四条河，例如《伊涌：自性现象学研究》[3]

完成这幅曼荼罗之后，荣格做了这样的题字：先是注明这幅画的时间，II，1919(XI. MCMXIX)，然后荣格写道：“这块如此美妙的石头肯定是一块哲人石，它比钻石坚硬。但它借助四种不同的品质扩展到空间中，四种品质分别是宽度、高度、深度和时间。因此它是阴性的，你能够在看不到它的情况下穿过它，四条水瓶座的溪流从石头中流出来。不会腐烂的种子存在于父亲河母亲之间，阻止他们的头不相互碰到，它是对抗普累若麻的单子。”[4]

---

[1] 荣格：《关于曼荼罗象征》，《荣格全集》第 9 卷之一英文版(CW. 9—I. § 712)。

[2] 荣格：《炼金术心理学》，《荣格全集》第 12 卷英文版(CW. 12. § 167n)。

[3] 在《伊涌：自性现象学研究》中，《荣格全集》第 9 卷之一英文版，(CW. 9—I.)其中的 § 2、§ 9、§ 311、§ 353、§ 358、§ 372 等段落，都与此有关。

[4] 荣格：《红书》，苏努 · 沙姆达萨尼英文编译，周党伟翻译，北京，机械工业出版社，2017 年，第 390—391 页(C. G. Jung. *The Red Book*. Ed. Sonu Shamdasani. New York. W. W. Norton & Company. 2009. P. 121/P. 305)。

1918年6月3日，荣格在其《黑书一7》(第61页)中，也有对这四条河的描述，并将其与斐乐蒙结合在一起。实际上，是荣格的灵魂，把斐乐蒙描述成为地上的快乐："魔鬼会在已经找到的人身上达成和解，这样的人是所有四条溪流的源泉，是承载源泉的大地。水从他的顶点向四方流去。它是有孕育太阳的大海，它是载着太阳的高山，它是四条伟大溪流的父亲，它是将四个巨大的魔鬼结合在一起的十字架。它是虚无的不会腐烂的种子，偶然从空中落下。种子是开始，比其他所有的开始都早，比其他所有的结束都晚。"①

1935年，荣格在为中世纪炼金术象征的心理学诠释所写的序言中，把哲人石，也即炼金术作品中的目标，视为自性的象征(《心理学与炼金术》CW 12)，犹如其曼荼罗的体验与表达。

荣格将曼荼罗意象视为自性的象征，实际上具有其分析心理学的治疗和治愈的意义与作用。1955年，荣格在爱诺思东西方文化圆桌会议做有关"曼荼罗"的演讲，从开始到结束，荣格都强调了曼荼罗之分析心理学治疗意义。比如，荣格说："当代个体自发的曼荼罗表达，使得心理学研究能够对其功能意义做进一步的考察。作为某种规律，曼荼罗总是在心理失调或心理迷失的状态下出现，比如，在父母要离婚的8—11岁的儿童个案中，或者，在这样一些成年人个案中，作为一种神经症及其治疗的结果，面临其人性对立的困惑，以及伴随的迷失；或者，也会在精神分裂的个案中，由于不可理喻的无意识内容的侵入，其对世界的看法已经迷惑不清。在这样一些个案中，很容易看到类似圆绕意象作用下的严格模式，作为对其心理失调和困惑状态的补偿——也即通过构建一个贯通的中心点，或者通过多重混乱及对立和矛盾元素的趋中性构建。"②

在荣格看来，"这证明本性中自我疗愈的尝试，这种自我疗愈并非由于意识的反应，而是源于本能驱使。"③在演讲结束时，荣格说：(曼荼罗)"这类意象在某些情况下对其作者具有很大的治疗效果，这一事实不但通过经验得到了证明，而且也很容易理解，因为它们经常代表十分大胆的尝

---

① 荣格：《红书》，苏努·沙姆达萨尼英文编译，周党伟翻译，北京，机械工业出版社，2017年，第390—391页(C. G. Jung. *The Red Book*. Ed. Sonu Shamdasani. New York. W. W. Norton & Company. 2009. P. 121/P. 305)。

② 荣格："曼荼罗"，《荣格全集》第9卷之一英文版(CW. 9-I. §714)。

③ 同上。

试，力图看到并统一显然不可调和的对立物，以及连接显然无望的分裂。甚至这方面的起码尝试通常也都会有治疗作用，但是惟有在它自发而为的时候。人们不能对认为重复或者故意模仿这些意象抱有任何幻想。”①

于是，有关曼荼罗现象，也是对荣格集体无意识和原型理论以及临床实践的重要支持。唯有自性能够将意识和无意识予以整合，唯有自性，能够完成对立与统一的转化。

荣格绘制的曼荼罗

荣格所创作的这幅曼荼罗，是其《红书》中第105幅插图，如其“普天大系”，依然是在梳理心灵宇宙的对立与统一，沉思于内外之间，阴阳之际。

1930年，荣格在《金花的秘密》附录中(欧洲曼荼罗举例)，匿名使用了这幅曼荼罗，称其为“一位男性病人在治疗过程中所画的曼荼罗。”并给予如下描述：“中央的白光在苍穹中闪耀，第一圈是原生质的生命种子，第二圈包含四种最基本颜色的宇宙在旋转，第三和第四圈是创造性的能量向内外运转。基点是阴性和阳性的灵魂，都被分割为光明和黑暗。”②

1952年，荣格在《关于曼荼罗象征》中，再次使用这幅曼荼罗，并对其解释说：“由一位中年男性所画，中央是一颗星，蓝色的天空中飘着金色的云。我们在四个基点都能看到人的形象：顶端是一位沉思状的老人；底部是洛基或赫菲斯托斯，有着火红的头发，手中托着一座神庙。右侧和左侧分别是一明一暗的女性形象。四个形象分别表示人格的四个方面，或者可以说是四个原型人物，处在自性的四周。可以很容易地看出来，两名女性代表的是阿尼玛的两个方面。老人相当于意义或精神的原型，而黑暗的地府人物则是智慧老人的对立面，也即是魔法的(有时候是毁灭性的)路西

① 荣格：《曼荼罗》，《荣格全集》第9卷之一英文版(CW. 9—I. §718)。

② 荣格：《〈金花的秘密〉评论》；见《荣格全集》第13卷英文版(CW. 13. §84之后的附录第6幅图注解)。

弗元素。在炼金术中，这是赫尔墨斯·特里斯梅季塔斯与墨丘利的相对立，墨丘利是狡猾的'小丑'。闭合的圆形天空含有结构或组织，像是原生动物。圆圈外用四种颜色画的16个球体最初来源于一个眼睛的主题，由此象征有观察力和有辨别力的意识。同样，下一圈所画的内容都向内展开，更像是向中心吹气的通道。[原注：在炼金术中也有类似的概念，出现在《瑞普利卷轴》和它的变体中(《心理学与炼金术》，其中意象第257)，星神向重生之浴吹气。]而周围的装饰又顺着边缘向外打开，像是在接收外面的东西。也即是，在自性化过程中，最初投射出去的气流'向内'流动，并再次被整合进人格中。与意象第25相反，这里是'上'与'下'的整合，男性和女性的整合，就像炼金术中的雌雄同体一样。"[①] 1950年3月21日在写给雷蒙德·派珀(Raymond F. Piper)信中，荣格提到相同的意象："另一张图是由一位年龄在40岁左右并受过良好教育的男性所画，他画的这幅画也是为恢复情绪状态的秩序做的第一次无意识尝试，无意识内容的入侵导致他情绪状态的失常。"[②]于是可见，如其积极想象的方法与技术，曼荼罗作为自性象征及其治疗作用，均为荣格自己的亲身体验。

荣格曾在其《转变中的文明》(《荣格全集》第10卷)中表示，随着时代的变迁，曼荼罗确实发展为一种心理整体性象征。接着，荣格呈现与分析一位6岁女孩梦中的曼荼罗意象，以及通过曼荼罗意象所获得的疗愈作用。在《心理学与宗教：西方与东方》(《荣格全集》第11卷)中，荣格分析"自然象征的心理学与历史"时，多次述及东方佛教之曼荼罗意象的整合功能，以及自性所包含的同样的整合与治愈意义。荣格在其《炼金术心理学》(《荣格全集》第12卷)讨论关于"自性的象征"时，再度论述与阐释"曼荼罗的象征学"。荣格说，"真正的曼荼罗总是一种内在意象，通过积极想象逐渐成形。"[③]

在其著名的《塔维斯托克演讲》中(《荣格全集》第18卷)，荣格也用曼荼罗意象，来阐释其分析心理学的集体无意识和原型理论。荣格说，"在东方，你发现曼荼罗不仅是寺院的建筑，而且也是寺院的画作，或为了某种

---

① 荣格：《关于曼荼罗象征》，《荣格全集》第9卷之一英文版第682段落(CW. 9—I. §682)

② 荣格：《荣格书信集·第一册》(C. G. Jung Letters/I. Selected and edited by Gerhard Adler and Aniela Jaffe. Bollingen Series, Princeton University Press. Princeton, 1973. PP. 549—551)。

③ 荣格：《自性的象征》，《荣格全集》第12卷英文版第123段落(CW. 12. §123)。

宗教节日而绘制。曼荼罗的核心便是神灵，或神力的象征……”[①]于是，在荣格看来，“曼荼罗象征具有圣所的寓意，护佑核心。曼荼罗也是无意识意象客观化中最为重要的象征。它是保护人格中心稳定，不受外在影响的一种手段。”[②]

荣格晚年，述及其“后期思想”时，曾这样来回顾其曼荼罗体验：“二十多年前(1918)，在我调查研究集体无意识的过程中，我发现了存在着一种类型相似的显然具有普遍性的符号——曼荼罗符号。为了肯定我的发现，我花了十余年时间收集另外的资料，然后才首次宣布我的发现。曼荼罗是一种原型性意象，它的出现经历了时代的证实。它意味着自性具有完整性。这一圆形的意象表示的是精神基础的完整性，或且用神话的话来说，神性具现于人的身上。现代的曼荼罗与波伊姆(Boehme)的相反，它争取的是统一性。它所表示的是对心灵破裂行将得到克服。由于这一过程发生在无意识之中，因而它便使自己到处显现出来。在世界范围内流布的有关幽浮的故事便是这种情形的明证，它们使一种普遍存在的精神意向的征兆。”[③]在《荣格全集》第九卷之二：《伊涌：自性现象学研究》中，荣格说：“从心理学上来说，其意象的本质尤其饶有趣味：作为原型秩序模式的投射，曼荼罗代表了整体性观念。其趋中于地狱的意象，同时也是上帝，以高低皆来自灵魂深处的经验为基础。”[④]

荣格的曼荼罗体验，同样是意识和无意识的交互作用，以曼荼罗的形式而达到自性的意象。于是，在荣格看来，曼荼罗大概要算是一种完整观念的最简朴的样式；而且还是在心灵中自发产生的样式，代表着对立双方地斗争和妥协。最初纯属个人性质的冲突，在曼荼罗的呈现过程中，渐渐会使人感悟到，这种冲突只是对立双方普遍矛盾的独特例证。荣格认为，我们的精神结构与宇宙结构相一致，在宏观世界发生的一切也同样发生在

---

① 荣格：《塔维斯托克演讲》，即《分析心理学的理论与实践》，《荣格全集》第 18 卷英文版第 409 段落(CW. 18. § 409)。

② 荣格：《塔维斯托克演讲》，也即《分析心理学的理论与实践》，《荣格全集》第 18 卷英文版第 410 段落(CW. 18. § 410)。

③ 荣格：《回忆・梦・思考》“后期思想”；刘国彬、杨德友译，沈阳，辽宁人民出版社，1988 年，第 539—540 页(C. G. Jung. *Memories*, *Dreams*, *Reflections*. New York, Vintage Books. 1989. PP. 334—335)。

④ 荣格：《伊涌：自性现象学研究》，《荣格全集》英文版第 9 卷之 1 英文版(CW. 9－i. § 209)。

精神的范围。通过曼荼罗的方式，想象力便使自己从物的具体性中解放出来，并试图把那不可见的形象描绘出来。

如我们在“荣格与卫礼贤”以及“荣格与道家”中所叙述的荣格 1927 年“利物浦”之梦及其自性与自性化体验，源于生命的觉醒；荣格最初也曾试图用曼荼罗来呈现那梦中的意象，尽管留下的只是梦中城堡的草图。然而，荣格随后却画出了被称之为“永恒之窗”的曼荼罗；以及接下来，似乎是一脉相承“金色城堡”，其中亦有须弥山上梵天之城的印象。

荣格曾在许多讲述“曼荼罗”心理学的场合使用“永恒之窗”与“金色城堡”，也将其收录于《金花的秘密》和《关于曼荼罗象征》。尽管绘画之时，荣格并不知道这个过程会前往何处，但他逐渐明了，曼荼罗象征着这个过程的目标，其自性的表达，以及自性化的道路；其中的东方气息，中国文化的氛围，冥冥之中，曼荼罗与自性的联结，也是荣格与中国文化的体现。在《回忆·梦·思考》中，荣格有这样一段有关曼荼罗及其意义的描述：

荣格绘制的“金色城堡”(1928)

这个时期我到底画了多少幅曼荼罗，我现在再也记不清楚了。不过肯定是许许多多。在我画着它们的时候，这样一个问题一再浮现出来：这样一个过程正导向什么？其目的何在？根据我自己的经验，到这时候我便知道，我不能擅自选择一个在我看来显得没有价值的目标。实际情况已向我证明，我必须放弃自我占有更高地位的想法。在我本来企图保有它时，我毕竟还是突然地又把它放弃掉了。我本想继续从事对神话进行科学分析的，这工作在《变化的象征》(1912)里就开始了。这仍然是我的目标——但是我却决不能再考虑它了！我此时正被迫经历无意识的这一过程。我必须让自己被这股急流裹挟着前进，根本不知道它要把我引向何处。然而，当我开始画曼荼罗时，我便看出，一切东西，

> 我一直在走着的所有道路，我一直在采取的所有步骤，均正在导向回一个单一点——也就是说，导向那居中的那个点。事情对我变得越来越明白，曼荼罗就是中心。它是一切道路的代表，是通向这个中心，通向自性化的道路。①

荣格之与“曼荼罗”，更多的是通过其自身的体验，也即曼荼罗的绘画。这与其对瑜伽和印度佛教的接触有所不同。荣格之与曼荼罗，或曼荼罗之于荣格，不仅是某种理论，东方哲学或心理学的启示，而且是其自身的精神体验。荣格停止其曼荼罗绘画之后，继续建造其波林根的塔楼。差不多同一时期，荣格也停止了其《红书》的写作。如荣格在其《回忆·梦·思考》中所说：“通过我的科学工作，我便慢慢地能把我的种种幻觉及无意识的内容置于一种坚实的基础上了。但文字和纸张在我看来显得不够真实，还需要有某样东西。我要为我内心最深处的想法和我所掌握的知识找到像石头那样确定的一种表述方法。或者换句话说，我要以石头那坚实的方式来坦露我的信念。这就是‘塔楼’的起源，也就是在波林根我为自己所建造的房屋。”②荣格说：“在波林根，我处身于我自己的真正的生活之中，我极为深切地恢复了本来面目。”③荣格描述说：“在波林根，我的四周一片沉寂，最微小的动静也可听得出来，而我则‘与大自然纯朴和谐’地生活着。”④为此‘与大自然纯朴和谐”地生活，荣格加了这样一个注释：“这是一幅古老的中国木刻画的主题，画的是一个矮小的老者在壮美的风景中伫立。”⑤荣格接着说：“在这种情况下，思想便会涌现，回溯至千百年前，预见遥远的未来。在这里，创造的痛苦缓解了，创造性和游戏一起变得十分接近。”⑥于是，从某种程度上说，波林根的一切，几乎也是其曼荼罗体验的延续，其《红书》新的篇章，当然也包括其中的自性表达，以及自性化过程。

---

① 荣格：《回忆·梦·思考》，刘国彬、杨德友译，沈阳，辽宁人民出版社，1988 年，第 333 页(C. G. Jung. *Memories*, *Dreams*, *Reflections*. New York, Vintage Books. 1989. PP. 196—197)

② 同上书，第 377 页。

③ 同上书，第 381 页。

④ 荣格：《回忆·梦·思考》，刘国彬、杨德友译，沈阳，辽宁人民出版社，1988 年，第 382 页(C. G. Jung. *Memories*, *Dreams*, *Reflections*. New York, Vintage Books. 1989. P. 226)

⑤ 同上。

⑥ 同上。

第三节　禅宗、觉悟与自性化

荣格对"瑜伽"显得若即若离，对"曼荼罗"似乎是一往情深，对"禅宗"则可谓一见钟情。他不仅为铃木大拙的《禅学导论》写下精彩序言，而且，在其著述、演讲与讲座中时常援引禅宗公案，尤其是禅宗之觉悟，或明心见性，作为阐发其分析心理学自性说，印证其自性化过程的真实写照。

禅宗是汉传佛教的主要代表，其与天台宗和华严宗，一向被认为是中国文化中独立发展出来的佛教宗派。禅之梵文本义包含"静虑""思修""定慧"，常在西文中被表达为"静坐"或"冥想"(Meditation)。有关禅宗的缘起故事包括佛祖灵山法会"拈花微笑"，以及菩提达摩东渡传法。尽管佛教传统中有诸多禅法，如楞伽师之修行、小乘禅观、唯识瑜伽，以及如来藏本体观等，但作为宗派，六祖慧能实为中国禅宗的奠基与发展者。

中国禅宗又称佛心宗，语自《楞伽经》之"佛语心为宗"，也与达摩与慧可之安心法门有关，更有慧能识自本心，自性自度的基本主张；以心传心，见性成佛。通过禅宗，深化了荣格的曼荼罗自性体验，启发了荣格及其分析心理学的自性化过程。

在荣格的书房，藏有《心经》、《金刚经》、《六祖坛经》、《五灯会元》、《景德传灯录》、《碧岩录》等禅宗经典。在与米格尔·塞拉诺(Miguel Serrano)的一次谈话中[①]，荣格再次提到他曾经完整读过中国禅宗的书籍。荣格一向认为，"禅的确是中国精神最瑰丽的花朵，由广袤的佛教思想世界滋养而成。"[②]中国禅宗之"悟"，犹如道家之"道"，几乎也是难以翻译为西文的概念。荣格曾这样说："从我们所知的禅的本质来看，我们又碰上了一个无法超越的核心概念。这个奇特的概念就是'悟'(satori)，也可被翻译为'觉悟'(enlightenment)。"[③]然而，尽管可遇不可求，荣格依然致力于将禅宗与觉悟融入其分析心理学。

---

① 米格尔·塞拉诺(Miguel Serrano)，著有《荣格与黑塞：两者友谊的记录》(*C. G. Jung and Hermann Hesse, A Record of Two Friendships by Miguel Serrano*. Schocken Books, New York. 1966)。

② 荣格：《(铃木大拙)〈禅学导论〉序言》，《荣格全集》第 11 卷英文版第 883 段落(CW. 11. §883)。

③ 荣格：《(铃木大拙)〈禅学导论〉序言》，《荣格全集》第 11 卷英文版第 883 段落(CW. 11. §877)。

由于铃木大拙等日本禅师的影响，西方多用Zen作为禅的标识。但荣格也曾阅读陆宽昱[①]编辑翻译的《禅法》，突出了“禅”(Chan)的中文本义，用《禅法》(“Ch'an and Zen Teaching”)作为标题。陆宽昱是虚云法师俗家弟子，他所编辑的《禅法》第一卷第一部分是《虚云和尚法汇》，然后是《御选语录》[②]中选录的六位禅师的故事(船子和尚/德诚、香严智闲/击竹、金华俱胝/一指、石鞏慧藏/射箭、本州无着、善慧大士)；接着有憨山法师所讲的《金刚经》和《心经》，均为禅宗经典，组成《禅法》第一卷的主要内容。第二卷则有禅宗《传灯录》(《景德传灯录》)和“禅门五宗七位宗师故事”。《传灯录》由宋真宗年间释道原编撰，集录自过去七佛，及历代禅宗诸祖五家五十二世，共一千七百零一人之传灯法系。禅僧把“禅法”喻如灯光，传授禅法，犹如传灯，又系北宋真宗景德年间（1004—1007)成书，故称《景德传灯录》。“禅门五宗七位宗师故事”则包括沩仰宗灵佑/慧寂、临济宗义玄、曹洞宗良价/本寂、云门宗文偃、法眼宗文益。第三卷是慧能《六祖坛经》、永嘉证道歌以及憨山作序的《圆觉经》(*The Sutra of Complete Enlightenment*)[③]荣格十分喜欢这部《禅法》，并特意向作者表达感谢。《禅法》再版时，也将荣格的致谢信函刊登在书的封底。

荣格认为，觉悟不仅是中国禅宗的标志，也是印度瑜伽的核心，也是曼荼罗的内涵与指引。觉悟，可以使人获得最终的解脱，从意识的我执中获得解放，由此认真地认识自己，体验自性，实现自性化，获得超越。在荣格的分析心理学体系中，既然“自性”(Self)应该成为人与人格的核心，而非单单由“自我”(ego)所主导，那么，荣格心理学中与此相应的概念，便是“自性化”。在荣格的心理学体系及临床实践中，为了自性化过程，自我(ego)需要由自性(Self)整合。或者说，自我需要让位于自性，让自性成为人格的核心与主导。自我不低头，总自以为是，那么，自性便难以呈现与发展。在这种意义上，佛家的“破我执”，以及由此而获得的觉悟，也便

---

① 陆宽昱(Charles Luk，1898—1978)，虚云俗家弟子，旅美华裔居士，著名佛教翻译家。这里是指其编著与翻译的《禅法》(*Chan and Zen Teaching*, by Lu Kuan Yu (Charles Luk), Rider & Company, 1960)。

② 清世宗于雍正十一年(1733)选编，共十九卷，收录从后秦僧肇到历代部分禅宗高僧传授禅法，以及雍正时期的参禅机缘语录，和雍正皇帝所写的19篇序。此书被收于乾隆三年(1738)完成的《龙藏》内，另有南京金陵刻经处于光绪四年(1878)的刻本以及日本的《续藏经》本。雍正在序言中，以为所选辑的这些语录，可以体现从曹溪慧能以来的禅宗的真正宗旨，能引导人们“得无见之妙见”，“成无解之大解”，是“人天眼目，无上宗乘”。

③ 圆觉经由佛陀多罗于公元650年完成汉译，全称为《大方广圆觉修多罗了义经》。

具有了心理分析的意义。荣格说，“自性化的主要目标，一方面是让自性摆脱人格面具的虚假外衣，另一方面是将其从原始意象的暗示力量中解放。”①对于荣格和荣格心理分析师来说，自性化是一个过程，其目标是获得自性的完整；犹如禅宗的“觉悟”与“明心见性”。

结合禅宗的思想，荣格从“觉悟”中获得启发，来阐释自性的内涵以及自性化的意义。荣格认同“悟”是从自我迷失中，用心所获的解脱；觉悟中包含了洞见自性本质的智慧。荣格将“悟”视为“伟大的解脱”(Great Liberation)。在荣格看来，“悟”乃突破——意识冲过了自我(ego)的范围而意识到“无自我的自性”(non-ego self)。亦如慧能法师所言：“若识本心，即是解脱。”《六祖坛经·行由第一》记有慧能法师觉悟过程：

> ……(五祖)为说《金刚经》，至应无所住而生其心，慧能言下大悟一切万法，不离自性。遂启祖言：“何期自性本自清净，何期自性本不生灭，何期自性不自具足，何期自性本无动摇，何期自性能生万法。”祖知悟本性，谓慧能曰：“不识本心，学法无益；若识自本心，见自本性，即名丈夫、天人师、佛。”也如慧能法师所说：“不悟，即是佛是众生，一念若悟，即众生是佛。

慧能法师最初的公案“本来面目”，对荣格之自性研究深有启迪。在《荣格全集》第9卷之二有关“自性现象学研究”中，荣格说，传统大师将炼金术作品视为某种“末世”(eschatological)之中的“复苏”(apocatastasis)，原初状态的复原(周而复始)。这正是自性化过程中所发生的，或表现为基督教中的转化，或禅宗的顿悟体验(“呈现你的本来面目”)，或发展的心理过程，在其中趋于完整的原初倾向成为意识的现实。②

荣格在这里，用慧能法师的教法，作为“禅宗觉悟”的典范。“本来面目”之公案，载于《六祖坛经》之“行由第一”。

> (慧能得法南下，数百人为抢袈裟追赶，一陈姓四品将军慧明最先赶到)慧能掷下衣钵于石上，云：“此衣表信，可力争耶?”

---

① 荣格：《无意识的功能》，《荣格全集》第7卷英文版(CW. 7. §269)。

② 荣格：《伊涌：自性现象学研究》，《荣格全集》第9卷之二英文版(CW. 9—II. §260)。

> 能隐草莽中。慧明至，提掇不动，乃唤云："行者！行者！我为法来，不为衣来。"慧能遂出，坐盘石上。慧明作礼云："望行者为我说法。"慧能云："汝既为法而来，可屏息诸缘，勿生一念，吾为汝说。"明良久。慧能云："不思善，不思恶，正与么时，那个是明上座本来面目？"慧明言下大悟，复问云："上来密语密意外，还更有密意否？"慧能云："与汝说者，即非密也。汝若返照，密在汝边。"明曰："慧明虽在黄梅，实未省自己面目。今蒙指示，如人饮水，冷暖自知。今行者即慧明师也。"慧能曰："汝若如是，吾与汝同师黄梅，善自护持。"明又问："慧明今后向甚处去？"慧能曰："逢袁则止，遇蒙则居。"明礼辞。

如《坛经》所述，慧能"坐盘石上"，让慧明"屏息诸缘，勿生一念"以及随后所问之"不思善，不思恶，正与么时，那个是明上座本来面目？"如"执中"与"时中"，如"整合"与"超越"，不仅是荣格分析心理学的原理和理论，同样是其具体分析与临床实践的指引。在荣格看来，"本来面目"便是悟的体验，亦如"真人"(original man)涌现，意味着洞见个人的本性或者见性，以及个人深层的心智表达。

以心传心，明心见性，既是慧能的禅悟过程，也是其禅宗的基本教法。这也正是禅宗缘起"拈花微笑"的精髓传递。《五灯会元》记有世尊灵山法会拈花微笑的故事，荣格对此十分欢喜，多次引用：

> 世尊在灵山会上，拈花示众。人天百万，悉皆罔措，独有金色头陀摩诃迦叶，破颜微笑。世尊言"吾有正法眼藏，涅槃妙心；实相无相，微妙法门；不立文字，教外别传；付嘱摩诃迦叶。"①

荣格在为铃木大拙《禅学导论》撰写序言时，开始便提到这个故事："东方的作者们自己承认禅源于佛陀拈花微笑的公案。灵山会上佛陀拈花示众，不发一言。只有大迦叶领会了佛陀之意。"②于是，在荣格分析心理学的体系中，这"拈花微笑"也犹如一种特殊意象，反映禅宗的本义与影响。

---

① 《五灯会元》卷一、《禅宗正脉》卷一及《无门关》第六。

② 荣格：《〈铃木大拙〉〈禅学导论〉序言》，《荣格全集》第11卷英文版第877段落(CW. 11. §877)

荣格读过《碧岩录》，其中在描述达摩东渡传法的时候，也有类似的形容：达摩遥观此土有大乘根器，遂泛海而来，单传心印，开示迷途；不立文字，直指人心，见性成佛。也如宗密《中华传心地禅门师资承袭图》所述："达磨西来，唯传心法，故自云：我法以心传心，不立文字。此心是一切众生清净本觉，亦名佛性，或云灵觉。"①荣格曾多次引用《五灯会元》和《碧岩录》，讲述达摩的故事及其影响。如荣格引用达摩："禅宗东土初祖菩提达摩说：'诸佛无上妙道，广劫精勤，难行能行，非忍而忍。岂以小德小智，轻心慢心，欲冀真乘，徒劳勤苦。'"②经达摩至慧能，既是禅宗的传承，也是禅悟心法的体现。

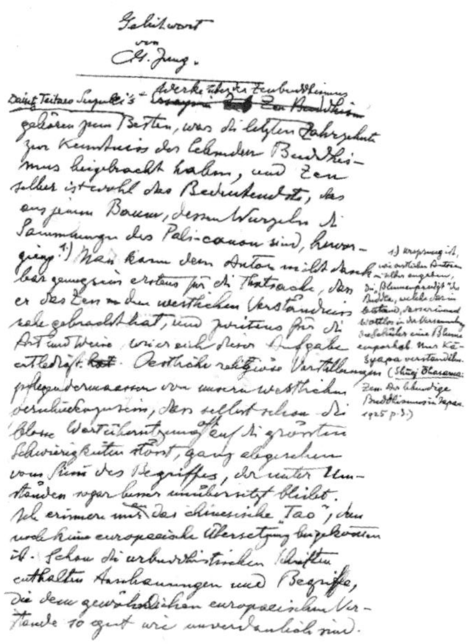
Geleitwort
von
C.G. Jung.

Daisetz Teitaro Suzuki's Werke über den Zenbuddhismus
gehören zum Besten, was die letzten Jahrzehnte
zur Kenntnis des lebenden Buddhismus beigebracht haben, und Zen
selber ist wohl das Bedeutendste, das
aus jenem Baume, dessen Wurzeln die
Sammlungen des Pali-canon sind, hervorgieng.1)

荣格为铃木所撰写序言的手稿，存于苏黎世联邦理工大学③

接受荣格及深度心理学的影响，铃木大拙认为，"悟"(satori)即是意识到无意识，并因而控制之。在铃木大拙看来，"悟"乃是一种向无意识领域的洞察，它有8个特点：1. 非理性(irrational)；2. 直觉(intuitive)；3. 洞

① 宗密：《中华传心地禅门师资承袭图》，见《禅宗全书》第一册，蓝吉富主编，(台湾)文殊出版社，1988年，第337页。

② 荣格：《(铃木大拙)〈禅学导论〉序言》，《荣格全集》第11卷英文版段落898，注释35(CW. 11. §898/note 35)。

③ 见苏努·沙姆达萨尼：《荣格：书中传记》英文版(Sonu Shamdasani. C.G. Jung: A Biography in Books. W.W. Norton & Company. New York. 2012. P. 206.)。

察(insight)；4. 权威(authority)；5. 认定(affirming)；6. 超越(sense of beyond)；7. 非个人情感(impersional tone)；8. 升华并意识到暂时性(feeling of exaltation and momentary)。

在荣格看来，“悟”是一种别出心裁的灵感，“悟”描绘了一种欧洲几乎无法领略的启蒙方式和道路。于是，荣格借用百丈怀海以及黄山谷开悟的经历作为说明。

在《五灯会元》中，有这样一则记录百丈怀海开悟的公案：

> 有一天，怀海禅师陪同马祖在野外行脚。这时恰好有一群野鸭子从附近飞过。马祖问：“是甚么?”
>
> 怀海禅师道：“野鸭子。”
>
> 马祖问：“甚处去也?”
>
> 怀海禅师道：“飞过去也。”
>
> 马祖突然转过身，使劲地拧怀海禅师的鼻子。怀海禅师疼得失声大叫。
>
> 马祖道：“又道飞过去也!”
>
> 怀海禅师言下恍然大悟。

荣格说，“我觉得这些例子已经足够使我们有所感受，他们足够表达了觉悟经验的模糊性。”[①]荣格与禅中之悟素来心有灵犀，其借用黄山谷(黄庭坚)的例子也富有启发意义。黄庭坚不仅是著名诗人，也是杰出的禅意哲学家。他曾拜在南宗黄龙派祖心禅师门下，黄龙派由临济宗传人慧南所创，同样是马祖道一的法脉。黄庭坚有一首《渔家傲》是专门咏达摩的：

> 万水千山来此土，本提心印传梁武。对朕者谁浑不顾。成死语，江头暗折长芦渡。
>
> 面壁九年看二祖，一花五叶亲分付。只履提归葱岭去。君知否？分明忘却来时路。

① 荣格：《〈铃木大拙〉〈禅学导论〉序言》，《荣格全集》第11卷英文版第879段落(CW. 11. §879)。

黄庭坚在其《又答斌老病愈遣闷》的诗中，也对疾患与疗愈作了禅意的表达：

百疴从中来，悟罢本谁病；西风将小雨，凉入居士径。
苦竹绕莲塘，自悦鱼鸟性；红荷倚翠盖，不点禅心静。
风生高竹凉，雨送新荷气；鱼游悟世网，鸟语入禅味。
一挥四百病，智刃有馀地；病来每厌客，今乃思客至。

黄庭坚的禅诗充满意象与想象，以及觉悟中的自性表达，自然有对荣格的启发。在荣格的心目中，这诗人亦如禅师，悟性也在诗中。

荣格引用《景德传灯录》中玄沙禅师的“入路”公案来说明禅机与悟性。荣格说：“下面再举一例，有一个僧人去参访玄沙禅师。他想知道到达真理之道的入口在哪里。玄沙问来访的僧人：‘你听到了小溪的潺潺流水声了吗?’那僧人说：‘是的，我听到了。’玄沙师父说：‘这就是真理的入口处。’”①对此禅悟之境，荣格评论说：“我觉得这些例子已经足够使我们有所感受，他们足够表达了觉悟经验的模糊性。”②荣格接着说，“即使我们一个又一个地再举例子，觉悟是怎么来的，它是怎么构成的，我们依然会十分模糊。换句话说，是靠什么得到了觉悟？觉悟了什么东西？这些也依然是十分模糊。”③

这里的“模糊”和“模糊性”，荣格用了“Opacity/Opazität”和“Obscure/Obskur”，在其英文和德文的语义中，不仅可用作“模糊性”，同时具有朦胧、阴晦、微暗等含义。对我们来说，恰如荣格心目中的老子之道。如其“视而不见，名曰夷；听之不闻，名曰希；搏之不得，名曰微。”(《道德经》第 14 章)，如其“惟恍惟惚。惚兮恍兮，其中有象；恍兮惚兮，其中有物；窈兮冥兮，其中有精；其精甚真，其中有信……”(《道德经》第 21 章)或许，这也是荣格开始以“道”为例，来引入“禅”的用意。

于是，在其无意识心理学的基础上，荣格是欣赏禅的这种恍兮惚兮之“模糊性”的。荣格认为：“我们最好还是一开始就让自己跟禅宗奇妙的模

---

① 荣格：《(铃木大拙)〈禅学导论〉序言》，《荣格全集》第 11 卷英文版第 878 段落(CW. 11. § 878)；见《景德传灯录》第十八卷，有关玄沙禅师的公案。问：“学人乍入丛林，乞师指个入路。”师曰：还闻偃溪水声否？曰：闻。师曰：是汝入处。

② 同上书，§ 879。

③ 同上。

糊感融为一体，并且始终记住悟是一个神秘不可言说的体验，这也就是禅师们所希望的。”[①]他也曾引用忽滑谷快天(Kaiten Nukariya)[②]有关“悟”的论述，并认为其过于“理性”；在荣格看来，失去“模糊性”，并无助于“悟”的阐明。这是荣格有关忽滑谷快天与禅宗觉悟的一段引用：

> 忽滑谷快天是一位东京曹洞宗佛学院的教授，谈起觉悟来他这么说：“脱离了幻觉的自我概念之后，下一步我们要觉悟我们最内在的智慧。它纯净而又神圣，禅师们称之为佛心、菩提或者般若。它就是神光，内在天堂，通向所有高尚品德的门户，意识和思想的中心，是所有影响和力量的源泉，是善良、正义、同情、平等博爱、人性、仁慈的基石，是所有一切的标尺。当最内在的智慧被完全唤醒的时候，我们就能够认识到我们每一个人在精神上，在本质上是平等的，也在自性上跟宇宙、生命或者佛是平等的。这也就是说每一个人都面对面的跟佛一起生活，也就是说每一个人都是与生俱来都已接受了上苍赐予的无量恩典，也就是说上苍唤醒了每个人的道德本性，也就是说上苍开启了每个人的天目，也就是说上苍展示了他新的能力，也就是说上苍认定了新的使命，也就是说生活并不是生老病死的流转，并不是眼泪的苦海，而是神圣的佛殿，是净土，在那里人们享受涅槃的极乐。”[③]这是一位东方学者——其本人也是禅宗学者——所描写的觉悟的本质。[④]

荣格接着说：“我们得承认这一段落只需稍微修改就能够汇入基督教神秘体验的著作。然而不知何故，就对理解有关文献再三描述的觉悟体验而言，它还是让我们空手而归。我们假定忽滑谷教授是针对西方理性主义

① 荣格：《〈铃木大拙〉〈禅学导论〉序言》，《荣格全集》第 11 卷英文版第 882 段落(CW. 11. §882)；见《景德传灯录》第十八卷，有关玄沙禅师的公案。问：“学人乍入丛林，乞师指个入路。”师曰：还闻偃溪水声否？曰：闻。师曰：是汝入处。

② 忽滑谷快天(Kaiten Nukariya，1867～1934)，日本曹洞宗学僧，著有《禅学思想史》《禅学批判论》《禅学新论》《朝鲜禅教史》《曹洞宗宗意私见》。

③ 其中引用见忽滑谷快天：《武士的宗教》(*The Religion of Samurai*) 第 133 页。

④ 荣格：《〈铃木大拙〉〈禅学导论〉序言》，《荣格全集》第 11 卷英文版第 879 段落(CW. 11. §879)。

来表述自己的，因为他本人饱蘸了西方理性主义。正因为如此，所以这一切听起来都让人感觉是一个平铺直叙的教诲。禅宗典故深远的模糊性实际上比《为多芬使用》(*ad usum Delphini*)之书更为言简意丰。"[①]尽管"模糊"，确如道之自在天然。对于荣格来说，不管禅宗看似如何离奇，悟是一件很自然的事情，非常简明。对此，荣格引用中青原惟信的禅悟故事："未参禅时见山是山，见水是水；及其后来亲见知识有个入处，见山不是山，见水不是水；而今有个休歇处，依前见山是山，见水是水。"[②]此段公案的原文，见《五灯会元》卷 17："吉州青原惟信禅师，上堂：'老僧三十年前未参禅时，见山是山，见水是水。及至后来，亲见知识，有个入处。见山不是山，见水不是水。而今得个休歇处，依前见山只是山，见水只是水。大众，这三般见解，是同是别？有人缁素得出，许汝亲见老僧。'"[③]于是禅悟，超越"是非"，整合内外，返璞归真。

荣格用其分析心理学，对此一禅宗公案做了这样的评说："不是不同的东西被看到了，而是体验者看的不同了，好像是观看的空间被一个新的层面所改变。"[④]同时，荣格还说："当那位禅师问：'你听到了潺潺的溪水声了吗？'已是明显意味着不同于平常'听觉'的状态。"[⑤]是，在荣格看来，我们最好还是一开始就让自己跟禅宗奇妙的模糊感融为一体，并且始终记住悟是一个神秘不可言说的体验，这也正是禅师们所希望的。在这种意义上，荣格十分欣赏禅宗的体验过程，以及此一过程中的感悟。实际上，荣格自己也是身体力行，注重体验的，如其《回忆·梦·思考》中的叙述，如其《红书》中的记录，如其在波林根的生活与自然，皆有禅的法理与禅的意境。

荣格意识到，人们往往将自性(Self/Selbst)与自我(ego/Ich)混淆，因此造成对自我本性的幻觉。于是，荣格所用"自性"，本来是要表达人的整

---

① 荣格：《〈铃木大拙〉〈禅学导论〉序言》，《荣格全集》第 11 卷英文版第 880 段落(CW. 11. §880)。

② 同上书，§884。

③ 《指月录》记载，惟信禅师是六祖慧能下第十四世弟子。

④ 荣格：《〈铃木大拙〉〈禅学导论〉序言》，《荣格全集》第 11 卷英文版第 891 段落(CW. 11. §891)。

⑤ 同上。

体性，以自性来整合自我，如天人合一的境界。这亦如禅宗的思想，自性即佛，佛即是心，自性包含生命的全部意识。于此，荣格借用盘山禅师的法语："心月之光，涵摄宇宙。"来予以说明。盘山禅师即幽州盘山宝积禅师，马祖道一之法嗣，《五灯会元》有其觉悟的故事，荣格所引用的语句出自其禅诗："心月孤圆，光吞万象。光非照境，境亦非存。光境俱忘，复是何物?"[①]对荣格来说，悟的发生也为一种突破，从一个狭隘的自我意识进入无我的自性。

尽管曾有现代禅师与学者，与荣格讨论与比较其用"自性"(Self)与禅宗自性的同异，如忽滑谷快天和久松真一等，但荣格明确表示："不管我们如何来定义自性，自性总是有别于自我。自性具有高于自我的洞见，能把自我引向自性。自性更加宽广，包括了自我的体验，但又超越自我。就像自我是对于我自己的某种体验一样，自性的体验也包含了自我在内。但是自性已不仅仅是一种更宽泛更高层的自我形式的体验，而是一种无我(non-ego)形式的体验。"[②]

如同荣格在其《金花的秘密》评论中的态度，他将道家与禅宗之觉悟也作为心理学的内容，纳入心理分析的范畴。荣格说，"我们关心的问题不是所谓'确凿的事实'(有关开悟与否)，而是一个心智的现实，也就是说，我们所讲的悟的心智过程。"[③]在这种意义上，才能感受花卉与芳香的意义，以及百丈怀海被马祖拧了一下鼻子所带来的意识变化。荣格也曾引用清了禅师有关"桶底脱落"的公案。清了禅师也被称为真州长芦真歇清了禅师，《五灯会元》对其有这样的记载，在长芦山上，有一天，清了禅师进到厨房，看众僧煮面条，忽然，盛面条的桶底掉了，众僧皆失声叫道："可惜许!"清了禅师道："桶底脱，自合欢喜，因甚么却烦恼?"于是，以后的禅师常把开悟比作桶底脱落。

荣格曾有几次引用从谂禅师有关"狗子佛性"的公案："一个经典的例子就是'无'的公案。一个和尚曾经问赵州禅师：'狗子也有佛性吗?'禅师

---

① 见《五灯会元》卷3《宝积》。

② 荣格：《〈铃木大拙〉〈禅学导论〉序言》，《荣格全集》第11卷英文版第885段落(CW. 11. §885)。

③ 同上书，§887。

回答说：‘无！’”[①]作为无意识心理学的主要发展者，想必荣格十分欣赏赵州和尚所回答的“无”。如《禅宗无门关》[②]所示：“参禅须透祖师关，妙悟要穷心路绝。祖关不透，心路不绝，尽是依草附木精灵。且道如何是祖师关？只这一个无字，乃宗门一关也。遂目之曰禅宗无门关。荣格对此评价说：“‘洞见个人的本性或者见性’‘本来面目’以及个人深层的心智，这些对于禅师来说经常是终极的关怀。”[③]

荣格说，“艰苦卓绝修炼了好多年，狠狠摧毁了理性知解之后，禅者从自然本身那里获得了个消息——唯一真实的答案。有关‘悟’的一切从此都能被理解。正如你自己所能看到的那样，禅者回答之‘自然’才给我们就禅的轶事而言留下了最深刻的印象。”[④]于是，荣格十分感叹地表示：“当禅师回答‘狗子有佛性否？’时答道：‘无。’这里包含了多少智慧！”[⑤]

在荣格看来，“禅有别于冥想的任何其它的训练，无论是哲学的还是宗教的，这是因为它的原理里边没有假设。”[⑥]荣格说：“一切都应该被扫荡，除了该在那里的，所有一切都不该在场：也就是说，只有带着一切无意识假设的人会在场——正因为这些假设是无意识的，所以肯定不能从他心中删除。这些看似来自于虚无的答案，来自于最黑暗的火光，都一直被体验为一种神奇的、祝福的觉悟。”[⑦]荣格也曾引用六祖慧能对弟子玄策所说的话语：诚如所言，汝但心如虚空，不着空见，则应用无碍；动静无心，则凡圣情忘；能所俱泯，则性相如如，无不定时也。若是从一般心理学意识自我的角度来看，禅宗的觉悟显得不可思议。然而，结合无意识心理学，则能够将禅宗觉悟的妙意传达给西方。荣格说，“如果我们现在加上无意识的内容——即，还没有或者不再能意识到的内容——然后想象一个整体的视野：哇，这是大胆得无与伦比的想象。这当然是任何意识形态都完全不可想象的，但在无意识这是个事实，因为一切细微意识都存有在

---

① 荣格：《(铃木大拙)〈禅学导论〉序言》，《荣格全集》第 11 卷英文版第 894 段落(CW. 11. §894)。

② 宋代无门慧开禅师撰、参学弟子宗绍编的一部禅宗经典。

③ 荣格：《(铃木大拙)〈禅学导论〉序言》，《荣格全集》第 11 卷英文版第 895 段落(CW. 11. §895)。

④ 同上书，§901。

⑤ 同上。

⑥ 同上书，§896。

⑦ 同上。

意识中被看见和表现的机会。无意识是所有细微的心智元素(subliminal psychic factors)的总和。这个总和无法展示，是潜在的'整体视野'。这个视野构成了人的总体气质，意识时不时地从中取出一些小碎片。"[①]这是荣格试图对禅宗之悟所做的理解。荣格接着说："在禅宗里，这个转移来自于禅者把能量从注意意识的内容转向空灵或公案。因为体验空灵和参公案均必须是稳定的，所以成串的意象废弃了，保持意识动能的能量也随之收敛。如此积攒的能量流向无意识，给无意识充电强化直至爆发。这就增加了无意识的内容挣脱约束闯入意识的势态。不过，由于清空和关闭意识并非易事，必须经过时长不等的特别训练，才能出现最大的张力导致无意识内容的最总突破。"[②]为此，荣格也曾引用百丈怀海"骑牛觅牛"的公案："师即造于百丈，礼而问曰：'学人欲求识佛，何者即是?'百丈曰：'大似骑牛觅牛。'"[③]

作为以无意识为基础的深度心理治疗师，荣格借禅宗的启发，来阐释其分析心理学的意义。荣格说，"突破了的无意识内容远非是些散乱的东西。疯人的精神病经历显示，病人意识的内容和病人谵妄时突破而出的妄想之间存在着一种特殊的关系。这种关系同做梦和常人醒着时的意识关系一样。两者的关系基本上是一种补偿关系，即：为了使意识完整、圆满，无意识内容将把一切必要的信息带到意识层面。这个'必要'是最宽泛意义上的必要。如果无意识提供的或者被无意识强制抛出来的碎片能够与意识生活有机融合，那么一种心智存在(psychic experience)的形式就诞生了。"[④]荣格借用《楞伽经》之"心分别则现万象，心无分别即见实相。"来说明其对于禅与心理分析的理解。荣格接着说："这种形式能更好地应对个体个性的全部，摒弃个人意识和无意识之间无果的冲突。现代心理疗法就是建立在这样的原则之上：它已经从历史的偏见中解脱出来，不再认为无意识只是一些幼稚的和道德低下的内容。当然，无意识里是有低贱的角落，一个充满了肮脏秘密的旧杂货库。不过这些东西与其说是无意识还不如说

---

① 荣格：《〈铃木大拙〉〈禅学导论〉序言》，《荣格全集》第 11 卷英文版第 897 段落(CW. 11. §897)。

② 同上书，§897—898。

③ 宋·释道原：《景德传灯录·福州大安禅师》。

④ 荣格：《〈铃木大拙〉〈禅学导论〉序言》，《荣格全集》第 11 卷英文版第 899 段落(CW. 11. §899)。

是隐藏着、仅仅被一时遗忘了。但所有这些与整个无意识的关系就好像一颗坏牙与整体个性的关系。无意识是所有形上陈述、所有神话、所有哲学（只要不仅仅是批判性的哲学）、所有基于心理假设的生命表达的策源地。”①

荣格认为，意识只是心灵（psyche）整体的一部分，由于意识不具备心灵的整体性，无意识的延伸也就有了心理整合性的需要。于是，荣格说，“自性化是我的用词，表示‘成为整体’（becoming whole）……禅告诉我们，‘成为完整’在东方意义重大。”②荣格接着说：“在禅那里，一点都没有我们在印度狂热崇拜中发现的神奇但不可理喻的言辞。禅也不玩哈达瑜伽那些复杂的技术。这类技术让生理学观念深厚的欧洲人迷惑，错误地希望灵性靠坐着和呼吸就能够获得。与此相反，就像所有想变成现实的伟大壮举一样，禅训练智慧和意志力。”③由此，荣格似乎也道出其喜欢禅与禅宗的理由。当然，这也是禅宗本身以心传心的魅力。

于是，荣格认为，禅宗之“悟”，其所发生的过程，常被描述为“豁然贯通”，或许，便是原为自我形式所包围的意识，顿然跃入“无我状态”的自性中。荣格曾援引《楞伽经》，做如此注解：“佛祖啊……祈求你给我开示那植根于自性（self-nature of mind）的无我（non-ego）的教义”④梁启超1922年为中国心理学会年会做报告时，用了“佛教与心理学浅测”的标题，开宗明义提出佛家的“无我”，以及可用作心理分析或深度心理治疗的“转识成智”。此文连载于卫礼贤主办的《中国学刊》（1929年第1期第2期）。

禅宗的无我，已是心无所住的自我解脱；“转识成智”如明心见性，亦如自性圆满与超越。在荣格分析心理学的体系中，这种自我解脱与明心见性便是自性化过程。阐释这种观点时，荣格加了这样的注释：“一位禅师说，‘即心是佛，明心见性者成佛。’”⑤自性涵容生命的整体意识，自性化可为“对自性的觉照”，也如汉字之“悟”的寓意：真我遇真心，遇心则悟。当被问到有关自性化的意义时，荣格曾这样回答：“自性化是神性人生，

① 荣格：《〈铃木大拙〉〈禅学导论〉序言》，《荣格全集》第11卷英文版第899段落（CW. 11. §899）。

② 同上书，§907。

③ 同上。

④ 同上书，§890/注释26。

⑤ 同上书，§890/注释27。

如曼荼罗心理学所清楚表明的那样。”[①]若是说曼荼罗充实了荣格的自性体验；那么，实现这种充实的自性体验便是自性化。安德鲁·塞缪尔（Andrew Samuels）在其《荣格关键词典》（*A Critical Dictionary of Jungian Analysis*）中解释“自性化”时说，“荣格用‘自性化’所要表达的，是一个人最终要成为自己，成为与他人或集体心理学不同又不可分割的整体。”[②]在安德鲁·塞缪尔斯看来，自性化概念是荣格对人格理论最为关键的贡献。这使得荣格分析心理学的实践，不仅是为了普通的心理治疗，而且进入社会文化以及灵魂的探索。在自性化的意义上，荣格也曾认为心理分析并非仅仅是为了病人的病症，而且也是为了其内在的灵魂。荣格表示，心理治疗的贡献或许微不足道，但亦然堪称“杰作”（magnum opus），心理治疗的终极问题并非私事，而是有关至高责任。[③]

1958年5月16日，经由铃木大拙介绍，日本禅师久松真一[④]来到瑞士库斯纳赫特航海路228号，拜访已是83岁的荣格。久松真一开门见山，以禅之“无心”与荣格心理学的“无意识”，直问无意识心理学，尤其是荣格分析心理学方法，是否同样能够带来禅宗所能达到的自由的体验？荣格认真思考了久松真一提出的问题，并向久松真一解释个体潜意识和集体无意识的不同；个人无意识源于生活经历，例如有些经历中的记忆被压抑了；然而集体无意识是与生俱来，人类共有。荣格表示：我的集体无意识和你的集体无意识是一样的，尽管你出生在日本而我出生在欧洲。[⑤]

久松真一对荣格的“自性”十分关注，反复询问其所要表达的意义。荣格这样对其解释：确实意识将其自己称为我（I），但自性不是“我”（I）而是整体，整个人格，作为意识与无意识存在，包括并且覆盖了无意识和自我（ego）。荣格重申：自我（ego）只包括了一个人的意识；而自性要比自我（ego）大得多，还包含了无意识：但在无意识的部分，自性从根本上来讲是无法描述的、未知的。接着，荣格补充说，作为自性一部分的自我

---

① 见《荣格全集》第18卷英文版1624段落（CW．18．§1624）。

② 见安德鲁·塞缪尔：《荣格心理分析批判词典》英文版（Andrew Samuels. *A Critical Dictionary of Jungian Analysis*. London and New York：Routledge，1997）。

③ 见荣格：《心理治疗的实践》，《荣格全集》第16卷英文版（CW. 16. §449）。

④ 久松真一（1889年6月5日—1980年2月27日），自号“抱石庵”、“心茶道人”，日本禅师、禅宗学者、哲学家，京都大学教授，被认为是继铃木大拙之后日本最重要的佛教思想家。

⑤ 见罗伯特·欣肖：《荣格访谈》Hinshaw R. / Fischl l.：*C.G. Jung im Gespräch*，Einsiedeln：Daimon 2003，§188。

(ego)，有其已知的部分。对此久松真一很感兴趣，他问荣格：熟悉的、部分已知的自我(ego)是如何与本来未知的自性(Self)联系起来的？在整个人格中自我(ego)占据了什么位置？

荣格回答说："自我(ego)就像是黑暗中的一束光。"[①]荣格心理分析师英格里德·里德尔(Ingrid Riedel)[②]认为，对于荣格来说，环绕着自我(ego)的、受限于自我(ego-bound)的意识之光是必不可少的，是与自性(Self)不可分割的。它是自性的意识部分(从佛教的观点来看，这种自我是一种幻象，人应当从中被解放出来)。

久松真一与荣格谈到痛苦与解脱，以及分析心理学的治疗。久松真一以禅宗顿悟为例来问荣格："在心理治疗中，一个人是否有可能一下子把自己从所有这些各种模式的痛苦中解脱出来？"[③]荣格回答说，尽管人们寻求心理治疗来减少痛苦，然而我们也需要痛苦，否则生活就不再有趣了……否则，生活就失去了两极对立之间那些能带来转化的张力。因此，在荣格看来，心理治疗必须不能过多地打扰一个人的痛苦。荣格强调说：在心理治疗中，总有一个终极问题："我的生命有什么意义？"于是，尽管荣格的回答并未能让久松真一满意，但依然是充满禅意的表达。

就分析心理学的专业实践而言，意识与无意识分裂、自我与他人分裂所带来的痛苦造成了诸多病症，通过意识与无意识的重新联结，人可以获得一种完整性的体验，也即自性体验或自性化过程，人由此可能变得完整。于是，久松真一也与荣格讨论"自性"的内涵。荣格表示，他所用的"自性"(Self)，对应于神我(Purusha)或大我(Atman)。说到这里，荣格表示：个人的大我(Atman)同时也是非个人的。"我的自性同时也是自性本身。"(My Self is simultaneously the Self)。犹如金刚法理，顿显禅机。尽管久松真一并不完全认同荣格对于自性的解释，但他表示感谢荣格发现无意识与真实自性(true Self)之间的联系。英格里德·里德尔则认为，"当我

---

① 见罗伯特·欣肖：《荣格访谈》(Hinshaw R. / Fischl l. *C.G. Jung im Gespräch*, Einsiedeln: Daimon 2003，§176)。

② 英格里德·里德尔(Ingrid Riedel)，瑞士荣格分析师，2016年在第20届国际分析心理学大会作"荣格与久松真一对话：相同与不同"主题报告(The Dialoque between Jung and Master Hisamatsu—Agreements and Differences)。

③ 见罗伯特·欣肖：《荣格访谈》(Hinshaw R. / Fischl l. *C.G. Jung im Gespräch*, Einsiedeln: Daimon 2003，§194)。

们把荣格对自性的所有重要表达放在一起，我们会注意到他的概念描述了一种纯粹的潜质，没有实质或形态——在这个意义上相对接近禅宗的“真实自性”——就像那些来自各种文化与不同准则的心理学与哲学理论中的概念一样，哲学与心理学理论也会越来越彼此接近。”①实际上，荣格曾明确表达：其选用自性(Self)这个术语来表示整体的人，人的意识与无意识内容的整合，这是依照东方哲学而选择了这个术语。荣格说：“尽管使用不同的术语，但我能感觉到我们在谈论同一件事情。‘无意识’一词的使用并不是最重要的，重要的是这个词背后所代表的含义。”②

荣格不仅与铃木大拙、久松真一、忽滑谷快天等日本禅宗学者多有交流，通过卫礼贤，荣格与中国近代佛教与禅宗学者也有所接触。卫礼贤主办的《中国学刊》曾连续刊登梁启超和太虚法师的佛教文章。太虚法师1928年8月出访欧美，在法国和英国分别做有关《佛学与科学哲学及宗教之异同》和《佛学之源流及其新运动》等报告，1928年10月16日来到德国法兰克福，应中国学院邀请做《身命观与人生观》以及《佛学之变迁大势及其新倾向》的演讲，卫礼贤亲自担任翻译，听众数百人。太虚法师以缘起之“和合”“相续”为身命，阐释唯识、中观之人生意义；倡导人生的佛学。对于荣格来说，这便是《金花的秘密》之《慧命经》的延伸与发展，其中均包含深刻的深度心理学的启迪。

太虚法师欧美弘法获得巨大成功，影响深远。如其在访问途中写下的诗句：“虽无大陆行舟力，也起中流击楫心。来向梵方窥古月，欲从冥壑摝遗琛。”③太虚法师与卫礼贤商定，以法兰克福中国学院为世界佛学院之德国通讯处。太虚法师曾于1923年创建“世界佛教联合会”，致力于佛教在当今世界的弘扬。

1961年5月的最后一周，86岁的荣格在其隐居的波林根，仍然在阅读一本书。这便是关于中国禅宗的《禅法》。说起来这是荣格所读的最后一本书。几天后，1961年6月6日，荣格便与世长辞。

---

① 英格里德·里德尔：《荣格与久松真一的对话：相同与不同》，第20届国际分析心理学大会报告，日本京都，2016年。

② 见罗伯特·欣肖：《荣格访谈》(Hinshaw R./ Fischl l. *C.G. Jung im Gespräch*, Einsiedeln: Daimon 2003，§330)。

③ 太虚法师：《赴欧舟次印度洋七律三首》，见《太虚大师全书》第34卷，北京，宗教文化出版社，2005年，第135页。

阅读《禅法》之时，荣格叮嘱其秘书，记着要写信给作者[①]，以表达他从阅读中的获益和感激。

荣格所阅读的《禅法》一书共有三卷。第一卷是从虚云法师开始的，书的扉页上有虚云法师晚年的全身照片，肃穆庄严，智慧沉静。此时的虚云，已是100多岁。我们想象，荣格在其生命的最后时刻阅读中国《禅法》，这不仅是荣格与虚云以及中国禅师的精神交流，或许也是其进入涅槃与圆满的接引，或许，也正是其自性化过程的写照。

① 作者陆宽昱(Charles Luk，1898—1978)，虚云俗家弟子，旅美华裔居士……以后该著作再版时，便把荣格阅读此书的故事印在了封底："In a letter from Dr. Marie-Louise von Franz to Charles Luk (dated September 12, 1961), we learn that this was the book C. G. Jung was reading on his deathbed. He asked his secretary to write the author to express his gratitude for the chance to read Hsu Yun."

第六章　爱诺思与荣格之后的发展

“爱诺思”属于“荣格与中国文化”的另外一种表达形式。或者说，“荣格与中国文化”的主题，在荣格之时以及在荣格之后，都在爱诺思东西方文化圆桌会议中继续。同样，荣格之后分析心理学的“三大学派”，依然延续了“荣格与中国文化”的精神，凡《易经》、道家和佛教，仍然是“后荣格学派”的重要特色。

国际分析心理学会(IAAP)1955 年成立，旨在国际范围内推动分析心理学的研究、培训与专业实践。IAAP 在中国，不仅是荣格分析心理学的传播，而且也是进一步与中国文化的结合；连续 8 届的“心理分析与中国文化国际论坛”(1998—2018)，华人心理分析联合会(CFAP)及 IAAP 华人区域的形成，皆可视为“荣格与中国文化”的体现与发展。

第一节　爱诺思及其影响

“爱诺思”(Eranos)这个名字在西方具有东方的象征意义，如同荣格及其分析心理学的另一种表达。从其孕育和产生之日起，爱诺思便与中国文化和东方思想，如《易经》和道家，印度哲学和佛教，结下不解渊缘。爱诺思的创建者奥尔加·弗罗贝-卡普泰因(Olga Froebe-Kapteyn)，最初正是由于对东方的向往，邀请一些著名学者聚会，为爱诺思的发展奠定了基础。荣格及其学生的参与使爱诺思闻名于世，爱诺思的存在，也为荣格及其分析心理学的发展提供了绝佳机遇。

爱诺思也是奥尔加·弗罗贝的人生传奇。20 世纪 20 年代，她与其父亲在瑞士南部提契诺州（Ticino）的阿斯科那（Ascona）购置一处古老农庄房屋，加布里埃拉（Casa Gabriella）。藏于山中的房屋迎面便是马焦雷湖（Lago Maggiore），这里依山傍水，山泽通气，氤氲交融，喜欢自然与灵性的奥尔加·弗罗贝似乎感到了自己命运的呼唤，于此拥抱自然，面对孤独，寻找自己的使命与归宿。这种深入内心的体验，不仅与东方精神相呼应，也使其进入深度心理学，接近荣格。

在这阿尔卑斯山的南麓，阿斯科那小镇的威利塔山上（Monte Verità），20 世纪之初已有过一段耀眼的辉煌。威利塔（Verità）在意大利语中也即真理的意思，因而这里也便有了闻名于世的“真理之山”，精神冒险家和心灵探索者的天堂；许多作家、诗人、艺术家和学者都曾在此留下足迹，如黑塞、埃里希·保尔·雷马克（Erich Paul Remarque）、胡戈·巴尔（Hugo Ball）、鲁道夫·拉邦（Rudolf von Laban）、马克斯·韦伯等；人们来此不仅是寻求真理，也是要找回自己，寻找人与自然，人与宇宙的联系，寻找“新人”（new man），作为人的新的意义。

此时，由于某种原因，凯瑟林在达姆斯塔特的“智慧学院”，似乎已近于尾声；同样，“真理之山”在经历其辉煌之后，也渐渐趋于平静。这“智慧学院”的聚集，以及“真理之山”的实践，在这 20 世纪人类的思想史中，也都成为“爱诺思”的前奏和准备。

奥尔加·弗罗贝在凯瑟林“智慧学院”聚会时结识荣格，也熟悉其中大部分学者，包括一些“真理之山”的参与者。她自己也曾创办“圆桌文学沙龙”，很早便接触《易经》。奥尔加·弗罗贝十分喜欢卫礼贤翻译的《易经》和中国经典，并深受影响；如其自己所描述的体验：“最初接触《易经》的刹那间，我便意识到在这中国的古书中，包含着一种联系人们日常生活与超越性原型世界的方式与途径。”①

1928 年，奥尔加·弗罗贝在其居住的周边，建起可容纳百人的“会议室”，荣格建议她将此“会议室”作为“东西方相遇之地”，于是便有了“爱诺思”，东西方文化基金会，以及“爱诺思圆桌会议”（Eranos-Tangung）的缘起。似乎是命运使然，“智慧学院”与“真理之山”的聚会与准备，似乎都是

① 沙巴蒂尼、瑞策玛：《未知的意象》，《爱诺思年鉴》第 66 辑英文版（Shantena Sabbadini and Ritsema R. Image of the Unknown. Eranos 66，Spring Journal，Inc. 1997）。

为了爱诺思的兴起。

奥尔加·弗罗贝在爱诺思

“Eranos”源自古希腊语，意为大家都主动参与的聚餐，各自做出奉献，吟诗献唱或即兴演讲，如柏拉图的“会饮”与“研讨”(Symposium)，这是奥图(Rudolf Otto)的建议。在荣格、奥图与奥尔加·弗罗贝的影响下，一时间高手云集，印度学者齐默尔(Heinrich Zimmer)、汉学家鲁雅文(Erwin Rousselle)、卫德明(H. Wilhelm)、日本学者铃木大拙(Daisetz Suzuki)、伊斯兰文化学者科宾(Henry Corbin)、希腊神话学者凯雷尼(Károly Kerényi)、宗教与历史学家伊利亚德(Mircea Eliade)、哲学家马丁·布伯(Martin Buber)、神学家蒂利希(Paul Tillich)、科学家埃尔温·薛定谔(Erwin Schrödinger)、马克斯·诺尔(Max Knoll)、荣格分析师诺依曼(Erich Neumann)、神话学家坎贝尔(Joseph Campbell)等国际著名学者，每年在瑞士阿斯考纳聚会，形成东西方文化交流的爱诺思圆桌会议。演讲者所带来的报告便是各自的奉献，大家不仅贡献思想，如 Eranos ——“爱诺思”所寓意的精神聚餐，而且，也真的可以享受主人奥尔加·弗罗贝提供的美食，大家同吃同住于此，在这阿尔卑斯山南麓的马焦雷湖畔，进行主动自由、深度自然的思想与精神交流。围绕每次的主题，主题报告人用上午的 2 个小时做演讲，接着便是来自不同领域，但都热衷于东西方文化交流的学者和思想家，进行深入的讨论；“瞻彼淇奥，绿竹猗猗。有匪君子，如切如磋，如琢如磨。"《诗经》中的一首"淇奥"，却也是这爱诺思的写照。

（爱诺思之石）
上面所刻拉丁文的大意：
为了此地未知的天赋

于是，为了东西文化的相遇和交流，"爱诺思"应运而生。尽管其本来并非是要以荣格和其分析心理学为主导，然而，数十年下来，"爱诺思"也几乎成为荣格分析心理学发展的重镇。荣格成就了爱诺思，爱诺思拓展了荣格及其分析心理学，发挥了东方与中国文化的国际影响。

接受荣格的建议，奥尔加·弗罗贝将"为了东方和西方相遇"作为爱诺思圆桌会议的目标，并将"东方与西方的瑜伽与沉思"（Yoga and Meditation in East and West）作为1933年第一届爱诺思圆桌会议的主题。奥尔加·弗罗贝亲自邀请主讲人，其中有荣格和齐默尔，也有继任卫礼贤做法兰克福大学中国学院主任的汉学家鲁雅文[①]。荣格的首场报告是《关于自性化过程研究》，以老子《道德经》作为开始，并分析其中的《易经》卦象，灵魂之花与金花的秘密；齐默尔的报告是有关《印度谭崔瑜伽的意义》（On the Meaning of the India Tantric Yoga）；鲁雅文则做了《充满活力的道家精神指引》（spiritual guidance in Living Taoism）。

荣格在爱诺思东西方文化圆桌会议的首场聚会时，曾做如下开场发言："自负而迷失的欧洲人，开始来寻求东方的芬芳。掠夺成性、贩卖鸦片、四处传教、精神困乏……这便是你们西方人的画像。于是，我要设立一些格言作为我演讲的基础。你们不能期望我会有整洁圆滑的报告。惟有东方已获圆满：西方只是诸多不足的联结。我的格言可见《道德经》的第20章：'唯之与阿，相去几何？美之与恶，相去若何？人之所畏，不可不畏。荒兮，其未央哉！众人熙熙，如享太牢，如春登台。我独泊兮，其未兆；沌沌兮，如婴儿之未孩；儽儽兮，若无所归。众人皆有余，而我独若遗。

① 鲁雅文（Erwin Rousselle，1890年4月8日—1949年6月11日），德国汉学家，卫礼贤的继承者。

我愚人之心也哉！俗人昭昭，我独昏昏。俗人察察，我独闷闷。澹兮，其若海；飂兮，若无止。众人皆有以，而我独顽且鄙。我独异于人，而贵食母。’”[①]荣格的这番话，对于在场的每一个人，都可谓掷地有声，震耳欲聋。

荣格在爱诺思演讲

荣格接着说：“你们知道吗，尽管如此，我必须寻道于东方；因为欧洲人还没有明白这里所包含的问题。答案在于《老子》的下一章(21)：‘孔德之容，惟道是从。道之为物，惟恍惟惚。惚兮恍兮，其中有象；恍兮惚兮，其中有物；窈兮冥兮，其中有精，其精甚真，其中有信，自古及今，其名不去，以阅众甫。吾何以知众甫之状哉？以此。’”这是荣格多次引用的《道德经》章句。荣格说：“我从东方学到了被表达为‘无为’(‘wu wei’)的教义：‘不去做’(‘not-doing’)，并非‘什么也不做’(‘doing nothing’)，而是‘容许’(‘allowing’)……”荣格说：“主人(老子)的坦白，表达了一种心灵状态，此心态也是白人思考自身时的特征。”[②]荣格接着表达，当处阴极，其意象亦如种子，需要等待；道(the Tao)是唯一的路，惟其自己而已。

道家的无为，老子的教诲，便是爱诺思的精神与座右铭。奥尔加·弗罗贝在《爱诺思年鉴文选》第1卷的前言中说：“若能感受到古老中国观念中的真理：可见世界所发生的一切，都是不可见意念或意象的表达；那么便可由此来考虑爱诺思。”奥尔加·弗罗贝说：“爱诺思的报告触及这种现实，其信心与美德，传统的本质及其价值，其建设性努力如富饶大地，一种新的文化可从中涌现。”奥尔加·弗罗贝接着说：“我们十分感激荣格，受惠于其思想，他对于原型世界及其对我们今天价值的重新发现，为我们爱诺

---

① 见坎贝尔主编：《爱诺思年鉴文选》第5卷前言(*Papers from the Eranos* Yearbooks. Vol. 5. Pantheon Books. 1964.)荣格所引用的《道德经》是卫礼贤的译本。

② 同上。

思的开始和 20 余年的发展提供了基础和背景。”①

1934 年爱诺思圆桌会议的主题，是“东方与西方的象征与精神指引”(Symbolism and Spiritual Guidance in the East and the West)。鲁雅文做了大会首场报告，其题目是：《龙与马，原始中国神话的意象》(Dragon and Mare，Figures of Primordial Chinese Mythology)。荣格做了《集体无意识的原型》(The Archetypes of the Collective Unconscious)主题报告(后来收入《荣格全集》第 9 卷之一的卷首论文，并作为这一卷的书名)。荣格在其报告中说，(集体无意识的)“象征过程是一种来自意象以及意象之中的体验。其发展通常表现为一种相反相成的结构(an enantiodromian structure)，如同《易经》，呈现为此消彼长、有得有失、黑暗与光明的节奏。”②“龙与马”本来也是《易经》中的重要意象，如乾卦中龙的象征，以及，坤卦之“元、亨，利牝马之贞。”作为卫礼贤的继承者，鲁雅文对于《易经》，道家和佛教都有深入研究。

爱诺思 1935 年的主题仍然是“东方和西方的精神指引”(Spiritual Guidance in the East and the West)，荣格的报告为《自性化过程中梦的象征》(Dream Symbols of the Individuation Process)，而鲁雅文的报告为《老子之旅，心灵、历史与世界》(Lao-tse’s Journey through Soul，History，and World)在接下来的近 20 年中，荣格几乎每年都参加爱诺思东西方文化圆桌会议，几乎每次都有大会主题报告，一直到 1951 年。1951 年爱诺思东西方文化圆桌会议的主题是：“人与时间”(Man and Time)，荣格的报告是“论共时性”(On Synchronicity)；其中深入阐释了他对于《易经》哲学及其方法论的理解，如我们在前面“荣格与《易经》”中的介绍与论述。

作为爱诺思的发起人与东道主，奥尔加·弗罗贝夫人对荣格十分感谢。她在《爱诺思年鉴文选》第 2 卷的序言中说：“我们十分感激荣格，受惠于其思想，他对于原型世界及其对我们今天价值的重新发现，为我们爱诺思的开始和 20 余年的发展提供了基础和背景。”③爱诺思东西方文化圆桌会议 1945 年的主题为“原型问题研究”(Studies on the Problem of the Arche-

---

① 见坎贝尔主编：《爱诺思年鉴文选》第 1 卷前言(*Papers from the Eranos* Yearbooks. Vol. 1. Pantheon Books. 1954)。

② 荣格：《集体无意识的原型》，《荣格全集》第 9 卷之一英文版(CW. 9—i. § 82)。

③ 见坎贝尔主编：《爱诺思年鉴文选》第 2 卷前言(*Papers from the Eranos* Yearbooks. Vol. 2. Pantheon Books. 1954)。

typal)，并将其“献给荣格”，作为对“荣格 70 岁生日”的祝贺。1950 年爱诺思的主题：“来自原型的世界”(From the World of the Archetypes)，同样是献给荣格，作为其 75 岁生日的特别庆祝。

1936 年，荣格给苏黎世心理学俱乐部的成员发出这样的通知：“我希望大家都要特别关注爱诺思的会议，我认为，这些会议为心理学的学生提供了非同寻常的机会。爱诺思报告有关哲学、宗教，象征历史领域生动的现实问题，涉及当代心理学不断转向与定位的研究领域……爱诺思圆桌会议为当今世界提供了独一无二的机遇，因为这是将整个人类问题由不同国家代表进行讨论的惟一欧洲讲坛。”①

荣格曾十分感叹地说：爱诺思是“欧洲惟一的地方，在这里学者和有兴趣的普通参与者能够聚会交流思想，不受学术边界的限制。”1957 年 3 月 30 日，荣格写道，“愿欧洲精神之光——在此漫长黑暗时期由爱诺思所发出的欧洲精神之光——愿其享有持续生机，履行其照亮欧洲整合之道的使命。”②

荣格与奥尔加·弗罗贝

在奥尔加·弗罗贝 70 岁生日的时候，荣格特意撰写贺辞并表达爱诺思对自己的意义。荣格说：“对我个人来说，爱诺思如此珍贵，是由于奥尔加·弗罗贝夫人的热情好客，总是提供圆桌会议自发讨论的机会。我怀着愉悦和感激之情，来回忆在爱诺思的无数傍晚，与其他领域学者(知识)的个人接触，充满激发的思绪，所有的涌现正是我的渴望和需要。为此，我对奥尔加·弗罗贝夫人

① 分析心理学俱乐部文件，见苏努·沙姆达萨尼：《荣格：书中传记》英文版第 206 页(Sonu Shamdasani. *C.G. Jung: A Biography in Books*. W. W. Norton & Company. New York, 2012, P. 206)。

② 亚菲：《荣格：话语与意象》英文版(Aniela Jaffé, *C.G. Jung, Word and Image*, Princeton University Press, 1979, P. 187)。

充满感激。”①

这是1942年荣格在爱诺思作为听众的一刻，其沉浸的神情悠然自得。当荣格自己看到这张照片的时候，他用法语对科宾说：“这照片是完美的，一切尽在不言之中。”②

荣和在爱诺思当听众

在荣格对爱诺思的回忆中，与不同领域学者轻松愉快的交流实为难得，大家既是讲者，也是听众；学问结合，相辅相成；尤为重要的是，大家都有一种使命感，不仅是为了人类精神的深远探索，而且，也是对人类良知的守护，留住心灵的火种和光明。在爱诺思的历史中，参与者可谓人才济济，群星璀璨；荣格、奥尔加·弗罗贝、奥托、鲁雅文、齐默尔、马丁·布伯、科宾、蒂利希、埃尔温·薛定谔、伊利亚德、诺伊曼、卫德明、铃木大拙、尼埃鲁(Jean Daniélou)、贝克(Leo Baeck)、凯雷尼(Karl Kerényi)、马西尼翁(Louis Massignon)、朔勒姆(Gershom Scholem)、沃格林(Eric Voegelin)、波特曼(Adolf Portmann)、费弗勒(Antoine Faivre)、本茨(Ernst Benz)、豪尔(Jakob Wilhelm Hauer)、海勒(Friedrich Heiler)、拉纳(Hugo Rahner)、霍尔农(Erik Hornung)、沙贝尔特(Tilo Schabert)、怀特(Father Victor White)、保罗·雷丁(Paul Radin)、赫尔穆特·普莱斯纳(Helmuth Plessner)、利奥·拜克(Leo Baeckl)、奎士贝(Gilles Quispel)、朱赛佩·图齐(Giuseppe Tucci)、卡尔·洛维特(Karl Lowith)、雷瑟冈(hans Leisegang)、瓦尔特·奥托(Walter F. Otto)、扎讷(R. C. Zaehner)、罗伯·艾斯勒(Robert Eisler)、安东·法佛(Antoine Faivere)、赫伯特·皮特舍曼(Herbert Pietschmann)、盖保瑟(Jean Gebser)等，囊括哲学、神话、历史、宗教、神学、汉学、印度学、

① 荣格信件，见罗伯特·欣肖(Letter, Aug. 1951, Hinshaw, spring, 1977, P. 202)“Jung, C. G., letter from August, 1951, quoted in Jaffé, Aniela, “C. G. Jung and the Eranos Conferences”, in Spring: An Annual of Archetypal Psychology and Jungian Thought, Spring Publications, Zürich, 1977, P. 202.

② 亚菲：《荣格：话语与意象》英文版(Aniela Jaffé, *C. G. Jung, Word and Image*, Princeton University Press, 1979, PP. 183—184)。

伊斯兰文化、东方学、诺斯替教派、神秘主义、炼金术士、物理学、生物学、人类学、社会学、经济学、政治学、医学、心理学等诸多领域顶尖级专家学者。从1933年到1951年的19年中，荣格几乎每次都参加，共做了14次爱诺思主题报告。

荣格的许多重要理论和观点，都是在爱诺思首次提出。爱诺思不仅传播了荣格的分析心理学，也深深启发了荣格的思想，支持了其心理学的发展。荣格曾与凯雷尼等爱诺思与会者合作，探索神话中的原型及其意义，如《神圣儿童：神话与心理学的启发》(The Divine Child：In Mythological and Psychological Light，1940)、《神圣少女：厄琉息斯神话中的主要角色，神话与心理学的启发》(The Divine Maiden：The Main Figure of the Mysteries of Eleusis in Mytholgical and Psychological Light，1941)凯雷尼对于自己神话学研究能被荣格运用于心理分析领域感到十分欣慰，“这促使我做进一步的研究。因为这意味着我在纯粹宗教历史和神话传统领域的研究，能够对医生和心理治疗师所面对的遭受痛苦的人提供帮助。”①

荣格在爱诺思

在荣格的建议与鼓励下，奥尔加·弗罗贝利用她富有的资源建立了最初的“原型象征图片档案”，这也是目前荣格分析心理学中最有特色的看家

① 见苏努·沙姆达萨尼：《荣格：书中传记》英文版第206页(Sonu Shamdasani. *C.G. Jung：A Biography in Books*. W. W. Norton & Company. New York. 2012. P. 206)。

财富:“原型象征研究档案馆”的基础。国际上几所大的荣格研究院都拥有该档案馆,数万幅源自不同文化和历史背景的原型象征图片,配合着荣格心理分析师的专业解析,在荣格分析心理学的学习与训练中发挥着十分重要的作用。诺依曼的经典名著《大母神》便利用了爱诺思的原型意象收藏。直到今天,“原型象征图片档案”(ARAS)仍然在发展,我们也作为亚洲代表参与了这项工作,并负责中国文化原型意象的研究。

“爱诺思”对于荣格分析心理学发展的另一个重要方面,是“波林根基金会”的建立。出身银行巨子家庭的保罗·梅隆和其妻子玛丽·梅隆(Paul and Mary Mellon)在“爱诺思”的圆桌会议上结识了荣格,随后接受了荣格一段时间的心理分析。受奥尔加·弗罗贝“爱诺思”基金会的启发,他们筹建了“波林根基金会”,资助出版了《荣格全集》及诸多荣格学派专著。

在奥尔加·弗罗贝爱诺思的组织与运作中,阿道夫· 波特曼(Adolf Portmann)[①]是一位重要人物。尽管阿道夫· 波特曼很少做爱诺思主题报告,但长期负责对爱诺思报告人的总结和点评,以及早期《爱诺思年鉴》的编辑与出版。有关爱诺思的组织运作,另一位重要人物是鲁道夫·瑞策玛(Rudolf Ritsema)。在奥尔加·弗罗贝之后,瑞策玛担任爱诺思东西方文化基金会主席数十年,推动了爱诺思《易经》研究计划,影响持久而深远。

瑞策玛随荣格的学生艾尔文·凡·科勒(Alwine von Keller)进行心理分析。艾尔文·凡·科勒熟悉奥尔加·弗罗贝,早已是爱诺思的参与者。1948 年前后,瑞策玛与其夫人来到阿斯科那,与奥尔加·弗罗贝夫人结识。在瑞策玛、艾尔文·科勒,以及奥尔加·弗罗贝和荣格之间,《易经》都是其共同的兴趣与联结。后来,瑞策玛在其担任爱诺思东西方文化基金会主席期间,前后近 40 年,持之以恒,从深度心理学的视野来研究《易经》,完成了影响深远的《周易》——“爱诺思《易经》版本”。瑞策玛与其合作者对《易经》的研究用多种语言同时进行,在英文版发行后,陆续出版了意大利文、俄文和法文等,在国际上引起重大影响。

我们 1995 年与爱诺思结缘,曾参与瑞策玛主持的爱诺思《易经》项目;当问其最初接触《易经》的感受时,瑞策玛生动地形容:如痴如醉。在其个人心理分析体验的过程中,瑞策玛遇到《易经》,从此唤醒其内心深处的向

① 阿道夫· 波特曼(Adolf Portmann,1897 年 5 月 27 日—1982 年 6 月 28 日),瑞士生物学家。

往。他的第一本《易经》，是自己的手抄本。花了几个晚上，将借来的《易经》从头到尾抄写一遍，从此随身不离。在瑞策玛看来，《易经》充满灵性，充满深刻的心理学意义，包含日前西方无意识心理学以及分析心理学的深刻道理。他说，“《易经》中包含着荣格所描述的原型力量。这种力量代表了生命的变化以及其意义的体验，其规律或道。”[①]瑞策玛曾经这样来介绍他们所翻译和注解的《易经》：我们这部书是把富有灵性的《易经》，作为一种心理学的工具。瑞策玛认为，“《易经》填补了当代心理学研究的一个重要缺口。”[②]爱诺思的《易经》研究与翻译，是要把《易经》中的心理学根源，复兴为一种活生生的实践。当然，这也是荣格和卫礼贤精神的发扬，将中国之道翻译为“意义”，继而将“意义”体现于生活。

在卫礼贤的继承人鲁雅文过世之后(1949)，卫礼贤之子卫德明(Hellmut Wilhelm)开始出现在爱诺思东西方文化圆桌会议。卫德明出生在青岛，从小在中国受教育，熟悉中国文化与中国哲学。他继承父学，尤其是以对《易经》研究著称。卫德明的爱诺思报告基本上也都是以《易经》为主题，如：《〈易经〉的时间概念》(The Concept of Time in the Book of Changes，1951)，“《〈易经〉中的创造原则》(The Creative Principle in the Book of Changes，1956)，和《关于天地人的合作》(On the Co-operation of Heaven，Earth，and Man，1962)等。他将“以文会友，以友辅仁”赠与爱诺思，也是爱诺思精神真实而生动的写照。

荣格的学生诺依曼(E. Neumann)也是爱诺思的重要报告人。诺依曼在爱诺思的系列报告，如：《神秘的人》(Mystical Man，1948)、《神话世界与个人》(The mythical World and the Individual，1949)、《论月亮和女性意识》(On the Moon and the Matriarchal Consciousness，1950)、《现实中的心灵与转化》(The Psyche and the Transformation of the Planes of Reality，1952)、《心灵转化的创造原则》(The Creative Principle in Psychic Transformation，1954)等，都堪称经典。荣格学生和荣格学者如冯·弗兰兹(Marie-Louise von Franz)、亚菲(Aniela Jaffé)、坎贝尔(Joseph Camp-

---

① 瑞策玛：《易经，中国变化神谕经典》英文版第15页(Ritsema R. I Ching The Classic Chinese Oracle of Change. London：Element Books Ltd.，1994，P. 15)。

② 尚特纳·萨贝迪尼与瑞策玛：“未知的意象”，《爱诺思年鉴》第66册英文版(Shantena Sabbadini and Ritsema R. Image of the Unknown. Eranos 66，Spring Journal，Inc. 1997)。

bell)、冯登·普斯特(Laurens van der Post)、詹姆斯·希尔曼(James Hillman)、河合隼雄(Hayao Kawai)、罗伯特·欣肖(Robert Henshaw)等，也都曾在爱诺思作为主题报告人。

日本学者铃木大拙，曾在1953年和1954年爱诺思圆桌会议上做报告：《禅中自然》(The Role of Nature in Zen)和《禅中新意识的觉醒》(The Awakening of a New Consciousness in Zen)。中国学者张钟元[①]参加了1955年和1956年的爱诺思圆桌会议，并做有关《道与万物之情》(Tao and the Sympathy of All things)和《道家的创造性过程》(Creativity as Process in Taoism)主题报告。

张钟元在爱诺思演讲(1956)

1995年8月，我们接受瑞策玛和克里斯塔·罗宾逊[②]的邀请，首次来到爱诺思。初次相遇但似曾相识，绝对是一见如故。从那之后，我们也便成为爱诺思的朋友，参与瑞策玛主持的"爱诺思《易经》项目"。两年后，1997年，荷永受邀作为爱诺思圆桌会议主题报告人。当时荷永正在美国作为富布莱特学者(Fulbright Scholar)，讲授"中国文化心理学"；于是，自然而然，便有了"核心心理学"(Psychology of the Heart, and the Heart of Psychology)作为爱诺思报告的主题。报告被收入《爱诺思年鉴》(1997)，美国期刊在转载这篇报告时，加了这样的按语："中国用'心理学'翻译了'psychology'，一位中国学者要为心理学寻心。"[③]

---

① 张钟元，耶鲁大学博士，在西方以道家和禅宗研究著称；他曾与荣格通信，与荣格詹姆斯·科茨和朵拉·卡尔夫(Dora Kalff)等熟悉，朵拉·卡尔夫是沙盘游戏治疗方法的创立者。

② 克里斯塔·罗宾逊(Christa Robinson)，时任爱诺思基金会主席，荣格心理分析师。

③ 《美国期刊》2001夏季刊(*The Salt Jounral*, 2001, Summber)。

作者在爱诺思的演讲照片(1997)

我们曾经在《心与心理学》(《社会科学动态》1991年第10期)、《汉字中的心理学》(《心理科学》1993年第6期)、《沟通心理学的桥梁》(《读书》1996年第6期)、《心理学与中国文化》(《光明日报》1997年3月1日)和《分析心理学与中国文化》(《心理学报》1998年第2期)等论文中，探讨中国文化的"核心智慧"(Wisdom from the Heart)，以及汉字之"心"的深远寓意。核者从木，冒地而生，东方之行；核者寓亥，核能收藏万物。本来，果仁常具心形，仁者爱人，已是"核心心理学"之"核心"基本意象；凡儒家之忠恕，仁义礼智根于心；道家之虚心，善心安爱，心术与心斋；佛家之心宗，以心传心，明心见性；以及《易》之能研诸虑，能说诸心，圣人以此洗心……由此汇聚为"核心心理学"之基础与方法。

一年后，1998年，当我们在广州组织第一届心理分析与中国文化国际论坛的时候，瑞策玛和克里斯塔·罗宾逊代表爱诺思发来贺信，祝贺分析心理学在中国的发展，东方和西方的相遇和交流，同时赞美"核心心理学"及其对爱诺思的贡献。克里斯塔·罗宾逊曾将完整的《爱诺思年鉴》及有关文献赠送给我们，既是对我们作为爱诺思参与者的感谢，其中也包含一种期望，期望将来能有中文版的《爱诺思文集》出版。

所有到过爱诺思的人，自然会留下深刻的爱诺思印象和体验。记得有一次是为了卫礼贤与荣格合作《金花的秘密》的背景与手稿，我们来到爱诺思，与瑞策玛一起做研究。在这之前，我们曾与默瑞·斯丹和戴维·罗森一起在美国芝加哥荣格学院就"荣格与中国"的主题进行对话研讨，其间有人借用托马斯·克利瑞(Thomas Cleary，克礼履)的新译本及其批评，来质疑卫礼贤与荣格合著的《金花的秘密》。我们似乎有责任，为此做出进一步的说明；于是，带着任务，我们特意来到了爱诺思。

就在我们到达爱诺思之前，瑞策玛已是用了一周的时间，在阅读有关资料，他很想找到卫礼贤告诉荣格有关中国"求雨者"故事的最初记录，但始终未获，整个书桌堆满有关书籍。就在我们进门的一刻，他将一封书信随手插入卫礼贤的日记，当我们坐下聊天的时候，他突然发现，书信插入的一页，正是"求雨者"故事的出处。于是，瑞策玛十分欣喜，由衷感叹荣格从《易经》阐释的"共时性"：从中国而来的朋友，带来了中国的"求雨者"。

当我们走进瑞策玛为我安排的爱诺思住房，同样是喜出望外：迎面的墙上，正是一幅吕洞宾的画像。我们为荣格与卫礼贤合作的《金花的秘密》而来，而荣格与卫礼贤心目中的《太乙金华宗旨》的作者，早已在此静静等候。

我们多次住在爱诺思，喜欢这里所容纳的思想和智慧，同样喜欢这里的湖光山色，氤氲交融的气氛；傍晚绕着爱诺思花园散步，或乘游艇去对面的岛屿；也曾下湖去游泳，更多的则是静静地坐在湖边，等着精灵来入梦。

2007 年 8 月，经历重重困难之后的爱诺思面临"重生"的机会，我们再

本书作者与爱诺思基金会主席瑞策玛、克丽丝塔·罗宾逊在爱诺思(1995)

作者在爱诺思(1997)

作者在爱诺思(2007)

次受邀作为东西方文化圆桌会议的主题报告人，报告的主题仍然是“核心心理学”，以核心心理学的东方视野，对世界的“现代化”进程进行反思。

为了重新恢复爱诺思的影响，2007年的爱诺思会议特意安排了在“真理之山”做公开演讲。荷永的报告之后有拉兹洛[①]作为回应，主题是关于“现代化”的东西方对话。

① 欧文·拉兹洛(László Ervin，1932—)，匈牙利科学哲学家、布达佩斯俱乐部的创始人，《世界未来：广义进化论杂志》主编。

大会主席约翰·冯·波拉格(John van Pragg)在写给作者的邀请信中说："我想，你作为一个中国人，中国心理分析的引领者，可否谈论这样一些主题：中国人是否也跟随西方同样的路线，进入物质主义和理性主义；或，若是你愿意的话，'简约主义'(鲁伊基·肇嘉/Luigi Zoja 教授去年以《简约主义，一种西方的疾病吗?》为题目做了精彩的报告)……就传统而言，能够让一个'中国人'感到幸福的是什么呢? 这种传统上使得人们幸福的内容又是如何变化的呢? 而这种变化又如何来与西方相关联和比较呢?"①而荷永在报告的开始，便对波拉格所提出的问题做了回应："对我来说，要了解中国人的幸福，以及现代化对于中国变化的意义，首先要了解中国人；要了解中国人，就需要通过中国人或中国文化的心理学……这样，就不仅要通过他们头脑中的'思想'或用脑的思维，而且必须要通过他们的'心'，思维的心或以心为本的思想(Thinking-Heart)，通过他们心灵层面的生活与内容。"尽管我们 1997 年便以"核心心理学"为主题做了爱诺思的报告，然而，10 年之后，仍然用"核心心理学"作为主题，以其参与东方和西方有关"现代化"的对话，所体现的也正是爱诺思的精神："变与不变，不变之变"(ever the same，yet changing ever)；爱诺思的精神所体现的也正是《易经》的法则和中国文化的智慧。

爱诺思的参与者，凡亲临爱诺思圆桌会议的人，都曾留有深刻而难忘的爱诺思印象。

在诺依曼的心目中，爱诺思也如古希腊德尔菲翁法洛斯之石的神谕，"认识你自己"；也如炼金术中"伟大赫尔墨斯"联结天地之神力的寓意。对于爱诺思，诺依曼说："爱诺思，湖光山色，花园、房屋；谦谦而隐，然而……这是世界肚脐，金链之环。"②2015 年 4 月，我们去到以色列的特拉维夫，参加以"诺依曼和荣格通信"为主题的国际会议，见到诺依曼的儿子和女儿，及其几位主要的学生，他们已都是 90 岁左右的人，在三天的大会报告以及座谈中，诺依曼与爱诺思都是主要的内容。如他儿子所说，爱诺思几乎已是诺依曼的生命所在。

瑞士《心理学杂志》(*Zeitschrift fur Psychologie*)曾评论说：爱诺思是

---

① 约翰·冯·波拉格在大会引介中援引了其与作者的通信。

② 见《爱诺思年鉴》第 25 辑(Neumann，Erich，in 25 Jahre Eranos，Froebe-Kapteyn，ed.，Rhein-Verlag，Zürich，1957，P.20)。

当今时代最为重要的表现之一。艺术史家赫伯特·里德爵士(Sir Herbert Read)，曾这样表达其爱诺思感受，他说，在爱诺思，他遇见“新人性”(new Humanism)的涌现。米歇尔·卡泽诺夫(Michel Cazenave)，荣格著作的法语翻译，称爱诺思为其所在世纪最丰富知识与精神交流的中心，荣格一生至关重要的地方。

爱诺思不仅是东西方文化相遇交流之处所，也是人类思想史上兼容并蓄的典范。诸多的参与者，都有其特殊的“参与其中”(being present)的感受和意义。亨利·科宾曾这样来描述其爱诺思体验：“我们应该呼唤的爱诺思的意义，其中也包含爱诺思的所有秘密，可以这样来表达：其为我们参与的涌现，我们亲历的时光，我们存在的方式。”科宾说，“……这是各自独立个体的相遇，每个人都完全自由呈现与表达其原本的个人思想与存在，全然不受教条与学究的限制。”①

阿道夫·波特曼，将爱诺思视为自己“内在生命”的核心，命运的安排。他说，“认识荣格，体验其日常谈话中心智的不断创意，以及捕获新洞见的力量，见证其对带着新话题进入爱诺思演讲者的提问与交流……这些都印象深刻，令人难忘。荣格，对有些人来说，他是如此高尚荣耀，而对另一些人来说则又备遭质疑；去感受这个人，参与和如此丰富精神的人进行讨论，深入理解其心意，是我们的莫大幸运。经过10多年通常的夏季聚会，荣格对我来说，呈现的是一种丰富的‘自然力量’，拥有将我们所有人的意识提升至灵性运作的非凡能力。”②

哈克尔(Hans Thomas Hakl)在其《爱诺思：一部别样的20世纪思想史》③中，将爱诺思视为人类20世纪历史中最重要的学术聚会。杜维明在其“儒家心性之学的当代意义”的演讲中这样提及“爱诺思”：“弗兰克在离开汉堡之后，到了法兰克福，在那里建立了中国哲学研究中心(Institute of Chinese Philosophy)。在这个研究机构里，有不少当时欧洲思想界的泰斗，

---

① 科宾：“爱诺思的时光”(Corbin, Henri, “The Time of Eranos”, in Campbell, Joseph, ed., Man and Time, Papers from the Eranos Yearbooks, Bollingen Series XXX, Vol. 3, Princeton University Press, Princeton 1957, P. xix. 16 Ibid., P. xx)。

② 亚菲：《荣格：话语与意象》(Aniela Jaffé, C. G. Jung, Word and Image, Princeton University Press, 1979, P. 187)。

③ 哈克尔：《爱诺思：一部别样的20世纪思想史》(Hans Thomas Hakl. *Eranos: An Alternative Intellectual History of the Twentieth Century*, translated by Christopher McIntosh, London: Equinox Publishing, 2012)。

比如荣格（心理学家），马丁·布伯（最重要的犹太学者），可能还有年轻的海德格尔。他们特别对《易经》有偏好。这个组织后来就发展为“爱诺思”圆桌会议，荣格为发展这个组织坚持了几十年，才建构了一个对话的机制。他们的对话非常有趣，在一个圆桌举行，只能坐12人，不会邀请13个人，只邀请12个人之下。通过深刻的对话，各自写出论文发表，这些论文现在都在，都收在《爱诺思年鉴》。对话有哪些人参加呢？中国学者有张钟元，日本学者有井筒俊彦（Toshihiko Izutsu），美国学者有芝加哥大学的伊利亚德（Mircea Eliade），还有现在非常有名的法国学者哈道特（Pierre Hadot），他当时还只是一个年轻人。可以说，这个地方是一战以后欧洲最重要、最有影响力的思想家团队之一，很有代表性。”①

伊利亚德，这位20世纪最著名的宗教学者，在其传记（《日记》）中深情表达，爱诺思从一开始便让其心旷神怡。在他看来，爱诺思属于当代西方世界最具创造性的文化体验，并将其与意大利的文艺复兴，以及德国的浪漫主义运动相提并论。伊利亚德曾这样回忆其第一次在爱诺思遇到荣格时的印象：“半个小时的谈话之后，我感觉我是在听一位中国智者说话，或像一位东欧的农民，依然植根于大地母亲，同时又接近天堂。”②于是，卫礼贤说在中国遇到荣格，荣格说卫礼贤简直就像中国人，而荣格和卫礼贤，在许多人的心目中，也确实为中国文化的化身。

我们把“Eranos”翻译为“爱—诺—思”，悉取其中的象征、意象和寓意，“爱/愛”之无尽藏、“诺”之应承般若、“思”之容睿无邪，音义形神，尽在其中。当然，这也是在表达我们的爱诺思体验，发自内心的感受。然而，“Eranos”的真正含义，却是去认识那些还不认识的事物，包含一种追寻与探求未知的精神，如《易》之简易、变易和不易，探赜索隐，钩深致远。

---

① 杜维明：《儒家心性之学的当代意义》，《开放时代》2011年第4期。

② 伊利亚德：《迷宫考验》英文版第162—163页（Eliade, Ordeal by Labyrinth: Conversations with Claude-Henri Roquet. Chicago: University of Chicago Press, 1982, PP. 162—63）. 见苏努·沙姆达萨尼：《荣格：书中传记》英文版第205页（Sonu Shamdasani. *C.G. Jung: A Biography in Books*. W.W. Norton & Company. New York, 2012, P. 205）。

第二节　后荣格及其发展

“后荣格”(Post-Jungian)是荣格之后逐渐形成的称谓，尽管荣格本人，并不喜欢后来的学生亦步亦趋，包括所谓“荣格学者”(Jungian)或“后荣格”的称呼，甚至说过“很幸运我是荣格，不是‘后荣格’或‘荣格学者’”这样的话语，然而，“后荣格”仍然形成，被用来形容荣格之后分析心理学的主要发展，素有“经典学派”“发展学派”和“原型学派”三种取向之说。[①]尽管这三种“学派”之风格不尽相同，但是，其与中国文化的关系，均秉承荣格的传统，一脉相承且发扬光大。

“经典取向”的发展或“经典学派”，其基本主张是忠实于荣格原著，采用经典的荣格工作方式，比如词语联想、心理类型、意象绘画与扩充技术等，尤其注重分析心理学中“自性”以及“自性化”的意义。经典学派早期主要代表人物有冯·弗兰茨(Marie-Louise von Franz)、芭芭拉·汉娜(Barbara Hannah)、乔·汉德森(Joseph L. Henderson)、亚菲(Aniela Jaffé)和亚兰德·雅考毕(Jolande Jacobi)等，他们大都接受过荣格本人进行心理分析。托马斯·科兹、默瑞·斯丹和约翰·比毕，则属于后荣格经典学派的继承与发展者。

冯·弗兰茨1933年18岁时与同学去到波林根，初遇荣格便深受分析心理学的吸引，弗兰茨将其称为命中注定的相遇，随后不久便开始与荣格的心理分析(1934)，1948年成为苏黎世荣格研究院的合作创办者。冯·弗兰茨著作等身，以对“神话和童话”“炼金术心理学”，以及“《易经》与共时性”等研究著称；其主要著作有《炼金术与积极想象》(*Alchemical Active Imagination*)、《童话解读》(*Interpretation of Fairytales*)、《童话中的自性化》(*Animus and Anima in Fairy Tales*)、《童话中的原型维度》(*Archetypal Patterns in Fairy Tales*)、《心灵的原型维度》(*Archetypal Dimensions of the Psyche*)、《数与时间》(*Number and Time*)、《心灵与物质》(*Psyche and Matter*)、《神谕与共时性》(*On Divination and Synchronicity*)等，她也写有荣格传记：《荣格：其与我们时代的神话》(*C. G. Jung:*

---

① 见安德鲁·塞缪尔：《荣格与后荣格》(Andrew Samuels. *Jung and the Post-Jungians*. London：Routledge and Kegan Paul，1985)。

His Myth in Our Time)。

在其著作中，如同荣格，冯·弗兰茨也努力发挥中国文化的意义，尤其是《易经》和道家哲学。凡“河图”“洛书”，《易经》、《老子》和《庄子》，都是冯·弗兰茨著作中智慧与灵感的源泉。在其与荣格合著的《人及其象征》中，冯·弗兰茨撰写了第三章“自性化过程”。她借用庄子《人间世》中“栎社树、石木匠与梦”的寓言，不仅将其意象作为荣格“自性”以及“自性化”的表达，而且，直接将其付诸其心理分析的临床实践。冯·弗兰茨介绍说，当其来访者抱怨自己一生平庸，一事无成的时候，她给其讲了关于中国哲人庄子的故事。这位来访者即刻似有所悟，安心自得。在冯·弗兰茨看来，庄子的“栎社树”，即为荣格自性化的意象和象征，庄子的寓言故事，也包含了自性所给予自我的教训。在中国道家哲学中，包含使我们成为真正自己，获得自性与自性化的教诲与启示。

在前面“荣格与道”的一章中，曾引用戴维·罗森与冯·弗兰茨的访谈，问其对于荣格与道的看法。冯·弗兰茨十分肯定的回答：“荣格崇尚道家，并且身体力行于道家哲学的生活方式。”如同荣格，冯·弗兰茨也是《易经》高手，在其《心灵的原型维度》、《数与时间》和《心灵与物质》等主要著作中，《易经》及道家思想随处可见。冯·弗兰茨与泡利保持良好关系，两人有着长期通信，如同泡利与荣格对《易经》和共时性的发挥，冯·弗兰茨不仅将《易经》作为“终极世界”(Unus Mundus)的象征，甚至认为《易经》中包含生命密码(DNA)的结构。

芭芭拉·汉娜与冯·弗兰茨同为荣格早期的学生，两人关系密切，相伴一生，死后同葬，并且是葬在荣格家族墓地的附近。芭芭拉·汉娜1929年便加入荣格团队，其代表作有：《相遇灵魂》(*Encounters with the Soul*)、《努力完整》(*Striving Toward Wholeness*)、《动物的原型象征》(*The Archetypal Symbolism of Animals*)、《阿尼姆斯：女性内涵的精神》(*The Animus: The Spirit of Inner Truth in Women*)等。芭芭拉·汉娜也著有荣格传记：《荣格：其生活与工作》(*Jung, His Life and Work: A Biographical Memoir*)。

在芭芭拉·汉娜的著述及其心理分析专业实践中，中国文化的意义也得到发扬。1968年8月，为了纪念埃斯特·哈定的八十寿辰，汉娜在贝利岛做有关“彼岸”演讲，全面阐述了她对于荣格与中国文化的观点，涉及《易经》、道家、佛教和儒家思想，以及荣格与卫礼贤，内容十分精彩。这也是她本人在其著述和专业实践中，对于心理分析与中国文化的继承与发扬。

汉娜在其“彼岸”演讲的开始，特别提到其与冯·弗兰茨一样，都对中国文化有着深刻兴趣，中国的道家、儒家和佛教，都对荣格及分析心理学的发展具有重要的意义。中国人对于“相对和合”的态度，比如《易经》与道家的阴阳观念，既然启发了荣格，作为荣格分析师，同样可以从中获益，只要认真体验与学习。汉娜说：“有限和无限，有生和永生，此岸和彼岸，对道家和儒家来说，已不再以任何方式分隔，其共时并存，可通过‘道’，即‘意义’而一以贯之，如其生命已在‘道’中。”[①]实际上，如荣格，这“道”不仅是道家之道，也是中国哲学的最高范畴。

乔·汉德森1903年8月31日出生，2007年11月17日去世，不仅有着荣格所描述的“后半生”，而且也拥有难得的“百岁体验”。汉德森的夫人海伦娜·康福德(Helena Cornford)是达尔文(Charles Darwin)的重孙女，也有诸多传奇。汉德森毕业于美国普林斯顿大学，1929年开始与荣格进行心理分析体验。返回美国后，汉德森与约瑟夫·维尔怀特(Joseph Wheelwirght)及其夫人简·维尔怀特(Jane Wheelwirght)等，创建了美国旧金山荣格研究院。

汉德森1920年代去瑞士随荣格本人进行心理分析的研习，1938年回美国作为荣格学派心理分析师开业。他1960年与荣格合著《人及其象征》，撰写其中第二章：“古代神话与现代人”，1962年提出“文化无意识”(cultural unconscious)概念，由此延伸出“文化情结”(Cultural Complex)等研究；其代表作有：《蛇的智慧》(*Wisdom of Serpent*，1963)、《初始之门》(*Thresholds of Initiation*，1967)、《心理观的文化态度》(*Cultural Attitudes in Psgchological Perspective*，1984)、《阴影与自性》(*Shadow and self*，1990)和《心灵的转化》(*Transformation of the Psyche*，2003)等。

我们与汉德森先生，也有命中注定的缘分。1997年，汉德森先生的学生玛丽·斯宾塞(Mary jo Spensor)在其家中为汉德森过94岁生日，请我们参加这生日聚会，同时还有托马斯·科茨夫妇，约翰·比毕(John Beebe)和亚当(Adam Frey)。

---

① 芭芭拉·汉娜：《彼岸》，见芭芭拉·汉娜：《猫、狗、马》，刘国彬译，北京，东方出版社，1998年，第87页。

玛丽·斯宾塞曾与汉德森分析30余年，她70岁开始学中文，10年后80岁时已能用中文阅读道家文献。约翰·比毕与汉德森有24年的分析体验，更是荣格心理分析师中《易经》高手；而托马斯·科茨则与汉德森保持了43年的分析体验，同样对中国文化有着无限情怀，堪称心理分析的传奇。

汉德森十分欣赏我们在爱诺思报告中提出的“核心心理学”，其中所包含的中国文化对于心理分析的意义，并与我们讲起荣格与山湖的故事，其中“心”的意义与启示。尽管我们早已熟悉这故事，但听汉德森先生讲起仍然十分欣喜。

由此结缘，汉德森先生也成了我们的老师，有缘追随其10余年，受其所教，接受其分析与督导。汉德森先生住在旧金山北面的山里（Ross, Calif.），融于自然之中；其工作室在院子的树林里，外形酷似东方的“六角亭”；其书桌上总是放着一个镜框，里面镶有“時機”两个汉字。汉德森老师告诉我们，他是从荣格那里开始学习《易经》，其中的“趋时”“极深研几”以及“时中”，便是其一生的参悟。

在汉德森的工作室有两幅中国山水画，有一次他问我们从画中看到了什么？看到这画时有什么感觉？我们回答说：“道法自然，天人合一。”汉德森感叹不已，说这正是荣格，以及荣格分析心理学的最大奥秘。

作为汉德森的学生，经典学派的继承与发展者，托马斯·科茨和约翰·毕比，以及冯·弗兰茨的学生默瑞·斯丹等，如荣格本人和经典学派的创建者，以“道”和《易经》作为其心理学的基础和原力点，他们更是身体力行，在最近的20余年，几乎每年都来中国，参与东方心理分析研究院的筹备与建设，支持华南师范大学、复旦大学、澳门城市大学“心理分析研究院”的工作，我们一起合作策划与组织“心理分析与中国文化国际论坛”（1998—2015），也正是“荣格与中国文化”主题的继续与发扬。

“发展取向”的发展或“发展学派”，由迈克尔·福特汉姆（Michael Fordham）为核心组成，福特汉姆的主要著作包括：《儿童的生活》（*The Life of Childhood*，1944）、《分析心理学新发展》（*New Developments in Analytical Psychology*，1957）、《作为个体的儿童》（*Children as Individuals*，1969）和《荣格心理治疗》（*Jungian Psychotherapy*，1978）等。属于“发展学派”的后荣格学者，都十分重视分析心理学的儿童心理发展，对于克莱因(Melanie Klein)的"客体关系理论"(object relations theory)和洛温菲尔德(M. Lowenfeld)的儿童治疗等更为开放，强调人格发展的意义，更为注重移情和反移情的理论与方法，以及相关儿童发展的工作技术。在这种意义上，诺依曼、朵拉·卡尔夫和马利奥·亚考毕(Mario Jacoby)等，也属于这种分析心理学的"发展取向"。诺依曼最后未完成的著作正是《儿童》，而卡尔夫则以儿童心理分析为基础，发展了沙盘游戏治疗技术，马利奥·亚考毕则以荣格学派婴幼儿发展的研究著称。迈克尔·福特汉姆的学生布莱恩·费尔德曼(Brian Feldman)，卡尔夫的学生茹思·安曼(Ruth Ammann)，以及凯·布莱德温(Kay Bradway)等，均可作为"发展学派"的继承与发展者。

埃里希·诺伊曼在1933年前后接受荣格的心理分析。他的妻子朱莉亚(Julia Neumann)同时接受托妮·沃尔夫的分析。在荣格众多才华横溢的学生中，诺伊曼依然显得十分耀眼。他的《大母神》以及《意识的起源》等，都是分析心理学乃至整个心理学与哲学领域的经典名著。尽管诺伊曼55岁去世时荣格还健在(1960)，人们已经在他的著作中看到了分析心理学理论，尤其是集体无意识和原型理论的发展。诺伊曼把荣格分析心理学传播到巴勒斯坦和耶路撒冷。我们也曾前往耶路撒冷，与诺伊曼的学生与家人，探讨中国文化对于诺伊曼思想的影响，比如诺伊曼的《易经》日记，以及诺伊曼与荣格所讨论的《易经》及其意义。

迈克尔·福特汉姆与阿德勒(Gerhard Adler)一起，是《荣格全集》的主要编辑者。前面曾论及荣格与福特汉姆讨论"共时性"和《易经》蒙卦的故事，在其《分析心理学新发展》第二章关于"原型与共时性的反思"中，福特汉姆强调："我们应该知道，荣格反复说，共时性原理是建立在中国文化基础上的。"[①]接着，他现身说法，讲述他所遇到的《易经》蒙卦，面对《易经》如同面对无意识或心灵，求助者的动机十分重要。接着，福特汉姆进一步阐释荣格的"相反相成"(enantiodromia)与中国文化的关系，他认为"相反相成"最有效的组织与表达见于中国哲学：太极图常被用来沉思，其中有两条鱼，一个表示阳，一个表示阴，相辅相成相互包容……"[②]

---

① 迈克尔·福特汉姆：《分析心理学新发展》英文版第48—49页(*New Developments in Analytical Psychology*. Routledge, London and New York. 1957/2013. PP. 48—49)。

② 同上。

迈克尔·福特汉姆曾帮助朵拉·卡尔夫在英国随洛温菲尔德(Margaret Lowenfeld)学习“世界技术”(The World Technique)，这是荣格学派“沙盘游戏治疗”的前身。玛格里特·米德称洛温菲尔德为“发现童年意义的伟大先驱”，并且认为，“这发现本身，儿童心智与情感探索的追求，便是20世纪人类与科学的重大事件”[①]。于是，迈克尔·福特汉姆、洛温菲尔德和朵拉·卡尔夫一起，也为荣格分析心理学之儿童发展提供了有效的工作方法，也即“沙盘游戏治疗”(Sandplay Therapy)。

2003年，在第17届国际沙盘游戏治疗大会上，我们做“沙盘游戏治疗与中国文化”的主题报告。朵拉·卡尔夫本人从小学习中文，熟读《易经》和中国经典，她将周敦颐的“太极图”作为沙盘游戏治疗的方法论基础，用《易经》、《老子》和中国哲学来阐释沙盘游戏治疗的原理和机制。她曾有两个大梦，孕育了影响广泛的沙盘游戏治疗，而这两个梦都与中国和中国文化有关。其一，卡尔夫开始在苏黎世荣格学院学习分析心理学的时候(1949)，梦中她来到了西藏，在高高的山上，有两位和尚过来送给她一个金色的矩形工具；当她接过并舞动这工具的时候，顿时，大地裂开一道门，呈现出两边的世界，西方出现了太阳。当卡尔夫将此梦带给荣格夫人艾玛·荣格进行分析的时候，艾玛·荣格说：既然梦中去到了中国，那么，你就应该好好探索中国文化对你的意义。卡尔夫的第二个梦是在1961年6月6日，荣格去世的当天，卡尔夫梦到了荣格邀请她一起吃饭。在梦中，荣格指着餐桌上的一堆大米说，你应该继续努力探索中国文化和东方的意义。

卡尔夫的儿子马丁·卡尔夫也是国际著名沙盘游戏治疗师，受其母亲的影响，他也致力于东西方文化的整合与实践，包括佛教的修行。他曾生动地讲述张钟元住在他们家，教其妈妈中国道家的“听息法”；而他妈妈非常喜欢庄子的“心斋”，其中已是包含沙盘游戏治疗的关键。我们也曾谈起，在朵拉·卡尔夫晚年，由于担心沙盘游戏治疗会被过度“技术化”使用，而使其脱离心灵治愈的本质，卡尔夫一再嘱咐，要守住沙盘游戏治疗之根，也即中国之“道”，一种生活方式，一种源于心灵的智慧。

当然，这也是荣格的教诲，卫礼贤一生的努力。马丁·卡尔夫曾特意

---

① 见玛格里特·米德为洛温菲尔德：《儿童游戏》撰写的序言(Lowenfeld M. *Play in Childhood*. London：Victor Gollancz. 1935)。

将其妈妈最喜欢的卫礼贤著作：《中国智慧》(*Chinesische Lebensweisheit*)送给我们，让我将其带回中国。荣格也很喜欢这本书。卫礼贤的这部《中国智慧》，开宗明义讲述"生命的意义"，道法自然的原则，以及《易经》中所包含的心灵与转化；其中也正是沙盘游戏治疗的核心。

马利奥·亚考毕与朵拉·卡尔夫是好友。亚考毕本来是职业的小提琴手，而卡尔夫的钢琴也近于专业水准，两人不仅常在一起切磋音乐技艺，而且，常被荣格邀请到家中演奏，尤其是荣格宴请客人的时候。两人都有许多属于自己体验的荣格故事。亚考毕的代表作有：《荣格心理治疗与当代婴幼儿研究》(*Jungian Psychotherapy and Contemporary Infant Research*)、《自性化与自恋主义：荣格与科胡特的自性与自体心理学》(*Individuation and Narcissism: The Psychology of Self in Jung and Kohut*)、《羞愧与自尊的缘起：荣格取向的研究》(*Shame and the Origins of Self-Esteem: A Jungian Approach*)、《渴望伊甸园：原型的心理观》(*Longing for Paradise: Psychological Perspectives on Archetype*)、《相遇心理分析：移情与人际关系》(*The Analytic Encounter: Transference and Human Relationship*)等。

亚考毕是我们的主要分析师之一，他常说通过我们的分析工作，他也获得进入中国文化、接近中国心灵的机会。如我们在《洗心岛之梦》[①]中的记录，梦中涌现的"文化无意识"以及"文化情结"，中国文化的历史变迁及其意义，以及其中的体验与理解，也都有亚考毕工作的痕迹。如同荣格，《易经》和中国哲学，也是亚考毕作为心理分析师的基本功和人生修养。

布莱恩·费尔德曼(Brian Feldman)、凯·布莱德温(Kay Bradway)和茹思·安曼(Ruth Ammann)，以及哈里特·弗里德曼(Harriet Friedman)等，也都曾随迈克尔·福特汉姆、卡尔夫和亚考毕做过分析与学习，属于荣格发展学派的继承与发展者。他们都是广东东方心理分析研究院的特聘教授，长期帮助心理分析与沙盘游戏治疗在中国的发展，参与"心理分析与中国文化国际论坛"的组织与策划；作为荣格发展学派的继承与发展者，也在其真实的中国体验中，继续了"荣格与中国文化"的主题与发展。

后荣格的"原型学派"，主要由詹姆斯·希尔曼(James Hillman)创建，

① 申荷永：《洗心岛之梦：自性化与感应心法》，广州，广东科技出版社，2011年。

也素有“原型心理学”之称；荣格的原型和原型意象是其发展的理论基础，炼金术和积极想象则是其方法与技术的拓展。希尔曼1953年在瑞士苏黎世荣格学院接受训练，完成分析之后留在学院工作，1959年担任苏黎世荣格学院的研究主任。他撰写并出版了许多富有影响的心理分析专著，如：《重塑心理学》(1970)、《原型心理学》(1977)、《心灵的密码》(1997)和《性格的力量》(1999)等，都是影响广泛的经典之作。斯坦·马伦(Stan Marlan)、伯尼克(Robert Bosnak)和保罗·库勒(Paul Kugler)等，都属于“原型学派”继承与发展者。

我们曾受教于希尔曼，他也为能有来自中国的学生而由衷欣慰。在希尔曼看来，中国的“道”便是无限的原型，太极图便是完美的原型体现，具有无尽的启迪；同样，《易经》中充满原型意象，中国文化正是原型心理学的丰富宝藏。

2006年春天，世界各地学生为希尔曼准备了别开生面的“网络庆祝会”，为其80岁的生日。希尔曼欣慰而感动，说他体会到了荣格老年的感怀，也即老子所描述的“恍兮其若海，恍兮若无所止……”老子说“出生入死”，生者为寄，死者若归。于是，也如《易经·系辞》所言：“原始反终，故知生死之说。”其中已有原型心理学的智慧；80岁生日的希尔曼，表达了他对中国文化的无限向往。

希尔曼的这次“网络生日庆祝会”由伯尼克主要策划。伯尼克与保罗·库勒等早年随希尔曼参加爱诺思东西方文化圆桌会议，深受东方文化的吸引。作为原型心理学在当代的主要代表人物，斯坦·马伦、伯尼克和保罗·库勒也都是中国荣格学院——广东东方心理分析研究院的特聘教授，在最近的20年中，他们几乎每年都来中国，不仅将荣格之后原型心理学的精髓尽心传授，而且，如同荣格与希尔曼，我们一起努力，也将中国文化融入荣格之后的发展。

斯坦·马伦不仅是希尔曼的学生和继承者，而且也是张钟元的学生，立志于分析心理学与中国文化的整合。他第一次来中国便是为了参加“第一届心理分析与中国文化国际论坛”(1998)，为大会做《道家炼金术与荣格分析心理学中光与重生的隐喻》主题报告。大会之后，斯坦·马伦撰写了《荣格在中国：记第一届国际心理分析与中国文化国际论坛》，其中这样说：“当默瑞·斯丹博士和申荷永博士邀请我参加这次历史性会议的时候，我感到无比的兴奋，要远行来中国，在此会议上来报告我对于道家炼金术的研究。访问中国，访问那些已成为我内在生命意义的地方，是我一直的梦想。尽管在其近代的历史中也充满了物质化倾向，无数世纪以来，中国仍然是产生和养育世界伟大精神传统的地方。”①

保罗·库勒作为IAAP名誉秘书长，在最近的10年中几乎每年都来中国，并作为IAAP广州发展组织的联络员，协调东方心理分析研究院的工作，在华南师大、复旦大学和澳门城市大学讲授荣格分析心理学。他对于爱诺思的文化传统颇有研究，尤其是从历史图片中捕获心理分析的意象与象征。通过系列的“心理分析与中国文化国际论坛”，保罗·库勒也将中国文化的影响，融入其所发展的原型心理学。

我们曾与伯尼克一起参加1997年的爱诺思圆桌会议，带去中英文对照的《坛经》和《庄子》给他。而他知道我们所从事的“核心心理学”，以中国文化为基础的心理分析，便特意送给我们《心的变化》，关于他的一位来访者心脏移植之后心理与人格变化的故事。自从第一次来到中国，伯尼克便有宾至如归的感觉，自称从此进入中国的家庭。他酷爱《易经》、《黄帝内经》和《六祖坛经》，我们曾多次访问韶关曹溪南华寺，于此酝酿“国际意象体现学会”(ISEI)的筹备，并在2006年召开第一届意象体现学会国际会议，在中国文化，尤其是六祖慧能和中国禅宗的影响下，发展了心理分析的新的方法与技术。

当今荣格学派，以及后荣格学派发展的重要学术象征，是“斐恩讲座”(Fay Lecture)；缘起于荣格作为主讲的耶鲁大学系列讲座，自1990年始由Carolyn Grant Fay资助，以及麦克米兰家族(Frank N. McMillan Jr.)支持。数任国际分析心理学会(IAAP)主席，如卡斯特·维蕾娜、鲁伊基·肇嘉、默瑞·斯丹、乔·凯布雷、克里斯琴·盖亚尔，以及诸多资深荣格心理分析师，如约翰·毕比、安东尼·史蒂文斯(Anthony Stevens)、琼·乔多罗(Joan Chodorow)、河合隼雄、马里恩·伍德曼(Marion Woodman)等，均曾受邀做斐恩主讲人，随后也都有相关专著出版。②

---

① 斯坦·马伦：“荣格在中国：记第一届国际心理分析与中国文化国际论坛”，见申荷永主编：《灵性：分析与体验》(第一届心理分析与中国文化论文集)，广州，广东教育出版社，2006年，第230—233页。

② 申荷永主编的“点金石心理分析译丛”(中国社会科学出版社2003)便是以斐恩讲座的著作为基础。

卡斯特·维蕾娜有12本著作翻译成中文，有力推动了分析心理学在中国的传播，她也为其著作在中国所受欢迎感到十分欣慰。克里斯琴·盖亚尔也是“心理分析与中国文化国际论坛”的积极参与者，多次来到中国，以“荣格与艺术”主题的研究著称，独树一帜。安东尼·史蒂文斯同卡斯特·维蕾娜一样，也是影响广泛的心理分析作家，其《梦的历史》饮誉世界，而他本人对中国古代梦学尤其向往。琼·乔多罗是荣格之后“积极想象”方法的发展与实践者，国际舞动治疗的领军人物，汉字之“舞”的意象，舞中之乐(樂)的意义，是其灵感的源泉。河合隼雄开启荣格分析心理学与箱庭疗法在日本的发展，他本人也怀有中国文化修养，发展了佛教心理治疗体系。马里恩·伍德曼也是具有原创性的荣格学者，发展了身体意象中的疗愈及其意义，呈现文化与心灵之新的境界。

申荷永的斐恩讲座以三个部分阐释核心心理学与荣格分析之心：“缘起：种子与心”、“心法：核心智慧与原理”、“用心：心之意象与意义”。①休斯顿荣格中心用“学习源于心的真理”(Learning the Truth of the Heart)来介绍此次系列讲座，同时附上帕斯卡的名言：“心有心的理由，理性对此一无所知”，以及荣格的《红书》中的名言：“惟有心智带来深刻洞见”。讲座期间，迈克尔·埃斯卡米利亚(Michael Escamilla)对申荷永做专业“采访”：“为心理学寻心者”，刊登在国际著名荣格网站(Jung Page：http://www.cgjungpage.org)。

于是，荣格之后的“后荣格及其发展”，并不局限于被称之为“经典”“发展”“原型”的这三大学派。如提出“后荣格学派”的安德鲁·塞缪尔则致力于创建“政治心理分析”、分析心理学与社会实践的发展。安德鲁·塞缪尔本人曾作为心理顾问为诸多国家首脑提供心理咨询，《易经》与中国哲学也是其内在修养，在其组织的“心理分析与社会实践”(Analysis & Activism)国际论坛中，安德鲁·塞缪尔每次都邀请我们参加，尤其关注中国文化的智慧与贡献。

意大利心理分析师鲁伊基·肇嘉(Luigi Zoja)，曾担任国际分析心理学会主席，长期致力于在荣格分析心理学的基础上，分析社会、历史与文化。其代表作《父性：历史、心理与文化的视野》、《偏执狂：疯子创造历

---

① 申荷永2008年获得斐恩讲座主讲人提名，2018年在休斯敦荣格中心演讲，演讲主题：《核心心理学与荣格分析之心》将由美国德州大学出版社出版(Texas A&M University Press)。

史》以及《发展与罪恶》等，已是自成一体，可称之为“历史文化心理分析”。鲁伊基·肇嘉本人不仅熟悉中国文化和中国哲学，而且直接参与“心理分析与中国文化”的发展，从中国文化获取创作的灵感和发展的动力。

艾伦·古根布(Allan Guggenbuel)也是具有原创性的荣格心理分析师，在荣格分析心理学的基础上发展了“神话心理剧”(Mythodrama)。其父亲阿道夫·古根布-克雷格(Adolph Guggenbühl-Craig)同样具有重要的国际影响，对于荣格之后的“经典学派”和“原型学派”均有贡献。然而，如同希尔曼和冯·弗兰茨、汉德森等，艾伦·古根布和阿道夫·古根布-克雷格，都十分重视中国文化的意义。在最近10多年中，艾伦·古根布每年都前来中国，参与广东东方心理分析研究院的工作，致力于将中国文化元素，融入其“神话心理剧”的发展。

曾担任国际分析心理学会主席的乔·凯布雷(Joe Cambray)和乔治·霍根森(George Hogenson)等，在荣格分析心理学的基础上，试图整合“复杂性系统理论”和“涌现”等科学方法论，其思想和研究已产生重要的国际影响。乔·凯布雷和乔治·霍根森对于中国文化，对于《易经》、道家和佛教，均有深入研究和深刻体验。他们对于“复杂性系统理论”和“涌现”的研究与理解，也深深受惠于中国文化的启示。

在瑞策玛、亚考毕、托马斯·科茨、默瑞·斯丹、约翰·毕比等看来，我们中国团队的“核心心理学”(Psychology of the Heart)，中国文化的核心智慧(Wisdom from the Heart)，经过富布莱特讲学、爱诺思东西方文化圆桌会议主题报告，以及“斐恩讲座”也已经对荣格之后分析心理学的发展做出了重要的贡献。

在荣格之后，国际分析心理学会(IAAP)成为荣格分析心理学发展的主要组织机构。自从托马斯·科茨和默瑞·斯丹1994年代表IAAP正式访问中国以来，在过去20余年中，历届IAAP执行委员会，其主席、副主席和秘书长等，都十分重视分析心理学在中国的发展，多次访问中国，支持与参与了“心理分析与中国文化国际论坛”(1998—2015)，以及华人心理分析联合会(CFAP)和华人区域心理分析的建设与发展。

第三节　“荣格”在中国

凡“爱诺思”与“后荣格”，既是荣格影响的继续，也是荣格自身的另一种存在，或“荣格与中国文化”的另一种表达方式。

如前所述，荣格与卫礼贤，以及通过卫礼贤，与中国学者所有过的接触和交流，已使得荣格及其分析心理学渐渐出现于中国，并影响诸多中国学者及其思想，如胡适、梁启超、史太虚、徐志摩、张钟元等。高觉敷在20世纪20年代翻译引进弗洛伊德精神分析的同时，也已将荣格及其分析心理学带入中国，包括对荣格“词语联想”的介绍与评价，其专著《现代心理学》(1933)，也有关于荣格的专门内容。高觉敷深受麦独孤心理学影响，而麦独孤对荣格是情有独钟，为此高觉敷先生也津津乐道，常常提起。

高觉敷与朱光潜为友，两人是香港大学同学(1918—1923)。朱光潜在1924年撰文评价“隐意识说与心理分析”[①]，已是将荣格的苏黎世学派与弗洛伊德的维也纳学派相提并论，作为“无意识”的两种主要观点，果然自有远见。不过，朱光潜将“Unconscious”(“无意识”或“潜意识”)用作“隐意识”，在此文中将“Jung”，译为“姜恩”。

朱光潜似乎对荣格有着直觉性喜爱，在其《变态心理学》(开明书店，1930)中，更是近于全面地介绍了荣格及其分析心理学。高觉敷为其作序，并称自己是破例为友作序，认可孟实(朱光潜字孟实)在哲学、文化和心理学中的成就，尽管心理学界之人并不熟悉朱光潜。高觉敷说：“他(朱光潜)在心理学上对国人贡献，实超过于一般‘像煞有介事’的专门家之上。”[②]并列举凡精神分析、行为主义、格式塔心理学等，朱光潜都是将其介绍国内的第一人。而对于荣格在中国，早期的翻译和有关研究，也非他莫属。荣格体系中的一些重要概念，如“原型”“内倾”与“外倾”，“自我”与“自性”，以及对阿尼玛和阿尼姆斯等原型意象的认识和理解，也都有高觉敷和朱光潜的贡献。

然而，有意思的是，朱光潜早期将“Jung”用作“姜恩”，后来用作“融恩”(1930)，而高觉敷则用作“融格”(1933)。陈德荣翻译匹尔斯拍立

---

① 朱光潜：《福鲁德的隐意识说与心理分析》，《东方文库》：心理学论丛36，1924年。
② 朱光潜：《变态心理学》，开明书店，1930年，高觉敷序言。

(W. B. Pillsbury)《心理学史》(商务印书馆，1931)时将"Jung"译作"荣因"，谢循初在翻译吴伟士(Woodworth)《现代心理学派别》(国立编辑馆，1933)时用作"云恩"。关于"Jung"的中文名字，后来还有朱道俊在其《人格心理学》(商务印书馆，1947)中用"容恩"，以及张耀翔在其《心理学讲话》(世界书局，1947)中用"容格"，胡寄南等则开始用"荣格"[①]。目前在中国大陆，已是多用"荣格"。但乐黛云老师称"Jung"为"雍格"，则是最接近苏黎世人对荣格的称呼。只是用了"荣格"多年，我们也就这样沿用了。

20世纪80年代的中国，荣格与弗洛伊德，都是国人关注的重点。曾有法新社记者刊文，说高觉敷翻译《弗洛伊德精神分析引论》的重新出版(1984)，已是中国改革开放的真正标志。金观涛和李泽厚等学者也在其各自领域发挥荣格分析心理学的意义；刘耀中、冯川、黄奇铭、刘国彬、李以洪、杨韶刚等有对荣格著作的翻译和研究出版，如荣格：《现代灵魂的自我拯救》(黄奇铭译，工人出版社，1987)、《心理学与文学》(冯川、苏克译，生活·读书·新知三联书店，1987)、《回忆·梦·思考》(刘国彬、杨德友译，辽宁出版社，1988)等。刘耀中是研究荣格的美国华裔学者，有诸多有关荣格的翻译和著述；李以洪是刘耀中的主要合作者，他们一起完成多部荣格专著；杨韶刚从其硕士论文(1985—1988)便以荣格分析心理学为主题进行研究，翻译和撰写多部荣格著作。

作者曾随高觉敷先生治学，硕博连读(1984—1989)，硕士期间选择《禅与心理分析》为研究主题，博士论文为《动力与整合：心理场论研究》；在此期间随高觉敷在"全国首届精神分析讲习班"(1985)上主讲"荣格与新精神分析"，并主持刘耀中(Edward Low)在南京师范大学的"荣格分析心理学"讲座(1986)。

1993年，我们在美国做访问学者的时候，接触时任国际分析心理学会(IAAP)主席的托马斯·科茨，和时任IAAP秘书长的默瑞·斯丹，开始心理分析体验并接触荣格学派的沙盘游戏治疗。1994年，荷永参与负责华南师范大学心理学系的行政事务，与时任华南师范大学校长颜泽贤教授一起，邀请托马斯·科茨和默瑞·斯丹及其夫人访问中国，开启IAAP在中国的正式发展。

---

① 胡寄南介绍荣格的文章，是从沃尔曼《现代心理学理论与体系》中的翻译整理，刊登在《现代外国哲学社会科学文摘》1961年11月。

托马斯·科茨和默瑞·斯丹一行在华南师范大学做讲座与座谈，我们作为主持并担任翻译；其间访问广州芳村精神病院(这是中国最早的精神病院，1898 年由嘉约翰所建)[①]，以及广州三元宫、光孝寺和六榕寺等；随后访问北京，参加中国第一届心理治疗大会并做特邀报告。在北京期间，不仅有学术交流和访问，当然也有参观故宫，去到长城，并由叶剑英女儿邀请去叶帅府做客，与中国著名气功师交流。托马斯·科茨和默瑞·斯丹，及其夫人珍·科茨(Jean Kirsch)和简·斯丹(Jan Stein)等，都留下深刻的中国印象。

默瑞·斯丹随后给 IAAP 撰写了“访问中国报告”，后刊登在《国际分析心理学会会刊》(1995)[②]，记录了他们的访问与收获：“去年冬天(1993)，申荷永博士在美国学习时与我有过联系和交流，并邀请我们到中国广州他所在的大学访问……于是，我们获得 IAAP 执行委员会对访问中国的同意后，便以 IAAP 正式代表的身份，来到了中国。我们很想知道，在这个已经向世界做出开放的辽阔的文明古国，我们将会发现什么？我们意识到，如果这次我们与所要会见的中国学者之间的接触进展顺利的话，那么这将成为荣格心理学与中国学术界进行交往的一个历史事件。”[③]默瑞·斯丹接着说：“我们曾经了解到，荣格有些著作已被翻译成中文，并在中国大陆出版发行。人们能见到《追求灵魂的现代人》和荣格自传《回忆·梦·思考》的中译本。然而，大量的荣格著作至今尚未被译成中文。因此，我们很想了解在这个拥有 13 亿人口的国度中，人们究竟对荣格知道多少？以及他们对分析心理学的兴趣究竟如何?”[④]

我们于 20 世纪 80 年代中期与刘耀中认识，随后一直保持联系。1993 年在美国时，也曾住在他美国加州阿罕布拉(Alhambra)的家中。刘耀中及其朋友，为托马斯·科茨和默瑞·斯丹的访问提供了重要的帮助。默瑞·斯丹在其报告中说：“我们的主要联系人申荷永博士，曾大量地阅读有关荣格的英文书籍，并在其任教的大学课程中，早已开始广泛介绍荣格的心

---

① 嘉约翰，约翰·克尔(Dr. J. G. Kerr)。

② 默瑞·斯丹：“国际分析心理学会访问中国”，《国际分析心理学会会刊》，IAAP，1995 年第 15 期；后由心理分析研究生刘明琳翻译，用“荣格心理学与中国——国际分析心理学会主席等访问中国华南师范大学”为标题刊登在《华南师范大学学报》1995 年第 4 期。

③ 同上。

④ 同上。

理学理论……在由他主持的研讨会上，托马斯·科茨宣读了其《荣格与“道”》的论文。他追溯中国道家思想对荣格的影响，比较阐释了分析心理学理论与中国道家哲学思想之间的相同之处。当他在演讲中提到，荣格曾声明卫礼贤，这个把他引入中国文化和中国思想的人，对他的影响远比弗洛伊德更为深远，参加座谈的人们(包括我自己)，都感到十分惊奇。他还提到，正是由于卫礼贤，荣格才系统地了解到中国的文化，中国的炼丹术，以及中国的《易经》，所有这些，都在荣格自己关于心灵本质的思考中，有着极为重要的意义。”[①]默瑞·斯丹在其报告中接着说：“申荷永博士为托马斯·科茨的发言进行了翻译。随后，我对荣格的工作与生活，以及其一生中所经历的重大事件，其思想发展的脉络等，作了介绍与评述，申荷永博士继续为我进行翻译……随后的讨论十分热烈和生动，尽管有时我们不能明白所有讨论的内容，但气氛很能感染。”当时热烈的讨论，涉及如何理解荣格分析心理学的核心概念：“自性”(self)。对此默瑞·斯丹也有记录：“我们和与会的学者们，围绕如何理解荣格心理学中的‘self’，以及如何将其译成中文这一主题展开了大量的讨论。我们所想表明的是，荣格在使用‘ego’和‘self’这两个术语时，其内涵显然不同。申荷永博士和他的同事们，显然对此有所争论。这时，我们本可用原型学派的荣格思想、经典学派的荣格思想和发展学派的荣格思想等不同，来说明我们对这一概念的理解和解释。但当我们想到，这可能会使我们的新朋友感到更为复杂时，我们采取了较为简便的方式，尽管这将可能成为要下一代来弥补的过错。我们说荣格的‘self’好比中国的‘道’，人们不能直接把握它。正所谓‘道可道，非常道’；既存在于内部，也存在于外部；可以说是无处不在，又可以说无处可在等。当时，这种将‘self’与‘道’的类比，比其他任何专业的心理学术语或概念，都更能有助于使荣格的本意越过这种文化(翻译)的障碍。”[②]

从中国返回美国之后，默瑞·斯丹仍然想着他们在中国的访问与讨论。默瑞·斯丹的报告生动详尽，既有历史的记录，也有理论的启发和研

① 默瑞·斯丹：“国际分析心理学会访问中国”，《国际分析心理学会会刊》，IAAP，1995年第15期；后由心理分析研究生刘明琳翻译，用“荣格心理学与中国——国际分析心理学会主席等访问中国华南师范大学”为标题刊登在《华南师范大学学报》1995年第4期。

② 同上。

究的意义。他在其报告中还特意提到并引用我们随后的书信往来，继续有关“自性”问题的讨论与交流。默瑞·斯丹在其“访问中国报告”中说：

> 几个星期以后，我写信给申荷永博士，请他重新整理一下他还能记得的一些讨论内容，他在给我的回信中写道：“在汉语里，一般用‘我’来同时表示英语中的‘ego’，‘I’或者‘me’……至于普通意义上的‘self’，已有三种表达：1)‘自我’，既是一个心理学术语，但同时也是日常用语；2)‘自己’，表示‘我’，它更多的是日常用语而非心理学术语；3)‘自身’或自体，表示‘我和我的身体’……实际上，我们把西方心理学理论中的‘self’和‘ego’，一般都译作了‘自我’。尽管如此，就我自己的体验而言，我更愿意用‘自性’，来表达荣格的‘self’。‘自性’有其佛教渊源，其主要内涵包括：‘佛法之心’和‘第一真理’，也即一切事物的根源(如道之于道家)。就我自己有关汉字心理研究的理论而言，我认为‘自性’比‘自我’‘自己’或‘自身’，都更能表达荣格‘self’的本意。汉字之‘性’是‘心’与‘生(命)’的结合，意味着与生俱来的最原始的心理本质及其生命与生活中的心理意义，包含明心见性的意象。(以上引自申荷永博士写给我的信)”①

于是，默瑞·斯丹和托马斯·科茨基本上认同了我们当时所使用的翻译，不仅是“自性”，而且包括“自性化”(indivudation)和“共时性”(synchronicity)等。

托马斯·科茨和默瑞·斯丹一行的访问，正式开启IAAP在中国的发展，包括IAAP中国发展组织的筹备，并且为后来“心理分析与中国文化国际论坛”的举办，以及华人区域心理分析联合会的形成播下种子。默瑞·斯丹还积极促成了“曼荼罗丛书”的出版。该丛书应是国内第一套拥有正式著作版权的“分析心理学丛书”，由李以洪和喻阳等组织完成。②

① 默瑞·斯丹：《国际分析心理学会访问中国》，《国际分析心理学会会刊》，IAAP，1995年第15期；后由心理分析研究生刘明琳翻译，用“荣格心理学与中国——国际分析心理学会主席等访问中国华南师范大学”为标题刊登在《华南师范大学学报》1995年第4期。

② “曼荼罗丛书”由东方出版社1998年出版，喻阳为总策划，李以洪为主编。

左起：李以洪、默瑞·斯丹、托马斯·科茨、申荷永，1994年于北京

在1993年至2003年的10年中，我们大部分时间在瑞士苏黎世荣格学院和美国旧金山荣格学院进行心理分析和沙盘游戏治疗专业训练。10年之后，2003年，荷永获得IAAP/ISST专业资格，成为首位同时具有这两个国际资质的华人心理分析师。

1998年，因缘合和，我们与IAAP合作，组织举办了第一届心理分析与中国文化国际论坛。大会在广州华南师范大学和肇庆七星岩举行。七星岩附近的新兴国恩寺，是中国禅宗六祖慧能的故里，大会期间也有在广州光孝寺和大佛寺的座谈与交流。近百位国际著名心理分析师和沙盘游戏治疗师及国内心理学和文化学者与会，大会主题是："分析与体验：东方与西方"。

时任IAAP主席的意大利心理分析师鲁伊基·肇嘉在大会致辞中说，"能够对具有历史意义的第一届心理分析与中国文化国际论坛表达我的祝愿，使我感到非常荣幸和愉快。荣格分析心理学早已与中国和中国文化结下了深厚的渊源。我相信，若是荣格教授本人得知我们正在举行的会议，也一定会感到由衷的欣慰。"① 如其所言，有感而发，已是对"心理分析与

① 申荷永主编：《灵性：分析与体验》，《第一届心理分析与中国文化论文集》，广州，广东教育出版社，2006年，第4—5页。

中国文化国际论坛”的赞美与期望。爱诺思东西方文化基金会主席克瑞斯塔·罗宾逊在致辞中说，“梦并不是我们唯一的财富，但是它可以在一种深层的原型意义上，把我们不同的国家和人民联系为一个人类的整体。所以，这次会议也是一种特殊的机会，为我们开启一种具有无限意义的相互交流的体验，以此为基础，真正的会议将会超越可能分隔我们的种种障碍，而在人们的交流与理解之中产生。”①美国加州整合学院的莱朗·冯-登·戴尔(Leland van den Daele)也表达了同样的期望，他在致辞中说：“荣格心理学提供了一种理解与整合人类心理与精神的理论和方法。通过文化以及个体的研究，人类的心理与精神得以展现……荣格对中国文化的欣赏，也是对下一代学者们继续探索的期望。第一届心理分析与中国文化国际论坛便是这种探索的一个里程碑。这次会议是对中国学者们的呼吁，要对中国文化中丰富的象征与心理的意义有所觉察并获得一种足够的认识……这次会议的期望是通过发现差异与同一，在东西方文化之间建立一种相互理解的桥梁。”②

默瑞·斯丹富有远见，充满信心，他在大会致辞中说：“我希望，这(第一届心理分析与中国文化国际论坛)只是一种卓有成效的系列性学术交流的开端。当然，西方心理学已经从中国文化思想中受益匪浅，但是我仍然希望，目前正在开幕的心理分析与中国文化国际论坛，能够在将来达到东西方之间更为深入的相互理解与相互影响。”③

荷永以“易之感应，思之整合”做大会开幕致辞，特别提到当默瑞·斯丹代表国际分析心理学会建议策划此届大会时，似乎只是一个梦，而如今面对众多学者的参与，已是梦想成真。分析心理学与中国文化的结合，不仅是荣格的梦想也是其身体力行的实践，同样需要大家的努力和继续。同时，我们向大家介绍大会图案，基于核心心理学的汉字之“思”的意象，其中所包含的“对话”与“整合”，慈悲与感应。

约翰·毕比为大会做“分析心理学与中国”的主题演讲。他从《易经》的“大壮”卦，以及广州“羊城”的意象开始，带出其演讲的主旨：“在我看来，

---

① 申荷永主编：《灵性：分析与体验》，《第一届心理分析与中国文化论文集》，广州，广东教育出版社，2006年，第6—7页。

② 同上书，第10—11页。

③ 同上书，第8—9页。

第一届心理分析与中国文化国际论坛开幕式(1998)①

老子《道德经》中'道'与'德'这两个概念，对于从根本上理解荣格心理学具有核心的意义与作用。"于是，约翰·比毕从中国文化，以及自身心理分析体验，来呈现他对"分析心理学与中国"的认识与理解，最后以《易经》"贲卦"作为结束。于是，如"大壮"之意象(乾下震上、雷天大壮)：大者壮也，正也，正大而天地之情可见矣。也如"贲卦"(离下艮上，山火贲)之彖辞："观乎天文以察时变。观乎人文以化成天下。"

戴维·罗森做《道与荣格的心路历程》的大会报告，曹础基则做《中国文化中道的传统》；杰夫·布劳尔思(Geoff Blowers)有《分析心理学在中国的发展》，华裔学者万玮做《分析心理学临床个案分析》；斯坦·马伦的报告《道家内丹中光明与重生的蕴涵与荣格心理分析》，申荷永以其《荣格与中国文化：从〈金花的秘密〉所受到的启发》来回应；丹尼斯·梅里特(Dennis Merritt)有《〈易经〉在心理分析过程中的应用》，傅剑平有《易经与儒道心理学》；斯蒂芬·维德曼(Stephen Wiedeman)有《〈易经〉与心理类型》、舍执(Serge Polakoff)有《阴阳八卦与心理类型》，张粹然有《老子人格的解读》，杨广学有《宇宙、人格、悟性》，郭斯萍有《周敦颐与荣格的人格观比较》，华裔学者李梅有《易经、儒学传统与心理分析》；华裔学者刘耀中有《佛教影响下的荣格》，禅师杨佛兴有《禅的修持与禅思》，禅宗学者龚隽有《禅宗的〈游戏〉与戒律概念》；沙盘游戏治疗师乔伊斯·考宁安(Joyce Cunningham)有《沙盘游戏治疗的智慧》，曾奇峰有《心理治疗：继承、批判与发展》。

① 第一届心理分析与中国文化国际论坛开幕式，右起：许尚侠(广东省心理学会会长)、王国健(华南师范大学校长)、约翰·毕比、戴维·罗森、莱朗·冯-登·戴尔、申荷永。

第一届心理分析与中国文化国际论坛与会者合影(1998)

第一届心理分析与中国文化国际论坛的与会者们，提出筹建“中国荣格学院”的动议，于是便启动了“东方心理分析研究院/中心”的筹备。参加大会的香港代表回去后策划了第一届心理分析与中国文化国际论坛之“后香港会议”，我们也受邀参加，于是也有了IAAP香港荣格发展小组的雏形，为后来华人区域心理分析联合会的组建播下种子。

第二届“心理分析与中国文化国际论坛”于2002年9月在广州珠岛宾馆举行，大会主题为：“意象与感应，东方与西方”。默瑞·斯丹代表IAAP做大会开幕致辞，他说：“国际分析心理学会对发起和支持这种会议的热情，可以追溯到荣格本人长期以来对西方心理学与东方哲学和宗教进行对话的关注。荣格感到，东方思想能弥补西方理性传统的片面性缺陷。这种弥补非常重要。同时他也不同意全盘否定西方科学的成果。他认为东西方思想的相遇，不是舍此取彼，而是融会贯通。要做到这一点，必须本着互相关注、互相尊重的态度，进行真诚的对话。”[①]广东省社会科学联合会主席颜泽贤教授在致辞中说，“我相信，这次会议仍然是一次跨学科的高水平交流。‘东方与西方不再遥远’曾是一句名言，心理分析与中国文化便是拉近东方与西方的一个基点。我们大家一起参与了这充满意义的工作。”[②]

爱诺思东西方文化基金会主席克瑞斯塔·罗宾逊为大会写来贺辞，其中她这样说：“‘用心倾听’是你(荷永)1996年在爱诺思报告中所呈现的主

① 申荷永主编：《灵性：意象与感应》，见《第二届心理分析与中国文化国际论坛论文集》，广州，广东教育出版社，2006年，第6—7页。

② 同上书，第2—3页。

题，对此我记忆犹新，也是所有人与人之间沟通和交流的本质与必然条件。若是有心中和谐，那么将会有真正意义上的相逢和会议，这种相逢和会议也将能激发灵感和促成转化，创造新的形式。分析心理学与丰富的中国文化的交流，一直都是我的心愿，你们身体力行推进此事业，使我由衷欣慰。”①爱诺思前主席瑞策玛为大会发来致辞，他说，“中文的‘闷’字带有忧郁和惆怅，‘心’被置于门内。我们愿意从中读出这样一种意义：忧郁和惆怅也是通往心灵的途径；更愿意我们的忧郁和惆怅与你们所致力的心意有所连接，借以转达我们对申荷永教授‘核心心理学’之卓越贡献的特别感谢。”②瑞士荣格学院院长布里基特·斯皮尔曼(Brigitte Spillmann)在致辞中说：“荣格的集体无意识观念本身便包含着多重文化的意义，同时，荣格也总是对促进东西方文化的对话怀有兴趣和热情……因此，心理分析与中国文化国际论坛十分重要。我们希望，在此充满危机的世界上，通过沟通与交流，能够阻止产生诸多恶果的阴影投射，能够促进多文化间更好的理解。”③

国际分析心理学会秘书长凯布雷在致辞中说，“此次会议是国际分析心理学界的一次历史性的盛会。作为第二届，将有效加强自首届会议以来双方在探索与对话中已获得的成果与共识……共时性是荣格心理学里最深刻、同时也最令人困惑的理论。这一理论尚未被西方主流的心理学研究所全面理解与包纳。众所周知，荣格在建立该理论时，受到中国《易经》所体现的东方智慧的影响。因此，今天有幸倾听在座中国学者对中国这部最不寻常的古典著作的看法，对于西方心理分析学家而言，是十分宝贵的经历。”④作为东方心理分析研究院创办院长，荷永在大会致辞中对大会主题“意象与感应”做阐释与解读：“意象是人类心灵的符号，也是自然心性的载体；感应是以心传心的运作，如明心见性，也如《易经》天地人心之感。于是，意象与感应也不免显得某种神秘，这神秘使得一般的心理学家们望而却步。但弗洛伊德与荣格，从象征进入意象，用意象对话来触及心灵，从而完成了其历史使命，增加了人类对于自身的认识和理解。在荣格与意象的对话中，包含了他与中国文化的感应和沟通。于是，意象与感应本身

① 申荷永主编：《灵性：意象与感应》，见《第二届心理分析与中国文化国际论坛论文集》，广州，广东教育出版社，2006年，第26—27页。

② 同上书，第28—29页。

③ 同上书，第21—22页。

④ 同上书，第9—10页。

是真实的，并且具有真实的力量和现实的体现。”①国际著名《易经》学者刘大钧为大会书写了“有孚惠心”，艺术家和文化学者李燕先生书写了“文心吉庆”，均以心为主题，衬托出以心传心，心心相印的核心心理学意象。

第二届心理分析与中国文化国际研讨会开幕式(2002)②

默瑞·斯丹以“中国思想对荣格心理学理论的影响”做大会主题演讲，申荷永则以“荣格与中国：对话的继续”作为回应。其余8位大会主题报告人，凯布雷、曹础基、莱朗·冯-登·戴尔、马雪莉(Shirley Ma)、莫飞智、贝弗莉·扎布里斯基(Beverley Zabriskie)、栾栋、乔·帕斯卡(Joe Passic)也都围绕“意象与感应：东方与西方”的主题各呈已见。美国洛杉矶荣格学院院长乔安·考恩(JoAnn Culbert-Koehn)在其大会总结中，对主题报告逐一评价：通过默瑞·斯丹的演讲，人们不仅知道卫礼贤对荣格的深远影响，而且知道诸多中国思想和哲学都汇入了荣格心理学的理论主流；通过乔·凯布雷，人们了解到“共时性和现代科学”的关系，以及中国文化中固有的“心灵涌现”的事实；曹础基所呈现的“悟道者心态”：无忧无虑、自然而然、淡薄名利、宽厚慈悲，感动了许多人；马雪丽作为在西方完成心理分析训练的东方人，荣格的分析心理学帮助她整合了自己的中国根；莫飞智的《〈易经〉和中医》包含对当代心理治疗和心理分析的重要启发；贝弗莉·扎布里斯基的《意象：心灵的飞翔》富有诗意，尤其是泡利梦中站起

① 申荷永主编：《灵性：意象与感应》，见《第二届心理分析与中国文化国际论坛论文集》，广州，广东教育出版社，2006年，第12—13页。

② 左起：乔·凯布雷、鲁伊基·肇嘉、颜泽贤、默瑞·斯丹、王国健、许曼菲、申荷永。

来的中国女性和荣格的分析工作，真的很美丽；栾栋关于《中国人和中国文化》的演说同样富有诗意，其中水的意象给人无限遐想；乔·帕斯卡论述的《象与不像：意象的本质》已是将心理分析的意象引入哲学的反思，整合的东方与西方。乔安·考恩对我们的报告也有生动的描述，她说："申荷永通过他自己的梦，叙述了其对荣格的长期探索，犹如奥德赛般的动人故事。显然，荣格对这个中国人来说至关重要，也心心相映。对于荷永，我有着我自己的感受和体验。会前培训的时候，我们并肩而坐，荷永也帮我做翻译。我对这次会议的最生动的印象之一，就是看到荷永与高岚共同努力，使得这次会议如此丰富笃实。"①

乔安·考恩认为："既然参加了这次会议，我认为我们每个人也就肩负起一种责任，一种整合东西方文化的责任；这种整合不仅表现为荣格心理学与中国文化的外在平台，而且也在我们每个人的内心深处。在这种意义上，我们每个人或许都在发挥着引领者的作用。"乔安·考恩最后说"我想引用中国艺术家余承尧先生的诗句来作为结束：创作凭诚意，真情自启通；空灵千古论，具象一家风。谢谢你荷永，谢谢高岚，谢谢你们主办了这次会议。"②

第二届心理分析与中国文化国际研讨会合影(2002)

① 申荷永主编：《灵性：意象与感应》，见《第二届心理分析与中国文化国际论坛论文集》，广州，广东教育出版社，2006年，第270—274页。

② 同上书，第274页。

为了心理分析与中国文化的主题，东西方文化的交流，大会组织者带与会的部分代表去到济南、曲阜和泰山。许多国外的心理分析师，如IAAP前主席鲁伊基·肇嘉，一路手捧卫礼贤的《中国心灵》，处处悉心感受卫礼贤当年的足迹。他们说，来到中国，便要寻找卫礼贤所描述的在中国遇到的荣格。

第三届心理分析与中国文化国际论坛于2006年9月在广州龙洞天麓湖洗心岛畔举行，三百余位国际心理分析师国内学者参加，IAAP前后5任主席，ISST主席及负责人同时与会，大会主题是“伦理与智慧：东方与西方”。

在广州北郊龙洞凤凰山的幽深处，有宁静怡人的天麓湖。天麓湖汇聚自然山泉，随心所欲形成了一个自然的湖心岛，那就是广东东方心理分析研究院所在地——洗心岛。纳于大麓藏之深山，此之谓也。洗心岛的入门处有“洁静精微以洗心，退藏于密以咸脢”的对联，自然而然已是应和了“灵性：伦理与智慧”的内涵与意义。

第三届心理分析与中国文化国际论坛开幕式(2006)①

来自世界各地的心理分析师和汉学家，关注心理分析与中国文化发展的学者会聚于此，围绕心理分析之伦理与智慧的主题各呈所见，探索治愈的途径和自性化的道路。在当今多偏向于技巧与捷径，急功近利也盛行于学界的时候，以“伦理与智慧”为主题的心理分析学术研讨则顿显其深切寓

① 第三届心理分析与中国文化国际论坛开幕式，左起：乔·凯布雷、约翰·毕比、陈兵、王国健、克里斯琴·盖亚尔、刘鸣、默瑞·斯丹、鲁伊基·肇嘉、茹思·安曼、申荷永。

意。孰不知，心理分析师本人正是方法中的方法，技术中的技术；感动人心，移风易俗，治愈与转化，惟有德者能之。

IAAP主席，法国资深心理分析师克里斯琴·盖亚尔（Christian Gaillard）在开幕致辞中说："中国，特别是我们与中国以及中国文化的关系与交流，属于一种真正的内在心灵的需要。因为从一开始，从IAAP成立之时，甚至是从荣格分析心理学初建的时候，就与中国和中国文化发生了这种内在的联系。于是，我相信，我们正向东方敞开我们的心灵，这将使我们自身获得深入发展。而我同样相信，这次国际论坛的主题，伦理与智能，东方与西方，正是我们当今世界所面临的迫切问题。"①华南师范大学校长王国健教授在致辞中说："荣格的分析心理学与中国文化有着深刻的渊源。荣格教授本人在吸收中国文化精神来发展其心理分析体系的时候，也将中国文化传向了世界。数千年历史的中国文化蕴藏着丰富的人类深层心灵经验，这可以是心理学和心理分析取之不竭的源泉。荣格先生已经为我们架起了一座沟通东西方文化的心理学桥梁，今天，来自世界各国的心理分析家和来自全国各地的心理学与中国文化学者们，在这座跨越东方和西方的桥上再次相遇。"②托马斯·科茨在其致辞中说："1994年8月，我当时作为IAAP主席，开始了IAAP与中国心理学的第一次正式接触。自那时起，中国分析心理学的影响已经大为加强，这是非常了不起的。当时，申荷永教授获得富布莱特学者奖在美国学习，与我和默瑞·斯丹多有接触，通过他，我们被邀请来中国进行访问……此次以'伦理与智能'为主题的国际论坛，包括许多以临床实践为主题的论文，我希望这表明对于个人分析的兴趣也得到了很大的提高，我也相信，这也符合道家的原则。希望这次大会能圆满成功，影响深远。"③广东省社会科学联合会主席颜泽贤教授在开幕致辞中说："……我谨以心理分析与中国文化国际论坛见证者的身份，来与大家分享一些自己的感受。华南师范大学曾举办过不同专业的国际学术会议，但是连续3届持续10多年举办同样一个主题的国际大会，则绝无仅有，只有'心理分析与中国文化国际论坛'。1994年，我曾与申荷

① 申荷永主编：《灵性：伦理与智慧》，见《第三届心理分析与中国文化国际论坛论文集》，广州，广东教育出版社，2006年，第6—7页。

② 同上书，第2—3页。

③ 同上书，第12—13页。

永教授一起，邀请默瑞·斯丹主席和托马斯·科茨主席等访问中国，默瑞·斯丹主席称其为‘具有历史意义的访问’，回顾这10余年的历程，其深远的历史意义也正在逐渐显现……这次国际论坛以‘伦理和智慧：东方和西方’为主题，在注重心理分析方法与技术的同时，深入于内在心性的本质分析；既注重‘道’的体现，也注重‘德’的内涵，必将促进心理分析与中国文化的进一步发展。”①

爱诺思基金会主席约翰·冯普拉格(John van Praag)，ISST主席茹思·安曼(Ruth Ammann)、IAAP获选主席赫斯特·所罗门(Hester Solomon)等也有对大会的致辞。瑞士驻中国大使馆专门发来贺电：“卡尔·古斯塔夫·荣格是瑞士的心理学家，他的思想奠定了分析心理学的基础。他同时也是促进东方与西方积极的文化交流和理解的先锋。荣格与卫礼贤这位德国汉学家的相遇，在西方思想与中国传统之间架设桥梁当中，起了决定性的作用。荣格认识到东方哲学和宗教能极大地丰富西方的心理学，因此在思想开放、多元文化的理解和相互尊重的基础上，发起了东方与西方之间的对话。我们衷心希望‘心理分析与中国文化国际论坛’在丰富这一宝贵遗产方面获得成功!”②

克里斯琴·盖亚尔的大会做《我真的是禅学大师吗?》大会主题演讲，从东方禅学来呈现荣格分析心理学积极想象的专业实践，四川大学陈兵教授则用《从〈禅门锻炼说〉看禅宗的教学法》作为回应，汉学家司马富(Richard J. Smith)用《中国禅宗与分析心理学》作为整合；默瑞·斯丹有《自性化的伦理与伦理的自性化》，申荷永的报告是《金花的秘密与荣格积极想象》，约翰·毕比用《中国哲学中的自性化》作为整合；鲁伊基·肇嘉的报告是《还原主义：西方的折磨?》，杨韶刚用《儒家伦理的基德和荣格的道德观》作为回应，乔·凯布雷用《通往智慧的十字路口：共情与心理分析场》作为整合。此外，大会还有“伦理与智慧的跨文化研究”“分析心理学的方法与技术”“沙盘游戏中的灵性接触”“心理分析与中国禅宗”，以及“自我实现的途径：自性化与中国之道”5个专场研讨。默瑞·斯丹在做大会总结时说：“自IAAP成立以来，尤其是通过我们参与的这十二年，我们已经看到，由

① 申荷永主编：《灵性：伦理与智慧》,《第三届心理分析与中国文化国际论坛论文集》，广州，广东教育出版社，2006年，第15—16页。

② 同上书，第18—19页。

申荷永博士和国际分析心理学会开始的对话，已经实现了中国文化和分析心理学之间富有成效的广泛交流。”①

担任爱诺思基金会主席40余年的瑞策玛先生于2006年5月8日去世。大会也专门为其纪念：“有一种安详能超越所有的理解，存留于永恒者的心中；有一种力量能使万物更新，促发知心为一者的生动……”

大会期间，IAAP与ISST在洗心岛召开高峰会议，双方决定以广东东方心理分析研究院为基地，在中国合作发展，并将此决议发布给所有IAAP/ISST会员。这意味着尽管沙盘游戏治疗早已成为独立的国际学术组织，但同时注重荣格分析心理学作为沙盘游戏治疗的重要基础。

IAAP/ISST 洗心岛高峰会议(2006)②

大会之前，IAAP的主要代表专程去到青岛，拜访卫礼贤故居，缅怀卫礼贤与荣格所搭建的东西方的心灵之桥。大家围坐在崂山太清宫一棵千年古树(龙头榆)下，讨论分析心理学在中国的发展，以“心理分析在中国的发展，以及发展中可能的涌现”起卦，得“鼎”卦，变卦为“未济”。

当年荣格要为卫礼贤翻译的《易经》撰写序言时，他求问《易经》也是遇

① 申荷永主编：《灵性：伦理与智慧》，见《第三届心理分析与中国文化国际论坛论文集》，广州，广东教育出版社，2006年，第267—268页。

② 左起：茹思・安曼、琳达・盖亚尔(Linda Gaillard)、默瑞・斯丹、克里斯琴・盖亚尔、申荷永、约翰・毕比、琳达・凯布雷(Linda Cambray)、乔・凯布雷、伊娃・帕蒂(Eva Pattis Zoja)、鲁伊基・肇嘉、高岚、徐峰。

到这鼎卦，于是欣然撰写了影响深远的长篇引介。荣格态度的转变得之于鼎中之“精神的滋养”：大亨以养圣贤，正是伦理与智慧的内涵。鼎之象巽下而离上，含转换之意，犹如钻燧取火，以化腥臊，心理分析的治疗与治愈又何尝不是如此。未济卦离上而坎下，水火同在，柔而得中，君子之光，其晖吉也；至于有晖，善之至也。这也正是心理分析与中国文化之未来与发展。

第三届心理分析与中国文化国际论坛合影(2006)

“卿云烂兮，纠缦缦兮。日月光华，旦复旦兮。”第四届心理分析与中国文化国际论坛于2009年在复旦大学如期举行，来自世界各地300余位心理分析师和有关学者赴会，大会主题是“心理分析中的意象，积极想象在文化和心理治疗中的转化作用”，复旦大学心理分析与中国文化研究中心主任申荷永担任大会主席。

IAAP主席、英国资深心理分析师赫斯特·所罗门(Hester Solomon)在大会开幕致辞中说：“能够在具有深厚心理学历史和荣誉的复旦大学召开第四届心理分析与中国文化国际论坛，感到十分欣慰。国际分析心理学会与东方心理分析研究院合作已有十多年的历史，成功举办了1998年、2002年、2006年的三届国际论坛，逐渐形成了影响深远的传统。但这种传统，也孕育着创新。心理分析与中国文化的结合，便具有创新性的意义。我们能够感受到，心理分析与中国文化的结合，包括传统与创新，在中国，以及在上海，作为一种充满活力的涌现……传统与创新作为一种

第四届心理分析与中国文化国际论坛开幕式(复旦 2009)[①]

主题，就在我们今天复旦大学第四届心理分析与中国文化国际论坛再次开启，并且会通向不可估量的未来。”[②]颜泽贤在大会开幕式上发言，他说：“……与大家有所不同，我作为非心理学专业的人来参加这次大会，是为了表达一种情结和我本人对申荷永教授的一种承诺。15 年前，1994 年，我和申荷永教授都在华南师范大学工作。我和申荷永教授一起，他当时是心理系系主任，邀请了当时 IAAP 主席托马斯·科茨教授和默瑞·斯丹教授等访问中国……正如赫斯特·所罗门主席所说，把呈现于西方的心理分析与中国文化特别是中国的传统文化这两个元素结合在一起，就会涌现或者说突现出新的高层次的内容。这十多年的事实已经证明申荷永和他的团队的工作成就，突现的要素标志着在学术上已经涌现了很多学术成果，获得应有的国际影响，传达了心理分析与中国文化的深远意义。”IAAP 前任主席，意大利资深心理分析师鲁伊基·肇嘉在致辞中说，“东方和西方是荣格著作中反复出现且至关重要的两个概念。同样，东方和西方，也是国际分析心理学会和东方心理分析研究院共同举办极具启发性系列国际论坛的主题。如果我们回顾一下，就可以清楚地发现，国际心理分析组织近年来越来越多地投入于寻求自我认同，寻求分析心理学在新世纪的发展和作用。为了找寻这种心灵探索的答案，我们都具有尽可能多地重返苏黎世的

---

① 左起：申荷永、乔·凯布雷、刘大钧、颜泽贤、赫斯特·所罗门、彭希哲、释济群、约翰·毕比、肖泽萍、王浩威。

② 第四届心理分析与中国文化国际论坛大会文件，广东东方心理分析研究院档案，以下有关引用同。

诱惑……我确信，看似有些矛盾，重启荣格心理分析源头活水的最好方式，是把我们的辩论和思考放在在亚洲，更准确地说是放在中国，不管是在实质上，或者，如同我现在的发言，至少是在象征性的意义上。向真正意义上的荣格式辩论致以美好祝愿。”

荣格孙子安德烈及其夫人(Andreas and Vreni Jung)一起向大会致辞：“亲爱的申荷永教授：非常感谢你在上海复旦大学举办的第四届国际心理分析与中国文化国际论坛……我太太和我两年前曾经访问中国，我们对中国的地大物博、人们的友善以及中国令人赞叹的名胜古迹和现代化城市的惊人发展都留下了深刻的印象。在当今巨变和革新的时代，我们需要一个新的基础，一个稳定而坚实的基础，一个我们能够在我们自己的心灵深处，在我们每一个人的心灵中获得的坚实基础。所以，我们非常赞同和支持你在复旦大学的工作和举办的心理分析与中国文化国际论坛，感谢你为寻找分析心理学的本质所付出了心血和巨大努力。”[①]瑞士政府驻上海总领事威廉·弗雷(William Frei)先生在致辞中说：“荣格对于分析心理学的影响是我们每一个瑞士人极为自豪的。他不仅深远地改变了心理治疗，还对于更广泛的学术领域产生了影响，包括艺术和文化，因此应当视为瑞士在社会科学成就皇冠上的一颗珍宝。我相信，荣格对你们大多数人而言仍旧是灵感的源泉。”[②]

大会组织者特意在复旦大学“子彬楼”前举行招待会。复旦“子彬楼”建于1925年，最初为心理学院大楼，可与美国普林斯顿大学和俄国巴甫洛夫实验室相媲美。这次大会被认为是复旦心理学复兴的标志。《易经》有复卦，其卦辞云：“出入无疾，朋来无咎；反复其道，七日来复。”从1925年子彬楼建立到2009年复旦心理分析与中国文化国际论坛，已是经历84春秋，若以12年轮回记刚好为七。另复卦彖辞曰：“复，其见天地之心乎。”当晚，子彬楼前，一轮明月，熠熠生辉。

---

① 第四届心理分析与中国文化国际论坛大会文件，广东东方心理分析研究院档案，以下有关引用同。

② 同上。

第四届心理分析与中国文化国际论坛主要组织者①

第四届心理分析与中国文化国际论坛(复旦 2009)

第五届心理分析与中国文化国际论坛于 2012 年 6 月在澳门大学举行，来自世界各地 400 余位心理分析师和有关学者与会，大会主题是“21 世纪中的心理分析：梦与心灵的象征，文化与自然。”

① 左起：IAAP 副主席汤姆·凯利(Tom Kelly)、复旦大学申荷永、IAAP 主席赫斯特·所罗门、IAAP 下任获选主席乔·凯布雷、IAAP 名誉秘书长保罗·库勒。

大会开幕式，大会组织者代表手持象征澳门的莲花，

启动为期5天的大会日程[①]

国际分析心理学会主席乔·凯布雷做《梦之接触，缘起与反思》的大会主题演讲。他借用当代复杂性与涌现的理论，阐释了梦之无意识心理学的意义，以及其治愈心灵的作用。盘古的传说，以及庄子的混沌故事，都是凯布雷所捕获的原型意象。他将其报告献给詹姆斯·希尔曼。希尔曼先生本来是要参加此届大会，但他于2011年10月去世。

卫礼贤的孙女贝蒂娜·威廉为大会放映其制作的电影：《〈易经〉的智慧，卫礼贤与中国》。电影从中国一处古老的洞穴画面开始，氤氲交融犹如梦幻，推出自然与文化，“太极”与《易经》的主题。伴随的旁白是卫礼贤在说话，引述的正是卫礼贤当年在中国的日记与亲身经历。《〈易经〉的智慧，卫礼贤与中国》深深感动了与会者。大会特别邀请贝蒂娜·威廉、默瑞·斯丹、刘大钧、约翰·毕比和申荷永，就《〈易经〉的智慧，卫礼贤与中国》与大家一起做专题研讨。鲁格·肇嘉、胡孚琛以及樋口和彦都积极地参与了这特别的讨论与交流。

刘大钧为大会做《〈易经〉中的易象及其意义》主题报告。他以卦象及其卦变为线索，结合对荣格心理分析之“共时性”原理的阐释，以《易经》中的“时物”为总结，彰显极深研几，格物致知的道理。胡孚琛的大会主题报告为《道家内丹与梦的意义》。作为道家和道教研究专家，胡孚琛致力于构建

① 左起：王浩威、保罗·库勒、格蒂娜·范斯卡尔奎(Gertina Schalkwyk)、汤姆·凯利、郑成业、马许愿、唐志坚、乔·凯布雷、唐向贤、艾里克斯·艾斯特怀森(Alex Esterhuyzen)、瑞·米切尔(Rie Mitchell)、申荷永。

第五届心理分析与中国文化国际论坛专题研讨："《易经》的智慧，卫礼贤与中国"

新道学体系。他从其"新道学的释梦原理"开始，结合荣格的分析心理学，阐释了其所理解的梦界奥秘。

默瑞·斯丹的大会报告是《阴性心理取向：荣格心理学之梦的解析》。阴性的良知和月性的启迪，以及其在心理分析过程中的运用，包括对梦的解析，正是默瑞·斯丹所建构与发展的一种理论和方法。鲁格·肇嘉，以《人为灾难中的"大梦"：噩梦中的集体创伤》为题作大会报告。梦，不仅仅是美丽的梦想，而且，也包含了世人的恐惧和焦虑，凝结了社会的骚动和变迁；对噩梦与创伤的认识和理解，对于社会和文化水平的心理分析十分重要。中国作家卢跃刚为大会作《文学中的人文精神与心灵治愈》。卢跃刚用极其朴素的方式开始："中国生了什么病?"其面临或隐藏的问题究竟是什么？这是文学家从其特有的广度和深度，来呈现社会文化水平中的心理分析意义。

国际沙盘游戏治疗学会前任主席茹思·安曼的大会报告是"论沙盘中的意象"，由 ISST 现任主席瑞·米切尔(Rie Rogers Mitchell)主持。茹思·安曼 1972 年随卡尔夫治学，如卡尔夫将中国文化融入沙盘游戏治疗，茹思·安曼也在报告和专业实践中，发挥了沙盘游戏的中国文化传统，尤其是其中所融入的《易经》的智慧。日本沙盘游戏治疗学会主席樋口和彦的大会主题报告："沙盘游戏治疗与荣格心理分析"。樋口和彦与河合隼雄一起创建了日本的箱庭疗法，以荣格分析心理学推动了整个日本临床心理学的发展。对于樋口和彦来说，他所理解的分析心理学要义，不仅有荣格的思想，更为重要的正是其中《易经》与道的指引。国际沙盘游戏治疗学会主席艾里克斯·艾斯特怀森(Alex Esterhuyzen)的报告：《梦的语言：无意识的语言》。艾斯特怀森也对《易经》和中国文化痴迷。他从“迷宫”的意象开始，借用心理分析临床个案的梦象，尤其是沙盘游戏治疗中的沙盘意象，呈现与解析了梦中语言与无意识语言的关系，其规律和寓意。

作为华人心理分析联合会会长，荷永做了关于《意象与意义：中国文化中梦之本义探索》的大会报告；报告从荣格与汉字入手，将汉字作为可读的原型，以心为本，阐释与发挥汉字“梦”、“夢”以及“寢”的心理分析意义。西方传说中的医神也犹如中国传说中的“梦父”(梦中执杖者)，尤其是那由蛇盘绕的象征性令牌，其中所蕴含的也正是梦之意象中心理疾病以及疗愈的途径。荷永将报告献给其心理分析师马里奥·亚考毕，作为对他的纪念。

国际分析心理学会获选主席汤姆·凯利做了大会结束报告——《超越性功能与心理分析关系》。荣格的“超越性功能”也是对《易经》中趋中、时中和执中的发挥，“心理分析关系”所能到达的境界，也可比喻为《易经》中天地人三才的生动意象。《易经》的意义，依然是心理分析与中国文化国际论坛贯穿始终的主题。

大会在集中主题演讲之外，安排了 7 个分会场，共有 46 个专题报告，以及 7 场“会前工作坊”，皆体现心理分析与中国文化，东方与西方对话的主旨。在第五届心理分析与中国文化国际论坛之际，《荣格全集》(20 卷)中文翻译项目正式启动，澳门城市大学成立了心理分析研究院，这是继广东东方心理分析研究院、华南师范大学心理分析与中国文化研究所和复旦大学心理分析与中国文化研究中心之后的又一个心理分析专业研究机构。

第五届心理分析与中国文化国际论坛特别邀请了古琴演奏家茅毅。茅毅是古琴之广陵派和诸城派传人，他携其古琴“玉润鸣泉”赴会，在开幕式上演奏了《渔樵问答》，顿时融入了山泽通气的氛围；大会结束之际，茅毅演奏《孔子读易》。这首古曲是由孔子韦编三绝的故事改编而来，一向被视为琴曲之珍品，内含“乾坤定位”“阴阳错综”“刚柔相济”“天人合一”四章节，秋意飘然，深思无限，近声远闻，心意尽然。

2013 年 8 月，同样是由默瑞·斯丹和托马斯·科茨等参与策划，我们在青岛卫礼贤故居组织了以“卫礼贤与荣格，《易经》与心理分析”为主题的圆桌会议，随后在青岛海洋大学召开以“荣格《红书》：积极想象与沙盘游戏治疗”为主题的三天大会，被称之为“第六届心理分析与中国文化国际论坛”。

100多年前，1899年，卫礼贤远渡重洋来到青岛。他在这里遇到了劳乃宣，崂山一脉的传人，传其中华周易。经由卫礼贤，荣格得以领悟《易经》的奥秘，并将其在心理分析的水平上予以发挥，在整个西方影响深远，形成了荣格分析心理学的《易经》传统。

申荷永、刘大钧、默瑞·斯丹共同主持了第六届心理分析与中国文化国际论坛之“卫礼贤与荣格，《易经》与心理分析”圆桌研讨会。

爱诺思东西方文化基金会前任主席克瑞斯塔·罗宾逊，卫礼贤孙女贝蒂娜·威廉，托马斯·科茨夫妇，约翰·比毕和等60余人参加了“卫礼贤与荣格，《易经》与心理分析”圆桌研讨会，刘大钧、默瑞·斯丹、申荷永、克瑞斯塔·罗宾逊、贝蒂娜·威廉、托马斯·科茨、约翰·毕比、保罗·库勒[①]、安吉拉·康诺利[②]等皆有主题发言。

① 保罗·库勒(Paul Kugler)，美国资深心理分析师，国际分析心理学会名誉秘书长。
② 安吉拉·康诺利(Angela Connolly)，英国资深心理分析师，国际分析心理学会副主席。

卫礼贤与荣格，《易经》与心理分析圆桌研讨会现场

在卫礼贤故居卫礼贤铜像前的合影①

在三天大会期间，贝蒂娜·威廉将其“《易经》的智慧，卫礼贤与中国”中文版首播，感动了诸多与会者，并引起热烈研讨。默瑞·斯丹及其“话剧组”将“荣格《红书》”改编为七场话剧，首次在中国演出，呈现了《红书》中生动的气氛与深刻寓意。

① 左起：默瑞·斯丹、珍·科茨、贝蒂娜·威廉、约翰·比毕、申荷永、托马斯·科茨。

第六届心理分析与中国文化国际论坛开幕式(2013)①

演出“荣格《红书》话剧”后的座谈与研讨②

托马斯·科茨带着其新出版的《〈红书〉，反思荣格的〈新书〉》(*The Red Book*: *Reflections on C.G. Jung's Liber Novus*)参加大会研讨。他与大家分享了自己与荣格本人进行分析的体验，以及1994年代表国际分析心理学

① 左起：王浩威、安吉拉·康诺利、约翰·毕比、托马斯·科茨、申荷永、默瑞·斯丹、贝蒂娜·威廉、保罗·库勒、郑洪恩、苏晓波。

② 左起：露茜恩·玛格丽特(Lucienne Marguaret)、达丽安·皮克泰特(Dariane Pictet，扮演荣格灵魂和阿尼玛)、保罗·布鲁奇(Paul Brutsche，扮演荣格)、默瑞·斯丹、约翰·希尔(John Hill，扮演荣格“斐乐蒙”)、托马斯·科茨、申荷永。

会首次访问中国的经历。

凡“荣格与卫礼贤”“《易经》与心理分析”“《红书》与积极想象”之主题，皆为“心理分析与中国文化国际论坛”的延伸与发展。大会组织者及与会者都有这样一种共识：荣格与卫礼贤所搭建的东西方沟通的桥梁，仍然需要我们当代人做出我们的贡献。在托马斯·科茨和默瑞·斯丹等看来，连续举行的“心理分析与中国文化国际论坛”，便是为此所做出的努力与贡献。

大会期间，我们去了崂山太清宫。当年卫礼贤曾与崂山太清宫道长韩谦让(字太初)多有交往，与其探讨中国道家思想及其意义。韩谦让曾代表太清宫送卫礼贤“化雨东陲”的绸匾，卫礼贤对其深有怀念。韩谦让曾任太清宫长老兼监院，酷爱古琴，其居室题词“道洽琴心”，也让卫礼贤印象深刻。在这崂山太清宫，我们也坐在千年古树“龙头榆”下，谈起劳乃宣与崂山的故事以及2006年在此询问“分析心理学在中国的发展”，所获得的“鼎”与“未济”。大家不约而同将双手放在龙头榆下的石板上，默瑞·斯丹、克瑞斯塔·罗宾逊，在“《红书》话剧”中扮演荣格的保罗·布鲁奇(Paul Brutsche)、扮演荣格“斐乐蒙”的约翰·希尔(John Hill)以及扮演荣格灵魂和阿尼玛的达丽安·皮克泰特(Dariane Pictet)等都在场。“荣格”(保罗·布鲁奇)似乎是用荣格的声音在说话：感觉这卫礼贤的第二故乡，也有“另一个波林根”的感觉；对于分析心理学在中国的发展，倍感欣慰……那一刻，这千年龙头榆有了回应，榆叶飞舞，如天籁之音。

第六届心理分析与中国文化国际论坛部分与会人员参访崂山太清宫，右图为千年古树“龙头榆”

第七届心理分析与中国文化国际论坛于2015年10月21—23日，在澳门城市大学召开，近700余位专家学者与会，大会主题：“原型、文化与治愈：面对集体创伤”。大会共安排12场主题报告和30余场专题研讨：以社会与文化心理为背景，关注人类集体创伤和文化无意识，尤其是原型与文化的疗愈作用。

第七届心理分析与中国文化国际论坛开幕式(2015)[①]

默瑞·斯丹做大会主题报告："文化创伤，暴力，以及治疗"。在默瑞·斯丹看来，荣格分析心理学与中国文化的结合，可为治疗与转化当代文化创伤提供重要的启示。中国哲学家吴怡做《中国文化的整体生命哲学与中国整体生命心理学》的大会报告，他将中国文化作为当代心理学的重要思想源泉。保罗·库勒主持了由珍·科茨、安吉拉·康诺利和乔根·拉希(Jörg Rasche)[②]联合参加的"文化创伤与文化疗愈"专题研讨。

韩国资深心理分析师，韩国分析心理学学会前任主席李符永(Bou-Yong Rhi)做《新儒学的"四端"与"七情"：荣格心理学的阐释》大会报告；托马斯·科茨根据自己家族及自身经历，为大会做"创伤的体验与反思"的报告；台湾华人心理治疗研究基金会执行长王浩威主持了由布莱恩·费尔德曼、吕旭亚(台湾心理分析师)和克瑞斯塔·罗宾逊联合参加的"心理分析与文化疗愈"专题研讨。

茹思·安曼以荣格与其病人的绘画为主题，结合沙盘游戏治疗，做文化意象及其心理治疗意义的大会报告。日本箱庭疗法学会主席山中康裕

① 左起：托马斯·科茨、汤姆·凯利、玛丽安·穆勒(Marianne Müller)、彭树成、李南、张曙光、郭建斌、黎振强、颜泽贤、艾里克斯·艾斯特怀森、默瑞·斯丹、乔·凯布雷、申荷永。

② 乔根·拉希(Jörg Rasche)，德国资深心理分析师，IAAP/ISST 副主席。

左起：保罗・库勒、乔根・拉希、珍・科茨、安吉拉・康诺利

左起：克瑞斯塔・罗宾逊、王浩威、布莱恩・费尔德曼、吕旭亚

(Yasuhiro Yamanaka)则从东方哲学的视野，进行《沙盘游戏与表达性治疗》的大会报告。茹思・安曼同时主持了由艾里克斯・艾斯特怀森、伊娃・帕蒂(Eva Pattis)①和高岚联合参加的"心理分析与沙盘游戏实践"的主题研讨。

---

① 伊娃・帕蒂(Eva Pattis)，意大利资深心理分析师(IAAP)暨资深沙盘游戏治疗师(ISST)。

左起：茹思·安曼、艾里克斯·艾斯特怀森、伊娃·帕蒂、高岚

鲁伊基·肇嘉做《历史中的妄想与创伤，面对邪恶及其在集体心灵中的伤害》大会报告，这是基于其《偏执狂》著作的历史反思。艾伦·古根布（Allan Guggenbuel）[①]主持了由河合俊雄（Toshio Kawai）[②]、伯尼克（Robert Bosnak）[③]和魏维安·蒂鲍迪（Viviane Thibaudier）[④]联合参加的“当代文化创伤的心理分析”主题研讨。河合俊雄通过其父亲河合隼雄（Hayao Kawai）及其家族在二战期间的经历，剖析战争所带来的文化创伤；伯尼克以日本“3·11”海啸及大地震为背景阐释心理分析对于创伤的修复；魏维安·蒂鲍迪则针对巴黎所发生的恐怖袭击做了深度心理学的分析与回应。

大会有“心灵花园与文化疗愈”的专场研讨，由高岚和伊娃·帕蒂主持。“心灵花园”属于心理分析与中国文化的专业实践，自2007年在孤儿院建立以来，经过四川大地震和玉树大地震的心理救援，已在全国范围内建立70余处心灵花园工作站。心灵花园的心理援助模式体现了“核心心理学”的理念与应用，引起广泛的国际关注。

① 艾伦·古根布（Allan Guggenbuel），瑞士资深心理分析师（IAAP），国际神话心理剧（Mythodrama）创建者。

② 河合俊雄（Toshio Kawai），日本资深心理分析师（IAAP），IAAP副主席。

③ 伯尼克（Robert Bosnak），荷兰资深心理分析师（IAAP），国际意象体现学会（ISEI）主席。

④ 魏维安·蒂鲍迪（Viviane Thibaudier），法国资深心理分析师（IAAP），法国分析心理学会（SFPA）主席。

由战争、极端统治、恐怖袭击或自然灾害造成的集体创伤，为人类带来巨大灾难，其灾难甚至可能隔代延续与跨越族群。第七届心理分析与中国文化国际论坛，旨在呈现在临床心理学与心理分析的实践中，所发现的集体创伤的表达与意象，集体创伤对个体与文化的影响，以及相应的文化疗愈，心理分析与中国文化在个体以及社会和文化水平，为治愈集体创伤所做出的贡献。

大会期间开启首届“亚洲大学生心理分析与东方文化论坛”，来自海峡两岸暨香港、澳门、日本、韩国、印度和新加坡的年轻心理分析学者呈现其新的思想与见解。IAAP 也在大会期间召开了“华人区域发展组织会议”，IAAP 主席汤姆·凯利、获选主席玛丽安·穆勒、副主席安吉拉·康诺利、河合俊雄，前任主席托马斯·科茨、默瑞·斯丹、鲁伊基·肇嘉、乔·凯布雷，以及广州、香港、台湾、澳门、上海、北京 6 个 IAAP 分会负责人与会，深入讨论了分析心理学在海峡两岸暨香港、澳门华人区域的发展。

在《荣格与中国文化》接近完稿的时候，第八届心理分析与中国文化国际论坛于 2018 年 3 月 31 日至 4 月 4 日，在西安长安大学如期召开；逾 800 位来自世界各地的专家学者与会，大会主题：“觉悟与自性化：东方与西方”。

“觉悟”(Enlightenment)是中国文化(《易经》、儒学、道家、佛学)之心灵境界，“自性化”(Individuation)是荣格分析心理学体系的核心与目标，为了探索与比较获取智慧的方法与心灵救赎的途径，本届大会聚集国际资深心理分析师和汉学家，中国文化学者与实践者，集中研讨悟性、悟道与觉悟，以及自性和自性化过程。大会共有 10 场主题演讲，18 场主题报告，36 场专题研讨，以及 8 个主题的会前工作坊。

申荷永与乔·凯布雷分别代表大会组委会和学术委员会宣布大会开始，并对开启 IAAP 在中国发展的托马斯·科兹给与特别纪念，播放了精心制作的视频：“呼唤与否，神灵永在：托马斯·科兹在中国”。长安大学校长、IAAP 主席玛丽安·穆勒、ISST 主席艾里克斯·艾斯特怀森，以及澳门城市大学创办校长颜泽贤等，分别致大会开幕辞。

第八届心理分析与中国文化国际论坛开幕式："呼唤与否，神灵永在：托马斯·科兹在中国"

国际分析心理学会主席玛丽安·穆勒做大会开幕致辞①

默瑞·斯丹做大会首场主题演讲："心理自性化与精神觉悟：相似与不同"，乔·凯布雷主持；如同荣格，默瑞·斯丹热爱中国文化，致力于从东方与西方整合与完整的视野来感受与呈现心理转化的主题。刘大钧教授以"精义入神，易中觉悟"做大会主题演讲，申荷永主持；作为易学领军

① 主席台嘉宾(左起)：申荷永、乔·凯布雷、约翰·毕比、山中康裕、彪晓红、汤姆·凯利、颜泽贤、玛丽安·穆勒、陈峰、李智军、默瑞·斯丹、刘大钧、艾里克斯·艾斯特怀森、斯提芬·艾森斯塔特、黄立新、王浩威。

人物，刘大钧教授对荣格的中国文化情怀，尤其是对《易经》的领悟与发扬，给与高度评价。

IAAP 主席玛丽安·穆勒主持了大会第一场主题研讨："觉悟与自性化——心理分析的意义"，IAAP 前任主席汤姆·凯利、爱诺思东西方文化基金会前任主席、华人心理治疗研究基金会执行长王浩威、美国圣巴巴拉太平洋研究院创办校长斯提芬·艾森斯塔特(Steve Aizenstat)共同参与。四川大学陈兵教授有"佛法中觉悟与自性"主题演讲，IAAP 副主席安吉拉·康诺利主持；IAAP 副主席乔治·霍根森作"饱和现象，密度象征与自性化现象学"的主题演讲，IAAP 秘书长马丁·施密特(Martin Schmidt)主持；IAAP 副主席梅思·贝格(Misser Berg)主持了"觉悟与自性化——东西方对话"主题研讨，IAAP 学术项目主任约翰·莫谦特(John Merchant)、美国旧金山荣格学院院长(Steve Zemmelman)、国际精神分析师童俊、瑞士苏黎世荣格国际学校项目主任李安怡(Ann Chia－Yi Li)、美国心理分析师、生态学家丹尼斯·麦瑞特(Dennis Merritt)参与对话研讨。

大会主题研讨："心理分析中的觉悟与自性化"，IAAP 副主席梅思·贝格主持

东方心理分析研究院院长高岚与约翰·毕比、日本箱庭疗法前会长山中康裕一起主持"心灵花园：觉悟与自性化"专场研讨，来自南非的沙盘游戏治疗师莉莎·拉维茨(Irmgard Else Thom)，美国心理分析师暨沙盘游戏

大会主题研讨："沙盘游戏中的觉悟与自性化"，ISST 主席艾里克斯·艾斯特怀森主持

大会主题研讨："心灵花园、觉悟与自性化"，高岚主持

治疗师(Lauren Cunningham)和(Maria Chiaia)等参与研讨。国际沙盘游戏治疗学会主席艾里克斯·艾斯特怀森主持"沙盘游戏与自性化之路"专题研讨，山中康裕、澳大利亚沙盘游戏治疗学会主席希瑟·莱斯利-斯旺(Heather Lesley-Swan)、美国沙盘游戏治疗师(Liza Ravitz)、美国心理分析师琳达·卡特(Linda Carter)、布莱恩·费尔德曼参与报告和研讨。

大会主题演讲还有长安大学教授刘吉发的"桥的意象与意义"，约翰·毕比"心理分析中的觉悟与自性化"，吴怡(美国加州整合大学)"假若我遇到荣格”，申荷永“觉悟与自性化——‘悟’之汉字意象及其意义”，释济群“《六祖坛经》的自性思想”，乔·凯布雷“觉悟与自性化——东方与西方，融合与共时性”；玛丽安·穆勒主持大会主题研讨“觉悟与自性化——现在与未来”，中国社会科学院道家学者胡孚琛、法国荣格学会前会长魏维安·蒂鲍迪、广州大佛寺住持耀智法师，IAAP 秘书长马丁·施密特等参与报告和研讨。第八届心理分析与中国文化国际论坛期间还特别安排了“‘心易’与心理分析：李颙先生思想研讨会”，第二届国际“大学心理分析论坛”和“中医与心理分析”等 36 场分会研讨；中国道教协会任法融会长特别在楼观台举行“道与心理分析”座谈，生动介绍了老子道家的风范，道法自然的自性与觉悟所在。

大会闭幕式与总结研讨

第八届心理分析与中国文化国际论坛有 800 人与会

申荷永主持大会总结研讨与闭幕式，刘大钧、吴怡、颜泽贤、默瑞·斯丹、乔·凯布雷、约翰·毕比、艾里克斯·艾斯特怀森、玛丽安·穆勒等参与发言和致辞。围绕“觉悟与自性化”的主题，大家共同呈现东西方对话的意义，其中的智慧，所寓意的心灵境界。

“爱诺思与荣格之后的发展”，不管是“爱诺思”与“后荣格”，还是“斐恩讲座”，以及“荣格在中国”，都仍然是现在进行时。第九届心理分析与中国文化国际论坛已在筹备中，数任 IAAP 和 ISST 主席都已明确表示，在中国连续举办的“心理分析与中国文化国际论坛”(1998—2018)，不仅有力推动了荣格分析心理学暨沙盘游戏治疗在中国的发展，而且已为分析心理学暨沙盘游戏治疗的世界发展，心理分析与中国文化的国际影响，做出了重要贡献。

正如 20 年前，时任 IAAP 主席的鲁伊基·肇嘉在第一届心理分析与中国文化国际论坛开幕致辞中所说：“荣格分析心理学早已与中国和中国文化结下了深厚的渊源。我相信，若是荣格教授本人得知我们正在举行的会议，也一定会感到由衷的欣慰。”① 而在第一届大会总结时，约翰·毕比则说，“你们成功地将荣格心理学带到中国……这正是一个适合荣格心理学的国度。”②如同荣格与卫礼贤，大家一如既往，继续为东方与西方的心理学对话而努力。

---

① 申荷永主编：《灵性：分析与体验》，第一届心理分析与中国文化论文集，广州，广东教育出版社，2006 年版，第 4—5 页。

② 同上，第 220 页。

参考文献

(一)中文部分

芭芭拉·汉娜. 荣格的生活与工作. 李亦雄译. 北京：东方出版社，1998.

芭芭拉·汉娜. 猫、狗、马. 刘国彬译. 东方出版社，1998.

陈大齐. 心理学大纲. 上海：上海商务印书馆，1918.

戴维·罗森. 荣格之道. 申荷永，范国平译. 北京：中国社会科学出版社，2003.

朱光潜. 变态心理学. 上海：开明书店，1930.

高岚主编. 荣格文集. 长春：长春出版社，2014.

歌德. 浮士德. 上海：上海译文出版社，2018.

歌德. 歌德文集(第8卷). 冯至、钱春绮等译. 北京：人民文学出版社，1999.

弗尔克米歇尔斯编著. 黑塞画传. 上海：上海世纪出版集团，2009.

花之安. 自西徂东. 上海：上海书店出版社，2002.

孔子. 论语. 北京：中华书局，2016.

拉·莫阿卡宁. 荣格心理学与西藏佛教：东西方精神的对话. 江亦丽，罗照辉译. 北京：商务印书馆，1994.

老子. 道德经. 北京：北京联合出版公司，2015.

李以洪主编. 曼陀罗丛书. 北京：东方出版社，1998.

梁仁编. 徐志摩诗全编. 杭州：浙江文艺出版社，1990.

刘耀中，李以洪. 荣格心理学与佛教. 北京：东方出版社，2004.

鲁道夫·奥托. 卫礼贤——人格肖像. 法兰克福中国学社. 中国，1930(5).

默瑞·斯丹. 国际分析心理学会访问中国. 国际分析心理学会会刊，1995. 刘明琳译. 华南师范大学学报，1995.

尼采. 查拉图斯特拉如是说. 上海：上海人民出版社，2018.

普济. 五灯会元(卷一). 北京：中华书局，1984.

瞿汝稷. 指月录. 成都：四川出版集团，2012.

荣格. 东洋冥想的心理学. 杨儒宾译. 北京社会科学文献出版社，2000.

荣格. 分析心理学的理论与实践. 成穷，王作虹译. 北京：北京三联书店，1991.

荣格. 红书. 苏努·沙姆达萨尼英文编译，周党伟译. 北京：机械工业出版，2017.

荣格. 回忆·梦·思考. 刘国彬，杨德友译. 沈阳：辽宁人民出版社，1988.

申荷永. 荣格与分析心理学. 广州：广东高等教育出版，2004.

申荷永. 荣格与中国：对话的继续. 意象与感应. 广州：广东教育出版社，2006.

申荷永. 洗心岛之梦：自性化与感应心法. 广州：广东科技出版社，2011.

申荷永. 心理分析：理解与体验. 北京：三联书店，2004.

申荷永主编. 灵性：分析与体验(第一届心理分析与中国文化国际论坛论文集). 广州：广东教育出版社，2006.

申荷永主编. 灵性：意象与感应(第二届心理分析与中国文化国际论坛论文集). 广州：广东教育出版社，2006.

申荷永主编. 灵性：伦理与智慧(第三届心理分析与中国文化国际论坛论文集). 广州：广东教育出版社，2006.

释道原. 景德传灯录. 郑州：中州古籍出版社，2019.

孙凤城编选. 二十世纪德语作家散文精华. 北京：作家出版社，1990.

孙立新、蒋锐主编. 东西方之间——中外学者论卫礼贤. 济南：山东大学出版社，2004.

汤姆·科茨. 荣格分析师：比较与历史的视野. 古丽丹，何琴译. 广州：广东教育出版社，2007.

王肃. 孔子家语. 北京：北京联合出版公司，2015.

王应麟. 汉书艺文志考证. 北京：中华书局，2011.

卫礼贤，荣格. 金花的秘密. 邓小松译. 安徽：黄山书社，2011

卫礼贤. 中国心灵. 王宇洁等译. 北京：国际文化出版公司，1998 年.

魏伯阳. 周易参同契. 长沙：岳麓书社，2012.

许慎. 说文解字. 北京：中华书局，2013.

杨武能、刘硕良主编. 歌德文集(第 1 卷). 石家庄：河北教育出版社，1999.

莲花生. 西藏度亡经. 徐劲夫译. 北京：宗教文化出版社，1995.

孙立新，蒋锐主编. 东西方之间——中外学者论卫礼贤. 济南：山东大学出版社，2004.

张玉书. 康熙字典. 上海：上海古籍出版社，1996.

周鹏鹏译. 易经. 北京：北京联合出版公司，2015.

朱光潜译. 歌德谈话录. 北京：人民文学出版社，1982.

朱熹. 周易本义. 北京：中华书局，2009.

朱震. 汉上易传. 北京：九州出版社，2012.

(二)英文部分

Andreas Jung, The House of C. G. Jung: The History and Restoration of the Residence of Emma and Carl Gustav Jung. Illinois: Chiron Publications. 2008.

Andrew Samuels, A Critical Dictionary of Jungian Analysis. London and New York: Routledge, 1997.

Andrew Samuels. Jung and the Post－Jungians. London: Routledge and Kegan Paul, 1985.

Aniela Jaffé. C. G. Jung: Word and Image. Princeton: Princeton University Press, 1979.

Aniela Jaffé. Jung's Last Years and Other Essays. Translated by R. F. C. Hull and Murray Stein. Texas: Spring Publications, 1971.

Ann Conrad Lammers, Adrian Cunningham, ed., The Jung－White Letters. London and New York: Routledge, 2007.

AnnConrad Lammers, ed., The Jung－Kirsch Letters. The Correspondence of C. G. Jung and James Kirsch. London and New York: Routledge, 2011.

Barbara Hannah. Encounters with the Soul: Active Imagination as Developed by C. G. Jung. Illinois: Chiron Publication, 1981.

Campbell, ed., Papers from the Eranos Yearbooks. Vol. 1. New York: Pantheon Books. 1954.

Campbell, ed., Papers from the Eranos Yearbooks. Vol. 2. New York: Pantheon Books. 1954.

Campbell, ed., Papers from the Eranos Yearbooks. Vol. 5. New York: Pantheon Books. 1964.

C. G. Jung. The Red Book. Ed. Sonu Shamdasani. New York. W. W. Norton & Company. 2009.

C. G. Jung. Memories, Dreams, Reflections. New York: Vintage Books, 1989.

C. G. Jung. Civilization in Transition (The Collected Works of C. G. Jung, Volume 10). Princeton: Princeton University Press, 1970.

C. G. Jung. The Collected Works of C. G. Jung, Vol. 7: Two Essays on Analytical Psychology. Princeton: Princeton University Press, 1967.

C. G. Jung. Collected Works of C. G. Jung, Volume 9 (Part 1): Archetypes and the Collective Unconscious. Princeton: Princeton University Press, 1981.

C. G. Jung. Aion: Researches into the Phenomenology of the Self (Collected Works of C. G. Jung, Vol. 9 Part 2). Princeton: Princeton University Press, 1979.

C. G. Jung. Collected Works of C. G. Jung, Volume 12: Psychology and Alchemy. Princeton: Princeton University Press, 1980.

C. G. Jung. Collected Works of C. G. Jung, Volume 18: The Symbolic Life: Miscellaneous Writings. Facsimile Publisher, 2013.

C. G. Jung. Alchemical Studies (Collected Works of C. G. Jung Vol. 13). Princeton: Princeton University Press, 1983.

C. G. Jung. Psychology and Religion: West and East (The Collected Works of C. G. Jung, Volume 11). Princeton: Princeton University Press, 1975.

C. G. Jung. Symbols of Transformation (Collected Works of C. G. Jung, Vol. 5). Princeton: Princeton University Press, 1977.

C. G. Jung. Alchemical Studies (Collected Works of C. G. Jung Vol. 13). Princeton: Princeton: Princeton University Press, 1983.

C. G. Jung. Mysterium Coniunctionis(Collected Works of C. G. Jung, Vol. 14). Princeton: Princeton University Press, 1977.

C. G. Jung. The Structure and Dynamics of the Psyche (Collected Works of C. G. Jung, Vol. 8). Princeton: Princeton University Press, 1970.

C. G. Jung. The Spirit in Man, Art, & Literature(Collected Works of Jung, Vol. 15). Princeton: Princeton University Press, 1971.

C. G. Jung. Psychological Types(The Collected Works of C. G. Jung, Vol. 6) (Bollingen Series XX). Princeton: Princeton University Press, 1976.

C. G. Jung. William McGuire, ed., Analytical Psychology: Notes of the Seminar Given in 1925. Princeton: Princeton University Press, 1989.

C. G. Jung. Claire Douglas, ed., Visions: Notes of the Seminar Given in 1930—1934. Princeton: Princeton University Press, 1997.

C. G. Jung. The Visions Seminars: From the Complete Notes of Mary Foote. Postscript by Henry A. Murray. Connecticut: Spring Publication, 1976.

C. G. Jung, Nietzsche's Zarathustra: notes of the seminar given in 1934—1939. Princeton: Princeton University Press, 1988.

C. G. Jung. Lorenz Jung, Maria Meyer—Grass, ed., Children's Dreams: Notes from the Seminars Given in 1936—1940. Princeton: Princeton University Press, 2008.

C. G. Jung. William McGuire, ed., Analytical Psychology: Notes of the Seminar Given in 1925. Princeton: Princeton University Press, 1989.

C. G. Jung. William McGuire, ed., Dream Analysis: A Seminar of C. G. Jung,

1928—1930. Princeton: Princeton University Press, 1984.

C. G. Jung. The Psychology of Kundalini Yoga: Notes of the Seminar Given in 1932. Princeton: Princeton University Press, 1996.

Campbell, Joseph, ed., Man and Time, Papers from the Eranos Yearbooks, Bollingen Series XXX, Vol. 3. Princeton: Princeton University Press, 1957.

Coward. Jung and Eastern Thought. New York: State University of New York Press, 1985.

Fordham. New Developments in Analytical Psychology. London and New York: Routledge, 1957/2013.

Gerhard Adler, Aniela Jaffe. C. G. Jung Letters/I. Bollingen Series, Princeton University Press. Princeton, 1973.

Gerhard Adler, Aniela Jaffe. C. G. Jung Letters/II. Bollingen Series, Princeton University Press. Princeton, 1973.

Gunter Baumann. Hermann Hesse and the psychology of C. G. Jung. The 9th International Hesse Colloquium in Calw, 1997.

Hakl. Eranos: An Alternative Intellectual History of the Twentieth Century, translated by Christopher McIntosh. London: Equinox Publishing, 2012.

Hinshaw, Fischl. C. G. Jung im Gespräch, Einsiedeln: Daimon 2003.

Sabbadini, Ritsema. Image of the Unknown//Eranos 66. Spring Journal, Inc., 1997.

James Legge. The I—Ching Or The Book Of Changes: The Yi King. North Charleston: CreateSpace Independent Publishing Platform, 2008.

J. Clarke. C. G. Jung and Eastern Thought. London and New York: Routledge, 1994.

Jung, Pauli. The Interpretation of Nature and the Psyche. New York: Ishi Press, 2012.

Lao Tzu, Waley. The Way and Its Power: Lao Tzu's Tao Te Ching and Its Place in Chinese Thought (UNESCO collection of representative works). New York: Grove Press, 1994.

Lowenfeld. Play in Childhood. London: VictorGollancz, 1935.

Lu Kuan Yu. Chan and Zen Teaching. Rider & Company, 1960.

Marie—Luise von Franz, foreword//Barbara Hannah. Encounters with the Soul: Active Imagination as Developed by C. G. Jung. Illinois: Chiron Publication, 1981.

Martin Liebscher, ed., Analytical Psychology in Exile: The Correspondence of C.

G. Jung and Erich Neumann. Princeton: Princeton University Press, 2015.

Neumann, Erich. Froebe — Kapteyn, ed., Eranos 25. Zürich: Rhein — Verlag, 1957.

Ritsema. I Ching The Classic Chinese Oracle of Change. London : Element Books L Td., 1994.

Sara Corbett. The Holy Grail of the Unconscious. The New York Time, 2009.

William McGuire, ed., The Freud/Jung Letters. Princeton: Princeton University Press, 1974.

Serrano. C. G. Jung and Hermann Hesse, A Record of Two Friendships by Miguel Serrano. New York: Schocken Books, 1966.

Shamdasani. C. G. Jung: A Biography in Books. New York: W. W. Norton & Company, 2012.

Wilhelm, Cary. I Ching / Book of Changes. Baynes' translations, Bollingen Series XIX, Princeton: Princeton University Press, 1967.

Wilhelm, C. G. Jung. The Secret of the Golden Flower: A Chinese Book of Life. New York: Causeway Books, 1975.

William McGuire, ed., The Freud/Jung Letter. The Correspondence between Sigmund Freud and C. G. Jung. Bollingen Series. Princeton: Princeton University Press, 1974.

后记
我梦中的荣格

10 多年前，2006 年，北京大学与瑞士驻北京大使馆合作举办“首届中国荣格学术周”时，我受邀在北京大学图书馆做有关“荣格与中国文化”的演讲。

记得当时我是这样开始的：“走进这北大图书馆报告厅之前，我看到有关活动的海报。醒目的标语：‘走进荣格的神秘世界’。不知道通过这样几天时间，我们是否能够‘走进’去；也不能肯定，走进去的一定是我们所认为的‘神秘世界’。但是，可以肯定，若是我们愿意，我们能够接近他，或接近其分析心理学；就心理分析的目的而言，我们要走进去的不是荣格，并非荣格的神秘或神秘的荣格，而是我们自己，是我们自己的内心世界；于是，接近心理分析，也就意味着亲近我们内在的自己或自性。这种内在的心灵世界，不仅显得神秘，而且神圣，充满神奇。一旦我们走近荣格，那么，也会发现，我们将走进中国文化之核心心理学，进入我们文化的心灵境界。”①于是，当时我就用了这样一个标题：“走近荣格与走进自己，感受中国文化心理学的意义”，作为演讲的题目。

接着，我告诉大家，在这之前我做的一个梦，或许是由于筹备这“北大中国首届荣格学术周”的缘故，我再次梦到了荣格。

这是我当时的梦境与记录：

---

① 见申荷永：《心灵与境界》(第四章：“走近荣格与走进自己，感受中国文化心理学的意义”)，郑州，郑州大学出版社，2010 年，第 66 页。

梦中，在我的"洗心岛"，似乎是一个心理学大会，许多国外的心理学专家都来到了洗心岛。

我偶然见到荣格站在那里，正像我在波林根(梦中)见到的样子，在一棵大树下；我心中充满欣喜，快步上前去问候。

但梦中的荣格对我说："我不是荣格，我是罗杰斯。"

见我一脸困惑，梦中的荣格用左手往西边指了一下说："你看，那不是马斯洛吗?"

梦中自称罗杰斯的荣格，用"alp"称呼马斯洛。

这是梦中的荣格，想让我相信他是罗杰斯。因为在人们印象中，罗杰斯是常和马斯洛在一起的。

接着，梦中的荣格，自称为罗杰斯的荣格，让我看他的"设计"(梦中的他给人的印象是很善于设计的)。他用右手，在空中随意划了一下，顿时出现了一个似乎是由铁丝组成的乱如一团的东西，像是一个架子或笼子，也犹如一堵墙，然后问我："这是什么?"同时问题中似乎还包含着"如何进入"。我当时有一种感觉，或许这其中也包含着对我的考试。

我留意看了一下，心想，这可难不住我，我可是中国的"格式塔"[①]专家，何况这又是在我的"洗心岛"。于是，我让自己安静下来，等待着其中的格式塔变换……心想，"旷兮其若谷，混兮其若浊；孰能浊以静之徐清，孰能安以动之徐生……"[②]；这"是什么"自然会从这看似复杂的图案中显现出来……

梦中考试我的荣格，似乎是能够看出我的心思。当我心中想到这里的时候，便是已经通过了考试。只见那由乱成一团的铁丝组成的一堵墙，渐渐展开，出现了一个两扇的门。

于是，我欣喜不已，感到自己是通过了荣格亲自主持的(匿

① 格式塔(Gestalt)，源于德国的心理学流派，同样是由高觉敷先生引入中国，我曾在高觉敷老师的指导下以格式塔理论为背景完成博士论文：《动力与整合：勒温心理场论研究》，出版了《心理场论》(中国和平出版社，1996年)和《团体动力学》(湖南出版社，1996年)等著作，并且接受过完整的格式塔心理治疗训练。

② 老子：《道德经》第15章：古之善为道者，微妙玄通，深不可识。夫唯不可识，故强为之容；豫兮若冬涉川；犹兮若畏四邻；俨兮其若客；涣兮若冰之将释；敦兮其若朴；旷兮其若谷；混兮其若浊；孰能浊以静之徐清？孰能安以静之徐生？保此道者，不欲盈。夫唯不盈，故能蔽不新成。

名)考试；同时，心中也暗想，这考试也不算难啊。但就在那一刻，我忽然感觉到，这仍然是在考试之中，如何才能进入这关着的两扇门呢？

我心里在琢磨，到了这里，认知层面的“格式塔”思维已不足够，不管动力、系统还是整体，或可以运用“共情”(empathy)，尤其是其中文的“神入”的意义[①]，发挥其“人本”的内涵；共情之设身处地，感同身受也不足够，或可用庄子的教诲：“形莫若就，心莫若和”……“就不欲入，和不欲出”……；于是，我想我也应该“等待”，等其“涌现”(emerging)[②]；涌现中已是包含“共时性”，那不正是《易经》“时中”的体现……就在此时，闭着的两扇门自然打开了。我看了一下荣格，看到的是其微笑的面容和鼓励的眼神。

于是，我颇为得意地走向已经敞开的大门。

但是，就在我踏进门槛的瞬间，与里面出来的，我只能姑且将其称之为“真实的无意识”或“心灵的真实性”，撞了一个满怀。顷刻之间，融会贯通，彼此融为一体。

无意识的探索中，包含着彼此的寻找。

那种感受，本不易言说；心灵感应，莫过于此。[③]

我将此梦收入我《洗心岛之梦》之“寻梦波林根”一章，前面是我第一次梦到荣格(1999)的梦，梦中去到波林根。而约翰·毕比和戴维·罗森则先于荣格出现于我梦中，约翰·毕比的代表作《德行深远》的封面用了甲骨文之“德”，戴维·罗森的代表作《荣格之道》则用篆体之“道”作为封面；或许，这“德”与“道”或“道”与“德”，便是我的“梦”，为我与荣格相见的特意安排。

荣格在梦中谈论其对于中国文化的向往，并送我波林根的“钥匙”。当我触摸这钥匙的一刻，已是从“体认”到“体悟”的完成。这钥匙，正是“文

---

① 共情(empathy)，早期被翻译为中文的“神入”，后也被用作“同理”或“同理心”等。

② 涌现(emerging)，当代复杂性系统理论中的核心概念，本身也已经形成了重要的理论。我曾随颜泽贤教授参加美国的“涌现”理论国际研讨会(2002)，并且在颜泽贤教授主持的“全国首届复杂性与涌现国际会议”(2005)上做报告。

③ 申荷永：《洗心岛之梦》之“寻梦波林根”，广州，广东科技出版社，2011年，第64—66页。

化大革命”时伤我脚踵之铁钉的转化。我送荣格我自己做的盒子，这盒子本来是我“蜜蜂”的房屋，荣格欣然接受，至今仍然在其密室，在其创造《红书》的书桌。

至今我有三次梦到荣格，第三次梦到荣格的背景，是与我接手主编《荣格全集》，或者与撰写这部《荣格与中国文化》有关。

> 梦中，我去到“荣格家”，荣格和其太太艾玛·荣格接待了我。
>
> 我随他们走过一个长廊，长廊两边都是荣格的收藏；在我左手边的墙上，有一幅荣格的画作，没有放好；我停下片刻，想着将其重新挂起。
>
> 然后，穿过长廊，到了荣格房子的前面。我往右手看去，一片特别的风景，使我印象深刻：那一刻我恍然感到，荣格的许多画作，都是于此取景；或从这里看去的世界，正是荣格创作的背景。这梦中的恍然感觉，近于蓦然回首，触及心灵。
>
> 这个时候，在院子里，从东面远远地过来一伙人，说是要打劫。领头的家伙拿着枪威胁说：“要钱还是要命，值钱的都要拿出来。”
>
> 荣格显得很生气，其态度表现的是绝不会屈服。
>
> 这时，我去到荣格前面，是要保护荣格。梦中的我看到对方有枪，且人多，于是便快速冲了过去……对方开枪，击中了我的右肩；我一个踉跄，但仍然是快速扑向对方并将其制服；即刻震慑了其同伙，化解了危机。
>
> 荣格十分感动，艾玛·荣格急着照看我受的伤，我与他们一起进去了房屋。

我做这个梦的时候，刚好与约翰·毕比在一起，于是也与他说了梦中的情景。约翰·毕比一如其感性思维与直觉和灵性，表情十分认真，认为这“梦”包含着深远的意义，必然与荣格分析心理学在中国的发展有关。

当我完成这部《荣格与中国文化》的时候，也已经完成《荣格全集》20 卷的审阅，书中有关荣格原著的引用，有我自己的翻译，也有我们团队的工作，谨在此向各位译者表示感谢；书中有些资料来自荣格家档案，能够在此使用非常荣幸；刘大钧先生和吴怡先生是我的良师益友，多谢他们阅读书稿并给予指导。此书由我和高岚合作撰写，其中大部分内容是我们的共同经历，有她的陪伴和支持是我的福分。不管是撰写《荣格与中国文化》，还是主编《荣格全集》，我们都从工作中有所收获，蒙受恩赐，充满感激，永以为好。

开始撰写《荣格与中国文化》的时候，在“引言”中用了《诗经・小雅・鸿雁》之“鸿雁于飞，肃肃其羽”，以及《易经・渐卦》之“鸿渐于陆，其羽可用为仪，吉。”渐卦内互“未济”，亦然有君子之光，如其六五爻辞：“贞吉，无悔，君子之光，有孚，吉。”未济六五有类“中孚”，信及豚鱼，乘木舟虚；如其鸣鹤在阴，其子和之；其子和之，中心愿也。

谨以此“我梦中的荣格”，作为《荣格与中国文化》的后记。

荷永

2017 年 5 月于洗心岛